本丛书获介休市人民政府资助出版

主编 乔健 王怀民

"黄土文明·介休范例"丛书

天下一点：
人类学"我者"研究之尝试

彭兆荣 等 ○著

中国社会科学出版社

图书在版编目(CIP)数据

天下一点:人类学"我者"研究之尝试/彭兆荣等著. —北京:中国社会科学出版社,2016.5

(黄土文明·介休范例)

ISBN 978-7-5161-8271-0

Ⅰ.①天… Ⅱ.①彭… Ⅲ.①文化人类学—研究—介休市 Ⅳ.①K927.254

中国版本图书馆 CIP 数据核字(2016)第 111783 号

出 版 人	赵剑英
责任编辑	郭晓鸿
特约编辑	席建海
责任校对	韩海超
责任印制	戴 宽

出 版	中国社会科学出版社
社 址	北京鼓楼西大街甲 158 号
邮 编	100720
网 址	http://www.csspw.cn
发 行 部	010-84083685
门 市 部	010-84029450
经 销	新华书店及其他书店

印 刷	北京君升印刷有限公司
装 订	廊坊市广阳区广增装订厂
版 次	2016 年 5 月第 1 版
印 次	2016 年 5 月第 1 次印刷

开 本	710×1000 1/16
印 张	22.75
插 页	2
字 数	339 千字
定 价	86.00 元

凡购买中国社会科学出版社图书,如有质量问题请与本社营销中心联系调换
电话:010-84083683
版权所有 侵权必究

"黄土文明·介休范例"丛书
编审委员会

主　编

　　乔　健（台北世新大学荣誉教授）

　　王怀民（介休市人民政府市长）

副主编　（排名不分先后）

　　彭兆荣（厦门大学）　周大鸣（中山大学）

　　徐新建（四川大学）　安介生（复旦大学）

　　郝继文（介休市政协）

总　序

乔　健[①]

笔者祖籍是山西省介休市洪山镇，出生于省会太原市。唯幼小时适逢抗日战争初起，不及随父亲撤退至后方，只能先与姐、妹及弟随母亲投靠文水县南武度村的外祖家。三年后才搬回介休祖家，但1942年便逃往陕西省宜川县秋林镇与父亲相聚。抗日战争胜利后，1946年，返回了太原市，却因内战，没能再回介休。在介休虽然只住了两年多，不过在童年的记忆中，却是最鲜明的一页。

1985年得费孝通教授举荐，民盟中央安排，笔者应邀在山西社会科学院作学术讲座。讲座后次日，便由山西民盟人员陪同访问了介休。承当地领导热忱接待，特别是县委副书记张培荣、副县长段景勤、王融亮等都亲身陪同笔者到了洪山村。当地的源神庙、水磨、槐树院都残缺了不少，但对笔者而言却仍是那么熟悉而亲切，更可喜的是，源神池的泉水依旧涓涓涌出。

2011年秋，应山西凯嘉古堡文化研究院路斗恒院长之邀，笔者偕妻李洁予女士及子乔立博士，全家回到了介休市，详细参观了正在保护修建中的张壁古堡、祆神楼、后土庙、城隍庙以及汾河湿地公园。这次有幸与修复这些文化遗产、发展城市文化的介休市王怀民市长见了面，作了数次访谈，且承其安排在介休一中新建成的报告厅做了一场学术讲座。

[①] 乔健，美国康奈尔大学人类学博士、香港中文大学人类学系创系主任，人类学高级论坛学术委员会主席、世新大学荣誉教授。

在笔者所接触过的众多中国内地的地方首长中，王市长是对地方建设最有定见、最具热忱的一位，对学者们的意见更能充分理解与接受。他委托笔者推荐一批学者为介休的遗迹保护与文化建设提供建言与方案，笔者所识主要是同行人类学家，于是在内地五所大学各选了一位，日本民族学博物馆选了一位，连同笔者共集聚了七位人类学者来研究介休这样一个中型城市，绝对是史无前例的事。其意义，稍后再讨论。为了补强在实践上可能的不足，笔者特别邀请了台大最具声望的城乡规划专家夏铸九教授，另外也邀请了两位世新大学同人，一位传媒专家、一位历史学者。介休市政府也邀请了八位专家，包括复旦大学的历史地理学家安介生教授。

这群学者专家于2012年9月1日齐集介休市，参访之后于9月3日举行圆桌论坛，就有关如何维护当地文化遗产、发展城市文化各抒卓见，记录成文，集为专书，已在台北出版。[①]

论坛后，议定五位学者就不同的领域在介休进行深入而较长时期的实地调查研究，如下表所示。

领域	负责人	职称
历史	周大鸣	中山大学社会与人类学教授
地理	安介生	复旦大学历史地理研究中心教授
民族	徐新建	四川大学文学与人类学研究所教授
文化	彭兆荣	厦门大学人类学研究所教授
总设计	乔健	世新大学荣誉教授

上列五人中，四位是人类学家，所以人类学显然是总研究的领导学科。人类学是西方产物，其哲学基础全在西方，面对现实中国社会，其理论与方法，自有一定隔阂。这个问题在别的社会科学学科，如社会学、心理学等中，都普遍存在，相关学者也都积极促成其学科的中华本土化。费孝通先生一直都在思考这个问题，到了晚年终于想到一个具体主张——"文化自觉"。这是他在1997年于北京大学开办的第二届社会文化人类

---

① 乔健、王怀民主编：《黄土文明一亮点：介休市保护文化遗产与发展城市文化论述》，华艺学术出版社2014年版。

学高级研讨班上演讲中提出的：

> 文化自觉只是指生活在一定文化中的人对其文化有"自知之明"，明白它的来历、形成过程、所具的特色和它发展的趋向，不带任何"文化回归"的意思。不是要"复旧"，同时也不主张"全盘西化""全盘他化"。自知之明是为了加强对文化转型的自主能力，取得决定适应新环境、新时代文化选择的自主地位。[①]

以上这段话，还有一个背景必须说明。1990年12月为了庆贺费老八十岁诞辰，日本的中根千枝教授与笔者特别在东京举办了"东亚社会研讨会"（Studies in East Asian Society）。广邀中国、日本、英国、美国、韩国、中国台湾、中国香港等地与费老相熟的学者逾十五位出席，同为费老贺寿。费老作了主题演讲，题目是《人的研究在中国》（*Study of Man in China*）。早在此会前，当代英国人类学大师之一的Sir Edmund Leach 曾送了笔者一本他的新作《社会人类学》（*Social Anthropology*，1985）。书中评论了许烺光、林耀华、杨懋春与费老对中国社会的研究。由于欧美人类学家的传统是不赞成研究自己的社会，所以对于前三位的研究都持贬义，唯独赞成费老的研究《江村经济》。所以笔者特地买给费老一本。他看了之后大为欣喜，激发了他在主题演讲中提出的论点。

费老与Leach同时是Malinowski的学生，同修其"席明纳"（Seminar）。那本书使他忆起Leach在课堂上的能言善辩、意气风发的神采。费老把这次的主题演讲当作是与Leach的另一场辩论。可惜Leach在此会之前不幸逝世，只能是一场一方缺席的辩论。

主题演讲之后，费老特别慎重地用毛笔写了四句后来广为流传的四字真言作为结论。他在上引1997年有关"文化自觉"的演讲里，也不忘把这四句真言作为结语：

[①] 费孝通：《反思·对话·文化自觉》，《北京大学学报》1997年第3期。

> 七年前在我80岁生日那天在东京和老朋友欢叙会上，曾瞻望人类学的前途，说了下面这一句话："各美其美，美人之美，美美与共，天下大同。"这句话我想也就是今天我提出的文化自觉历程的概括。①

可见费老的"文化自觉"概念是在思考如何与 Leach 论辩时激发的。由于有了这四句真言，"文化自觉"便不会突出任何民族中心论的意味。因为研究者不只是对自己的文化有充足了解与喜爱，对接触以及研究过的他族文化也要有充足了解与喜爱。各美其美之外，还要美人之美。这样美美与共，方能达致天下大同。

不过从人类学的观点，两人辩论的重点乃是对人类学价值问题的看法。对此，费老有清楚的解释：

> 我与 Edmund 可以说是 Malinowski 门下的同门弟子，可是 Edmund 坚持认为人类学是纯粹的智慧演习，而我则觉得人类学如果不从实际出发，没有真正参与到所研究的人民的生活中去，没有具有一定程度的实践雄心，就难以获得自身应有的价值。
>
> 我学人类学，简单地说，是想学习一些认识中国社会的观点与方法，用我所得到的知识去推动中国社会的进步，所以是有所为而为的。②

费老晚年，常喜题写"志在富民"四字，来表达对自己所学的人类学能早日达到"学以致用"的急切愿望。

对于人类学学科中华本土化的问题，费老到了耄耋之年，才想到文化自觉以及人类学的终极致用与价值这两个课题，其余课题与细节仍待后人集思广益。笔者不自量力，谨先提出一个构想，且名之曰"自觉发展"。

---

① 费孝通：《反思·对话·文化自觉》，《北京大学学报》1997年第3期。
② Fei Xiaotong, Study of Man in China, In Home Bound, *Studies of East Asian Society*, Chie Nakane and Chien Chiao, eds., Tokyo: The Center for East Asian Cultural Studies, Tokyo Bunko, 1992.

自觉发展是文化自觉必然的后续步骤，两者是不能分割的。一个人对其文化有了自知之明也即自觉之后必须有一切实可行的方案，可以让他能主动而自觉地推动其文化或其中某些项目向着他期待的方向发展，获得他所期待的成果，这样他的文化自觉才会有一个圆满的实现。

文化自觉的完成主要靠自身的努力，自觉发展的实现却同时需要相关单位、地区、族群的掌权人，如地方首长或族群领导充分配合才行。进行介休市调查研究的笔者等五人何其幸运，能遇到王怀民市长这样全心、全力、热忱、积极配合的地方首长。王市长不单对介休市的文化、社会、经济等有全面与彻底的认知，对研究调查所涉及概念与学理也充分理解。所以全体参与人对介休市的研究与发展所涉及的从文化自觉到自觉发展这一过程，从现在的情况看来确实十分令人满意。现在首期调查研究报告已按时完成，即将依前列四个领域编辑出版为四部专书。然后全体参与人员会仔细、深入、认真进行检讨与反思。希望通过这次对介休市的实证研究，能把人类学中华本土文化的特点体现出来，并记录下来。同时把归纳与推论出来的可能成为自觉发展的重点成果也尽量列出供行政部门参考。也就是说，我们希望可以依据首期对介休市实证研究的心得与介休市政府实施我们建议的情况，建构一种人类学中华本土化的初期模型，重复这种运作或选择介休市以外地区作同类运作，可以更完善这种模型，这是我们在学术上的理想。在实践方面，便是希望通过文化自觉与自觉发展这一过程的运作能使介休或其他地区的人民更富裕，生活更美满。

"黄土文明·介休范例"首期工程能顺利如期圆满完成，端赖王怀民市长暨介休市政府全体领导及行政人员，特别是郝继文与张志东两位先生全心全力的协助与精诚无私的配合。对此，我们谨致上最高的谢忱。

2015 年 10 月 25 日

目 录

引述　黄土文明的人类学研究 …………………………………（ 1 ）

第一部分　黄土文明

天下体系 ……………………………………………………………（ 5 ）
黄土体性 ……………………………………………………………（ 15 ）
以"祖—社"之名 …………………………………………………（ 25 ）
"后土"之制 ………………………………………………………（ 30 ）

第二部分　介休范例

化合——人文介休 …………………………………………………（ 57 ）
活化——礼俗介休 …………………………………………………（ 74 ）

第三部分　案例解析

华夏中心：黄土文明五行观之介休表述 …………………………（ 93 ）
文化遗产的生养制度研究：以介休古戏台为例 …………………（150）
茶叶之路与晋商 ……………………………………………………（201）
从焦化到文化：介休文化遗产格致的方法论 ……………………（249）
文化生态重建：晋中文化生态保护实验区的介休探索 …………（278）

附录　介休文化遗产概况与现状 …………………………………（339）
后　记 ………………………………………………………………（353）

引述　黄土文明的人类学研究

本课题研究目标为：

① 反思西方以"我者说"为基础的"世界体系"[①]，强调以欧洲文明为中心的"我者说"是一个政治共谋、地理想象、历史附会和文化建构的集合体。而中国传统认知模式和经验智慧的"天下体系"不啻为治理当今世界乱象的一份珍贵历史遗产。

② "黄土文明"作为中华文明的代表，为世界古老文明的杰出者。然而，就中华文明政治地理学的"一点四方"构造而言，它一方面也包含了"黄土中心"的"我者"想象和建构；另一方面，作为世界体系中的"他者"被历史性地扭曲和异化。

③ "黄土文明"在人类学研究上具有重要的"范式"意义，包括与西方人类学范式对话，参与当代民族志范式的探索性实践；同时，也是中国人类学"本土化"探索的历史事件。

④ 由于人类学对古老文明，尤其像中华文明这样以农耕文明为主的类型研究，前人未能提供有效的经验，因此本课题的调研，特别是在方法论的讨论和方法上的应用，都具有实验性质。

本课题为"黄土文明　介休范例"总项目中的四个子课题之一，以"文化遗产"（包括非物质文化遗产）为主要调研内容。总项目按照设计

[①] 这里所说的"世界体系"不是美国学者伊曼纽尔·沃勒斯坦的《现代世界体系》的概念，而是专指历史上以"欧洲中心"，包括近东、中东和远东的政治地理学的建构模式。

为三期，本成果为第一期，主要以厘清核心概念、表明研究价值、确立规定对象、了解基本情形为主，即进行"面"的调研，更为专门的内容和更加深入的"点"的分析，将在项目第二期中推进。

彭兆荣

2015 年 10 月 20 日

第一部分
黄土文明

天下体系

人类学擅长研究"异文化"[①] (the other culture)。"异者",他也。"异",在古文字中有两种不同的字形。异,篆文𦣻,㠯(巳,胎儿)与𠬞(双手,接生)组合,表示产婆手接怪胎。本义为"怪异"。《玉篇》:"异,怪也。"《广韵》:"异,奇也。"另有一个合并字为"異"。《说文解字》释:"異,分也。从廾,从畀。畀,予也。凡異之属皆从異。"无论"异"如何演变,都与"异己""怪异"分不开。

以世界思想政治史的框架论,特指"西方"为"我者",以"东方"为"他者"。这一想象的政治地理学构造的全球性播散殖民主义的世界性拓展与人类学学科的产生与发展同步。今天,这一历史"话语"成了全球化背景下的反思、反省和反叛性话题:"东方几乎是被欧洲人凭空创造出来的地方,自古以来就代表着罗曼蒂克、异国情调、美丽风景、难忘的回忆、非凡的经历……东方不仅与欧洲相毗邻;它也是欧洲最强

[①] 关于"异文化"概念的讨论,2006年、2008年、2011年,台湾世新大学三次举办与之有关的讨论。乔健先生认为,"异文化"包括了传统意义上人类学所谓的"他文化"(other culture)和社会学所谓的"次文化"(sub-culture)。"次文化"包括对社会中诸如妓女一类的社会底层、下层人群进行的调查和研究。从本质上来看,"次文化"与"他文化"是不同的,"次文化"缺乏"文化"的三个基本条件——源头、领域与发展历程。乔先生尝试用"异文化"的概念将人类学与社会学研究进行一次跨学科的整合。有学者将"异文化"翻译为"alter-culture"。这些学术专题讨论,使"异文化"因此成为台湾世新大学的一个创新点。而"世新大学异文化研究中心"即以"异文化"为核心概念,结合"底边社会""多元媒体"以及"谈情说异"等话题和社会现实展开深入的研讨,出版了《异文化与多元媒体》(乔健主编:《异文化与多元媒体》,世新大学出版中心2009年版)、《谈情说异》(乔健、邱天助、罗晓南主编:《谈情说异:情、婚姻暨异文化的跨界论述》,世新大学异文化研究中心,2012年)等著述。

大、最富裕、最古老的殖民地，是欧洲文明和语言之源，是欧洲的竞争者，最欧洲最深奥、最常出现的他者（the other）形象之一。"① 这一西式"世界体系"的历史生成和世界性推广，客观上也成为人类学这一学科对"异文化"兴趣的一个重要的历史性契合。"异文化"的概念包含了以特定文明为"中心"基调，它专指"中心"以外的文化，其分类理由是"中心/边缘"。在人类学历史上，曾经使用所谓"野蛮"概念来界定"文明"以外的社会和文化。在世界文明史的发展过程中，"西方中心"逐渐演变为一个主导叙事（master narrative）的核心概念，形成了一整套话语权力和话语秩序，这是一个不争的历史事实。欧洲传统帝国和帝国主义的共同理念都是"以一国而统治世界"——背后的哲学精神是"以部分支配整体"②。从"知识考古学"的历史谱系看，许多在社会价值系统中得到认可和认同的话语秩序，往往并无"考古"依据。福柯在《知识考古学》中对话语秩序的两个主题做过这样的解说：

> 第一个主题认为在话语秩序里，要确定一个真正事件的介入是永远不可能的；并认为在所有表面的起始之外，还有一个秘密的起源，它如此神秘，如此独特以至无法完全在其自身把握住它。以至人们就注定通过朴实无华的编年学，被引导到一个无限遥远的起点，一个从未出现在任何一部历史中的起点；而那个起点本身可能是自己的一个空无。……与这主题相关联的是另一个主题，它以为每个明显话语证明都神秘地建立在一个已说过的东西上……而话语却将它遮掩，使之沉默。③

"西方中心"的话语秩序很符合这样两个主题以及它们的关联性。其实，这种"世界中心"观早在人类远古时代，或曰神话推原时代，就被建构成一个宇宙的微型塑模。在这个宇宙塑模中，人类

---

① [美] 爱德华·W. 萨义德：《东方学》，王宇根译，生活·读书·新知三联书店1999年版，第1—2页。
② 赵汀阳：《天下体系：世界制度哲学导论·前言》，中国人民大学出版社2011年版，第24页。
③ [法] 福柯：《知识考古学》，谢强等译，生活·读书·新知三联书店1998年版，第28—29页。

的居处区域都可以被称为"中心"——一个至为神圣的地方。它既是物质的绝对,又是经验的感知。在许多远古的文明类型里面都具有类似的"神性",有些文明类型的宇宙塑模同时都有"中心",比如古代的美索不达米亚、印度、中国。每一个中心都可能被当作"世界的中心",而且在这些古老文明的历史中也都有类似的表述。这原本是人类认识外部世界的基本方式,即以"我"为中心去观察、看待、体验和认识周遭;仿佛今日世界上每一个国家的地图,自己的国家都置于"世界的中心"位置。然而,影响世界历史的"世界体系"概念来自古希腊的地理学(Geographia),也与罗马帝国的历史扩张有关,① 这种历史中心主义为以后帝国的政治意识和"欧洲中心论"奠定了基础,却被后来者有目的地建构为一个"世界体系"。

在殖民时代,"欧洲中心"有一个强权依据,这就是欧洲人种优越论。汤因比在《历史研究》一书中借用了考古人类学和体质人类学方面的材料,对米诺斯文明的起源作了这样的认定:根据"考古学家的证据,证明在这里最早的人类居住的遗址是出现在克里特岛上,这个岛屿离开希腊和安纳托利亚都比较远,但是比它同非洲的距离却近得多。人种学支持考古学的这个观点,因为看起来已经是肯定的事实,已知的最初住在面向爱琴海的大陆上的居民有一些明显的体型特征。安纳托利亚和希腊的最早的居民是所谓的'宽颅人'……这个人种学上的证据肯定了这样一个结论,就是最早在爱琴海群岛的任何一个岛屿上居住的人们乃是由于亚非草原的干旱而迁来的移民"②。从此可以看出,以地理的"中心"观念引申出"人种"的高级、优等说完全没有任何根据。更值得重视的是,人群的迁移带来了文化的交流。格鲁塞曾经就古典的经院知识做过考述:"事实上,希腊人的科学思潮最后是在拉基德人或罗马人的亚历山大形成了,欧几里得(Euclid)在那里宣布了我们的古典几何学;埃拉托色德尼(Eratosthenes)在那里发现了地球的椭圆性;萨莫斯的阿里斯塔克(Aristarchus)发现了地球是围绕着太阳旋转的规

---

① 迄今为止在地理书上所使用的"近东、中东、远东"等概念,都是以罗马为中心的设计。
② [英]汤因比:《历史研究》(上),曹未风译,上海人民出版社1986年版,第94—95页。

律！地理学家托勒密最终圆满地完成了有关马其顿远征军结果的研究……他是通过研究丝绸之路和香料之路而取得如此成就的，这两条路线从此以后就分别通过陆路和海路而把希腊化的亚洲与远东联系起来了。然而，希腊科学就这样最终在东方的领土上形成。"①

根据知识的传授途径，国家的、政治的、学术的、宣传的、商业的、媒体的，似乎已经促使人们对西方文明先祖的追索，并通过对知识谱系的上溯确立古希腊文明——人种上、地域上、政治上、语言上、宗教上的体系，从而整合成确认的文化源泉。我们所说的古代希腊在很长的历史时期之内并非指现代意义的、有明确领土边界的一个南欧国家，而是包含着地中海所属的周边范围，包括小亚细亚地区的亚洲国家在内。甚至于有的学者认为荷马史诗都与亚洲国家有着不可剪断的联系。公元前334年，当亚历山大到达伊利奥斯（Ilios）成长的圣地时，便认为正处于历史全盛时代的荷马新史诗《伊利亚特》（*Iliade*）应属于亚洲土地上的古老史诗……亚历山大使这个新的希腊，即亚洲的希腊在十个多世纪的时间内一直属于希腊文化圈……在亚历山大之后，希腊化主义道德征服了中央安纳托利亚高原地区的弗利基（Phrygie）和卡波杜斯（Cappodoce），并且一直持续了13个世纪之久。亚历山大通过这次征服揭开了对亚洲进行全面征服的序幕。因为小亚细亚高原只有草而没有河流，那里已经接近大亚细亚地区了。大亚细亚地区从伊朗到蒙古，到处是高山、草原、牧场、沙漠和绿洲。从此以后大亚细亚就形成了一个大希腊，一个安纳托利亚的大希腊。②

概而言之，以欧洲为中心的"我者说"本来就是共谋、想象和建构的结果。我国有自己的"天下观"，某种意义上，中华帝国的政治地理学形制也秉承同样的理念，这便是"一点四方"的中国（"中心说"）。悖论是："天下—中心"并置，"中心"同样是"我者"；"华夷之辨"则为阶序格局。"天下体系"较之"世界体系"更具备平衡力，符合天下道理。正如哲学家赵汀阳先生近时出版的《天下体系：世界制度哲学导论》"前言"中所说：

> 今日世界，乱世已成，究其原因，窃以为人类有世界而无天下，世无

---

① ［法］格鲁塞：《从希腊到中国》，常书鸿译，浙江人民美术出版社1985年版，第13页。
② 同上书，第9—10页。

良序久矣,一乱生百乱,小乱成大乱,势所难免也。所谓天下兴亡之事理,以今日之说法,便是世界政治哲学问题。古人深谋远见,早有天下之论,堪为完美世界制度之先声,进可经营世界而成天下,退可保守中华于乱世,故不可不思。天之道,万物之本,至大而不可知之,故孔子曰天道远矣。天下之理,身在其中,心所能及,行之可成,故曰天下之理,万事之本。①

按照赵汀阳的分析,"天下"这一核心概念包括三层意思:

① **世界整个大地**。大体上相当于中国存在论的基本结构"天、地、人"中的"地"。当然,与地在同一平面存在的江河湖海也属于"地"的概念。地为世界所有人所共有,人民拥有对大地的先验权利,所以是最大的公物,是公共财产。

② **世界上的全体人民**。在存在论语境中大体相当于"天、地、人"中的"人",而在政治社会语境里又相当于"民"。人也是天下的存在,而且是核心存在者。如果更准确一些,应该是指所有人的人心所向,即总体上的民心(generalheart),有些类似于"公意"(general will)。显然,得民心才算得天下。天下大地只有天下的物质表现,而天下民心才是天下的精神含义。

③ **一种世界制度**。这是天下概念最具理论意义的一层意思,它意味着世界治理的方式或者说世界所在成为世界的存在条件。混乱的政治存在实际上是无效的存在,只有良好治理的世界才是合格的和有效的世界,所以,拥有天下制度的世界才有资格被定义为世界,否则将是个"无效世界"。如果说在天下概念中,天下之地是其质料,而天下之心是其价值,那么,天下制度就是天下的存在形式。②

在赵汀阳的"天下体系"中,"天"被幻化了,即不在三个基本构造层次中。这或许是一个缺失,尽管他也谈到了"天下—天子"及"君天下"的重要性,也提到了"天子无外,以天下为家"(蔡邕:《独断》卷1),"天子以四海为家"(司马迁:《史记·高祖本纪》)等历史陈说,③却没有将"天—天子"置于天下体系的基本结构之中。"天"的

---

① 参见赵汀阳《天下体系:世界制度哲学导论·前言》,中国人民大学出版社2011年版。
② 参见赵汀阳《天下体系:世界制度哲学导论》,中国人民大学出版社2011年版,第83页。
③ 同上书,第34页。

缺失无疑是一个认识上的重要失误,导致这一缺失的原因之一是将"天"作为一个独立的存在实体的认知问题。在我们看来,在中国传统的核心价值观"天人合一"中,"天"不是独立自主的,当然,"地"和"人"也无法独立自主,只有相互糅合方可言说。

某种意义上,"天"的存在才是"天下体系"的基本存在。无"天"何有"天下"之谓?何况,"天"在中国传统的文化遗产中是一个实体性存在,"地"是一个实在性存在,阴阳乾坤,互为一体。中国传统文化建立在"土地伦理"之上,《周易·系辞传》曰:"包牺氏没,神农氏作,斫木为耜,揉木为耒;耜耒之利,以教天下,盖取诸益。"《管子·轻重戊》曰:"神农作树五谷淇山之阳,九州之民,乃知谷食,而天下化之。"《吕览·慎势》:"神农十七世有天下,与天下同之也。"对于中国传统文化的宇宙观,"天"是虚幻的,是神和"天子"神话存续的叙事,而"天下"则是实在的,是人民生活的实在,也是统治者管理的实体。而"天下"之本为农。故治理天下为先,后为神。"民心"需以农业为据,"神农"之名可为证。这才是"天下体系"的道理,"天下社稷"是谓也。《礼记·祭法》载:"是故厉山氏之有天下也,其子曰农,夏之衰也,周弃继之,故祀以为稷。"《左传·昭公二十九年》:"稷,田正也。"《国语·周语》上又称"农正"[1]。换言之,在中国,所有的文化遗产都是建立在"天地人"之"天人合一"的认知价值的体系之上。无论如何,中华传统之"天下观"与西式的"天下—中心"观有重大差异,"家、国、天下"贯穿着家庭性原则而形成三位一体的结构。[2]

今天,"全球化"已经成为历史事实和历史过程,同时也是一种新的"传统的发明"(the invention of tradition)。"传统"既是指原始性古老的遗存,同时又成为今天人们的一种创造。它是根据现实的需要建立与"过去"相关的符码,并从中发掘或者制造出新的东西。因此,传统并不是简单的囫囵接纳;除了其中一部分智慧和技术可以为全人类所接受,多数知识和

---

[1] 参见丁山《中国古代宗教与神话》,上海辞书出版社 2011 年版,第 20—23 页。
[2] 参见赵汀阳《天下体系:世界制度哲学导论》,中国人民大学出版社 2011 年版,第 43—44 页。

经验受到人群、环境、情境所限制。至于具体"发明传统"的形成不能缺乏社会化技术的作用，它需要一个形式化和仪式化的过程——通过不断地重复和强调某一个过去，并使被重复和强调的"过去"个性化。[1] 相关的形态有三种，它们相互交错：①建立或者使社会联结、社会团体符号化，不管这种团体是真实还是"人造的"（artificial）；②使所建立起来的或者合法的机构、地位或者关系具有权威性质；③这些工作的主要目的是使之社会化，包括信仰、价值体系以及行为模式。这一切看上去使得"共同体"具备了认同的机制和基础，其表达形如一个"民族"[2]。民族国家在今天已进入"后民族结构"阶段，认同机制也需要创新。

我们讨论"世界体系"和"天下体系"的不同表述，目的是为了表明以"黄土文明"为代表的中华文明的特殊性，尤其是它给我们所留下的丰硕的文化遗产弥足珍贵。在很长的历史认知中，游牧与农耕分属于不同的文明类型和形态，秦始皇统一中国所做的一件重要的事情，就是筑长城以区隔游牧和农耕。这导致许多人的一个重要的历史误会，即黄土文明为农耕文明。同时山西又属"中原地区"，历史是与华夏中心的政治结构"一点四方"相配合。需要反思的是，黄土文明不是纯粹的农耕文明，而是游牧与农耕的融合性文明。我们的课题选择山西介休为调研点，作为黄土文明的发祥地区，这是一个联结游牧和农耕两大文明版块的联结部，就历史、地理、政治、文化和族群边界而论，是一个可能重建"中国"概念的案例。因此，我们也有必要对前现代国家的"中国"做一个讨论。

通常我们都将中华文化定位于"农耕文明"，并将黄河文明认定为中华农耕文明的"摇篮"，这固然不错，然而却多少有些忽略"游牧—农耕"在历史上的生成和互动关系。在这方面，地理学上的"胡焕庸线"就是一条"游牧—农耕"互动线，它东起东北的瑷珲，西至西南的腾冲，全长1万多千米，农耕和游牧的历史关系（包括冲突、友好、平行、互动、融合等）在这条线上演绎了上万年，构成了中国历史重要的部分。

---

[1] Hobsbawm. E. & T. Ranger. (ed.) *The Invention of Tradition*, Cambridge: Cambridge University Press, 1983, pp. 1—4.

[2] Ibid., p. 9.

在中国人口地理上一直为国内外人口学者和地理学者所承认和引用，并且被美学者定名为"胡焕庸线"（也称"瑷珲—腾冲一线"）①。这是一条由我国地理学家胡焕庸教授提出的划分我国人口密度的对比线。

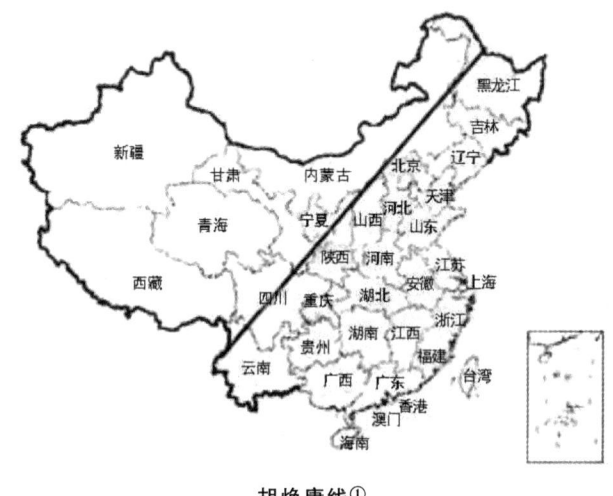

胡焕庸线①

———————

① 这条线从黑龙江省瑷珲（1983年改为黑河市）到云南省腾冲，大致为倾斜45度的一条直线。在我国的地理人口分布上，线东南方占全国36%的国土，居住着96%的人口，自古以农耕为经济基础；线西北占全国64%的土地，居住着全国4%的人口，是以草原、沙漠和雪域高原为主的环境，自古是游牧民族的天下。"胡焕庸线"以西是游牧民族，以东则是农耕文明。从人口密度与民众生活水平看，"胡焕庸线"的东南各省区，城镇化水平高于全国平均水平。具体地说，根据全国平均密度，东南部高出2.67倍，而西北部仅及其1/16。二者之间，平均人口密度成42.6∶1。这张人口密度图被附在胡焕庸于1935年发表在《地理学报》上的论文《中国之人口分布》之后。另外，"胡焕庸线"也是气候变化的产物。近代发现的400毫米等降水量线，是我国半湿润区和半干旱区的分界线，该线与胡焕庸线基本重合，也揭示出气候与人口密度的高度相关性。年降水量不足400毫米，土地便向荒漠化发展，正如西北部的草原、沙漠、高原等景色和以畜牧业为主的经济，东南部降水充沛则地理、气候迥异，农耕经济发达。但随着时间的推移和各种因素的变化，"胡焕庸线"两侧的人口密度已经有所变化，但总体格局不变。据人民网北京11月28日电（记者杨芳）：2014年11月27日，国务院总理李克强在国家博物馆参观人居科学研究展时，当他看到中国地图上的"胡焕庸线"，总理发出了"胡焕庸线怎么破"之问："我国94%的人口居住在东部43%的土地上，但中西部一样也需要城镇化。我们是多民族、广疆域的国家，我们要研究如何打破这个规律，统筹规划、协调发展，让中西部老百姓在家门口也能分享现代化。"

———————

① 参见http://image.baidu.com/i?。

近年来,在历史学和民族学领域,以华夏文明"中心—边缘"为话题的讨论也日益增多。① 其实,这一话题一直是个世界性话题,比如在 20 世纪初日本思想家冈仓天心在题为"儒教——北方中国"一文中认为:

> (古代的)中国人——如同鞑靼人是以游牧为生的中国人一样,他们是以农耕为生的鞑靼人——在遥远的年代里,刚定居于肥沃的黄河流域时,就立即着手发展宏大的集体主义体制……在文明进程中,总是持续地进行着这样的活动,即周期性地接纳鞑靼游牧族群的输入,并把他们同化融合到农耕体系中的某一个位置上。
>
> 这是一种循环往复的历史过程,即游牧族群的剑被改造成农夫的锄头,这一新社会成员的抵抗力也因此被削弱。之后,他们自己成为"墙内人",也要接受外来者的入侵。如此一来,中国历代的漫长承继谱系,往往讲述的是这样一种故事:某一新的族群获得了国家的统治权,之后当国家返回到旧有状态时,就会再次被其他族群所取代。
>
> 然而,定居平原之后的很长时间里,中国鞑靼人依然保持着牧民式的政治观念。古代中国分为九大区域,其长官被称为"牧"。他们信奉族长式的神,"天"就是他们的神的象征。"天"发乎仁慈之心,通过数术式的秩序,让各种命运降临在人类的身上,因为汉语中的"命"相当于命运(Fate),即命令(Command),所以这种宿命论的根本观念,大概就由鞑靼人传播给阿拉伯人,从而成为回教的观念……在中国,先于农民出现的牧人,这一事实反映在他们讲述的神话中,最早的皇帝伏羲氏就是畜牧师,其后的神农氏则是带有神的身份的农夫。②

---

① 较有代表性的是台湾学者王明珂先生的《华夏边缘》《羌在汉藏之间》《游牧者的抉择》等著述,将"中国"的历史概念重新提到"中心—边缘"的反思层面;同时,对华夏文明的"游牧—农耕"的历史融合置于更广宽的历史背景中加以讨论。

② [日]冈仓天心:《儒教——北方中国》,蔡春华译,《中国的美术及其他》,中华书局 2009 年版,第 17—18 页。

我们很难对这一段评述做决然的判断，说中国人（"中原人"）的文化基因中包含了鞑靼的族群性，这很难否定。鞑靼是中国古代北方民族的泛称，它有多重含义。鞑靼人的兴起早于蒙古人，但在辽代契丹人和金代女真人统治后，鞑靼人大部分融入了形成中的蒙古人，成为蒙古民族的主要来源之一。古代的九姓鞑靼部（塔塔尔部）就是一个多民族的部落集团，里面既有说突厥语的部族，也有说蒙古语的部族。语言特征上，随着鞑靼人取代突厥语族部落成为蒙古高原的主体居民，鞑靼这一名称也渐变为对蒙古高原各部（包括非蒙古语族部落）的泛称。在汉文典籍中，鞑靼最早见于唐代突厥文碑铭和某些汉文记载，但鞑靼一词在南北朝就已出现。由于历史的迁移的幅度大，包括今天的俄罗斯等地的鞑靼人也都源自古代蒙古草原上的同一民族。

鞑靼属于游牧民族，我们可以从汉字文化中找到大量证据：牧，甲骨文像手持荆条鞭赶牛群。其本义为放养牛群。金文基本承续甲骨文字形，调整了结构顺序。篆文承续金文字形。其基本意思为：放牛为"牧"，放羊为"养"。《说文解字》："牧，养牛人也。从攴，从牛。"《尔雅·释地》说："郊外谓之牧。牧外谓之野。野外谓之林。林外谓之坰。"《周礼·牧人》："掌牧六牲。""牧"为生计之要，故君王也将视其为"国务"，《列子·黄帝》："周宣王之牧正。"注："养禽兽之长也。""牧"也曾经是古代君王统治的一种方式，有统治之意。如《荀子·成相》："请牧基贤者思。"注："治也。"若从马、羊等的来历，亦可找到游牧文化的因子。由此，中华民族的文化基因中包含着游牧成分大抵是不错的。

"黄土文明 介休范例"对于这些不同学科和理论、观念，或可以提供一个全新的观点——不是附会或证明学术界已有的观点，而是通过案例还原历史的真实性——将黄土文明、华夏中国这一"多元一体"[①]提升到文化自觉的层面。同时需要说明的是，对于这一问题的讨论，我们将在项目的第二阶段继续进行。

---

① 参见费孝通《中国民族多元一体格局》，中央民族大学出版社1999年版。

黄 土 体 性

民族志为西来模范，其认识论建立于"主体/客体""主观/客观""主位/客位"的二元对峙的基础上，无论是以"科学—实证"为圭臬，还是以"艺术—阐释"为主旨，都伴随"我思故我在"的认知传统与民族志一路同行，表现为认识、实践、表述相融合的知识主体，我们称之为"文化体性"——指不同文明类型的背景，民族志分属于不同的文化体系，拥有不同的价值观，在不同文化传统体系中形成的"集体"和"个性"惯习，这些特性在民族志的实践过程中，形成特殊的生命和身体表达的意义特性。因此，任何民族志都是"体性的"：一方面，包含身体行为，包含对对象的认知，包含对主、客体生命的价值体认；另一方面，也包括特殊的表达方式。

"体性"之谓与身体行为和表述不可分隔，它可以理解为对传统认知上"客体—主体"间"介体"的强调，它不仅是一种交流形式，其本身也介入其中。布迪厄的"惯习"（habitus）[①]，强调在特定情境中身体行为的实践性，"惯习是通过体现于身体而实现的集体的个人化，或者是

[①] 虽然人们所认识的"惯习"（habitus）（也译作"生性"）主要是从布迪厄的"实践理论"那里来的，但从法国的学术传统看，莫斯早在20世纪30年代就已使用了这一词汇，他说："在许多年中，我都有这种'惯习'（habitus）的社会性概念。请你们注意我用的是法国人可以懂的拉丁语'habitus'。这个词可以表达的比亚里士多德用的'习惯'habitude、'存在'exis、'经验'acquired ability、'技能'faculty好多了。它并不指那些形而上的习惯，那些神秘的'记忆'，或者简短与著名的论断。这些'习惯'不是随着个人和他们的模仿而呈现不同，而特别是随着不同的社会、教育、礼仪、习俗、声望等呈现不同。我们应该能看到各种，以及集体与个人实践的理性，而不只是像那些平常人只能看到灵魂和它重复的技能方面。"参见［法］马塞尔·莫斯、爱弥尔·涂尔干、亨利·于贝乐原著，纳丹·施郎格编选《论技术、技艺与文明》，蒙养山人译，世界图书出版公司2010年版，第82页。

经由社会化而获得的生物性个人的'集体性'"①。总之,任何民族志都是要通过具体的实践,回归于特定的知识主体,即真实地反映对象的主体性。这是对传统民族志范式的一种具有"本土"意义的实践和实验。鉴于此,我国的民族志探索的首要任务是回归中华文化的"**知识主体**",我们称之为"**文化体性**"②。只有建立以"知识主体"为本的"文化体性",才有可能真正达到"**文化自觉**"③,并在此基础上实现"**自觉发展**"④。

由于人类学在研究上的范式和特点,传统的研究对象主要集中在"小规模"社会,学科自诞生以来,从未有过所谓"大文明"的研究自觉。在这一点上,整个西方的学术界长期处于一种巨大的悖谬之中:一方面,将诸如埃及文明、两河文明、印度文明和中华文明在历史的坐标上定义为古老文明。换言之,在体性上视之与欧洲文明的源头"两希文明"类同。另一方面,欧洲中心的"我者观"只承认欧洲文明为唯一的现代文明,而将那些古老文明也并入"他者"范畴。在研究范式上,由于人类学研究对象的确定性,通常只以那些边缘、原始的民族和族群(如美洲大陆的"印第安人",非洲大陆的"布须曼人"等)或封闭孤立的海岛群体和他们的文化(如"波利尼西亚"和"美拉尼西亚"海岛型土著等)为对象,真正进入传统文明体系的腹地进行的研究极其罕有。从这个意义上说,"黄土文明"的人类学研究是一项在学科史上都具有挑战性的试验。

费孝通先生以"乡土中国""土地捆绑的中国"(Earth Bound China)等概括我国传统文化。而"黄土文明"则更普遍地为世人所接受。笔者即以"黄土文明"为题,借"黄土"之名,释"黄土"之义,以彰乡土社会的重要性。首先,我们通过对"黄土"的"词与物"式的知识考古

---

① [法]皮埃尔·布迪厄、[美]华康德:《实践与反思——反思社会学导引》,李猛等译,中央编译出版社1998年版,第19页。

② 参见彭兆荣《体性民族志:基于中国传统文化语法的探索》,《民族研究》2014年第4期。

③ 参见中国民主同盟中央委员会中华炎黄文化研究会编《费孝通论文化与文化自觉》,群言出版社2005年版。

④ "自觉发展"是乔健先生受费孝通先生的"文化自觉"启发,并在此基础上提出来的概念(2014年山西介休专题会议上提出,未刊发)。

考索其解，弄清楚"黄土文明"中的核心概念的语义，包括本义、衍义以及可能的几个认知维度。

一 "黄土"是一个历史认知性构造

"黄"之名实及推演观。黄，甲骨文𩏃，即↑（矢，箭竿）加▭（口，小圈，箭靶）。有的甲骨文为𩏃，在靶心▭上加一短横指事符号，写成了❸。其义之一，由火光联想出黄、黄色之义；其义二，璜（玉珠）的象形字。黄字的甲骨文形有一个演变过程，但其与中国最重要、神圣的存在——帝王结合在一起，特别是帝王为什么取名为"黄"，迄今为止学界并无统一的认识。许慎《说文解字》释"从田光声"似无法解释"黄"被神圣化的理由。许进雄在经过几种可能性的探讨后得出如下几点意见：①黄帝是古代历史第一与第二阶段的关键人物，有非常详细的个人生活传统；②黄是璜佩的象形字，是贵族重要的服饰；③黄帝之名出现于五行说大盛，以之配合五色、五帝的时代之前；④黄在古代不是尊贵的颜色，无尚黄的时代；⑤黄帝时代始创黼黻衣制，衣制是成熟文明的社会不可或缺的制度；⑥黄帝的命名是最后一个以制物拟人化的帝王，此后的帝王则着眼于道德的高尚，非创物的才能。①

黄河流经我国的中原地区②，历史上"中土"与"黄土"时有互称。在我国古代的历史文献中，"中土"是经常使用的一个概念，"中土"与"中原"的意义相近，与"中国"的早期含义也相近。它们都与"四方"相对应而言。③ 呼应"一点四方"的政治空间格局。中土为"一点"，"四荒""四海"谓之"四方"。所以，"五"（东、西、南、北、

---

① 许进雄：《黄帝命名根由的推测》，《许进雄古文字论集》，中华书局2010年版，第303—314页。

② 关于"中原"，学术界有多种不同的说法，大体上说，指包括河南省中北部，山西省南部，陕西省及山东省各一部分在内的黄河中下游地区，这里是中华文明的发源地。也有学者根据史书记载尧都平阳（今临汾），舜都蒲坂（今永济），禹都安邑（今夏县），认为中华文明的发源地都在山西南部。后来中原所指范围逐步扩大，指黄河中下游地区，或指整个黄河流域。

③ 参见王子今《上古地理意识中的"中原"与"四海"》，《中原文化研究》2014年第1期。

中）构成了"中土"的核心。《周易·坤》："君子黄中通理，正位居体，美在其中而畅于四支，发于事业，美之至也。""黄中"乃是性道之本，万物之母也。在殷商时代，大地由"五方"组成，殷商地"中"，故有"中商"。这涉及中国的认知性的宇宙观，即对世界的时间和空间经验性认知，即上下四方，天地之间的关系构造。"宇宙"一词出自《庄子·齐物论》："旁日月，挟宇宙，为其吻合。"《尸子》："上下四方曰宇，往古来今曰宙。"《吕氏春秋·下贤》："神覆宇宙。"注："四方上下曰宇，以屋喻天地也。"中国的宇宙观配合"天地"，比如"黄道"，黄色是沃土的颜色，而且日月交会的日子叫作"黄道"。黄道和地球赤道相交于北半球的春分点和秋分点。《汉书·天文志》："日有中道，月有九行。中道者，黄道，一曰光道。"宋代沈括的《梦溪笔谈·象数二》："日之所由，谓之黄道。"

二 "黄土"是一个自然生态现象

"黄土"一词最早见于西汉学者伏无忌所记的一次雨土现象：西汉后期昭帝元凤三年（前78年）"天雨黄土，昼夜昏霾"（《伏侯古今注》）。东汉史学家班固撰成我国首部断代纪传体史籍《汉书》，在该书之《五行志第七下之上》中，记录了西汉成帝建始元年（前32年）四月"壬寅晨，大风从西北起，云气赤黄，四塞天下，终日夜下著地者黄土尘也"。在这里班固用了"黄土尘"一词，既将黄土成因揭示了出来，又对黄土之性状作了精确的表述，反映了我们的祖先对"黄土"已有了十分深入的认识。在我国古籍中还有一个与"黄土"相近的词汇，即"黄壤"。"黄壤"较"黄土"出现得更早，早在战国时人所著之《尚书·禹贡》篇中（一说是更早的西周初年文王、武王、周公、成王、康王全盛时代太史所记录的文献）就记有雍州"厥土：惟黄壤。厥田：惟上上"。雍州是《禹贡》篇中所划分的中国疆域"九州"之一，其分布区域主要在今陕西省之关中、陕北及其以西地区，也即黄土高原。[①]

[①] 参见朱士光《西部地标：黄土高原·前言》，上海科学文献出版社2009年版。

黄土高原是华夏族的发祥地，而黄土本身又具有柱状节理和垂直节理的特殊性能，其上层的黄土经古代先民的种植实践，土壤呈团粒结构，腐殖质异常丰富，是宜农宜林宜牧的理想土壤。[①] 从黄土中长出来的五谷桑麻从根本上解决了先民们最基本的温饱需要——吃和穿的问题。而恰恰又是黄土更新世的马兰黄土（新黄土）、离石黄土（老黄土）和午城黄土（古黄土）均可掘而为穴。原始人从黄土高原天然的水潼洞、石庵中爬出来，利用原始的简单工具掘土为穴，就发展成为窑洞。黄土赐给人们"住"的条件，又给了人们解决温饱的物质基础。黄土又是原始制陶的理想材料，赐给人们以器用。五谷桑麻、窑洞和陶器均得于黄土之赐。所以，人们强烈的黄土崇拜意识就形成了。

三 "黄土"是一个政治地理学概念

在我国，地理从一开始就包含着"中心论"的思想，并与统一、一统、统治结为一体。《山海经·中山经》结尾有这样的话："禹曰：天下名山，经五千三百七十山，六万四千五十六里，居地也。言其《五藏》[②]，盖其余小山甚众，不足记云。天地之东西二万千里，南北二万六千里，出水者八千里，受水者八千里，出铜之山四百六十七，出铁之山三千六百九十。此天地之所分壤树谷也，戈矛之所发也，刀铩之所起也，能者有余，拙者不足。封于太山（即泰山），禅于梁父，七十二家，得失之数，皆在此内，是谓国用。"《山海经》包括了上古地理、天文、历史、神话、气象、动物、植物、矿物、医药、宗教等内容。以山为经，以海为纬，"山海"为"天下"之意，是一个完整的自然—人文体系。这个自然—人文体系中土为主体（主要是"山经"）的"东西南北中"建制。《山海经》的地理和空间结构也是政治性的。中（中华、中国、中原、中州、中央），皆由此衍出，其原型就是"一点四方"。与之相符的古代"黄帝四面"神话也都属于同一脉络的

---

① 参见 http://baike.baidu.com/subview/145312/9552881.htm?fr=aladdin 黄土词条。
② "五藏"之"藏"通"脏"，五藏即五脏，此处把山比作中土的五脏。

表述形态。《太平御览》卷七九引《尸子》中孔子与学生的对话：

> 子贡曰："古者黄帝四面，信乎？"
> 孔子曰："黄帝取舍己者四人，使治四方，不计而耦，不维而成，此之谓四面。"

其实，"黄帝四面"符合中国传统的"天下"之"四海""四方""四象""四季"等，是一种神话思维的宇宙观和政治地理学的认知逻辑。[①] 而"黄帝四面"同时也是以黄帝为"中心"的建构，否则便无"四面"，亦无"四方"可云。

四 "黄土"是一个"天人合一"形制

《形象字典》释"中"：甲骨文像两旗相对，表示两军对峙。有的甲骨文在两旗之间的对称位置加一点指事符号，并在圆点上加两点（分），表示在相互对峙的两股军事、政治力量之间没有倾向。有的甲骨文将圆点简化成"囗"（域），表示两军之间不偏不倚的地带。有的甲骨文省去字形下端的旗帜，像一杆旗插在城邑（囗）的核心地带。有的甲骨文将两杆旗都省去，极大地简化字形。金文、篆文承续甲骨文字形。《说文解字》：中，内也。从囗。丨，上下通。古文中。籀文中。本义：中心当中，指一定范围内部适中的位置。引申为表示方位之中。[②] 四方之中心，包括与东西南北、上下左右相对而言。"中华""中原""中国"即有此义。《新书·属远》有："古者天子地方千里，中之而为都。"《仪礼·大射仪》："中离维纲。"《说文》释："中，和也。"为什么"中"译为"和"，《说文》："和，相应也。"《广雅》："和，谐也。"《老子》："音声相和。"说明"中"从"口"。有学者认为，"中"与"史"有关，从文字学的形态观察，有"持中之物"之说较为普遍，故有"中正"之说。

[①] 参见叶舒宪《中国神话哲学》第六章《黄帝四面》，中国社会科学出版社1992年版。
[②] 参见赵诚编著《甲骨文简明词典》，中华书局2009年版，第271页。

《周易·系辞上传》："与天地相似，故不违。知周乎万物而道济天下。故不过。旁行而不流。乐天知命，故不忧。安土敦乎仁，故能爱。范围天地之化而不过。曲成万物而不遗。通乎昼夜之道而知。故神无方而《易》无体。"这是一个中国古老的认知形制，即"天人合一"。张衡的《灵宪》云："苍龙连蜷于左，白虎猛踞于右，朱雀奋翼于前，灵龟蜷首于后，黄帝轩辕于中。"[1] 另，房玄龄等撰《晋书·天文志》："北斗七星在太微北，七政之枢机，阴阳之元本也，故运乎天中，面临制四方，以建四时，而均五行也。"[2] 四灵围绕主神，五行分布有序。在其两侧，东方青龙旁边是羲和捧日，北斗七星、西方白虎旁边是常羲捧月，面斗六星。[3] 就认知而论，必以"自我"为中心，以确立一个认知点，进而由近推远，仿佛石子破水，水波由内往外，由近推远。氏族时代，国王身兼王—巫（神），以获得神圣性。这一特点几为共性。[4] 我国商周时代，国家重要事务都需占卜，通常的情形是由贞人和国王共同参加国之祭祀。祭祀的原则即由"天象"告示"地事"；而占卜皆以祭祀地点为中心，或以国家为中心，判断来自四方的吉凶，特别是"祟"（祸事）。现存甲骨铭文中就存在着大量以"我"为中心，来自东西南北方位之"土方"（异族）的情况（多为"来侵"），如《甲骨文合集》第137、6057、10405、12051片等，表述极为普遍。[5]

五 "黄土"是一个以"色黄"代表五行的结构

在汉民族的文化传统之中，"五行"常用于言说宇宙构造的元素，"五行之内，土为万物之母"[6]。中国传统中更有"五色土"的仪制，

---

[1] （南朝宋）范晔：《后汉书》卷二下《天文志》，刘昭注，上海古籍出版社1996年版，第816页。
[2] （唐）房玄龄等：《晋书·天文志》，中华书局1974年版，第290页。
[3] 参见黄雅峰《汉画图像与艺术史学研究》，中国社会科学出版社2012年版，第1页。
[4] James George Frazer, *The Golden Bough A Study in Magic and Religion*. The MacMillan Company, 1947.
[5] 参见马如森《商周铭文选注译》，上海大学出版社2013年版。
[6] （明）宋应星：《天工开物》，潘吉星译注，上海古籍出版社2008年版，第207页。

《周礼·冬官·考工记》："绘画之事，杂五色。东方谓之青，南方谓之赤，西方谓之白，北方谓之黑，天谓之玄，地谓之黄，青与白次也，赤与黑相次也，玄与黄相次也。青与赤谓之文，赤与白谓之章……土以黄，其象方，天地变，火以圜，山以章，水以龙，鸟兽蛇，杂四时，五色之位以章谓之行。凡绘画之事，后素功。""五色土"通常与社稷以及祭土仪式有关。北京中山公园内有一座被称为"五色土"的大土坛，实为社稷坛，即祭祀社稷时所用。社指社神，即土地之神；稷是稷神，即五谷之神。社稷也是国家的代词。"五色土"的社稷坛，也叫"太社稷坛"或"太社坛"，明代先后建了三座，一在南京，一在中都，一在北京。坛上的东、南、西、北、中五个方位，分别放着青、红、白、黑、黄的泥土；坛外围墙用的颜色也一致。[①] 这说明，黄土代表五行五色之中土。

《逸周书·作雒解》第四十八："乃设丘兆于南郊，以祀上帝，配以后稷，日月星辰先王皆与食。封人社壝，诸侯受命于周，乃建大社与国中，其壝东青土，南赤土，西白土，北骊土，中央亹以黄土，将建诸侯，凿取其方，一面之土，焘以黄土，苴以白茅，以为土封。故曰，受列土于周室。乃位五宫、大庙、宗宫、考宫、路寝、明堂，咸有四阿，反坫，亢重、郎、常累、复格藻梲，设移旅楹春常画旅。内阶玄阶，堤唐山廧，应门库台玄阃。"中国传统的"五方"空间观经常表现在建筑，特别是祭祀建筑上。比如东汉灵台遗址，地处河南偃师岗上村和大郊寨之间，灵台最高层与天际相接，廊房四周运用不同色彩，壁北面饰黑色、南面饰朱色、东面饰青色、西面饰白色；意在表示东方青土、南方红土、西方白土、北方黑土。灵台中央起自大地，中国黄土。五种颜色象征国土。灵台一方面祭祀社稷土地之神，另一方面表示稳固的皇权统治。[②] 同时，不同朝代也赋予其相应的内容。比如汉代是商、周的继承者，但与商、周和秦不同，西汉儒生认为，黄帝代表了朝代的开端，

---

① 参见刘德谦《从"五色土"说起——古代社稷坛小史》，文史知识编辑部编《古代礼制风俗漫谈》，中华书局1986年版，第1—2页。

② 黄雅峰：《汉画图像与艺术史学研究》，中国社会科学出版社2012年版，第198—199页。

金、木、水、火、土五行之中，"黄"象征着"金"，其崛起对应着"土"，汉代再一次对应"土"，标志着一个新朝代的开始以及合法性。①

黄土崇拜的具体对象就是"社"。《说文》释之为"地主也。从示、土"。《春秋传》曰："共工之子句龙为社神。"《周礼》："二十五家为社，各树其土所宜为木。"《白虎通义·社稷》："人非土不立，非谷不食。土地广博不可遍敬也。……故封土立社，示有土尊。"五土，一说为青、赤、白、黑、黄五种颜色，黄土居中央之位。总之，社神即"五土总神"。山西不分东西南北，家家都有"天地牌位"和"土地堂"，可见黄土高原民众对土地神的尊崇重视。而土地崇拜意识如此浓烈，是源于人和水土的关系，是农耕经济文化母体的产物。人们出于依赖土地的物质需要产生了对土地的精神敬仰。②

六 "黄土"中"后土"（厚土）崇拜为传统的核心价值

在古华夏人的心中，大地本来就是黄色，《礼记·月令》称"中央土，其日戊己，其帝黄帝，其神后土"。"天玄而地黄"（《周易·文言》）。黄土崇拜在我国由来已久，并由此产生了土神、社神等一系列崇拜对象、崇拜意识和崇拜行为。抟土造人的神话传说，即肇始于原始先民的价值观念。这里有两个关键问题，一是做人的材料是黄土，二是做人的工匠是一位女神即女娲。因此形成了中国特有的黄土崇拜和女性崇拜。天地乾坤覆载孕育万物。就连居于五帝之首的始祖黄帝也是"有土德之瑞，故号黄帝"（《史记·五帝本纪》）。土地伦理是一个具有形态上的广袤土地，同时以中心外推。《尔雅·释地》释"野"："邑外谓之郊，郊外谓之牧，牧外谓之野，野外谓之林，林外谓之坰。下湿曰隰，大野曰平，广平曰原，高平曰陆，大陆曰阜，大阜曰陵，大陵曰阿。可食者曰原，陂者曰阪，下者曰隰。田一岁曰菑，二岁曰新田，三岁曰畬。"《尔雅·释地》释"五方"："东方有比目鱼焉，不比不行，其名谓之鲽；

---

① 黄雅峰：《汉画图像与艺术史学研究》，中国社会科学出版社2012年版，第144页。
② 此部分资料参见胡泽学《二晋农耕文化》，中国农业出版社2008年版，第267—269页。

南方有比翼鸟焉，不比不飞，其名谓之鹣鹣；西方有比肩兽焉，与邛邛岠虚比，为邛邛岠虚啮甘草，即有难，邛邛岠虚负而走，其名谓之蟨；北方有比肩民焉，迭食而迭望；中有枳首蛇焉。此四方中国之异气也。"

人们看到的是地上万物皆出于土，而万事万物又都是出于女性——母性的生产，包括人的生产。中国先民古老而原始的意识里，有"天""地"之分，有阴阳、上下、公母之分，"天"为阳、为上、为公；"地"为阴、为下、为母，即形成"天公""地母"的固定模式。把"地"拆开来看，"土"既是名词，又是动词，不但在地下和地中包含了万物，而且"吐"出了万物，"也"为女阴，"娲"为女性，女娲作为神女的职司是专造世间万物，包括人和六畜以及从地下或地面长出来的一般动物和植物，故所有生物以女娲为"母"。而"地"又是如此这般地生万物、长万物、"陈列"万物。这样就形成了"黄土造人""吐生万物""大地为母""陈列万物"的不容置疑的概念。这种观念均发生在母系氏族社会，也是发端于农耕文化。在古人的观念中，农作物的种植和种子的收获与人的交配繁衍有着等同的关系，"种庄稼"等于"种人"，植物的种子等于人的儿子，人母也等同于地母。《说文解字》释："地，元气初分，轻清阳为天，重浊阴为地。万物所陈列也。从土，也声。"《说文解字》："也，女阴也。象形。ㄟ，秦刻石也字。"

"黄土文明"以"黄土"为名，所代表者即中华文明的历史形貌。

以"祖—社"之名

"黄土"中"土"之要义,"社"是一个关键词,它是阐释"中土"社会的一把钥匙,它与"祖""宗"等组合成为理解历史遗产的一组连带性关系;笔者认为"祖—社"对应性连带结构是中国传统农业文明的基要,而且符合中国传统的"天人合一"之"乾(天—阳—父),坤(地—阴—母)","祖"与"社"建立了基本的关系,郭沫若甚至认为二者为同一物。[①] 人类学家乔健先生认为,"且"(祖)为氏族共同祖先的象征,"且"与"示"构成了"祖"与"宗"的二级关系。[②] 虽然学术界对"祖""社"二字的训诂、阐释和见解不同,却一致认为,欲说"社"(土),离不开"祖"(且),二者是一个相互言说的同构关系。

不过,二者在历史的变迁中渐行渐远,形成各自表述的态势。顾颉刚的考述表明:周代的祭礼有郊有社,郊以祭上帝,社以祭后土。春秋时人设誓,常称"皇天后土实闻此言"。可见天帝和地神是最大的两个神。汉得天下之后,没有祭祀后土。[③] 说明自汉代以后,"祖—社"出现了分离的趋势。而"社"则出现了明显的"神圣—世俗"的下行方向运行。在"神圣"的路径上,与传统的农业文明相结合,逐渐代表了"国土",再加上民食的稷,形成了完整的国家意义,"社稷"二字就成了"国家"的代名词。[④] 在世俗的路径上,"社"与诸台城隍庙、土地

[①] 参见乔健《说且示》,《大陆杂志语文丛书》第一辑第三册,大陆杂志社1975年版,第218页。

[②] 同上书,第223页。

[③] 顾颉刚:《史迹俗辨》,上海文艺出版社1997年版,第71页。

[④] 同上书,第74页。

堂一样，进入乡土社会，并与地方宗族相协同，成为民间事项中的民俗表述。在这方面，虽然"祖"也存在"神圣—世俗"的分化趋向，如"祖"（祖国）的代称，以及"祖"（祖宗）的同化现象，但由于其原本与"上帝"（天）相属，演化的情形与"社"有所不同。

"祖"在甲骨文中多通"且"，作且，有的为且，金文祖，将甲骨文的丨写成示。篆文祖将金文的示写成示。"祖"即与"且"通，是一个常用词汇。比如1976年12月在陕西省扶风县法门公社出土的古遗址，发掘出商周青铜器"史墙盘"①铭文之二共有135个刻符，"且"符就有5个之多；开句便是"青幽高且"（沉静深远的高祖②）③，铭文中还有"剌且"（烈祖）、"亚且""乙且"④等。这些不同的名称构成了一个完整的亲属称谓和制度雏形，诸如"高祖""始祖""远祖""烈祖"等在后世的传承中皆泛指祖先。"祖"有特指和泛指，现代的"祖"指父亲的上一辈，如祖父，如需明确则可加诸如伯祖、叔祖等，至于更远的辈分则用高祖、远祖通称；泛指则可以通称远古的祖先，但在商周卜辞中的"且"则是一切祖的通称，不管哪一辈的祖，也不管是亲生还是叔伯关系；卜辞中的辈分顺序以十干（甲、乙、丙、丁、戊、己、庚、辛、壬、癸）排列。⑤

因此，"祖"首先是一种亲属称谓和亲属关系。⑥《说文》释："祖，始庙也。"《玉篇》对祖的解释有延伸："父之父也，始也。道祭也。"有意思的是，"祖"有字源、字形的注释历来为方家所热衷，其中它与生

---

① "史墙"，人名，史是官名，子姓，名墙。
② 且即祖，卜辞习见。高祖在此指远祖。史墙盘之铭文所述为具体氏族，即微氏家族。此铭自高祖之下，尚有烈祖、乙祖、亚祖、文考，至墙已六代。见马如森《商周铭文选注译》"史墙盘"之注（69），上海大学出版社2013年版，第182页。另见《商周金文》，文物出版社2006年版，第152页注（28）。
③ 参见马如森《商周铭文选注译》，上海大学出版社2013年版，第184页。
④ 同上书，第171—174页。
⑤ 参见赵诚编著《甲骨文简明词典——卜辞分类读本》，中华书局2009年版，第41页。
⑥ 有关"祖""宗"的人类学讨论非常多，有人从考古人类学的角度对人类祖先进行解释，分子人类学有过谱系的考证，文化人类学从亲属制度的角度，以clan为"祖"、lineage为"宗"的讨论，族群研究、"国族"研究、历史人类学研究、姓氏研究等对"祖宗"都有过大量的讨论。此不赘述。

殖崇拜的意象虽然存在争论,但视觉上的形体和形态已非训诂和考据可以完全解释,人们只要观察一下古代的祖形崇拜物便无法反对"且"及"祖"的生殖意象。①这类形态、材料以及对材料的解释具有相当的普遍性,考古工作者甚至认为,管形神器是对男性生殖器官的模拟和尊崇,在祭祀时是祖先的象征。②作为"公理",生殖、生产是人类生存和生计的首要事务,祈求丰产属于人类的基本需求,而这一意象在父系制社会里便会得到合理的表现和表达。

有的学者更愿意相信,"祖"是宗庙里的神祖像。③这样的解释更集中地将"祖"置于宗庙祭祀的范畴。在宗庙祭祖不仅仅是祭祀仪式本身的形制要求,也是一种宗族记忆与认同,当然,更是一种"敬/求"关系。④祖先作为一种特殊的灵魂形式存在于天,俯视人间世道;"祖先在上",不仅掌控人们的现世生活,更在庇佑、指导和左右人们的世代生活。"世代"原本即为传承,是为常识,故有"世代传承"之言。因此,这种传承价值观念不仅像一面镜子观照人世,其方式也就蕴含了不间断的实践意义,民间的"天地君亲师"高悬正厅不啻为一种无形的"凸显"格局,检验、鉴定凡间人情世故、行为举止等一切事务,形成高高在上的统摄力量;同时庇佑亲属后人,维护社会秩序,并成为世世代代传承的"公正"与"公证"。

"祖"与"社"存在着密切的关系,或者说二者原本就具有同源性。有学者认为,宜与祖古本一字,宜社亦即所谓"出祖释祓",《左传》谓之"祓社"。《尔雅》所谓"宜于社"即"俎于社",而"祓礼"也就是祖道之礼。⑤《尚书·甘誓》:"用命赏于祖,不用命戮于社。"虽然我们

---

① 参见凌纯声《中国古代神主与阴阳性器崇拜》,《民族学研究所集刊》1959 年第 8 期;安志敏《一九五二年秋季郑州二里冈发掘记》,《考古学报》1954 年第 8 期;许进雄《中国古代社会:文字与人类学的透视》,中国人民大学出版社 2008 年版,第570 页。

② 参见张绪球《长江中游新石器时代文化概论》,湖北科学技术出版社 1992 年版,第 224—229 页;邵学海《先秦艺术史》,山东画报出版社 2010 年版,第 111 页。

③ 赵林:《殷契释亲:论商代的亲属称谓及亲属组织制度》,上海古籍出版社 2011 年版,第 43—45 页。

④ 法国学者纪仁博认为,中国古代的祭祖活动表现为"敬/求"的结构关系。参见纪仁博 (David Gibeault)《中国祭仪语法的要素:祭祀》,赵秀云译,《民族学刊》2014 年第 3 期。

⑤ 参见丁山《中国古代宗教与神话考》,上海辞书出版社 2011 年版,第 499—501 页。

可以从"祖""社"的考释中体会中国文化的务实精神和态度，即都围绕着"生产""生殖""丰产"等意思，但"社"与"祖"还是各司其位。从本义上说，"社"即祭祀土地。《孝经》云："社者，五土之揔神。"①《礼记·祭法》："王为群姓立社，曰大社；王自立社，曰王社；诸侯为百姓立社，曰国社，诸侯自立社，曰侯社；大夫以下成群立社，曰置社。"《白虎通·社稷》释之曰："大社，为天下报功；王社，为京师报功。大社尊于王社，土地久故而报之。"古以土为社；邦土，亦即祭之国社。② 我国自古有"家天下"的传统，而"家"是一个家长制宗法等级秩序下的各种"分"的原则（分封、分社、分支等等），这一切都围绕着"土地"，这也正是"乡土中国"之"乡土本色"③。就华夏传统而论，"祖—社"同构。

"社"为"地方"（"天圆"对应"地方"的结构），"四方"自然成了"社"的维度范畴，因此，四方神与社神为不同的神祇，二者皆重要。《诗经·小雅》："以我齐明，与我牺羊，以社以方。"《诗经·大雅》有："祈年孔夙，方社不莫，昊天上帝，则不我虞。"丁山因此认为，"后土为社"，应祀于社壇之上，不必再祭于"四坎坛"④。"以四方之神合祭于邦社，恰与《左传·昭公二十九年》中的'五行之官，祀为贵神，社稷五祀，是尊是奉'，祀四方于社稷之典相合。足见四方之神，在商、周王朝的祭典里，本属地界，不隶天空……当是祭四方于社稷的遗制，与天神无涉。"⑤ 四方之神在《国语·越语下》中亦称"四乡地主"，云："（王命）环会稽三百里者为范蠡地……皇天后土，四乡地主正之。"韦解："乡，方也。"四方神主，见于盟誓。⑥

"社"原本是土地伦理的产物，"英雄祖先"通常与之有涉；比如陶，即土，在地质学里就是一种黏土，即具有黏性的冲积土壤。《说文

---

① 参见（汉）郑玄注、（唐）贾公彦疏《周礼注疏》，上海古籍出版社2010年版，第658页。
② 参见丁山《中国古代宗教与神话考》，上海辞书出版社2011年版，第45—47页。
③ 费孝通：《乡土中国 生育制度》，北京大学出版社1998年版，第6页。
④ 丁山：《中国古代宗教与神话考》，上海辞书出版社2011年版，第101页。
⑤ 同上书，第169—170页。
⑥ 同上书，第157页。

解字》释:"陶,再成丘也,在济阴。从阜,匋声。"《夏书》曰:"东至于陶丘。陶丘有尧城,尧尝所居,故尧号陶唐氏。"陶丘有尧城,说明尧帝曾经居住在陶丘,因此尧帝也号称"陶唐氏"。尧帝既是土之圣,又同陶之祖。古人称主天者为"神",称主地者为"圣"。《说文解字》:"圣,汝颍之间致力于地曰圣。从又土。"于省吾相信此说有所本,却过于笼统;以其考释,"圣"与"田""垦"有关。① 显然,这是中国农本传统的缩影。说明古代以"神农"为本,以土地为本。人们也可以理解为何尧、舜、神农等先祖皆为"圣土"之王。"圣"的合并字为"聖",即"圣—聖"的并转。甲骨文像长着大耳的人,表示耳聪大慧者。中国远古祖先认识到,善听是内心宁静敏感者的超凡能力,能在自然环境中辨音识相者,是大觉悟的成道者。

---

① 于省吾:《甲骨文字释林》"释工"条,商务印书馆2010年版,第232—242页。

"后土"之制

土地崇拜的具体对象，一为"社"，一为"后土"。社，土也。① 不谓之"土"何？封土为社，故变名谓之"社"，利于众土也。② "后土为社。"③ 我国传统以土地为本，将"自然崇拜"与"人神崇拜"合二为一，故有"社以地言，后土以神言。"④ 后土神由此成为影响农业生产与地域安危的决定性力量。在社会行为上，后土信仰构建出了一系列特定的礼仪制度和民间习俗。"后土"信仰、制度、行为的载体延伸出巨大的文化空间，山西介休后土庙的历史演变和衍化，可以为范。特别是作为文化遗产的"生命样态"形制，值得特别重视。

以人类学的眼光，生命形态，或曰生命史，既可以理解为一种个体性生命现象，又包含着文化生命传承的社会历程。⑤ 包含今日学术界"生物物种/文化物种"的组合。这一基本视野构成了人类以家庭为基础单位的代际相传，宗族世系（lineage）也因此成了人类学研究最为重要的亲属关系；其中"继嗣"（heritance）专门指涉群体内部的传承制度——既是生物性的，也是社会性的。遗产（heritage）与之同根，故为继承关系中的基本要件。由此，遗产作为一种特殊的从过去遗续之事物，具有生物和文化的"生命传记历史"（the biographical experience）。

---

① 《论衡·顺鼓》。
② 《白虎通·社稷》。
③ 《左传·昭公二十九年》。
④ 陈智英校补：《重修大宁宫记》，参见陈垣编纂《道家金石略》，文物出版社1988年版，第1221—1222页。
⑤ See Thomas Barfield(ed.), *The Dictionary of Anthropology*. "life history", Blackwell Publishing Ltd., 1997, p.287.

需要特别说明的是，文化遗产的"生命形态"，或可称为"第二种生命"(a second life as heritage)①，除了个体的、生物性原理之外，还具有超越个体生命的"累叠现象"，呈现多种"生命样态"。特别在当今世界的"遗产事业"中，这种情势更趋扩大，成为一种新的文化生产方式。②

"遗产"作为特殊的遗续，被赋予时间维度。我们可将遗产视为**"今天的过去"**。但遗产与历史又不同，"遗产本身正如其所显示的那样，全然不像历史，而像中世纪的遗物，被认可的不是其本尊的正名，而是今天的发掘利用"③。在遗产学里，"过去"被赋予特殊的价值、意义、符号和幻象，具有语境性。在西方语境中，描述"过去"的方式有："过去是外国，他们做的事情完全不一样。"(The past is a foreign country; they do things differently there.)④ 这种天方夜谭式的故事包含着对"过去"的一种怀旧式幻想，仿佛讲故事的开场："很久很久以前……"这种将时间和空间推返至一个特定"情境事物"，使遗产的生命样态被"具象地拉长"，遗产的过去成了一种超越物理时间的错乱性记忆，即不按时间序列进行的选择记忆。结果是：遗产本身是一种客观，人们的选择记忆是另外一种客观，这些各种各样的记忆使得遗产成为具有"附加值"(value added)的生产作坊。遗产成了"历史的附身"，而附加的维度空间不断增加、增值——包括物理时间的累叠和选择记忆的沉淀。

遗产学与人类学有一个相似之处，都属于**"发现化石"**的学科。考古人类学热衷于寻找化石(fossil)，诸如存留在岩石中的动物或植物遗骸，并通过了解生物的演化帮助确定相关地层年代。这一概念提示"生命遗留"的多种样态：①化石指那些"死去"的动植物遗骸，作为通常

---

① Barbara Kirshenblatt-Gimblett, *Destination Culture: Tourism, Museums, and Heritage*, University of California, 1998, p. 129.

② Ibid., p. 149.

③ David Lowenthal, *The Heritage Crusade and the Spoils of History*, Cambridge University Press, 1997, p. 127.

④ 这一著名的格言出自英国作家哈特雷《传信人》(又译为《媒人》)。

意义的"生命",这些动植物早已结束;然而他们的"遗骸"作为另外一种意义的生命遗存却在继续。②"遗骸"在诸如地层演化中成为可以计量另外一种"生命"的时间长度;仿佛地质学使用的"生长期"。① 动植物的"遗骸"与特定区域的地质组织结构相结合,使之成为地质学计量"区域生命史"的一部分。这些生物遗体中的有机质虽已分化,但坚硬的部分如外壳、骨骼等与沉积物一起经过石化成为石头,它们原来的形态、结构得以保留。③文化人类学的同质性在于寻找人类社会的"活化石"②。我们今天称非物质文化遗产为"活态遗产",也包含了这样的意义和意思。④特定的事物中包含了多种生命意义,比如"木乃伊"③,人的肉身死亡,却以特殊的观念性方式使人的另一种"生命存在"(灵魂)得以附着。世界上的许多族群中都有"灵魂"说,这些不同的"生命遗存"通过类似"木乃伊形式"继续着另一种"生命"的延续,或曰"**另类生命**"现象。

文化遗产的生命形式是一项复杂的工程。一般而论,任何物,特别是"文物",包括人工制作的器物、工具、艺术品等都有"寿命"只是表现形态不同。其实,我们今天所说的继承和保护文化遗产,也可以理解为遗产的"**延长寿命**"工程。然而,由于文化遗产的"寿命"并非生物意义上的寿命,而是被赋予、被想象(imagined)的"寿命"——一种广义的时间制度。比如"**收藏过去**"便是一项使特定物得以"延长"生命的特殊方式。当时间凭附于对象时,它就赢得了特定延长寿命的形式。收藏古代艺术这一个长久而特别的传统,被认为开始于古希腊罗马时期,直到19世纪以科学考古学为代表的现代博物馆的出现,并对文物进行了再发现、再认识,对古代艺术品进行了保护等,使这一传统理念学科化。同时,随着科学方法的引入,大量私人收藏者也因此受惠。

---

① 一般的"生长期"有两种意思:一种指不同的自然地理条件下的植物的生长期;另一种是地质学上特指某些区域、地质特征的组织、结构以及发育、生长的历史。

② 参见邓启耀《视觉人类学·导论》,中山大学出版社2013年版,第39页。

③ 译自英语mummy,源自波斯语mumiai。一种古老的对尸体的处理方式,也叫"人工干尸"。世界许多地区都有用防腐香料处理尸体的方式,年久干瘪,即形成木乃伊。古埃及人相信人死后灵魂不灭,并附着于尸体或雕像上,所以,法老王一俟死亡,便被制成木乃伊。故世界上以古埃及的木乃伊最为著名。

"在西方，在过去的两千年间，在收藏古董的历史中，当今对文物的收藏使巨大的，更具有深远的价值扩展到更为广阔的领域，包括宗教、政治、经济、审美等。"①

文化遗产"生命史"的特殊性不仅见诸客观"事物"之上，还表现在主观"话语"之中。"文物"类遗产有一个外在的特点，即时间附于特定物，成了"价值"最重要的依据，赋予新历史语境以新的文化含义。这与其说是一种认识论，毋宁说是一种方法论。当代西方学术有一个共同点，就是在语词与事物之间建立起历史性关联。②福柯即为代表，他的《词与物——人类科学考古学》在"存在"与"表述"之间建立了特殊的历史关联。③而事实上，这样的方式为人类学研究所常用，因为传统人类学研究的对象为"高贵的野蛮人"，物的社会语汇和语义成了人类学家最初观察的对象和习得的知识。"知其然，亦知其所以然"是人类学"质性"研究的基本功；因此，识物之象，洞悉**"物象之后"**（after object）也成为人类学遗产研究的重要范畴。其中道理颇符合儒家学说：人类的一切器物制度礼法都起于种种"象"，其后有"意"④。"象"可理解为"名"，"名"不在，意即失。常态化的社会变迁致使"事物的社会生命"在"物"的表象之后被附加了广泛的社会内涵，因此变异总在发生；甚至"圣物"（sacred objects）都会发生变化，比如有些北美的印第安人在皈依基督教后，就把他们曾经的圣物卖给或送给他人。⑤遗产的物理常在于物象之后，原理取决于变迁。

当今世界的所谓遗产事业，已然掺入资本、商品与交换的因素。

---

① Margaret Ellen Mayo *Collecting Ancient Art: A Historical Perspective.* in Kate Fitz Gibbon (ed.) *Who Owns the Past? Cultural Policy, Cultural Property, and the Law.* Rutgers University Press, 2005, p. 133.

② Arjun Appadurai (ed.) *The Social Life of Things: Commodities in Cultural Perspective.* Cambridge University Press, 1986, p. 5.

③ 参见［法］米歇尔·福柯《词与物——人文科学考古学》，莫伟民译，上海三联书店2001年版。

④ 参见胡适《哲学的盛宴》，新世界出版社2014年版，第78页。

⑤ Steven Vincent Indian Givers. in Kate Fitz Gibbon (ed.) *Who Owns the Past? Cultural Policy, Cultural Property, and the Law.* Rutgers University Press, 2005, p. 40.

"遗产"中的"产"(property)即"财产"(包括"文化财产"cultural property——赋予"文化"以财产和"文化"成为财产等），必然包含可交易性质。换言之，遗产的有价性决定其可以作为"商品"进行交易。交易必有"增（减）值"，具有**价值成规**，这是市场规律。当今的遗产事业从一开始就包含政治经济学的浓烈气味。"（遗产）商品是一种特殊的、包含着社会属性的事物，诸如'产品'、'物品'、'货物'、'手工制品'以及其他类型的事物，它们只在特定的方面受到特定的关注。"[1]需要特别强调，遗产还不是完整意义上的商品或股票，商品和股票的"所有权"（ownership）大抵是确定的，尽管会发生变化和转移；然而，文化遗产的归属权却极其复杂，甚至含混不清，其归属可以是"全人类"、国家、族群、宗教、家族、个体，创造与归属于不同国家等等，反而淡化、消弭甚至剥夺了"真正所有者"的权利。[2] 由于这些原因，使得遗产作为商品一方面遵循市场经济规律，另一方面自己又在"制定"价值规律。

博物馆（包括各类新形式的博物馆）与文化遗产之间取得了最高默契的合作，人们去博物馆，如果不是因为好奇，而是为了受教育、受启发、获得资讯甚至是娱乐等目的，观看那些漂亮的、有意思的事物，以使得人们的视野扩大。[3] 这使得遗产"展示物"本身获得了超越其本身的巨大可能性。同时，无论博物馆的初衷是什么，其作为西方物质文化的收藏、展示和表述方式，完全是西式谱系，[4] 也体现强烈的西式话语特征。[5] 这里包含着两种认知：一是观众被展示的事物引导，不自觉地进入一种潜在的价值奠基上；二是不同的人群在博物馆里也会根据

---

[1] Arjun Appadurai(ed.), *The Social Life of Things: Commodities in Cultural Perspective*, Cambridge University Press, 1986, p.6.

[2] See Phyllis Mauch Messenger (ed.), *The Ethics of Collecting Cultural Property: Whose Culture? Whose Property?* Introduction (by Karen J. Warren). University of New Mexico Press, 1993[1989], pp.1—25.

[3] See James Cuno, *Museums Matter*, The University of Chicago Press, 2011, p.2.

[4] See Didier Maleuver, *Museum Memories: History, Technology, Art.* Stanford University Press, 1999, pp.43—50.

[5] James Cuno. *Museums Matter*, he University of Chicago Press, 2011, p.3.

特定的语境，根据自己独特的背景对特定对象进行"**建构解释**"（constructive interpretation）。这也成为文化遗产生命延续中的一种独特的"**依附现象**"。特别在大众旅游大行其道的今天，游客对不同类型的文化遗产，无论是参与性的、观摩性的，还是学习性的，都会根据自己的背景，包括信念、信仰、受教育程度、专业、兴趣、性别、年龄、行业等，对特定遗产进行解释，"游客的解释是一种在个体与事实之间建立的交流平台上所进行的建构"①。成为对遗产不断增加知识面和信息量的累积过程。

我国的传统自成一体，遵循"生生"义理，"生生不息"为生动写照。②"生生"一词典出《周易·系辞上》："生生之谓易，成象之谓乾，效法之谓坤，极数知来之谓占，通变之谓事，阴阳不测之谓神。"《周易·说卦传》讲得更清楚："昔者圣人之作《易》也，将以顺性命之理，是以立天之道，曰阴与阳，立地之道，曰柔与刚，立人之道，曰仁与义，兼三才而立之。"表明"生生"成立、成就和成化于"三才"（天、地、人）通融共生。

中国有一个宗法制传统，亲属血统至为重要。就"生"的本义论，"生"与"性"通，"生"是早先的用法，《告子》曰："生之谓性。"③陈梦家认为，殷墟卜辞中的"多生"是生称。"多子"与"多生"为对，"生或读作姓，或读作甥"④。"生"的语义丰富，傅斯年对周代金文中的"生"做过统计，大致有六种，因今多不用。⑤早在殷契中，"生"就已经有了不同的意思以及表示方式和特点，⑥并与"性""姓""甥"等存在关系，特别是"女＋生"（姓）模式构成了中国古代亲属制度中

---

① Tim Copeland Constructing Pasts: Interpreting the Historic Environment. In Alison Hems & Marion Blockley (ed.) Heritage Interpretation. Routledge, 2006, p. 90.
② 彭兆荣：《生生遗续 代代相承——中国非物质文化遗产体系纲要》，《徐州工程学院学报》2014年第4期。
③ 傅斯年：《性命古训辨证》，上海古籍出版社2012年版，第70页。
④ 陈梦家：《殷虚卜辞综述》，中华书局2008年版，第485页。
⑤ 傅斯年：《性命古训辨证》，上海古籍出版社2012年版，第15页。
⑥ 赵林：《殷契释亲：论商代的亲属称谓及亲属组织制度》，上海古籍出版社2011年版，第210页。

一种重要的关系计量单位——"百姓"（人民）的依据。这一社会的结构既是历时的，也是共时的。

中国有一个农耕传统，"后土文化"至为重要。"生生不息"与之构成必然逻辑和理由。作为我国特殊的文化遗产，后土的"生命史"指喻包括：第一，强调天地人合成的宇宙观。"后土"古称"大地"，也指"土地神"；与"天"并称，谓"皇天后土"（"天父地母"）。《左传·僖公十五年》有："君履后土而戴皇天，皇天后土，实闻君之言。"第二，土地生长万物的生命景观，形成以土地为崇拜对象的务实传统；具体表现为"社""后土"。"社，土也。"① "不谓之'土'何？封土为社，故变名谓之'社'，利于众土也。"② "后土为社。"③ 第三，强调"后土"独立、独特的生命逻辑和生命史轨迹。后土文化是我国农耕文明的正名性代表，所谓"社以地言，后土以神言"④。同时，农耕的形态非常复杂，后土文化的生命样态也因此复杂。下文以山西介休后土庙的生成衍化为例借以说明。

山西是我国古代农业最为发达的地区之一，人民生计几乎全部系于土地之上。即使到了清末，"晋民千七百万，而从事农业者什（十）之八九。光绪三四年连岁大旱，民之死亡几过半数。此可知民皆仰食于农，而工商不过补助之资而已"⑤。人们对土地的顶礼膜拜，致使民间奉祀后土的传统十分深厚。山西也是古代帝王最早以国家名义祭祀后土的地方。西汉元鼎四年（前143），汉武帝建汾阴后土祠，先后六次亲临祭告。元代以前，历代帝王曾21次御临汾阴祭祀后土。宋真宗对汾阴后土祠的大规模修葺，更使其成为海内祠庙之冠首。⑥ 故观后土，以山西为典型。

---

① 《论衡·顺鼓》。
② 《白虎通·社稷》。
③ 《左传·昭公二十九年》。
④ 陈垣编纂：《道家金石略》，《重修大宁宫记》，文物出版社1988年版，第1221—1222页。
⑤ 清宣统《山西乡土志》，山西省史志研究院编《山西旧志二种》，中华书局2006年版，第57页。
⑥ 参见光绪二十九年《蒲州县志·坛庙》。

山西清代的地方志证实：后土庙（祠）共18座。除介休后土庙之外，其他17座均集中在"河东"[①]地区。其中多数的后土庙均始建于宋元年间，明清之后趋于没落。即便是西汉始建，唐宋时"规模壮丽，同于王宫"[②]的汾阴后土祠，在清末重修后，规模也不及全盛期的1/20。[③] 随着后土信仰由国家礼制沦为民间风俗，后土庙已不复往日之风光胜景。唯介休后土庙虽然因天灾人祸多次损毁破败，但各朝各代屡有修饬，奉祀不衰；其规模反而扩张累增，建筑愈加堂皇精巧，庙会更是有声有色。以下例举几个重要的历史时期，时期不同，各有千秋。

一　宋代以前：坛祠

介休后土庙在宋代以前的历史，几无可考。仅有明嘉靖十三年《重建后土庙记》碑刻有记：

> 宋孝武帝大明元年，梁武帝大同二年，皆重修之。尉迟敬德，在此经累宿。古老相传曰：南有阵巷口，今存之。信不诬矣。

据明嘉靖四十年（1561）《重修太宁宫殿并创建三门记》碑记中记载，后土庙"然楼殿虽饰而土阶犹存，两廊虽建而神像未置，规制虽伟而三门尚未之建也"[④]。也就是说，介休后土庙作为单体建筑，直至明代，也还是一座极为简陋的庙宇。

创建于南北朝以前的介休后土庙，是上古后土信仰的历史产物。

[①]　山西从历史地理学的角度分为河东、上党和雁北三个区域。河东乃中华上古文化起源之地，与关中（陕西）一体；上党为华北高瓴，与河内（河南）一体；雁北作为华夷分界，与边塞（内蒙古）一体。而处于山西中心的晋中则连接三地合为一体，成为控南驭北的核心。

[②]　参见光绪二十九年《蒲州县志·坛庙》。

[③]　参见姚春敏《从方志看清代后土信仰分布的地域特征——以山西地方志为中心》，《兰州学刊》2011年第1期。

[④]　介休后土庙现存《重修太宁宫殿并创建三门记》碑记，刻于明嘉靖四十年（1561）。

"后土载在祀典，肇自轩辕扫地而祭。"① "二帝八元有司，三王方泽岁举。"② 上古后土祭祀，遵行"冬日至祀天于圜丘；夏日至祭地于方泽"③ 的规制。所谓"方坛无屋"，④ 就是指中国古代祭祀、朝会、盟誓之时，最初仅是筑土为坛，除地为场，并无馆舍之建，亦无神像之设。《山西通志》卷八《历代世谱》记："舜臣尧，举八恺，使主后土；举八元，使布五教于四方。"神道设教，"王"为通天地之"巫"。而祭坛之仪，就是圣王将对大地的尊崇上达下布，"地载万物，天垂象，取材于地，取法于天，是以尊天而亲地也。故教民美报焉"⑤。

及至汉元鼎四年（前113），汉武帝将文帝兴建的后土庙改"庙"为"祠"，并将其设为国家祭祀。⑥ 这一字之改，表达了汉武帝试图将对后土的自然崇拜与祖先崇拜、帝王崇拜化合，实现政教合一的深层诉求。汉代，乃是儒学以"天人感应"思想，转型为国家王道之说的拐点。正如汉武帝郊雍议曰："今上帝朕亲郊，而后土无郊，则礼不达也。"⑦ 汉武帝不遗余力拜天礼地之举，其实是以天、地、人参通者的身份，向天下的臣民昭示君权神授的政治手段。汾阴后土祠虽被定为国祠，但在建立国家祭祀的初期，其建筑工程并不浩大。武帝十月幸雍，十一月立祠于汾阴脽上，前后不足两月，⑧ 汾阴后土祠的规模亦可想而知。后土祭祀作为国家礼制，由帝王专祀，典礼庄重，其目的乃为实现家国天下的宗教崇拜建构；而后土祠仅为"扫地设坛"之延伸，虽神圣祥异，但并无奢华堂皇之所需。这一状况，一直延续到唐朝开元盛世修庙，后土祠方才"规模壮丽，同于王居，号奉祇宫"⑨。

概言之，宋代以前的后土信仰特点为**"重礼不重形"**。

---

① 光绪七年《荣河县志·艺文》，（宋）杨照《重修太宁庙记》。
② 李学勤主编：《十三经注疏·周礼注疏下》，北京大学出版社1999年版，第586页。
③ 王世仁：《记后土庙貌碑》，《考古》1963年第5期。
④ （南朝宋）范晔：《后汉书·祭祀志》，中华书局1965年版，第3200页。
⑤ 《礼记·郊特牲》。
⑥ 参见《资治通鉴·汉纪七》。
⑦ 《史记·卷二十八·封禅书》。
⑧ 参见《汉书·武帝纪第六》。
⑨ 《资治通鉴·汉纪七》。

二 宋元之际：宫观

道教在唐代受到李唐皇室的推崇，尊为国教，教义和修持开始逐步完备和精严。而宋代的崇道活动，除了延续前朝的遗荫之外，与当时的政治时局也密切相关。宋真宗时期，宋辽订下澶渊之盟，纳贡岁币；国内的农民运动也风起云涌，可谓内忧外困。在这样的背景下，以宋真宗为首的赵氏宗室尊黄帝为赵氏始祖，敬老子为"混元上德皇帝"，封玉皇为"太上开天执符御历含真体道玉皇大帝"、后土为"承天效法厚德光大后土皇地祇"[①]，其行为的实质是冀望以宗教道统思想重新确立帝王权威，稳定社会秩序。自此，"后土"与"玉帝"相应，成为道教神仙系统的"四御"尊神之一，执掌阴阳生育、万物之美与大地山河之秀，并衍生出"后土娘娘"[②]的性别定位。这一神祇定位，使后土信仰彻底完成了"人格化"转型，并随着道教国家宫观系统的广布，让民众重新认知和记忆地祇的"实相"与"实能"。宋真宗大中祥符四年（1011），皇帝驾幸汾阴泰宁宫，祠后土祇。此前一年，朝廷动用库银三百多万两，以道教宫观的最高等级标准，对汾阴后土祠进行了大规模的修葺。据载，宋时汾阴后土庙的面积大致与东京宫殿相当。而其作为国祀的等级规模，更是奢侈靡费。介休后土庙也因此承恩，于"宋仁宗皇祐元年，敕修之"[③]。

金元时期，王重阳创立全真派，倡"三教合一""苦己利人"。再经丘处机"一言止杀"，其身贵为国师，其论深得民心，全真掌天下道教乃至所有出家人。在丘处机"立观度人"的号召下，全真教的宫观遍及全国，"玄风大振，四方翕然，道俗景仰，学徒云集"[④]。由于全真派奉行"十方丛林宫观"制度，宫观皆属公有财产，并以道教制

[①] 参见（元）脱脱《宋史·本纪》，中华书局1975年版，第398页。
[②] 南宋吕元素《道门定制》卷二注："后土即朝廷祀皇地祇于方止是也。王者所尊合上帝为天父地母焉。"《中华道教大辞典》，中国社会科学出版社1998年版，第1465页。
[③] 介休后土庙现存《重建后土庙记》碑记，刻于明嘉靖十三年（1534）。
[④] 参见《道藏》第二十五册，第414页。

度严格管理。介休三清观始建于稍后的元至大二年，此时属于全真教的振兴期，因此该观的规模并不大。但三清观的修建管理仍然严格按照道教宫观规制施行：坐北朝南、东西对称，以山门、中庭、殿堂和寝殿（由于三清主殿后为原后土祠，因此后土祠即代寝殿之位）为主体，内部采用四合院形式；各路道教神仙排列有序，各归其位；道士成为三清观的管理主体，打理宫观的日常事务。在这个历史阶段中，由于三清观的贴身植入，在道教的主导地位下，介休后土祠虽然仍然保有"后土"信仰的独立性，同时也附身于"宫观"系统，享其昌荣，受其香火。

概言之，宋元之际的后土信仰特点为**"化身不化本"**。

三 明代之后：民社

自明代始，道教全真派走向衰微，新的封建王朝统治者认为全真教旨不能满足其敦人伦、厚风俗、以鬼神暗助王纲的需要，因此对其采取了全面扼制的政策。在这样的历史背景下，介休一地的后土信仰自道教系统中脱身而出，农业社会对土地丰产的冀望使后土庙的地位重新拱现：

> （后土庙）左有真武庙，右有三官祠，迄今百余年来，俱被风霾所敝。夫殿宇倾颓神□□□□无所祀，秋报春祈有未便也。邑之寿官梁公讳智曰：前有三清楼相连，巍峨高耸有欺庙貌，必□□□□称可也……施金□□□砖瓦木，植工于正德辛巳，则三庙筑基广阔，焕然一新。重檐转角，金碧辉煌，龙翻凤翥，倍增于昔。复□□□□庑献亭，铁铸以醮炉香鼎，以壮观也。①

根据介休后土庙现存碑记记载，明代后土庙历次的修缮级别明显高于三清观，可见后土信仰在融入道教之后，仍然保持了强大的生命力和独立性。

---

① 介休后土庙现存明嘉靖十三年（1534）《重建后土庙记》碑记。

宋元时代，后土庙与三清观的管理均由道士主持。而历经明朝初年至中兴期的恢复，介休民间社会财富的积累日渐丰厚，地方乡贤士绅势力开始渗入宫观的改造修缮和日常管理。据学者考证，从明正德十四年（1519）至清康熙二年（1663），介休后土庙和三清观的修缮主持人和倡议人，均以庙祠所在西北隅的梁姓族人为多，其角色和作用已经超过道士机构。以明《创建献楼之记》为据，当时为后土庙重修施财捐银者不下千余人，明嘉靖时介休户口数为5652户，可见参与者已经达到当地户口的三分之一。[1]一方面，民众对地母吐生万物报恩感德："后土以其有生成之功，育养万民之德，故施者如归市，一载而成功。"[2]同时，宗族士绅也凭借修葺庙宇堂皇精巧得以立身扬名："建庙所以妥神，而庙貌之弗隆非所以展诚敬而致孝享也。"[3]

明朝后土庙的修缮，已然成为地方宗族的公共事务。而后土崇拜的祭祀活动，在金元时期就已从国祀转为官祀。清代之后，后土庙更是与社坛两分，其祭祀活动也逐渐演化为民间庙会。在康熙版《介休县志》中，后土庙分在"祠庙"一类，而非寺观。其前言曰：

> 庙祠之设，凡以崇德报功也。文庙、城隍、社稷三坛而外，其他皆不列祀典。然境内各祠庙岁时伏腊，祷旱潦而祈灾祥，其来久矣。务民义者敬而远之，未必非神道设教之一端，因即次而列焉。[4]

介休城西一里许，有社稷坛。每岁春、秋二仲月上戊日，知县率僚属致祭，坛上设神主，供祭礼。乾隆、嘉庆、光绪版《介休县志》均详细记录了社稷坛、先农坛、风云雷雨山川坛、厉坛与关帝庙的祭礼祭仪，对后土庙则没有任何祭祀相关的记载。而"十八日祀后

---

[1] 陈文龙：《试论山西介休后土庙道教建筑群之管理》，《世界宗教文化》2010年第4期。
[2] 介休后土庙现存明嘉靖十三年（1534）《重建后土庙记》碑记。
[3] 介休后土庙现存《重修太宁宫殿并创建三门记》碑记，刻于明嘉靖四十年（1561）。
[4] 康熙版《介休县志·建置》，第42—43页。

土"①，却屡现于县志风俗篇中。可见其时后土庙已无官祀地祇的功能，实已转化为民社。在春社或秋社之日（后定每年农历三月十八日后土娘娘生日为社日），以介休后土庙为中心，人们给后土娘娘叩拜寿诞，向三霄娘娘祈子求嗣，求土地公公禳灾赐福，闹社火、酬神唱戏，建构出神人同乐的世俗空间。这一功能性转变，反映在建筑布局结构方面，就是明清后对后土庙戏台献楼的精心修缮以及吕祖、关帝、土神庙空间建造的公共性特征。自明清以来，对后土庙建筑群的新建和改造活动，皆是围绕"祈福还愿""酬神娱人"来进行的，具有典型的民社特征。

概言之，明代之后的后土信仰特点为"共社不共神"。

附件：介休后土庙建筑群历史沿革表

介休后土庙建筑群历史沿革表

建 筑	年 代	事 件	文献出处
后土庙	始建年代不可考		明嘉靖十三年《重建后土庙记》
后土庙	南朝宋孝武帝大明元年(457)	"宋孝武帝大明元年，梁武帝大同二年，皆重修之。"	明嘉靖十三年《重建后土庙记》
后土庙	隋朝末年	"尉迟敬德，在此经累宿。"	明嘉靖十三年《重建后土庙记》
后土庙	宋仁宗皇祐元年(1049)	"宋仁宗皇祐元年，敕修之。"	明嘉靖十三年《重建后土庙记》
后土庙	元大德七年	遭地震破坏	
三清观	元至大二年	创建三清观	康熙版《介休县志》
后土庙	元仁宗延祐五年(1318)	"延祐戊午，本庙提点李道荣复建。"	明嘉靖十三年《重建后土庙记》
后土庙	明洪武年间(1368—1398)	重修大殿，左右分别建朵殿真武庙、三官祠	

---

① 康熙版《介休县志·风俗》第20页，乾隆版《介休县志·风俗篇》第87页，嘉庆版《介休县志·风俗篇》第81页。

续表

建筑	年代	事件	文献出处
后土庙三清观	明正德十一至十四年（1516—1519）	"改三清阁筑基，与献楼同合为一，中则分之。起三清圣像于崇楼之极，前列万圣朝元，后奏献以奉后土，则神上而乐下，使人心安而神妥也。""追我朝正德丙子岁，本邑义士梁公讳智者，首倡重建，增以献亭乐楼并两廊焉。"	明正德十四年《创建献楼之记》、明嘉靖四十年《重修太宁宫殿并创建三门记》
后土庙	明正德十五至十六年（1520—1521）	"植工于正德辛巳，则三庙筑基广阔，焕然一新。重檐转角，金碧辉煌，龙翻凤翥，倍增于昔。复□□□□庑献亭，铁铸以醮炉香鼎，以壮观也。"	明嘉靖十三年《重建后土庙记》
三清观	明万历六年（1578）	"盖欲金玉其冠裳，粉饰其□□，□建三元神阁三殿栏杆，务俾焕然一新，庶神明乐有所依，祀祷永为定所。"	明万历六年《金妆圣像碑记》
吕祖阁	明崇祯十二年（1639）	敕建吕祖阁	
三清观	清康熙二年（1663）	"地势加以崇高，院宇益以广阔。"	清康熙二年《三清观重修碑记》
土神庙	清雍正十年（1732）	建土神庙	
关帝庙	清乾隆二十五年（1760）	知县汪本直移建于此	
后土庙	清道光十二至十三年（1832—1833）	"即如道光十二年，介邑诸君起意修补后土庙。""大清道光十三年岁次癸巳九月初九卯时上梁大吉。"	清道光二十六年《太宁宫梁底题记》
后土庙三清观	清道光十五年（1835）	重修护法殿、山门、三清观影壁	《护法殿题记》《山门题记》《三清观影壁正面/背面影壁芯题记》
后土庙	1949—1989年	全面维修，1989年正式对外开放，2001年列为"全国文物保护单位"	

作为共性，后土信仰在自然崇拜、图腾崇拜、祖先崇拜、家国崇拜、宗教崇拜中的生成衍化，显形于：①"礼"。后土祭祀由帝（巫）王进行人神沟通、春秋祈报的专祀，逐渐延伸下降为代表国家、地方、宗族、民众的多级阶序。②"神"。后土神的职能由丰产神（地祇）衍化为生育神（送子娘娘）、护城神（城隍）、家宅神（土地公）的多种样态。③"庙"。后土庙的性质由神坛帝祠化生为道教宫观与民间社场。作为特性，介休后土庙的生息不止，一方面，得益于其黄土文明之农耕核心，使一切文化因子都围绕在土地信仰周围，无论是抗拒、同化还是涵化皆难撼动；另一方面，则受制于介休特殊的自然与文化位势，唯有倡导"修礼以节之"的社会行为实践，才能化解与戎狄交界的文化冲突，保持传统社会的稳定秩序，而后土崇拜，正是施行礼乐文化最为直接的手段与工具。

现存的介休后土庙是一座规模宏大、体系完整的古建筑群，包括后土庙、三清观、太宁寺（娘娘庙）、吕祖阁、关帝庙和土地庙六组建筑，是全国重点文物保护单位。整个建筑群位于旧城西北隅，共有五进院落，两条并列的中轴线，坐北向南。其南北长120余米，东西宽近100米，总占地面积为9196平方米。[①]

介休后土庙建筑群全景[①]

---

① 张荣：《以介休后土庙为例探讨文物保护规划中历史环境保护的研究》，《建筑学报》2009年第3期。

① 图片资料来源：清华大学文化遗产保护研究所编《山西省介休市后土庙文物保护规划》，2005年版。

从后土庙碑记可知，这一整体布局其实是一个新生与旧在不断重构的过程。介休后土庙始建时期早于南北朝时期，由于历朝历代屡毁屡建，其早期形制格局已无从考证。目前我们所看到的建筑乃是清道光十二至十三年（1832—1833）重建，后土正殿与东西两侧的朵殿真武殿、三官殿一起，构成了一座通面阔十一间、通进深四间的连体建筑。

后土正殿

与其他道教宫观相比，介休后土庙建筑群"双轴并行"（见下图）的整体布局颇有特色。西侧纵轴线上主要建筑有三清观影壁、山门、护法殿、献亭、三清楼、戏楼、后土大殿，两侧为东西配殿、钟鼓楼、真武庙、三官祠。与其平行并置的东侧纵轴线上主要建筑有后土庙影壁、山门、娘娘殿。紧靠旧城墙之后土大殿、三官祠、真武庙、娘娘殿、吕祖阁、关帝庙、土神庙则横阵并联，与庙南之三清观、后土庙影壁以及后土庙三连戏台横向承联，形成古庙群南北双向之围合。后土庙建筑群的整体布局，严格遵从了中国传统建筑中"贵者居中，主高从低，轴线贯通，左右对称"的伦理位序。

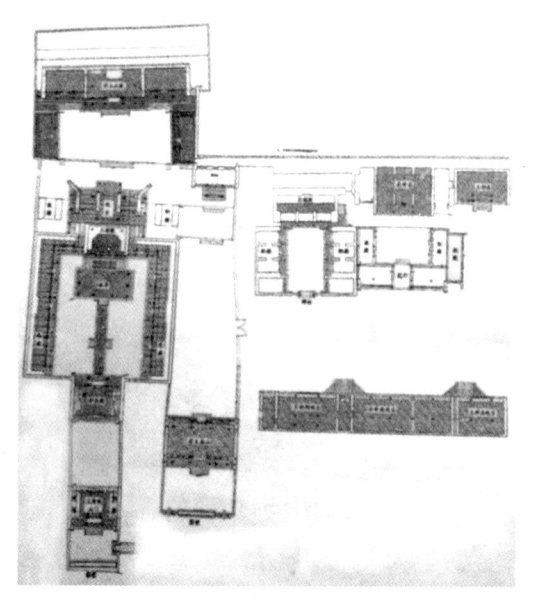

介休后土庙建筑群平面图

明代以前，后土庙与三清观原本是两个独立的组群。由于明代后土崇拜从国祀转为民祀，后土祠不再是帝王仕宦的专属之地。而随着全真道教的日渐衰败，三清观也不独是道士法师的梵修之所。随着民间信仰的盛行与民众势力的渗入，后土庙乐棚①的修复成为老百姓娱神与自娱的燃眉之需。②"后土庙旧有乐棚三间，因其敝坏矮窄不堪，正德丙子春，邑耆梁公讳智等，欲建楼广阔而重修之。"③但三清观位于地势较低的南侧，新建乐棚必然高过三清观主殿，建乐楼愈高而神愈下，显然有违道教规制。因此"改三清阁筑基，与献楼同合为一，中则分之。起三清圣像于崇楼之极，前列万圣朝元，后奏献以奉后土，则神上而乐下，

---

① 中国传统庙宇建筑中的"献殿"，初时是为献祭陈设牺牲而设之台，并无专门的建筑。后来逐渐发展为乐舞娱神之"露台"，宋元时代于台上加盖"乐棚"，明代则正式修建抬梁式献楼作为戏台。参见薛林萍、王季卿《山西传统戏场研究》，中国建筑工业出版社2005年版，第102—105页。

② 山西的戏楼自明代中兴以来，数量大幅增加。各宫观寺庙均在这一时期筹募乡资，修复或修缮戏台。参见薛林平、王季卿《山西传统戏场建筑》，中国建筑工业出版社2005年版，第93页。

③ 介休后土庙现存明正德十四年（1519）《创建献楼之记》碑记。

使人心安而神妥也"①。这样一来，既分别保留了"献殿""乐棚"的独立功能，也使"三清圣像"高高在上，上下落差达到2.13米，更加凸显神的崇高地位，从而奠定了后土庙建筑群的整体格局。

献楼北侧戏台 　　　　　　　三清观献亭

献楼北侧戏台正对后土大殿，戏台高于人的视野，低于神的位势，虽高低有序，但始终神人共宜。献楼南侧作为三清正殿，正对献亭，使三清观恪守道教建筑的完整规制，一举两得。

介休后土庙三清观与后土殿剖面图

介休后土庙中的后土神祇身份建构是多样的，从全知全能的地母神祇，到道教的四御尊神、送子的三霄娘娘、作为地保的土地公；后土神的管辖范围更是多维的，从一宇、一国、一方、一家及至一坟。据明万历六年（1578）金妆圣像碑记所载：

中立后土奠尊位，辅以玄帝则□□□□，弼以三官则总领功过要龇。赞相生成，维持覆载，不为无益。故集材以建庙，塑像以祈祷，非□□也。……盖欲金玉其冠裳，粉饰其□□，□建三元神阁三殿栏杆，务俾焕然一新，庶神明乐有所依，祀祷用为定所。

---

① 介休后土庙现存明正德十四年（1519）《创建献楼之记》碑记。

可见后土庙直至其时，仍无神像供奉。《周易·说卦》云："乾，天也，故称呼父；坤，地也，故称呼母。"后土神的产生，源于古人自然崇拜中的土地与女性崇拜。农耕民族心目中的大在神，是代表土地的最为尊贵的神祇，主宰万物众生。敬奉祈祀地母神，成为中国历代民众极为虔诚的宗教信仰之盛举。"中央土，其日戊己，其帝黄帝，其神后土。"①"建邦国，先告后土。"②后土是自初民社会所祭的"地母"神演化而来。③虽然随着中国从母系社会进入父系时代，先秦文献中的后土均为男神；但从主流而论，宋代以前，在国家权力的强力介入下，民间对后土神的认知仍基本固定在地母神的范畴之内，将之与昊天上帝相配。④现在后土庙正殿中供奉的后土母神法身，乃是这一传统的延续和呈现。

后土正殿后土母神

道教仙话称：天地未分，混而为一；二仪初判，阴阳定位故清气腾而为阳天，浊气降而为阴地。为阳天者，五太相传，五天定位，上施日月，参差玄象。为阴地者，五黄相乘，五气凝结，负载江海山林屋宇。

---

① 《礼记·月令》。
② 《周礼·大祝》。
③ 参见丁山《中国古代宗教与神话考》，上海文艺出版社1998年版，第30页。
④ （宋）杨照《重修太宁庙记》："后土载在祀典自轩辕扫地而祭，其来古矣……又曰王者大封则先告于后土，释者曰后土土地神也，以地示谓之土地而称后者，宁非为群物之主欤，考之周礼，后土乃昊天上帝之配也。"

故曰天阳地阴，天公地母也。注《世略》谓："土者，乃天地初判黄土也，故谓土母焉。"① 在道教神仙体系建立后，三清尊神（玉清元始天尊、上清灵宝天尊、太清太上老君）成为道教神仙世界中地位最高的天神，四御尊神（中天紫微北极大帝、南方南极长生大帝、勾陈上宫天皇大帝、后土皇地祇）则是辅佐三清的天神。后土皇地祇是道教尊神"四御"中的第四位天神，简称"后土"，通常被视与玉皇大帝相配，主宰大地山川的女性神。政和六年（1116），宋徽宗封尊号为"承天效法后德光大后土皇地祇"。② 介休三清观三清阁殿内神坛上正面主尊为"三清"坐像，主尊两旁为"二侯"立像，下方左右两侧供奉"四御"坐像，皆为明代塑像之佳作。三清观东西配殿的"万圣朝元"阵列之壁塑群雕与三清四御彩塑一起，构成了国内罕见的体现古代道教神仙谱系的经典之制。

三清阁成天效法后土皇地祇（右一）

明清之后，随着国家后土祭祀的衰败，其在民间的法身与神职作为文化符号，也开始进入多重变异的阶段。老百姓开始凭借自己的需要来建构甚至是戏谑后土神的性别、来历、法术，后土可以是女娲、碧霞神君，也可以是下嫁给土地公的民间女子。化生的民间信仰既没有完整的组织系统，也没有严格的教义和特定的戒律。它就是人们一种集体的心

---

① 《三教源流搜神大全·后土皇地祇》。
② 《宋史·本纪》卷二二。

理活动和外在的行为表现，是人们日常生活的一个组成部分。①

太宁寺（俗称娘娘庙）曾是一个独立的建筑群。清嘉庆版《介休县志·坛庙》记载太宁寺在城西北隅。清《山西通志》载："太宁寺在城西北隅后土庙下。"且其主殿娘娘殿前原来还有献亭一座，西侧院墙原有一门，通向后土庙。② 太宁寺正殿所供云霄、琼霄、碧霄三位仙女，合称为三霄娘娘，民间也称为"送子娘娘"。三霄娘娘主人间生产之事，执掌混元金斗，凡是神、仙、人、圣、诸侯、天子等，不论贵贱贫愚与否，降生都要从金斗转动。中国传统农耕社会强调"不孝有三，无后为大"，对子嗣延续向来极为重视。因此，太宁寺送子娘娘一直被介休当地民众视为祈生求嗣最为灵验的神灵偶像，世代香火不绝。

太宁寺三霄送子娘娘造像

土地神又称土地、土地公。在道教神仙谱系中，后土皇地祇主管一切土地，而土地神则是一方土地的守护者。虽然阶位最为低下，但土地神集"地政、财政、德政"于一身，保佑本乡本土家宅平安，添丁进口，六畜兴旺，还为百姓主持公道。在清代以后，土地和城隍也是阴神，兼司冥事。因此，在民间土地神信仰极为普遍。介休人多在门堂砌土地龛，当中垒个土神小庙，用以点香，还要写个纸牌位贴在里面。所

---

① 赵世瑜：《狂欢与日常：明清以来庙会与民间社会》，生活·读书·新知三联书店2002年版，第13页。

② 山西省介休市志编纂委员会：《介休市志》，海潮出版社1996年版，第649页。

谓"家有土地堂，早晚一炉香，保一家安宁，佑四方平安"。在完全拟人化的土地公公身上，神性的主要面是社会作用，很少保留自然作用。介休土神庙的土地公彩塑造像以乡绅长者的形象出现，头戴员外帽，端坐中央，男女童子侍立左右。当地人多在农历二月初二拜城隍和三月十八后土庙会时，向土神庙的土地爷上香祈福祷告。

土神庙土地公神像

以上我们分别从"物"的个体及结构关系两个方面，对后土庙现存建筑、神祇造像进行了说明分析。介休后土庙建筑群，以社坛祭祀为起点、借国祠宫观成盛章、因民社庙会得生气，在历代国家和民众的重建、改建、扩建、增建过程中，逐步形成了现在六庙一体、圣俗交杂、一神多相、诸神共存的独特文化型制。而所有物化的建构与重塑，都是以信奉后土为其精神实质。因此，后土信仰在历代化变的过程中，始终不失本位。其形制上的多样，无非化身求存、因境生法之妙旨也。

因之，文化遗产的精气神，是相互滋生、共融合一的。当我们透过物来探讨其传统意义时，其文化系统的整体结构才会呈现出来。"道不可见，因生而明；生不可常，用道而守之。若生忘，则道废，道废则生亡。生道合一，则长生。是为后土（厚土）之理。"

§ 第二部分 §
介休范例

近一年的调研工作，让我们为世代承袭的黄土文明之博大精深而瞻望咨嗟；与此同时，也因传统文化的日益凋敝而扼腕痛惜。轰轰烈烈的"遗产运动"，使中华大地霎时复建了无数城郭关隘、宫阁楼台、寺庙观祠，唐哉皇哉！而以西方文明为圭臬的"遗产制度"，更是凭借无可辩驳的知识权利，切割粉碎了涌动于中国人血脉中的传统价值和集体记忆。遗产，于中国人而言，原本是老祖宗留下的"家产"与"家法"。而今，遗产却开始逐渐与"家"分离，成为资本交换的"票房"和他者猎奇的"独享"。它不再形塑族群的历史认同，寄托家族的未来愿景。于是，物无法载道、形难以传神。面对这样的悖论性现实，在文化自觉的视野下，重建对"遗产本体"的认知与认同，愈显重要紧迫。

乔健先生在"维护文化遗产　发展城市文化"人类学高级论坛开幕式致辞中指出："人类学在古老城市复建中，一是应承担其解释文化的责任，二是要将社会的存亡、复兴，当成是自己的责任。"课题组的研究工作始终秉承以上原则，一方面，强调任何遗产都有自己的存在理由、存留方式和存续范畴。遗产的认知，首先要强调其自身的历史生成逻辑和表述形式。我们通过史料梳理、实地考察和学理推析，以天文、地文、水文、人文四重视角，来重新审视介休的历史沉淀。另一方面，如果说人类学是一门关心"异"与"同"的学问，那么人类学对遗产的观照，落其实处，就是理解在文化的整体结构中，如何解读并实施人类之"内在能动"的那一面。不仅要通过追溯文化的历史，还原祖义、回向传统；更重要的是通过提炼文化的功能，形成认同、指示未来。

最终，我们将"介休范例"归为一个"化"字。一则"化合"，二则"活化"。

化合，以求归纳"介休精神"、凸显"介休符号"。

① 遗产定位：祖宗社稷　珠联玉映；

② 遗产结构：一馆二庙两节两祭　引线穿针；

活化，力图展现"介休魅力"、美好"介休生活"。

③ 遗产保护：复礼还俗　起死回生；

④ 遗产传承：政府社团业者民众　联动共振。

"界"者，稼田之边。以礼为化，糅合包容，唯知异流同源。作为一个多民族文化的接触地带，介休以"奉社重稷，尊祖敬宗"的黄土文明核心价值观，历史性地实现了不同文化观念，甚至是不同文明体系之间的关联。先祖们始终将他们生活的意义聚焦在"土地"与"谷粮"之上，以之形成认同，构造秩序。

"休"者，安适欢愉。百姓无不受休。休矣！美矣！惠泽远扬！人群的认知与认同，是遗产之内蕴与外显不断变迁的主要力量，它会不断改变文化遗产格局。人类学之遗产研究，应该指向人类集团的"态度、目的和技能"，引导当地民众在"世代传承"愿景的观照下，以主人翁立场对文化遗产进行表述展示和保护活用，并因之享福受益。

综上所述，"介休范例"的提出，就是要寻找一条返璞归真、自觉发展、造福于民的创新性遗产保护传承之路。将城市的生命、遗产的生命、市民的生命联结考论、去伪存真。通过"化合"与"活化"的同构互动，重拾遗絮，再续生养。

化合——人文介休

我们过去谈论文化遗产，皆以西方的遗产价值和分类为圭臬，强调其断代性、实物性与纪念碑性。以物证物，就事论事。只就地方论地方，只就眼前论地方。在这样的遗产视野下，介休尽管拥有源神庙、后土庙等11处全国重点文物保护单位、回銮寺、张壁古堡等390处古建筑，洪山瓷窑等47处古遗址，郭有道墓等15处古代墓葬，还有清明节、寒食节、琉璃烧造技艺、干调秧歌、洪山香、贯馅糖等众多非物质文化遗产，[①] 却始终无法提炼出作为家园遗产之"介休精神"和"介休符号"。

文化遗产其实是人类与自然、社会、身心不断协调、呼应互动中得以体现的特有形态：初生为元，开花为亨，结子为利，成熟为贞。就表面而言，文化遗产是人们不断选择性重构的产物，此所谓"简易"与"常易"之道；而先祖生命世代累积的生存智慧与文化精神，作为基础的传统观念，尤其是它们所承载的宇宙观和价值观，则以"不易"之历史先天性，决定着人群一致化的思维及实践运行方式。正如我们在"黄土文明"篇所阐述的那样：农耕文化中人与水土的关系，决定了中国人依赖土地的物质需要，并因之产生了对土地的精神敬仰（非土不立，非谷不食）。日出而作、日落而息、凿井而饮、耕田而食的农耕生产方式，使先民们必须合天时，应地利，求人和。生存适应之经验浓缩于"人法地，地法天，天法道，道法自然"的哲学知见中，形成了中国人时空合一、三才一体、万物同构的思想传统，并以血缘和亲缘，组构了宗法道德的社会约束机制。在"夏传子，家天下"之后，血缘宗法更是与政权

[①] 《介休市第三次全国文物普查成果名录》。

相结合，形成了"家国天下"的特有形制，进而推为重和轻争、以和为贵、知和日常的封建伦理体系。

我们认为，在西方"后一切主义"（post-everything）的学术霸权时代，唯有以交相参引（cross-index）[①]之法，才能真正还原和维系自我的传统。因此，在本课题的研究中，我们首先打破西方遗产体系的分类模式，以天文、地文、水文、人文四重视角重新审视介休的历史沉淀。虽然仍以文化遗产的单体分析为参照，但我们的重点却是通过"整体"和"综合"的思维方式来解释人、事、物的关系，考量名胜古迹、生活习惯、自然生态、历史感中所含纳的文化体系，究竟在多大程度上影响到地方社会人们的生活？又是如何不断地激发和重建"自我认知"与"他者想象"的？从而理解介休的历史变迁，探讨人群的未来走向。课题组力图通过对介休文化遗产核心价值的定位，以"文"化之，达成"碎片重构、新旧共融"。

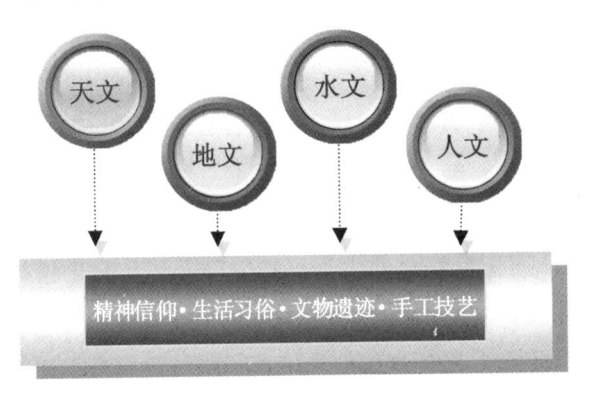

● **天文**

明代著名学者顾炎武在《日知录》中写道：

> 中国人三代以上人人皆知天文。"七月流火"，农夫之辞也；"三星在天"，妇人之语也；"月离于毕"，戍卒之作也；"龙尾伏辰"，儿童之谣也。后世文人学士有问之而茫然不知者矣。

---

① See Geetz, Clifford, *Available Light*, *Anthropological Reflections on Philosophical Topics*, Princeton University Press, 2000, pp. 250—260.

天文创立了中华文明起始的许多观念和事物。唯有从天文入手，方可还原中国人传统的知识体制与权力系统，所谓晓星野，守疆域，大观察，崇效法。

中国古代天文学中最基本的信念是"天垂象，见吉凶"。上天与人间万事万物相互感应，天会显现出不同的天象以昭示人事的吉凶。因此，古人在天象与大地上不同地区之间建立了一种对应的法则，将十二州与二十八宿对应，使其规范而精确。2600年之介休文化，化生化灭，在天成象，在地成形。

乾隆版《介休县志·星野篇》记：

> 《星官书》亡虑数十家，皆以晋为分野。汾州，晋之一隅，介休更为下邑，主参无疑。或以古受封之日，岁星所在为说。夫春秋战国，地屡变迁，三晋既析，魏野河分？秦拔西河，参星谁属？故言躔度者，要当以九州之分为证。志星野。

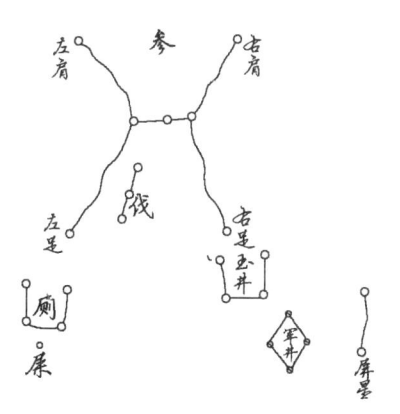

参宿图（见康熙版《介休县志·星野》）

参为忠良孝谨之子，明大则臣忠，子孝，安吉。一曰参伐，一曰大辰，一曰天市，一曰钺铖。又为天狱，又主权衡。所以平理也。又主边城为九译，故不欲其动也。参，白虎之体，其中三星横列，三将也……又曰：七将皆明，天下兵精也。从历史上看，介邑自古乃神圣之所钟，王霸之所骈萃也。从战国秦汉，到唐宋明清，直至现代，介休一直是三国（韩、赵、魏）、三郡（太原、河东、上党）、三府（太原、平阳、潞安)、三州（汾、霍、沁）、三地（晋中、临汾、长治）的交界，是历史上各国、各郡、各府、各州激烈征战、志在必得的地方。① 参星之属，实是指喻介休"主天下兵精、倡忠良孝谨"的文化特性。

中国古代天文的经验，同时也揭示了日月星的运动规律，并以历法的形式指引着人们的生产生活。先祖们根据太阳运动将一年分成二十四份，一份就是一个节气，农业生产的发生和活动时间也就有了相对固定的程式。"大观在上，顺而巽。观天之神道，而四时不忒。夫辰角见而雨毕，天根见而水涸，本见而草木节解，驷见而陨霜，火见而清风戒寒。"根据学者研究，介休"寒食节"源于上古改火礼②。循之历法节气，清明节与寒食节均与观天取象设祭相关。正所谓"圣人以神道设教，而天下服矣"。而以"寒食""清明"表彰"忠孝伦常"的文化演绎，则是后世的衍生形态。

- **地文**

地理环境是一个族群形成某一类型文化的前提因素。"天覆万物而制之，地载万物而养之。夫民之所生，衣与食也；食之自所生，土与水也。"在中国传统阴阳五行观念的统辖下，地貌、区域、土壤、气象、河川同构出介休特型化的人地关系：山川胜景，地沃水沛，季候分明，关隘要冲，亦分亦合。

以自然区域而言，介休位于山西中部，吕梁、太岳两山相夹，汾河一水中流，平川、丘陵、山区几乎各占三分之一，是临汾盆地与太原盆地的分界线。明代王士性在《五岳游草》中把中国划为十四个自然区，其中晋中为一，"太行数千里亘其东，洪河抱其西，沙漠限其北，自然一省会也"。介休东北平旷，西南山涧居多，从北向南梯次排列，属暖温带大陆性气候区，四季交替分明，日照充裕，气候温和，土地肥沃，非常适宜精耕农作。境内有名山大川，堪舆家称为形胜。"城邑东望蚕簇之峰，西距雀鼠之谷，绵山峙其前如玉屏拱照，汾水经其后若神龙围绕，俨然有砺带之势。"

---

① 参见景茂礼《介休与界休》，《沧桑》2008年第1期。
② 参见苑利主编《二十世纪中国民俗学经典·社会民俗卷》，裘锡圭《寒食与改火——介子推焚死传说研究》、李亦园《寒食与介之推》，社会科学文献出版社2002年版，第220—250页。

就行政区划的历史沿革来看，春秋时期晋顷公十二年（公元前514）置邬县。秦置界休县。新莽改为界美。东汉复名界休。西晋改介休县，以春秋时晋文公的臣子介之推死在其境内的绵山上而得名。十六国时期邬县、介休两县废。北魏太和八年（484）置介休，十九年复置邬县。北齐天保年间并入永安县。至北周宣政元年（578）恢复设置介休郡。大成元年（579）改名平昌县。隋开皇十年（590）析置灵石县，（邻县灵石公元590年建县前一直为介休地域）。十八年复名介休县，隶属过太原郡、西河郡、汾州、汾州府等。宋、元、明、清时期，介休县域和领属关系基本保持不变，是太原郡与河东郡的分界线。

从文化区域上讲，山西历史上常位于京师左右的政治地理特点，使其历史上长期呈现外向型的区域文化特性：河东（晋南）与关中（陕西）一体，上党（晋东南）与河内（河南）一体，雁北（晋北）与边塞（内蒙古）一体。作为太原与河东郡的分界线，介休成为"引弓之国"与"冠带之室"这两种文明的接壤地带。在历史上，当民族矛盾激化之时，居雀鼠谷之侧的介休是保卫汉族政权的前沿阵地，兵荒马乱；而当民族矛盾缓和，各族群和睦相处，友好交往之世，它又是民族文化交流的重要通道，歌舞升平。在不断接纳和内化游牧文明的过程中，该地域形成了一个以农耕为核心，同时又具有极强混合色彩的社会体系和文化形制。介休境内张壁古堡、祆神庙等古迹古建，至今仍然保有大量异族元素与域外风俗习惯。

舆地图（见康熙版《介休县志·图录》）　　　　**山西省地图**

● 水文

除了地形与气候条件之外，水文变迁也改变着介休全境的自然环境，对人们的生产生活有着重要的影响。一方面，水体分布、水利建设是农耕文明产业形态所必需的经济资源；另一方面，分水制度、祈水祭典则是地方社会文化核心价值的承载与反映。

汾河水系在介休境内主要有兴地河和龙凤河，其次为樊王河。兴地河自古以来就是沿河村民日常饮用和农田灌溉的供给水源。据嘉庆版《介休县志》记载："利民泉（即兴地河）在绵山下兴地村，溉地一十二顷七十亩有奇。""此泉与灵石民分溉，灵石十二日，介休十七日。"龙凤河与樊王河都是时令河，只有在雨季才有洪水流出山外。① 而洪山泉乃是晋中地区最大的地下泉源，它滋泽了介休的生民子嗣。区域内发达的农业、陶瓷业、制香业无不受洪山胜水之恩惠。《国语·周语上》记载："周之兴也，鸑鷟鸣于岐山。"《山海经》云："狐岐之山无草木，多青碧，胜水出焉。"郦道元在中国最早的水利学专著《水经注》中也已提到洪山泉。② 从上述史籍记载来看，鸑鷟泉水至少已经有两千多年历史。"天赐胜水"的民间传说和北宋名相介休人文彦博"三分胜水"的历史往事都充分说明了洪山泉在先祖们眼中，一直是充满灵性，神圣不可侵犯的生存资源。诚如康熙版《介休县志》记载："介休河渠萦绕西北，尝登狐岐，历蒲池闷津；东北俯眺三道河，循葫芦泉而南，泱泱灌溉，利诚溥矣。"因此，介邑虽风土燥烈，川原旷夷，地气未易上升，人人皆知其易旱，但泉流齐下，胜水注之，膏腴之所坐拥也。

介休源神庙最初建庙的动机是为了纪念大禹治水和尧舜的功德，因而庙内主祀尧舜禹三王。而明清以后，随着人口数量急剧增加，水资源关系日益紧张，仅仅依靠民间信仰自身的约束力已然不够。农历三月初三的上巳节逐渐演化为由代表国家的官员亲自主持的分水仪式，自然崇拜亦随之转化为国家权力对水利秩序的维护、施授与发放。源神庙从奉祖尊贤之所，演化为政权管理与分配水源的政务中心。在《介休民间传

---

① 参见《绵山志》，山西人民出版社2007年版，第17页。
② "胜水出于狐岐山，东流入汾。"

统习俗》一书中,对源神祭祀仪式做了详细的记载:

> 本府同知、本县县令、县丞及诸多当地外任官员按评阶依次排列在前排;县里绅士,村头社首和涉及用水各村的"公人"排在二排,当地乡业公会、水磨业公会、瓷业公会的头目及本村乡绅排列在三排。由县衙师爷司仪,共向水神行三拜九叩大礼,由县令宣读祭表文,祭毕,官员们返回接官厅议事,众多乡民争先焚香叩拜,许多人还向庙祝布施,庙祝鸣金还礼。

通过"源神"信仰的建构,"源神爷"成为一种至高无上的神圣力量与话语权力,透过官方、宗族、行会的制约,来解决周边地区的水事纠纷与水利问题。

狐岐胜水图
(见乾隆版《介休县志·图录》)

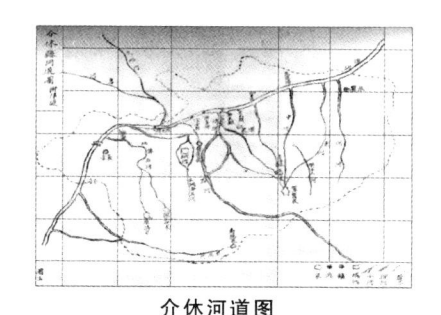

介休河道图
(见民国版《介休县志·图录》)

● 人文

"性有五常,民有五方,刚柔殊异,光乐分疆。此有所习,彼有所尚,或千里而异,或百里而异,甚至一川一壑之隔,而各有其异尚焉。山川钟毓之气,使之然也。"从天文、地文与水文之情况看来,介休乃是中国农业文明最早的发达地区之一,也是农耕文化与游牧文化的交会线、京畿之地与边缘地带的分界处。农耕为本,使地方文化的核心价值稳固执一;而民族交融,也使其文化的表现形式多样常变。

康熙版《介休县志》转《旧志》谓:介休"士习驯雅,民风俭朴"。"重厚知义,尚信好文,其人勤俭。"重礼、忠信、重教,乃介休人文之根本。农业文明造就了族群心理的务实精神和政治意识上的集权主义;

思维方式上的循环论、恒久意识和变易观；崇尚中庸、企求稳定、安土乐天的和平主义生活情趣。首先，"修礼以节之"的社会行为实践，保持了介休传统社会的稳定秩序。而礼乐文化直接的表现，就是以"后土祭""寒食节""清明节"为代表的大量奉社敬稷、尊祖敬宗的节庆仪式活动以及日常婚丧嫁娶的烦冗典礼。其次，"除暗以应外谓之忠，定身以行事谓之信"成为介休人的立邑之基和立身之本。动荡不安的历史格局，使在地之君必须提倡忠贞之德，用以解决社会不断出现的矛盾与危机。因此，介子推之忠信，成为介休人"夫国非忠不立，非信不固"的世代典范。最后，介休人深知"胡为文，益其质。故人生而学，非学不入"的道理。其民有先王遗教，谓之君子深思，小人勤俭。仅自北宋以降，介休就出过216个举人，67个进士。郭林宗、文彦博更是成为介休"贤人"之历史偶像。

然而，同样是在康熙版《介休县志》中，却对介休人文做出了与上述记载相互矛盾的论断："每喜士大夫敦朴，有古先民风。独虑民习于奢，几不可训。且崇佛重祷，市利轻生，而少之教子。"一方面，黄土文明之农耕核心虽然使得一切文化因子都围绕在它周围，无论是抗拒、同化还是涵化皆难撼动；但特殊的自然与文化位势，又使介休人文与戎狄文化交融并置，既包含了汉文化的多民族化，同时也成为多民族文化汉化相互作用的历史反映。在介休传统文化中，信仰是开放而世俗化的，众教杂糅、三教同奉乃其典型特征。例如，"后土"信仰在自然崇拜、图腾崇拜、祖先崇拜、宗教崇拜中生成衍化，显形为丰产神、生育神、护城神、家宅神等多种样态；关羽是与孔子并奉的"武圣"，而佛教庙宇中却把他尊为珈蓝神之一，道教则把他奉为"关帝圣君"祭拜；介休民间传说吕洞宾64岁举进士第，其后又皈依道教，归于八仙之列，在飞升仙界时却又化为一个普度众生的仙僧。另一方面，据嘉庆版《介休县志》记载："介邑土狭人满，多挟资走四方，山陬海澨皆有邑人。"明万历年间，介休人口为60952人，到乾隆三十一年已经增至308828人，是明代的5倍之多。至嘉庆十八年，人口数更是攀升到595432人，就山西全境而言，这一人口数字也是相当高的。人口的快速增长必然造成地域生存资源的压力，世情与时序的变化，使得明清之际的介休不得不由农耕中心逐渐转向商业文化的步轨。

清明祭祖图　　　　　　　清代皇商巨贾介休范氏

通过以上对天文、地文、水文、人文四个方面的解析，我们将之小结如下。

介休地方性文化传统，首先是对黄土文明之精耕农业适应总结的历史成果。

"夫稼，为之者人也，生之者地也，养之者天也。"天指示气候、季节等因素；地指示土壤、水利、地形等条件；而人乃是农业生产中的主体。这一"天地人"结构，充分体现了中国传统人文思想的整体观、联系观和动态观。农事守"三宜"（因时、因地、因物制宜），因此人们必须明了并遵循星象、气象、物候、节气、地形、地性、地脉、地力与农事之间的关系；人事遵"和合"，家族、邻里、乡民合力同携，此乃农耕生业必备的集体主义精神，以此规范个体的社会实践行为。以上二者，共同构成介休地方特型化的知识谱系与道德伦常。介休的士、官、民阶层，各自以经书典籍、法制民风的不同形式，将之呈现与表述出来，正所谓"圣人明知之，士君子安行之；官人以为守，百姓以成俗。其在君子，以为人道也；其在百姓，以为鬼事也"。

分合之界的特殊位势，使介休人在不同历史语境下，或因战争的强制暴力，或因亲缘关系的偶然组合，对人、事、物的认知与认同都在不断地生发演化，亦由此形成独特的文化景观。

多教共奉、祖神杂糅、事农从商，其实皆是介休文化变迁过程中相互挤压与扩张的悖论统一。地域内的民众似乎是在集体无意识的生活习惯中，被动遵循文化阶序、恪守生存之道；但同时他们也在异文化和新文化的冲击渗透下，不断进行着主动性选择、调试和创造。文化的"底层"与"叠加"，并非简单的更替交换，而是多维的累积融合。排斥、兼容、重构的动态历史，成为介休以农耕文明"化成天下"的生动图景。

综上所述，黄土文明之"农耕为本"、民族交融之"分合有道"，成为整体空间下的介休印象。前者乃是介休地方文化世代传承的不易之脉；后者恰为介休地方文化内在能动的杂糅之因。以此为圭臬，当我们再对遗产空间下的风景、文物、遗址、建筑，生活空间中的里坊、街市、工艺、习俗、节庆，历史空间里不可见的文化传统进行认知与阐释时，便能摒除末节，复经归纬，澄澈如镜。而接下来课题组所面临的挑战，就是如何在"化合"的基础上，归纳"介休精神"，凸显"介休符号"。

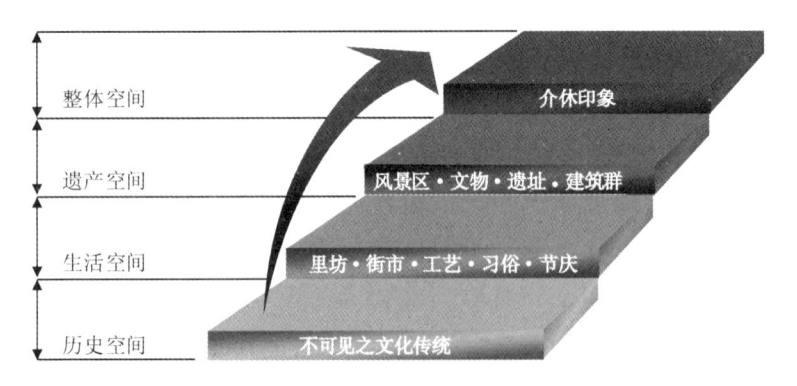

通过化合之观，我们还原了"奉社重稷，尊祖敬宗"的黄土文明核心价值，将之归纳为介休的地方精神；并期望以"一馆二庙两节两祭"的遗产体系结构，凸显出"土地"和"谷粮"这一组介休文化符号。

一 遗产定位：社稷祖宗珠联玉映

作为一个多民族文化接触地带，介休以"奉社重稷，尊祖敬宗"的黄土文明核心价值观，历史性地实现了不同文化观念，甚至是不同文明体系之间的关联。社稷崇拜与祖先崇拜的双生共存，可谓珠联玉映。它们使介休人始终将生活的意义聚焦与捆绑在土地和谷粮之上,并以祖先的言传身教和宗法的规约奖罚,加固文化认同,构造社会秩序。

(一) 奉社重稷

"社稷"之义理可分为以下四个维度。**一是对自然物的尊崇与敬畏,社稷代表土地与谷粮**。《白虎通义·社稷》云:"王者何以有社稷何?为天下求福报功,人非土不立,非谷不食。土地广博不可遍敬也,五谷众多不可一一祭也。故风土立社示有上尊;稷,五谷之长,故立稷而祭也。"后土崇拜,始于对大地"吐生万物"的自然崇拜。而百物之精,稼穑为宝。其祀五谷之神,与社相配,以稷为名。**二是对祖先的崇拜和托付,社稷成为父系氏族社会神人合一的护佑者**。相传上古共工氏之子句龙为后土,烈山氏之子柱为稷。自夏以前尊后土为社,尊能殖百谷之稷为神而祀。商汤灭夏后以弃(周之始祖)代柱而祀。"建邦国先告后土。"① 轩辕帝之后,尧舜时有八大官员专司后土祭祀,夏、商、周三朝国王每年举行祭祀后土仪式。② **三是对文化空间方位的定格,社稷指示地神和谷神所在的神圣之所**。《周礼·地官·大司徒》载:"设其社稷之壝而树之。"蔡邕《独断》云:"天子社稷土坛,方广五丈,诸侯半之。社稷二神同功,故同堂别坛,俱在末位。"据《汉书》卷六《武帝纪》记载,西汉武帝选择在河东汾阴祭祀后土,一是因为这里是汾水和黄河的交汇处,曾出土西周铜鼎,是吉祥之兆;二是这里有符合祭后土的"天圆地方"的地理条件;三是河东地区已普遍形成浓厚的后土文化。③ 而这一解释,实际上可以视为西汉政权在地方表现帝国权力的"在场",并将神圣中心加以"扩张"的政治手段。**四是成为国祭与家祭仪典,社稷演化为报生以死,报赐以力的家国人伦之道**。《荀子·礼论》载:"故社,祭社也;稷,祭稷也。"到汉代时,后土祭祀达到顶峰。汉武帝六次亲临汾阴祭拜。明代之前,历代皇帝都把后土祭祀列为国家祭

---

① 马端临:《文献通考》卷七八。
② 王世仁:《记后土庙貌碑》,《考古》1963年第5期。
③ 此部分资料参见胡泽学《三晋农耕文化》,中国农业出版社2008年版,第265—267页。

祀（宣帝神爵元年、五凤三年、甘露二年，凡三祀。元帝初元、永光、建昭中三祀……唐开元中，凡三祀……宋真宗大中祥符四年，亲幸汾阴告祀。先一年修祠，倍益增丽。后金章宗、元世祖并遣官致祭①）。自明代而后，国祀开始衰落，对后土的信仰开始转向民间。整个山西民间奉祀后土的风气极盛，差不多村村都有土地庙，户户每逢过年都要供奉土地神。而其祀五谷神之仪典，由于与社相配，亦是同礼同尊。

作为古代农业的发达地区，介休人自然会对土神和谷神倍加崇拜。介休当地"后土神"与"谷物神"的历史演化，也大致与以上四个阶段相合。在集体心理上，土神与谷神成为影响农业生产与地域安危的决定性力量；在社会行为上，社稷崇拜则共同构建出了一系列特定的礼仪制度和民间习俗。

> 介休城西路北一里许设有祭祀坛，明制坛而不屋，高三尺，阶三级，缭以垣墙，四门。背南面北，初用石主，埋于坛南正中，止露圆尖，社右稷左，皆北向。后用木主，题曰"县社之神""县稷之神"。有神厨、库房、宰牲所。春秋有事，出主于坛而祭。祭毕贮主于库。……按，社土神，稷谷神，惟土生谷，惟谷养民。邑有人民，即有社稷。春秋祈报，圣人重民之意深矣。

以上是康熙版《介休县志》对后土官祀的记载，社稷之位置、格局、神主、牺牲，可谓面面俱到。官方祭祀乃是土地权力的象征，因此社稷与国家、江山的意义等同。而民间的祭祀则是一种祈福情感的表达，一以报土谷，一以庆丰年。介休民间至今仍然盛行在家屋外设土地神龛，敬拜土地公的风俗。介休后土庙更是历来香火鼎盛，现被公认为中国道教后土祖庙之一。该庙建于南北朝以前，具体时间不详。根据介休县志和后土庙现存碑刻资料，明正德元年（1506）以前，有据可查的重修、重建活动记录有7次，涵盖南北朝（420—589）、宋（960—1270）、元（1271—1367）以及明初等时代。屡毁屡建，屡建屡扩，由此我们可以看出后土信仰在介休传统文化中的重要地位。每年农历三月

---

① 光绪二十九年《蒲州府志》卷四《坛庙》。

十八，介休后土庙都会举行盛大的祭祀活动，祭祀后的社戏则是民众礼神娱人的地方庆典。

此外，介休人尚俭素，勤稼穑，在节日庆典与人生仪礼中，均会供奉五谷之神。在介休草市巷五岳庙东，尚存已不完整的八蜡庙遗迹。古时待十二月农事完毕之后，百姓皆会祭先啬、司啬、百种、农、邮表畷、禽兽、猫虎、坊与水庸诸神，祈祷来年丰收（先啬，为首创稼穑之人，即神农；司啬，主管农业，即后稷；百种乃是谷神；农，田官之神；邮表畷，田间庐舍及阡陌之神；坊与水庸，即堤坊与水沟）。如今介休老百姓在每年农历腊月初八，仍有喝"腊八粥"的传统。而正月二十的天仓节，介休人也会添满谷仓，蒸黄米面糕供仓神，祈祷新年五谷丰登。

张壁古堡清明节三弦说书祭台上的五谷供奉

（二）尊祖敬宗

奉社重稷的传统，充分体现了介休黄土文明"非土不立，非谷不食"的生存适应与文化积淀。由于土地产出的谷物是农民维持生存最重要的物质来源，所以农业的发展亦成为中华民族从血缘氏族制度演化为宗法制度的转折点。祖先崇拜与宗法制度从本质上而言，都是传统农耕生业集体协作的根本保障。

费孝通先生指出，中国社会与文化的活力存在于"世代之间"。也就是说，中国传统文化体系的原动力，来自"光宗耀祖，惠及子孙"的价值本体。宗法制度要求首先要崇敬共同的祖先，以维系血统亲情；其次要在内部区分尊卑长幼，以确定地位高下；再次要区别嫡庶关系，因之规定继承位序；最后则要规定宗族成员的权利义务，并以之为分配准则。正如《礼记·大传》云："人道亲亲也。亲亲故尊祖，尊祖故敬宗，敬宗故收族，收族故宗庙严，宗庙严故重社稷，重社稷故爱百姓。"

宗法制度所提倡的就是"尊祖敬宗"——"祖，始也，言为道德之初始，故云祖也；宗，尊也，以有德可尊，故云宗。"而"尊祖敬宗"对于行为主体而言，具有两种不同的目的：一是报恩，遵行养生送死的人伦孝道；二是功利，契合祈福求佑的现实需求。因此，即使《礼记·祭统》也话分两端："祭者，所以追养继孝也。孝者，蓄也。顺于道，不逆于伦，是之谓蓄。是故孝子之事亲也，有三道焉。生则养，没则丧，丧毕则祭。养则观其顺也，丧则观其哀也，祭则观其敬而时也。尽此三道（奉养、安葬、祭祀）者，孝子之行也。""贤者之祭也，必受其福。"

乾隆版《介休县志》转《祝志》，载介休"人多业医，尚俭素，勤稼穑，好勇义，隆于祀先，虽费而不惜"。介休人素有"千里赶清明"的传统。对介休人而言，每年寒食节、清明节上坟扫墓都是家族和家庭的大事。纪念已故先人是孝道的体现，也是为自己和子孙厚积福泽的机缘。因此无论外出多远，都要在寒食、清明前赶回，不误上坟祭扫。清明、寒食节除了上坟祭扫之外，他们也在家中举行家祭，忆祖思亲、祈福祷告。介休人还在每年元旦的清晨，礼天地神祇，悬挂祖先像，设品物，家长率先，按长幼尊卑拜奠。农历七月十五、十月初一和冬至，介休人均设有拜祭祖先的各类典仪。此外，当社稷祭祀的主体由国家转为民间之后，介休民社的权力组织和义务履行也均是主要通过宗法制度施行约束。洪山源神庙上巳分水的规约，虽然表面上是由官方权力布置，但其落实和调解仍是以宗法制度为根本保障的。

二 遗产结构：一馆二庙两节两祭 引线穿针

正因为介休世代传承"奉社重稷、尊祖敬宗"的黄土文明核心价值观，方有祠庙之多，香火之盛。所谓"神道设教"。庙祠之设，祭典之仪，凡以崇德报功也。在核心价值观的统摄下，后土庙、源神庙、八蜡庙、五岳庙、东岳庙、关帝庙、城隍庙、龙王庙、龙天土地庙、祆神庙（三结义庙）、郭有道祠、宋文潞公祠、介神庙、回銮寺、云峰寺、净土寺、华严寺、太宁寺、龙泉观、三清观、保阳观等古建遗址，虽然各有其主、各言其教、各具其风，但都是介休人尊奉"天地君亲师"的历史现场。而寒食节、清明节、上巳节、后土社祭、源神春祭等节日祭礼，则是介休人用自己的身体与生命，实践履行农耕文化神髓的历史记忆和传承样态。

在完成遗产定位的基础上，要使介休文化遗产的整体价值得以清晰呈现，首要之务就是找到一个合理的遗产结构体系。经过课题组成员反复考量、再三斟酌，最终拟定了"一馆二庙两节两祭"的初步方案：即以博物馆作为介休文化遗产叙事的"圆心"，后土庙/源神庙、清明节/上巳节、清明家祭/源神春祭作为三种不同形态的"介休符号"，共同表述呈现黄土文明的特质与特型。

"一馆二庙两节两祭" 作为介休文化遗产基础结构的依据有以下三点。

一是区位。以博物馆为起点至后土庙的步行路线，可以串联起祆神楼、介公祠、顺城街、三贤广场、明城墙等多个古建遗迹，整合2.37平方千米历史文化街区中心地带的遗产资源。而以源神庙为中心，则可辐射带动周边洪山瓷窑遗址、洪山庙会、琉璃烧造技艺、洪山香等一系列有形与无形文化遗产。

二是时间。寒食节（清明节前一日）、清明节（四月四日）、源神祭（农历三月三）、后土祭（农历三月十八）四个介休重大节日祭典的时间集中在一个月以内，而这一时段也是人们踏青郊游的最优选择。

三是形式。这一结构既有典型的物态呈现（博物馆文物、后土与源神庙古建）和突出的技艺传承（洪山琉璃、洪山陶瓷、洪山香制作技术），又有传统的象征纪念（寒食节、清明节）和丰富的活态参与（清明祭祖、上巳祈水、后土庙会、洪山庙会），能够充分整合介休黄土文明传统下"奉社重稷、尊祖敬宗"的价值观、知识体系、生活方式、审美情趣和谋生技能。

介休博物馆新馆是目前为止晋中地区最大的博物馆，有充足的使用面积和先进的硬件设施。但其文物的数量与品级，尚不足以与介休千年历史文化名城的积淀相匹配。博物馆应该是地方性知识的认知与诠释系统，即通过专业化的阐释和展呈，达成博物馆与社会公众共同分享地方性知识及价值观：我们从哪里来？我们是谁？我们会到哪里去？因此，在文化遗产保护与传承的"介休范例"中，课题组试图将博物馆作为介休文化遗产结构的"圆心"，点缀地方精神，形塑地方品位，将之打造成一个民众的、行动的、人类学的博物馆。

博物馆不仅仅是一套知识系统，更是一种价值取向。介休博物馆作为城市文化遗产整体结构的"圆心"，一方面要体现出博物馆"为所有人服务"的宗旨，另一方面更要坚持不懈地"为变革的社会服务"。博物馆是地方族群用以观照自己的一面镜子，借之发现世代连续之自我形象；博物馆也是一面外来访客用以观察介休的镜子，访客通过博物馆的表述，达成对此地方族群之文化习俗的尊敬与认同。在陈列、展示与沟通技术上，我们需要将博物馆功能拓展到文化信息中心、图书馆/地方史志资料中心、城市大讲堂、地方手工传习工坊等多个层面；将文物"藏品"的概念拓展到生活"物品"，将抽象的"文字展板"推延到具象的"生活实态"。以此呈现表述，同时也继承发扬介休黄土文明"奉社重稷、尊祖敬宗"的核心价值观。

附件：介休博物馆简况

介休博物馆是一座综合类博物馆，1955年成立，后与介休县文化馆、图书馆合并，统称介休县文化馆。1977年，重新恢复建立，馆址设在介休县后土庙西侧院内，成为一所兼有文物保护单位（后土庙）性质的综合类博物馆。介休博物馆藏品主要通过考古发掘、社会征集、上级下拨、公安移交等获得，现有古代青铜器、陶瓷器、书法、绘画、钱币、印章、玉器、竹木器、石刻、碑帖拓片等各类藏品5000余件，图书资料3000余册。1989年9月正式开放。

介休博物馆新馆于2013年9月底建成，是一座地下一层，地上两层，层叠错落，空间感极强的现代化建筑。占地面积20000平方米，建筑面积10200平方米，展厅面积6650平方米，库房面积1000平方米，充分满足了博物馆的各项功能需求，是目前为止晋中地区最大的可移动文化遗产收藏、保护、研究、展示和教育机构。

馆藏文物689件/套，大致分为13个类别。石器8件，骨器3件，陶器168件，瓷器186件，铜器120件，金属器4件，石刻28件，玉器11件，竹木器14件，书画83件，印章6件，钱币33件，碑帖拓片22件，杂项3件。其中一级文物2件，二级文物40件，三级文物241件。馆藏文物中以西汉青铜八乳规矩镜、金油滴黑釉瓷盏、明宁斋绢底大幅山水中堂、明青铜铝金莲花座释迦牟尼坐像、明清名家绘篦联珠、明嘉靖根雕架铜钟磬、明琉璃鱼池等为重要收藏。

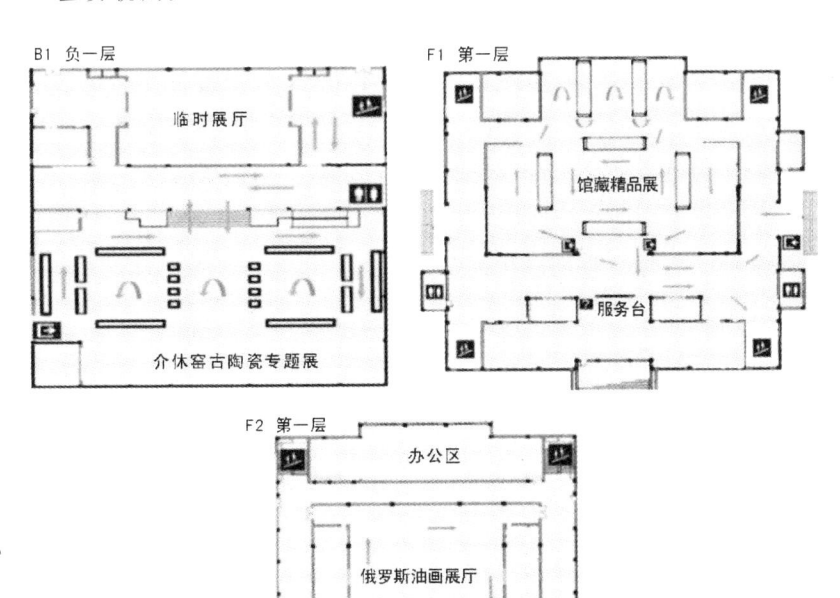

介休博物新馆空间结构图

活化——礼俗介休

传统中国的山川城邑、坛庙观祠、物产器具，被先祖们赋予了众多的文化意味。在"家天下"的视野下，每一处景观、每一幢建筑、每一个物件，都不是孤立的，它们既有统，也有序；在"万物合一"的认知中，每一处景观、每一幢建筑、每一个物件，也都不是僵死的，它们既有魂，也有性。所谓"大乐与天地同和，大礼与天地同节。和，故百物不失；节，故祀天祭地。明则有礼乐，幽则有鬼神。如此则四海之内合敬同爱矣"。我们的先祖以"礼"施法，以"俗"养习，通过节祭典仪和日常行为传达着文化记忆，表述着遗产生命。

作为黄土文明的典型性代表，介休的礼节风俗均以土地信仰与祖先崇拜为主线。当地的节日祭礼之多，介休人称之为"四大节、八小节、七十二个猴猴节"。日常民俗之丰，康熙版《介休县志》记载："五方风气不同，民生其间者异俗，风俗固与土地相因也。"官方与民间的活态信仰，一方面与主流经典的言传形成呼应，成为世代承袭的身授之道；另一方面也以行为实践的方式对社稷崇拜和祖先崇拜的文化本质加以固化反哺。

不幸的是，自近代以来的文化"革命"，暴力地阉割了中华儿女亲天地、亲山水、亲万物的体道经验；而20世纪初至今的遗产"运动"，更是无声地支离了文物古迹与地方民众的血肉归属。一间间紧锁的空庙荒祠、一座座隔断的故城废垒，哪里还有祖先的训导？哪里还有儿孙的酬答？历史偶尔断裂，但历史永不会终结。课题组提出"活化"的概念，就是力图将常变之世与归一之道相"合"，以生生之人将僵死之物激"活"。从而起死回生，化成天下。

"活化"的路径,是尝试以介休人世代相袭的节庆典礼和日常风俗作为城市文化遗产保护传承的能量源,用人们的生命践行重新温热冰冷的文化空间,展现"介休魅力";而"活化"的目标,则是力图使介休人民成为城市文化遗产保护传承的发起者与受益者,享受美好"介休生活"。

礼仪是行为固定化、图式化的结果。我们可以将礼仪看成是人们在传统社会千百次行为抽象和内化的结果。中国之乡土社会在一定程度上可以说就是礼治社会。礼的传统扎根于乡土,礼的影响深入人心。对文化遗产加以"**复礼**"的解释,能够使生在其中的人们理解节日典礼的由来演化,并了知其中所蕴含的文化意义。从而回应"我是谁"与"我们是谁"的终极问题。而风俗习惯只是俗文化的表层结构,它的深层结构,应该是在这些风俗习惯里所潜藏着的民族心理性格、思维方式和价值观念。[①]"**还俗**"的实践价值,就是以人们世代遵循之婚丧嫁娶、衣食住行这一系列日常行为,激活失魂的物质空间,复返遗忘的集体记忆。

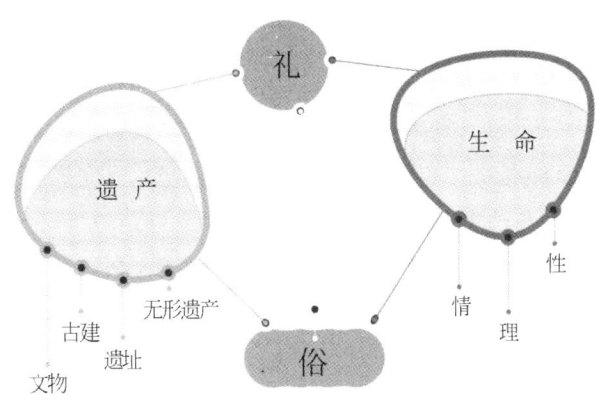

依循"活化"之纲,课题组提出:努力践行"复礼还俗、起死回生"的文化遗产保护思路,展示介休魅力;坚持倡导"政府社团业者民众 联动共振"的文化遗产传承模式,建设美好介休生活。还原祖义、回向传统的认知层面,仅是文化遗产保护传承的第一步。"介休范例"更为重要的价值,是通过提炼文化功能,切入地方族群承袭传统价值

---

① 参见葛兆光《道教与中国文化》,上海人民出版社1987年版。

观、知识谱系和生活方式的实践层面，形成认同，指示未来。

一 遗产保护：复礼还俗 起死回生

"礼"与"俗"浓缩了人类集团的态度、目的和技能。《礼记·曲礼上》云："夫礼者，所以定亲疏、决嫌疑、别异同，明是非也。……道德仁义，非礼不成；班朝治军，莅官行法，非礼威严不行；祷祠祭祀，供给鬼神，非礼不诚不庄。"而作为人们最贴近身心日常的文化载体，民俗亦是凝聚族群思想、制度、技术的基本力量。《管子·正世》云："古之欲正世调天下者，必先观国政，料事务，察民俗，本治乱之所生，知得失之所在，然后从事。"因此，"复礼"则人人各居其位，各行其道；"还俗"则人人各得其所，各享其乐。

（一）复礼还俗

郭沫若认为："大概礼之起于祀神，故其字后来从示，其后扩展而为对人，更其后扩展而为吉、凶、军、宾、嘉的各种仪制。"[①] 从尧舜禹之"天地人"三礼（祭天之属为天礼，祭地之属为地礼，祭宗庙之属为人礼），及至周礼之"吉凶军宾嘉"的定制，"礼"完成了从宗教仪式向君主治国伦理与法度的转身。

首先，我们以传统五礼之制对介休的历史遗存加以分叙。

① 吉礼，乃祭祀社稷鬼神天地君亲师之礼。吉礼有祭天、祀地、拜宗庙之别。据康熙版《介休县志·朝礼篇》载："每遇圣诞及元旦、长至日，地方官先期习仪，迎龙亭、置县堂。临期于堂陛下北面行礼，赞礼引礼，首贡生员读祝告天祝寿。立春前一日，知县率师儒僚属同迎春于东郊，迎土牛、芒神以入县，设宴，是夜鞭土牛以送寒气，拜芒神以燮春和。每岁春、秋二仲月上戊日，知县率僚属致祭，祭用羊二、豕二、帛二，色用黑爵六、登二、铏二，笾二、豆八、簠四、簋四。尊社土神，稷谷神，惟土生谷，惟谷养民。"光绪版《介休县志》载："吾介

---

① 郭沫若：《孔墨的批判》，科学出版社1956年版，第93—94页。

仕宦家多合族公建一祠，往往自一世祀至数十世。"介邑之旧有宗祠，多为始祖庙。或祀始为大夫，得以立庙者。而有力者于居室之东，各建家堂一室，分四龛，祀其高曾祖祢，既使子孙自祖宗祭祀之宜隆，亦使乡愚知朝廷礼秩之可贵。宗庙祭拜，体现了家族权力传承的威严和秩序，因此在中国这样一个传统宗法社会里，上至王公贵胄，下至庶民百姓，均视之为"不忘亲""恒守仁"的治家之道。

② 嘉礼，乃亲万民合人际之礼。嘉礼分为食礼、冠礼、婚礼、乡礼、庠序礼、尊老礼。中国自古以嘉礼亲万民。以饮食之礼，亲宗族兄弟；以昏冠之礼，亲成男女；以宾射之礼，亲故旧朋友；以飨燕之礼，亲四方之宾客；以脤膰之礼，亲兄弟之国；以贺庆之礼，亲异性之国。康熙版《介休县志》记载乡饮酒礼："每岁正月十五日、十月初一日，于明伦堂行礼。以正官为主，位东南；以致仕者为大宾，位西北；择乡里年高有德之人为僎宾，位东北；以衣顶生员为介宾，位西南；以里中耆老为耆宾，位于宾主、介、僎之后。司正扬觯，以教谕为之。如无僎宾，以佐贰官为之。先期，主人询诸学谕，学谕令斋长生员具结保荐。届期，主人至明伦堂行礼。期间俎豆有数，长幼有序。凡出入、迎送、登降、揖让及诗歌读律不得少紊。"而介休乡土之婚礼、射礼等皆存古礼遗风，仪繁礼复，不可简从。

③ 宾礼，乃交往通好之礼。宾礼有朝见礼、会同礼、相见礼。以宾礼亲邦国。"春见曰朝，夏见曰宗，秋见曰觐，冬见曰遇，时见曰会，殷见曰同，时聘曰问，殷眺曰视。"后世亦将宾礼从天子诸侯之礼延展到士庶上宾之礼。乾隆版《介休县志·风俗篇》载："邑为陶唐旧壤，不有勤俭遗风乎！然踵事增华，瓦缶易以金玉，其势然也。"

④ 军礼，乃耀武扬威征伐出师之礼。"军礼以出师礼、凯旋礼、田猎礼、救日礼为类。以军礼同邦国。大师之礼，用众也，大均之礼，恤众也；大田之礼，简众也；大役之礼，任众也；大封之礼，合众也。"康熙版《介休县志·典礼篇》载："每岁九月霜降日，于演武场祭蠢神，令武生、壮丁射箭习武，设酒宴行赏，以壮国威。""日月之食，天之变也。县官率师儒僚属于县堂向西，致敬以拜之。鸣钟鼓，列旌旗于堂上堂下，东西旋绕三次，为之救护。以初食分刻为限，俟复圆乃止。"

⑤ 凶礼，乃哀悼亡故救患问疾之礼。凶礼有丧礼（丧仪、葬仪、服制、墓制）、荒礼、札礼、灾礼、襘礼/恤礼、问疾礼等。"以凶礼哀邦国之忧。以丧礼哀死亡，以荒礼哀凶札，以吊礼哀灾祸，以襘礼哀围败，以恤礼哀寇乱。"据乾隆版《介休县志·坛庙篇》记载，介休北关外一里许之厉坛，有"岁清明、七月望、十月朔时，祭邑中无祀孤魂，迎城隍神主"的仪典。而介休人对丧葬仪礼的重视，更是一直延续至今。从停尸入殓到出殡祭坟，程序严格，典礼盛大。

其次，介休人守节序、尊乡仪的传统，是其崇风重俗的典型性呈现。节序不紊，才能风行于上而俗成于下。民俗系于教化，知风之自矣。

元旦（夜兴设品物拜奠祖宗。家人依尊卑长幼，以次拜贺。亲属登门拜贺，酒食相邀）；

元宵（正月十五，张灯火，食元宵，宾友饮酒赏节）；

天仓（正月二十，蒸黄米面糕，点灯供佛）；

二月初二日（闽学供文昌奎星，乡里供城隍）；

清明日（拜扫坟墓）；

三月初三日（祭源神、灰柳泉，各乡皆祭水神）；

四月初八日（供关帝）；

端阳日（食角粽、饮雄黄酒、佩艾避邪）；

六月十五日（供龙王）；

六月二十四日（闽学东郊外供关夫子）；

七月十五日（祭奠坟墓）；

中秋（八月十五日，月饼、瓜果供月，宾朋合欢饮酒赏月。东郊外闽学供林宗）；

重阳（九月九日，蒸花糕，饮茱萸菊花酒）；

十月初一日（祭奠坟墓）；

十一月冬至日（设祭品拜奠祖宗，如元旦）；

十二月初八日（煮粥入豆、枣，谓之腊八粥，以御寒）；

二十三日（饴饧供灶神，二十四日扫舍）；

除日（嫁娶，贴门神、对联，换桃符，以办岁事）。

以上我们大略梳理了介休礼俗的纲要类属。无论是"意象"还是"行动",介休人的礼俗传统与农事活动、宗法制度都有着有密切的关系。文化体系一方面可以看作活动的产物,另一方面则是进一步活动的决定因素。[①] 神归而物活,唯有守住内隐的无形之"神",才能留住外显的有形之"物"。黄土文明所造就的文化特质,鲜活地存在于介休人的生命与生活中。课题组强调"复礼还俗",绝非提倡僵化的复古与守旧,而是企图在代代相承的文化生活中,寻找祖先的生命经验与行为表述以及其中所传达的价值取向、审美情趣。并以之作为文化自觉视野下,文化选择与创生的圭臬。

(二)起死回生

中国自古以来的观景之法乃为"七观":观义、观仁、观诚、观度、观事、观治、观美。可见中国人对景观价值的判断不只流于物化的形制,而是深入义理;中国人对观景行为的理解,也不只囿于身处其中,而是主张身临其境。"境",包括了时间、空间、认知和感受,即人事物合构一体,形神性联通一气。因此,中国的山水画历来强调"景中有人,人中有景",中国的诗词赋亦一再隐喻"有我有他,有主有客"。因此,唯有将人事归其物、神性还其形,遗产才会真正具有生命、保有活力。

以下我们以后土庙和源神庙为例,探讨将无形的"传统价值",透过关联的活态元素还原到有形的"历史遗迹"中。

1. 后土庙

物态基质:

介休后土庙建筑群,位于旧城西北隅,包括后土庙、三清观、太宁寺(娘娘庙)、吕祖阁、关帝庙和土地庙六组建筑,是全国重点文物保护单位。整个建筑群呈纵向双轴,南北合围之布局。庙群中心建筑——献楼,是三清观正殿及其阁楼与后庙戏楼的连体建筑,楼顶由三清楼、

---

① 傅铿:《文化:人类的镜子——西方文化理论引导》,上海人民出版社1990年版,第12页。

三重檐、十字歇山顶和戏楼重檐、歇山造顶巧妙衔接，构建极为精致，被古建专家视为明清古建筑联体结构的代表性杰作。后土庙古建筑群以琉璃为特色，庙观建筑全部以琉璃装饰。楼顶黄蓝绿琉璃交相辉映，琉璃脊物、角神走兽、悬鱼以及博风板上的琉璃饰件，皆造型优美，颜色纯正，无一不精，被誉为"三晋琉璃艺术博物馆"。后土庙内的悬壁彩塑，大多为明代作品，后土大殿供奉的后土女神及其四侍女像，三清殿正中供奉的"三清四御"像、东西配殿的800余尊彩塑神像，汇集了道教中的千余神祇。

后土庙大殿

后土庙戏楼

后土庙献楼

三清殿三清四御泥塑

后土庙楼顶黄蓝琉璃

三清观影壁琉璃

活化元素：

① 三月十八日后土庙庙会习俗。后土祭祀女娲，三月十八为春社之日。迎神赛社、祭社神、闹社火、演社戏、饮社酒、食社饭、分社肉、停针线、回娘家等习俗都是重要的活态表现形式。介休后土庙一直香火鼎盛，并被国内外道家信徒尊为祖庙。1990年，台湾道教地母至尊庙联谊亲善访问团首次到介休后土庙寻根访祖，朝拜后土圣母，迄今为止，我国台湾同胞恭颂的后土娘娘还供奉在后土正殿。每年农历三月十八，后土庙都要举办庙会，邻近的平遥、临汾等地方也有不少人赶来看热闹，介休后土庙庙会也就成了晋中地区最大的庙会。介休也是著名的晋剧发源地之一。后土庙会上不仅出售各式各样的民间工艺品、小吃等，最吸引人的就是晋剧表演。

② 寒食节（山西省级非物质文化遗产）。寒食节亦称"禁烟节""冷节""百五节"，在农历冬至后一百零五日，清明节前一二日。是日初为节时，禁烟火，只吃冷食。并在后世的发展中逐渐增加了祭扫、踏青、秋千、蹴鞠、牵勾、斗鸡等风俗，寒食节前后绵延两千余年，曾被称为民间第一大祭日。冬至后一百零五天为寒食，现大多流传为纪念春秋时介子推的故事。而另一说则释寒食为人们对大火星的崇拜。《周礼·秋官·司烜》载："仲春以木铎修火禁于国中。"郑玄注"为季春将出火也"。《荆楚岁时记》记录南北朝的寒食习俗为"去冬节一百五日，即有疾风甚雨，谓之寒食。禁火三日，造饧大麦粥"。唐代的寒食节开始增加官员放假、士民上坟扫墓的新风俗，《通典》记："开元二十年制曰，寒食上墓，《礼经》无闻，近代相传，浸以成俗。士庶有不合庙享者，何以用展孝思？宜许上墓，同拜扫礼。"

③ 清明节习俗（国家级非物质文化遗产）。清明节是我国传统节日，是二十四节气中唯一演变为节日的。《淮南子·天文训》载："春分后十五日，斗指乙，为清明。清明乃是仲春与季春之交，万物生长此时，皆清洁而明净，故谓之清明。"清明演变为寒食，也可能是因为其与寒食节的延续关系。寒食禁火三日，而清明则另起新火。到唐宋时寒食节与清明节逐渐统一起来，清明也逐渐由单纯的时令祭祀发展为具有丰富民俗活动的重大节日。清明节期间的传统习俗活动包括：禁火、冷

食、祭祀、扫墓、插柳、踏春、蹴鞠、秋千、放风筝、斗鸡、赏花和咏诗等。介休与清明节有重要的渊源关系，因此清明节的习俗活动在介休最具典型和代表性。介休境内除保留以上习俗外，还保留着生黑豆芽、采柳芽、蒸面塑、戴柳圈、扫房顶、挂红纸、唱大戏等具有浓郁地方特色的民俗活动。

④ 琉璃烧造技艺（国家级非物质文化遗产）。介休市烧造并使用琉璃的历史已有1200多年，自古就有琉璃之城的美誉，建筑琉璃艺术久负盛名，琉璃工艺源远流长，现存后土庙、祆神楼、城隍庙等明清时期精美琉璃作品23组，其中后土庙古建筑群，是国家级文物保护单位，被专家学者誉为"琉璃艺术建筑博物馆"。此外，北京故宫、西安古建、苏杭寺庙、长沙园林、沈阳故宫都有介休人烧造的琉璃艺术品存世。

洪山琉璃工坊 　　　　　　太和岩琉璃牌楼

洪山琉璃工坊成品1 　　　　洪山琉璃工坊成品2

⑤ 介休宝卷（晋中市级非物质文化遗产）。介休宝卷是流传于介休民间的一种讲唱文学，是在唐代敦煌变文俗讲以及宋代说经基础上发展而成的一种民间吟唱的俗文学。其内容渗透着儒、释、道思想的精华，

并包含有大量非宗教的历史人物、民间传说、神话和戏剧故事。在民间通过念卷和听卷的方式起到潜移默化、寓教于乐的作用。

2. 源神庙

物态基质：

源神庙位于介休市洪山镇洪山村狐岐山麓，占地711平方米，庙向西而立，各组建筑依山势呈阶梯状，层层升级，步步登高。该庙始建年代不详，宋前即有，元明清均有修葺。源神庙因洪山泉源而建，其庙即建在洪山泉之源头之上。洪山泉是晋中最大的地下泉水，历来为介休的水利命脉所在。主要建筑有过殿、戏台、正殿及东西配殿、偏殿等。源神庙正殿，单檐悬山顶，阑额下雀替镂雕及殿前的围栏石刻精雕细刻，赏心悦目。戏楼与大殿遥遥相对，称为"鸣玉楼"。整座戏楼气魄雄伟，雍容华贵，富丽堂皇。卷棚顶结构，面阔三间，进深两间，钟、鼓二楼为六角攒尖顶结构，下有窑洞五孔，中间的一孔为通道，左、右各二孔窑洞为"云房"。庙内现存20余通碑碣，记录有宋代名相文彦博"始开三河"的功绩；载有明代王一樾知县治理洪山水利的实迹；还记有其他名人治水及水利兴修、水规、水法、水管、水事纠纷解决、工程布局、节水防污等方面的历史。

洪山源神庙 　　　　　　鸣玉楼

活化元素：

① 三月三上巳节习俗。上巳节最早源于用春水祓除宿垢和不祥的巫术。《周礼·春官·女巫》载："三月上巳之时，女巫掌岁时祓除衅浴。"《后汉书·礼仪志》载："是月上巳，官民皆洁于东流水上，曰洗濯祓除。"到了南北朝之时，三月三除了洗濯祓除之外，开始盛行曲水

流觞的宴饮游娱。在唐代杜甫的《丽人行》中,则是一幅如同"三月三日天气新,长安水边多丽人"的喧嚣盛景。

据《大清通礼》和《大清会典》记载,清乾隆十二年(1747)敕建源神池水神庙,令有司在农历三月初三上巳节行春秋致祭。每年农历三月初三,传为源神诞辰日,旧时村民来祭,焚香鸣炮,以酬神恩。祭毕将祭品抛于池内,名曰"神食",久而久之,形成传统的洪山庙会。在这一天,县令会同地方乡绅、水老议定分水方案。附近村民则来参加洪山庙会,百业游艺,车水马龙,人声鼎沸。"三月三,骑着毛驴赶洪山",这一习俗沿袭至今。

2014年洪山庙会晋剧团演出　　　　2014年洪山庙会集市摊贩

② 干调秧歌(晋中市级非物质文化遗产)。干调秧歌是介休土生土长的地方剧种,因演唱时没有音乐伴奏,只凭演员的自身嗓音演唱,故称其为干调秧歌。流行于介休、灵石、沁源一带。它起源时间很古,据传是由游牧发展到定居农耕时田间劳作时随意编唱的词调,后逐渐发展衍变成这种剧种。干调秧歌有街头演出和舞台演出两种。街头演出也称"踩街秧歌"或"地毯秧歌",演出节目有《绵山十景》《绣荷包》《拜年》等。舞台演出除"折子戏"外,还有《庆顶珠》《九件衣》《翠屏山》等大型节目。干调秧歌一般词多、道白少。唱词有三字腔、七字腔、十字腔等,并有紧板、慢板、二性板、大介板、绵绵板、哭板等板式,一般以剧中角色确定板式。干调秧歌豪放粗犷,做戏表演又十分细腻,是戏剧中绝无仅有的特殊剧种。

介休民间干调秧歌表演场景 1　　介休民间干调秧歌表演场景 2

③ 介休洪山"全料香"传统生产技艺（晋中市级非物质文化遗产）。洪山"全料香"制作历史悠久，早在乾隆朝的《介休县志》上就有明确的记载，也曾是东南亚市场上的抢手货。洪山香用料考究、配料讲究、工艺复杂，突破一般香品仅作为祭祀用品的概念，兼具调和身心、通窍开慧、益思提神之保健功效。

洪山全料香工坊现场

④ 贯馅糖制作技艺（晋中市级非物质文化遗产）。贯馅糖是介休的传统冬令食品，也是山西省食品行业十大名产之一。介休贯馅糖皮薄馅香，吃着香酥甜脆，回味绵长，具有润肺化痰、健脑补肾、养血催乳等功效。早在明末清初就畅销全国。

以上两个案例，都是试图将介休人在生产（备耕、种植、管理、收获、贸易、集市）、生活（衣食住行、人生礼俗、岁时节日、游艺活动）、社会组织（家族、村落、行会）中的各种实践性行为，重新注入历史现场中。以规习典仪、匠巧工艺、百戏游乐，打通物质与精神，链接历史与现实。充分集结地方人群信仰与知识的活态能量，使城市的生命、遗产的生命、市民的生命血脉相依,从而"起死回生"。

二 遗产传承:政府社团业者民众 联动共振

近年来,介休市政府将文化遗产的保护传承与地方精神文明建设、社会经济发展相结合,投入了大量的人力、物力、财力,取得了一系列显著的成绩。

① 文化遗产复建工程:2009 年,介休市被评为山西省历史文化名城,同时,顺城街历史文化街区成为第一批山西省历史文化街区。2011 年,介休市委市政府作出了"介休历史文化名城复兴"的重大决策。先后编制完了《介休市历史文化名城保护规划》等一系列规划。确定历史文化名城保护复兴的范围,并对 743.7 平方千米内的市域文化遗产保护提出指导性的保护框架。投资 5 亿元实施顺城关历史文化街区"一街",博物馆"一馆",后土庙、三贤、城隍庙"三大广场",后土庙、袄神楼、城隍庙、文庙、龙泉观"五大文物维修"以及明城墙复活十一项工程。

② 创新文化遗产管理体制:1998 年,介休市委、市政府制定了《关于绵山风景区开发建设经营若干问题的决定》,市人大出台了《关于加快绵山旅游风景区开发建设的决议》,采取国家、集体、个人投资相结合的开发管理体制。山西三佳集团开发绵山,山西凯嘉能源集团公司接管张壁古堡文物保护和旅游开发工作,都是私人投资经营与政府共同进行管理的模式。

③ 非物质文化遗产保护与传承:自 2008 年以来介休市政府已举办四届"中国寒食清明文化节"。在绵山景区开展了系列清明文化主题活动,通过论坛研讨、祭祀大典、主题展览、民俗活动和文艺演出等多种形式,展示介休寒食清明文化的起源、传承与发展。

④ 文化遗产保护传承的基础研究:2012 年 9 月 1 日至 5 日,在山西省介休市举行了由人类学高级论坛主办,台湾世新大学异文化研究中心和山西大学华北文化研究中心协办,山西省介休市委、介休市人民政府承办的"维护文化遗产发展城市文化"圆桌论坛。这次论坛以"文化

遗产维护、运用即城市文化的发展"为主题，来自日本，国国台湾、香港及大陆共10所大学和研究机构的15名人类学机构负责人和学科带头人参加会议，共同为介休城市文化繁荣发展出谋划策。该论坛成功举办后，厦门大学、中山大学、四川大学、复旦大学的四个学术团队，分别以"遗产""历史""地理""民族"为专题，对介休的文化核心价值进行深入研究。

但与此同时，介休文化遗产的保护传承工作面临着许多遗留问题和全新挑战。一方面，介休尚保有大量历史留存的物质遗产基本结构：山川、河流、城郭、街坊、用水、寺观、楼台、民居等；另一方面，由于生活方式的改变，自古以来与地域人民生活息息相关的风习礼俗、传统技术、设施场所的形态和机能之有机关联却已经开始断裂。

在这样的现实背景下，如果仅仅依靠政府行政力量与企业经济利益的捆绑，而不能使全体介休市民形成对乡土文化的自豪感、责任感，遗产保护传承的事业就无法产生内在的原动力和多赢的加速度。

要使个体化的市民群众认知地方古建文物遗址的个性魅力、认同礼数仪式风俗的能量价值，形成对地域精神文化象征与价值观的尊重，就必须以多样化的民俗活动带动遗产空间的积极利用，激活有形的文化遗产空间和无形的器物传统工艺。而市民与政府行政部门的协同与共振，则应该大量依靠社团组织（爱好者协会、研究学会、行业协会、老年大学等）和相关业者积极有效的中继工作。

例如，可以通过爱好者协会（如收藏协会、戏剧协会、老年书画研究会等）进行地方文物古籍、演剧戏曲、经典书画的展示与普及；通过研究协会（民俗协会、作家协会等）和老年大学，对活态的地域民俗遗产进行逐步清查和分类整理，建立一个可供民众检索、查询、研究的地域文化遗产资料库；通过行业协会（餐饮与饭店协会、名优产品协会）实施保存地方记忆、传承地方工艺、树立地方品牌的文化商贸经营策略，实现文化资源的有效活用。

综上所述，**"政府社团业者民众 联动共振"** 的遗产保护传承模式，就是要强调主体的多元化、分工的清晰化、行动的协同化和目标的一致化。合力同心，活化生动，永续传承。

主体的多元化

原住民　社团　　业者　游客　学者　……

有形遗产/无形遗产

介休

遗产保护与活用

政府职能部门
市民团体·民间组织
地域住民

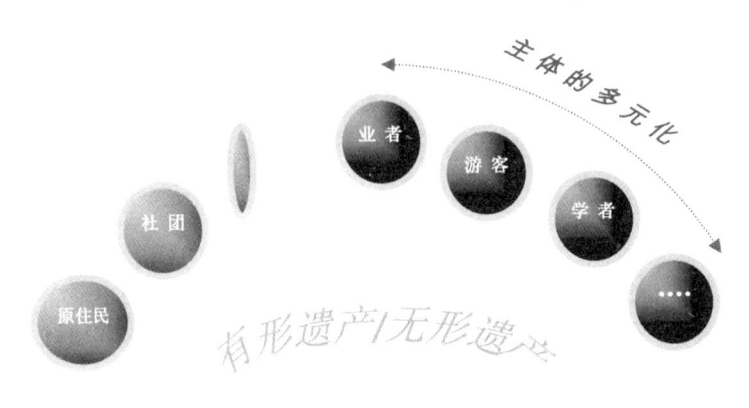

政府	• 整合资源 • 健全法制
团体	• 爱好群体 • 产业行会
个人	• 日常传统 • 节庆传统

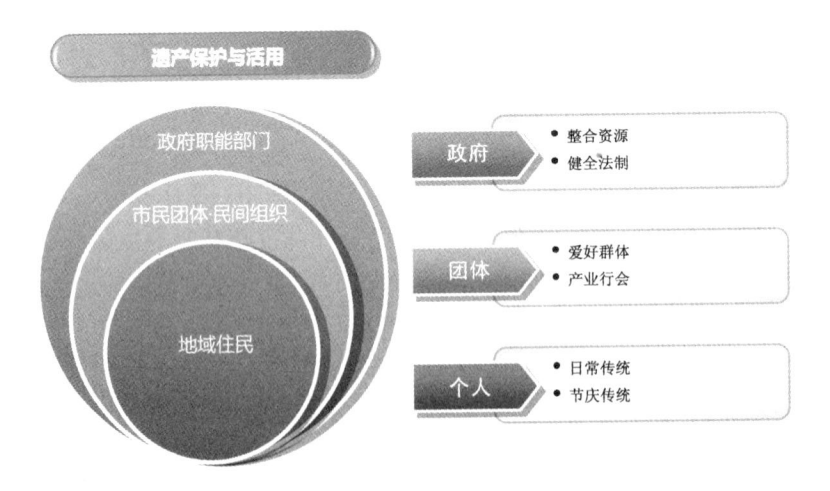

介休市文化遗产传承与保护目标

* 使全体市民形成对乡土文化的自豪感
* 使每一个人在介休幸福生活
* 使自然遗产与文化遗产世代相袭

> **介休市文化遗产传承与保护方针**
>
> 保存管理
> * 整体性城市结构的继承
> * 保持文化象征空间
> * 保全美丽的自然风土
> * 修复与展呈历史的层叠性和个别化的构成要素
>
> 整备活用
> * 推进都市个性与魅力的整备事业
> * 积极利用多样的传统文化活动
> * 探究具有介休特质的审美意识与工艺技术
> * 推动各级文化遗产的申报工作
>
> 管理运营
> * 以精神和文化的风土为基础形成对地域文化的认同
> * 市民社团政府的联动与互振

附件1：介休社会组织简况

近年来，全市共登记社会组织120个，其中社团76个，民办非企业单位44个。从组织结构和行业分布上看，全县社会团体中，行业性社团占32%、学术性社团占5%、专业性社团占26%、联合性社团占5%；全市民办非企业单位中，教育类占63%、卫生类占3%、文化类占2%、科技类占7%、体育类占7%、劳动保障类占3%、民政类占8%、社会中介服务类占3%、其他类占4%。

附件2：介休老年大学简介

目前，介休市的老年人口已经达到5.7万人，占介休市总人口的13.6%。中国已经进入老年社会，老年人的事业是国家的大事情，这是我们必须面对的国情。介休市老年大学于2003年10月成立，2004年4月正式开班。现有4名管理人员，1名服务人员，8名教师，9个专业，

11个班和1个队，分别为合唱班（团）、女生声乐班、男生声乐班、舞蹈班、书法班、美术班、太极班（队）、二胡班、表演班、电脑班、晋剧班（团），学员达419人次，校委会成员设校长1名，常务副校长1名，副校长8名，校委会成员由老年大学、老干局、妇联、财政局、老龄委、教育局、文体广电新闻出版局等领导组成。介休老年大学特别提出"4331"教学工程，4个"1"，3个"上"，3个"走出去"，1个"队"。4个"1"即声乐1小时，舞蹈1小时，朗诵1小时，表演1小时。3个"上"即节目上电视，作品上刊物，成果上舞台。3个"走出去"即书法班笔会"走出去"、绘画班写生"走出去"、二胡班实练"走出去"。1个"队"即组建一个体育健身大队。

§ 第三部分 §

案例解析

华夏中心：黄土文明五行观之介休表述

一 问题的提出

关于本书所写的地方——山西省介休市，在"介休市政府门户网站"上是这样介绍的：

> 介休历史悠久，正式建制于公元前514年，距今已有2600多年的历史。春秋战国时期，介子推割股奉君、功不言禄、归隐绵山，与母俱焚死，故以介休定名，并使介休成为中国清明寒食文化的起源地。东汉名士郭泰一生学富五车，清史留名。北宋名相文彦博出将入相五十载，品学高尚。为此，介休素有"三贤故里"之称。
>
> 介休是晋商文化的发祥地，皇商巨贾范家执当时全国金融之牛耳，北贾侯家、北辛武冀家商号遍布全国各地。介休境内名胜古迹众多，国宝单位达8处，有势之磅礴、山之秀气、雄浑的绵山风景区，有集军事、民俗、宗教、建筑、文化于一体的全国十大魅力名镇张壁古堡，有被誉为"宋代琉璃艺术瑰宝"的后土庙，有被称为"华夏第一柏"的秦柏等[①]。

---

① 介休市政府门户网站（http://www.jiexiu.gov.cn/web/jxgk/jxgl/2013-08-08/2911.html）。

介休市地图（A点）　　　　介休乡镇图

这样的叙述，肯定不是对这座城市历史的还原，而是叙述者在当下"维护文化遗产，发展城市文化""历史文化名城复兴工程"的叙述框架下所做的一种讲述。"为了保护城市文化遗产，改善市民生活环境，提升城市文化品位"①，从2011年开始，介休市启动了《介休市历史文化名城保护规划》《介休市旧城区控制性详细规划》等城市改造规划，对顺城历史文化街区、市博物馆、三贤广场、后土庙、城隍庙、袄神庙、文庙、龙泉观、城墙等历史文化遗存进行修复或重建，将介休市定位为"琉璃之城、寒食之乡、三贤故里"的文化名城。

如果将时间回溯到中华民国，介休还是一个县城，其全县疆域可用"四至八到"来概括："东至马壁六十里，入平遥县界。南至马跑泉六十里，入沁源县界。西至义棠二十里，入灵石县界。北至张家庄二十里，入孝义县界。东南到关头岭六十里，入沁源县界。西南到兴地村四十里，入灵石县界。东北到田堡五十里，入平遥县界。西北到岭北村二十里，入孝义县界。县在省西南二百七十里。东西广八十里，南北广八十里。距北京千四百五里。境属康庄，往来冠盖相望于道，洵乎腹地要区，邑称繁剧也。"②

这样的叙述，亦非民国介休地理历史的还原，而是修志者在民国历

---

① 《介休历史文化名城复兴工程简介》，吴定元主编《"维护文化遗产 发展城市文化"圆桌论坛文集》，介休市政协出品（内部资料），2013年，第232页。

② 参见侯清柏编《介休县志·民国》，山西人民出版社2012年版，第200页。

史语境中对介休区域的一种表述。而细读民国版《介休县志》,民国志书的书写者将记事看成了"最为着要"[①] 的叙述框架,尤其因为民国改建后,社会发生了显著变化,该志将风俗、政教、物产的变迁作为记载的重点。过去的志书中没有农、工、商业的位置,民国版《介休县志》中则出现了农桑纪略、工业纪略、商业纪略,其中在商业纪略中提到介休人在北京经营当商、账庄、碱店,在天津经营典质转账,在河南、湖北等处经营当商印行的介休人最占多数。在工业纪略中则提出工艺为商战之利器,富国之术。在民国县志的末尾,还加了宣统二年至民国十一年各村或成立,或改设的191所国民学校的名称,使民国初期介休教育事业有了耳目一新和兴旺发达之表象。

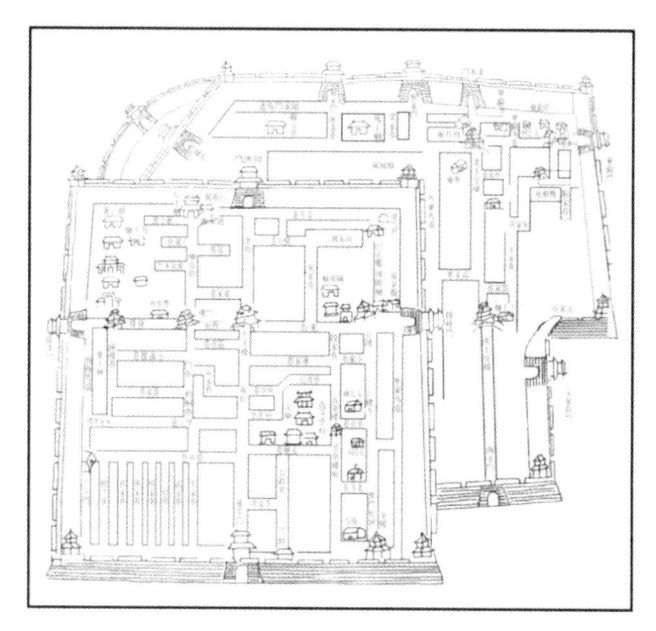

介休旧城示意图（清—民国初期）

将历史时钟的发条再往后倒拨,回到清朝。现存的光绪、嘉庆、乾隆、康熙四版介休志书,在不同的叙述框架指导下,也呈现了不一样的介休历史。对李敦愚的《介休光绪志》的独到之处,张颔先生有如下评

[①] 侯清柏:《介休历代各版本〈县志〉概况及优劣浅谈》,侯清柏编《介休县志·民国》,山西人民出版社2012年版,第346页。

价：一是对节妇这一类人物只登记姓名，不写事实，说明李敦愚有了维新思想；二是志书中不列星野，说明其有胆识、有高见；三是对水利事业和赈灾措施发表了很好的意见；四是对介之推和介休的关系，李敦愚表现了很客观的态度。[1] 在光绪三年（1877）山西大旱灾的背景下修成的《介休光绪志》，印刻了李敦愚面对今昔盛衰、人事兴废抒发的个人记忆和修志者"扶衰起弊"的思考。

介休嘉庆志门类基本上因袭乾隆志的原貌，共设星野、沿革、疆域、兵祥、山川、学校、公署、坛庙、田赋、风俗、职官、宦绩、选举、仕籍、封荫、乡宾、人物、忠节、孝义、文苑、寓贤、艺术、仙释、烈女、艺文、杂志共26门。全志文字量达29万多，是介休在新中国成立前八部《县志》中字数最多的版本。嘉庆志尤其可贵之处是志书中没有为地方官滥记功绩的文笔。究其原因，也许是嘉庆志有三任县事参加了修志，尤其是志书成稿时，后任陆元穗任职还不到一年[2]。

介休乾隆志篇幅畸重艺文，艺文的总文字量超出全志的三分之一，而星野、沿革等门，文字量仅千字左右。乾隆年间，介休人民从事商业贸易，资产超百万之家有范氏和侯氏，然对侯氏的商业活动，志书中一字未提。范氏在康熙年间包揽了清朝铸币用铜，从事对日贸易，志书对这类活动仅记载了一句"承父业，运铜铅于诸省国，用流通"。这与七万多字的艺文篇相比显然仅为沧海之一粟。

水利是介休康熙志中的重点篇目，洪山泉水系晋中地区最大的地下泉水，加之介休南高北低，天造地设，源远流长，大自然对介休人给予了特殊恩赐。介休历史上沾水利之光，也受水泛之害。康熙介休志用四千余字的篇页将狐岐三河之泉的源流、利弊等作了记述，另外对河流、泉水、渠井、春冬水额、水程原额等分项记述，艺文部分还收录了有关山泉和河流利用管理的四通碑文。

---

[1] 侯清柏：《介休历代各版本〈县志〉概况及优劣浅谈》，侯清柏编《介休县志·民国》，山西人民出版社2012年版，第342页。

[2] 同上书，第338页。

介休市西欢村生长了 2200 多年的"华夏第一柏",也称"秦柏"

如果我们在各个朝代关于山西介休的历史记载中不断回溯,可以在华夏文明时间的回溯中,看到在一个个不同朝代,完全不同的介休,一切介休的历史都是介休的当代史。而我们要述说的介休从古至今所存留的文化遗产,亦是一种不同历史时期内,介休在"国家"背景下进行的"框架性"叙述。当笔者选择"历史记忆与文化认同"的主题来对这些"框架性"叙述的文化遗产进行研究时,所留存古建筑、古城、文物、民居等物质文化遗产的翻新与复建,容易让人们遗忘这些外部可见的文化存留的背后,还有每个介休人鲜活的日常生活所传承的作为"非物质"的文化遗产。

作为以他者眼光讲述他者故事的文化人类学,必须从这些看到的文化遗产出发,深入**介休人的琴棋书画诗酒花、柴米油盐酱醋茶**的真实生活中,"落地反走",在日常生活中体味历史的记忆是如何与真实的生活发生链接的。

在基本的问题明确之后,要回答这个问题,又遇到了难题。作为一个有 2600 多年历史的地方,星野、沿革、疆域、兵祥、山川、学校、公署、坛庙、田赋、风俗、职官、宦绩、选举、仕籍、封荫、乡宾、人物、忠节、孝义、文苑、寓贤、艺术、仙释、烈女、艺文、杂志均是介休人对介休历史记忆的表征,除非完整地将这个"表征体系"进行叙述,否则任何零星、个别的考察,均是对以上基础问题的盲人摸象,无法从人类学的文化整体观进行民族志书写。除非有一个框架,能将介休华夏文明的文化遗产进行线性的串联，这样的研究框架，才能稍微切实回答"历史记忆与文化认同"的论题。因此，本文在写作时，尝试着在华夏文明的关键概念中，寻找一个核心词语，并使得介休人的"历史记忆与文化认同"在这个框架内得到合理的阐述。

二 "五行"框架

介休和介休人所处的地理区位，和文化人类学研究所偏重的少数民族村寨、边疆、山野等传统的异文化有着巨大的差异。从田野过程来说，直观是"在边疆做田野"和"在中原做田野"的不同；而从文化认同来说，介休所处的晋中地区，是华夏文明的核心地带，承载了中华文明的主脉。以"异文化"研究见长的人类学者，在博大深厚的"汉文化"圈的中心进行民族志写作，除了前期资料研读的精深，如何从擅长的"简单社会"分析转向对"复杂文明"进行阐述，如何将分析的框架定位准确，亦是一个难题。

如果把介休也看成一个"村庄"，那可供借鉴的分析框架就是"社会中的国家"框架。这种框架即是王铭铭所说的"关于国家的人类学"[1]。在近十年的关于中国乡村的人类学研究中，学者们自觉不自觉地采用了这样一种分析框架，虽然在具体的理论表述上略有差异，如杜赞奇表述的是"权力的文化网络"[2]，李书磊表述的是"村落中的国家"[3]，曹锦清表述的是"黄河边的中国"[4]，黄宗智表述的是"长江三角洲的中国"[5]，高丙中表述的是"国家在场"[6]，黄树民表述的是"林

---

[1] 王铭铭：《关于国家的人类学》，《中国农业大学学报》（社会科学版）2007年第1期。
[2] ［美］杜赞奇：《文化、权力与国家——1990—1942年的华北农村》，王福明译，江苏人民出版社1996年版。
[3] 参见李书磊《村落中的国家：文化变迁中的乡村学校》，浙江教育出版社1999年版。
[4] 参见曹锦清《黄河边的中国》，上海文艺出版社2000年版。
[5] 参见黄宗智《长江三角洲的小农家庭与乡村发展》，中华书局2002年版。
[6] 高丙中：《民间的仪式与国家的在场》，《北京大学学报》（哲学社会科学版）2001年第1期。

村里的中国"①，郭建斌表述的是"独龙江边的中国"②，这些"社会中的国家"框架，与安德森所说的"想象的共同体"或是格尔兹所阐述的"尼加拉"，几乎任何一个归属于国家的成员，都以自己的方式参与了"国家"话语的建构和想象。

而从"历史记忆与文化认同"的理论框架寻找，如埃文斯—普理查德在田野工作中发现的努尔人"遗忘祖先"的现象，格利弗（P. H. Gulliver）提出的"结构性失忆"概念，社会学家哈布瓦赫提出的"集体记忆"概念，景军的《记忆的神堂》，纳日碧力戈所翻译的《社会如何记忆》，毕然、郭金华翻译的《论集体记忆》等与历史记忆相关的内容，均可作为借鉴的理论资源。王明珂教授从历史记忆的角度探讨羌族社会的神话和历史所提出的"华夏边缘"③理论框架，是可以直接借鉴的一个分析框架，由此理论框架启示，"华夏中心"晋中的介休，"何为介休人""介休人与中国华夏文明间的记忆传承是如何塑造了介休人的"等问题，是这一理论框架要回答的核心话题。

但以"社会中的国家""华夏边缘/中心"的理论框架来阐述"黄土文明"的大话题，仍然走了一条借用外来概念分析本土文明的老路，而在中国华夏文明的知识谱系中，有没有一种分析框架比较适合分析中国人（介休人）的思维模式呢？

法国汉学家葛兰言（M. Granet）早在20世纪30年代就提出了关于"中国思维模式"的命题。中国早期的思维方式具有与众不同的特点，表现在注重具象和直观思维，强调哲学的人本精神；同时也建立了成熟的宇宙论，着重探讨人在这个宇宙中的位置和与自然的关系，并且创造了成套的占理数术与之相应。这套思维模式将中国人（特别是中原文明）的文化习俗、思维方式进行了简练的概括，并上升为一套哲学理论，这就是"五行"。而探讨黄土文明五行观的问题，必先弄清五行与黄土地上的人的思维方式的关系。

---

① 参见黄树民《林村的故事》，上海三联书店2002年版。
② 参见郭建斌《边缘的游弋：一个边疆少数民族村庄近60年变迁》，云南人民出版社2010年版。
③ 参见王明珂《华夏边缘：历史记忆与族群认同》，允晨文化1997年版。

著名历史学者顾颉刚先生曾经指出:"五行,是中国人的思维律,是中国人对于宇宙系统的信仰,二千余年来,它有极强固的势力。"①"源于观象,用以治人,天人合一,万物关联"②,是五行学说的基本内涵。在五行系统中,社会与宇宙在并置和谐与分隔冲突的秩序中关联起来;这一秩序由与阴阳相关的对立成分构成的链条开始,又可分解为与五行相关的四与五(四季、四方、五色、五声、五觉、五味……),再往下是与八卦和六十四爻相关的依次分解③。毋庸多言,"五行"作为华夏文明的一个核心观念,用其来对华夏中心的历史记忆与文化认同进行探索性分析,是人类学本土化探索的一种尝试,也是人类学"他者的眼光"的一种实践,即用"华夏文明""黄土文明"的核心观念来阐述"华夏中心"黄土地上中国人的历史记忆与文化认同。

(一)"五行"框架之缘起:从四方、四国到五方

关于"五行"框架的知识谱系的缘起,学界普遍认为,"五行说"可能导源于商代的四方观念,这一看法应当追溯到学界对于殷墟甲骨文中有关四方风名记载的发现与研究。甲骨文中有关"四方"和"四方

---

① 顾颉刚:《五德终始说下的政治和历史》,《古史辨》(第五册),上海古籍出版社1982年版,第404页。
② 艾兰、汪涛、范毓周主编:《中国古代思维模式与阴阳五行说探源·前言》,江苏古籍出版社1998年版,第6页。
③ 参见[英]葛瑞汉(A. C. Graham)《阴阳与关联思维的本质》,艾兰、汪涛、范毓周主编《中国古代思维模式与阴阳五行说探源》,江苏古籍出版社1998年版,第1—2页。

风"的记载，与《尚书·尧典》《山海经》《夏小正》和《国语》诸书所记的"四方"与"四方风"能够互相印证，说明在商代已有"四方"观念。甲骨文中虽有"四方""四土"的记载，但并无"五方"的说法。在殷墟出土的甲骨文资料中，除了偶然出现的"帝五丰臣""帝五臣正"之外，却很难看到诸如"五行说"形成后的各种以"五"为基础的"五色""五音""五味""五谷""五脏"等词语表述。

美国学者艾兰（Sarah Allan）女士曾经引述《诗经》中的有关诗句，如"四方来贺""四方既平""商邑翼翼，四方之极"等，认为"四方"被视为世界的荒远之壤，包括它们的统治者和人民，它的引申义可单指整个世界。就《诗经》现有的篇目而言，"四方"一词频频出现，除了上述艾兰女士所列举的，《诗经》中还有"日靖四方""奄有四方""于以四方""正域彼四方""使不挟四方""纲纪四方""监观四方""奄有四方""四方以无侮""四方以无拂""四方攸同""四方之纲""四方为则""四方为纲""以绥四方""四方其训之""四方于宣""四方爰发""式辟四方""我瞻四方""四方有羡""经营四方"等多处表述，其用法略同于《诗经》中常见的"四国"，其意义与艾兰女士所言基本一致。值得注意的是，上述《诗经》诸篇皆为《雅》《颂》篇什，多为西周时王室和贵族之诗。十五《国风》中已无"四方"之词，却有"四国"一词用以取代"四方"，但仍无"五国"一类的词语和名称。因此，可以说，直到春秋时期，"以方位为基础的五的体系"[①] 仍未出现。

方位观念的术数化约到春秋末期才开始出现。最明显的例证当推《墨子》一书中的《贵义》一篇中所记：

子墨子北之齐，遇日者。日者曰："帝以今日杀黑龙于北方，而先生之色黑，不可以北。"子墨子不听，遂北，至淄水，不遂而反焉。日者曰："我谓先生不可以北。"子墨子曰："南之人不得北，北之人不得南，其色有黑者，有白者，何故皆不遂也？且帝以甲乙

[①] 范毓周：《"五行说"起源考论》，艾兰、汪涛、范毓周主编《中国古代思维模式与阴阳五行说探源》，江苏古籍出版社1998年版，第121页。

杀青龙于东方，以丙丁杀赤龙于南方，以庚辛杀白龙于西方，以壬癸杀黑龙于北方，若用子之言，则是禁天下之行者也。是围心而虚天下也，子之言不可用也。"①

从墨子与日者的对话中可以看出，当时已出现了方位和天干、四色之龙相应匹配的信仰。依照后来"五行说"的分类配位系统来推断，则墨子时代的分类配位系统可以整理为下表：

表1　墨子时代的天干、龙色

方位	东	南	（中）	西	北
天干	甲乙	丙丁	（戊己）	庚辛	壬癸
龙色	青	赤	（黄）	白	黑

这种分类配位系统实际上已和邹衍的五德终始学说大体接近。②邹衍的五德终始说虽已不存，但其主要思想文化内涵还比较完整地保存在《吕氏春秋·应同篇》中。其中讲道：

凡帝王者之将兴也，天必先见祥乎下民。黄帝之时，天先见大螾大蝼。黄帝曰："土气胜。"土气胜，故其色尚黄，其事则土。及禹之时，天先见草木秋冬不杀。禹曰："木气胜。"木气胜，故其色尚青，其事则木。及汤之时，天先见金刃生于水。汤曰："金气胜。"金气胜，故其色尚白，其事则金。及文王之时，天先见火赤乌衔丹书集于周社。文王曰："火气胜。"火气胜，故其色尚赤，其事则火。代火者必将水，天且先见水气胜。水气胜，故其色尚黑，其事则水。水气至而不知数备，将徙于土。天为者时，而不助农于下。类固相召，气同则合，声比则应。鼓宫而宫动，鼓角而角动。平地注水，水流湿；均薪施火，火就燥；山云草莽，水云鱼鳞，旱云烟火，雨

---

① 《墨子》卷十二《贵义第四十七》，引自国学网（http://www.guoxue.com/book/mozi/0012.htm）。

② 范毓周：《"五行说"起源考论》，艾兰、汪涛、范毓周主编《中国古代思维模式与阴阳五行说探源》，江苏古籍出版社1998年版，第122页。

云水波，无不皆类其所生以示人。故以龙致雨，以形逐影。师之所处，必生棘楚。祸福之所自来，众人以为命，安知其所。①

这与《史记》中所概括的邹衍五德终始学说为"五德转移，治各有宜，而符应若兹"是完全一致的。这一叙述，也构成了一种分类配位体系，所不同的是，其中的方位和天干分别为五行之气和相应帝王所替换，其体系亦可表列如下：

表2　吕氏春秋中的五行之气和尚色

帝　王	禹	文王	黄帝	汤	（秦帝）
五行之气	木	火	土	金	水
尚　色	青	赤	黄	白	黑

对照表1和表2不难发现，经过秦人转述的邹衍的五德终始说正脱胎于墨子时代的普遍信仰。通过以上所论，不难看出，由商代发端至西周、春秋时代依然盛行的"四方""四国"等方位观念，到了墨子时代已经发展为具有数术化倾向的"五方"分类配位信仰，显然是"五行说"的重要思想来源之一。②

（二）"五行"框架之发展：六府、五材与五行观念的逐步形成

"五行说"的另一个思想来源是西周晚期以后逐渐兴起的五材观。"五材"的说法或可导源于"六府"。《左传·文公七年》晋国大夫却缺向赵宣子进言论及《夏书》所言《九歌》为"六府""三事"即所谓"九功之德"之歌时曾讲：水、火、金、木、土、谷，谓之六府。

---

① 《吕氏春秋·有始览第一·应同》，引自国学网（http://www.guoxue.com/book/lscq/0013.htm）。

② 范毓周：《"五行说"起源考论》，艾兰、汪涛、范毓周主编《中国古代思维模式与阴阳五行说探源》，江苏古籍出版社1998年版，第123页。

可见春秋时期已经有了后来"五行说"中"五行"的雏形。所不同的是,"五行"之外,尚有一"谷"。这种"六府"之说,可能导源于古代主管各类材用的官府之称。例如,《礼记·曲礼下》中即有关于"六府"的内容:"天子之六府,曰司土、司木、司水、司草、司器、司货,典司六职。"郑玄《注》谓:"府,主藏六物之税者。此亦殷时制也。周则皆属司徒。司土,土均也;司木,山虞也;司水,川衡也;司草,稻人也;司器,角人也;司货,升人也。"

到了西周末年,"谷"已有被移出"六府"之外的倾向,例如,《国语·郑语》有西周幽王时史伯答郑桓公之问时讲到:"夫和实生物,同则不继。以他平他谓之和。故能丰长而物归之。若以同稗同,尽乃弃矣。故先王以土与金、木、水、火杂,以成百物。"这样,"六府"舍去了"谷",便成为"五材"。春秋后期,"五材"已成为人们对于物质世界分类的基本认识,列国大夫论政每以"天生五材"立论。例如,《左传·襄公二十七年》传中记有宋国大夫子罕讲:"天生五材,民并用之,废一不可。"又《左传·昭公十一年》传中记有晋国大夫叔向对韩宣子讲:"譬之如天,其有五材,而将用之。"

这种"五材"也被称为"五行",并且出现了"五行之官"的信仰。例如,《国语·鲁语上》中记有鲁国大夫展禽讨论祀典时讲:"及天之三辰,民所以瞻仰也,及地之五行,所以生殖也。"可见这时已把"五行"用以对应天上的日、月、星"三辰","天之三辰"与"地之五行"相对应的说法,还见于《左传·昭公三十二年》传中史墨答赵简子问时的表述:"物生有两、有三、有五、有陪二。故天有三辰,地有五行,体有左右,各有妃耦,王有公,诸侯有卿,皆有二也。"可见"三辰"与"五行"相对应匹配已是各国贵族的普遍信仰。[①]

除了鲁、晋有"五行"观念的表述,在郑国也能找到佐证。《左传·昭公二十五年》传中记有郑国大夫子大叔对赵简子谈礼时的记载:

[①] 范毓周:《"五行说"起源考论》,艾兰、汪涛、范毓周主编《中国古代思维模式与阴阳五行说探源》,江苏古籍出版社1998年版,第124—125页。

> 天地之经，而民实则之。则天之明，因地之性，生其六气，用其五行。气为五味，发为五色，章为五声。淫则昏乱，民失其性。是故为礼以奉之。为六畜、五牲以奉五味；为九文、六采以奉五色；为九歌、八风、七音、六律以奉五声。①

在《左传》中，子大叔不仅讲到了"因地之性"来"用其五行"，而且还将"五味""五色""五声"等以"五"为基础的观念来与"五行"对应，从而组成了一整套比较完整的分类配位系统，和后来形成的"五行说"相去不远。

《左传·昭公二十九年》中记述的晋国大夫蔡墨因龙见于绛郊而对魏献子的一段记载，则更接近如今的"五行"观念：

> 夫物，物有其官，官修其方，朝夕思之。一日失职，则死及之。失官不食。官宿其业，其物乃至。若泯弃之，物乃抵伏，郁湮不育。故有五行之官，是谓五官，实列受氏姓，封为上公，祀为贵神。社稷五祀，是尊是奉。木正曰句芒，火正曰祝融，金正曰蓐收，水正曰玄冥，土正曰后土。②

正是在上述"五行"观念普遍流行的基础上，春秋后期出现了更多的"尚五"文化现象。如，味有"五味"，音有"五音"，声有"五声"，祭品有"五牲"，神有"五行之官"，谷有"五谷"，刑罚有"五刑"，龟卜有"五兆"，身体器官内有"五脏"，外有"五窍"等，国人社会生活的各个领域，均与数字"五"相关。

（三）"五行"框架之完成：《洪范》五行与"五行说"的完成

"五行说"完成的重要文献之一，即《尚书·洪范》。翻看《尚书·洪范》，与五行相关的"五"俯拾皆是，一共出现87次③，如"五采"

---

① 范毓周：《"五行说"起源考论》，艾兰、汪涛、范毓周主编《中国古代思维模式与阴阳五行说探源》，江苏古籍出版社1998年版，第126页。
② 同上。
③ 周民：《尚书词典》，四川人民出版社1993年版，第254页。

"五辰""五辞""五典""五罚""五服""五福""五过""五极""五纪""五教""五礼""五流""五虐""五品""五器""五瑞""五色""五声""五事""五行""五刑""五玉""五宅""五长"等等。《洪范》开篇即提出了"五行"的内容:"一曰水,二曰火,三曰木,四曰金,五曰土。水曰润下,火曰炎上,木曰曲直,金曰从革,土爰稼穑。润上作咸,炎上作苦,曲直作酸,从革作辛,稼穑作甘。"

《洪范》所言的"五行"次序"水、火、木、金、土",与后来五行相生的次序"木、火、土、金、水"和五行相胜的次序"水、火、金、木、土"均不同。对此,梁启超认为:"此不过将物质区为五类,言其功用及性质耳,何尝有丝毫哲学或术数的意据此可以推知,《洪范》的时代应当早于'五行相生'和'五行相胜'理论的形成时代。"[①]"五行相生"和"五行相胜"的观念虽在春秋末年已露端倪,但真正形成比较完整的理论则要到子思、孟子和邹衍把五行学说理论化、哲学化、数术化和政治化之后。

真正对"五行说"作全面理论创造的是邹衍。他既综合"学者所共术",又兼擅谈天说地、推步历史,更创五德终始之说,将"五行说"推向极致。他将自商代以来的方位观念进一步数术化,以分类配位的方法与由"五材"而来的"五行"观念将其进一步系统化,同时他又吸收自思、孟以来儒家的政治伦理理论,注入"五行相生"和"五行相胜"的哲学精神,使"五行说"终于成为一套完整的理论模式。[②]

从历史的故纸堆中找寻"五""五行"的记述,从而得出一个黄土文明"五行"观的结论,虽能自圆其说,但并非本文的重点。而作为一种中华文明留存下来的知识遗产,"尚五"的认识方式,的确存在于人们的日常生活中。如今,以"五行"框架为基础的"尚五"认识,从人体的脏器、感官、气候、季节、有如下分类:

[①] 梁启超:《阴阳五行说之来历》,《古史辨》(第五册)。
[②] 范毓周:《"五行说"起源考论》,艾兰、汪涛、范毓周主编《中国古代思维模式与阴阳五行说探源》,江苏古籍出版社1998年版,第130页。

表3　五行框架的多类别系统

五行	五脏	六腑	季节	气候	五感	五官	五色	五味	形体	五音	方位
木	肝	胆	春	风	怒	目	青	酸	筋	角	东
火	心	小肠	夏	热	喜	舌	赤	苦	脉	徵	南
土	脾	胃	长夏	湿	思	口	黄	甘	肉	宫	中
金	肺	大肠	秋	燥	悲	鼻	白	辛	皮毛	商	西
水	肾	膀胱	冬	冷	恐	耳	黑	咸	骨	羽	北

可见，古老的知识遗产，在当下的黄土地生活时空中，仍然存在着其认知的价值。而从绵延几千年的"五行"观，回到介休文化遗产的当下表述，笔者将以一个介休人的一年和一生中最重要的三段人生礼仪中的仪式切片，在较能体现其历史记忆与文化认同的"传统民俗"层面，从民俗细节处来呈现"五行观"在介休黄土地上的表述。

三　黄土文明五行观之介休表述：以传统民俗为中心

（一）介休一年

1. 春

介休的一年，从过"年"开始。"年"，最早的写法是一个人背负成熟的"禾"的形象，表示收成，《谷梁传·桓公三年》中载："五谷皆熟为有年也。"《谷梁传·宣公十六年》中载："五谷大熟为大有年。"年也训为"稔"。据《尔雅·释天》，"年"在"夏曰岁，商曰祀，周曰年，唐虞曰载"①。如今中国人沿用周的称谓，无论南北，均称"年"。

"年"的字源演变

甲骨文　金文　小篆　楷体

---

① 《汉典》(http://www.zdic.net/z/19/sw/5E74.htm)。

晋中地区，谷禾一般都是一年一熟，所以"年"也被引申为"岁"名。传说中"年"是一位消灭凶猛怪兽"夕"的神仙。"夕"在腊月三十的晚上出来伤害人，神仙"年"与民众齐心协力，通过放鞭炮等赶走了"夕"。人们为了纪念"年"，把腊月三十那天叫"除夕"，即除掉了猛兽"夕"，为了纪念"年"，把初一称为"过年"。介休当地，每当进入腊月，人们就开始准备过年了。

五谷米花 腊月初一，介休农家会用玉米、高粱、黄豆、粟米、小米爆炒"五谷米花"[①]，庆贺当年五谷的丰收，祈求来年五谷的好收成，以此拉开"腊祭"的序幕。爆炒的五谷米花，膨胀越大、越多，预示着来年五谷的收成越好。五谷的分类概念，与五行框架间的传承脉络已无法追溯，五谷米花主要供神、人、畜共享。神即"谷神"[②]，人是家庭所有成员，畜为家中的主要牲畜。神、人、畜共享五谷，农业乃民之本，《道德经》第六章有"谷神不死，是谓玄牝。玄牝之门，是谓天地根。绵绵若存，用之不勤"，老子以"谷神"喻"道"，而介休人敬谷神之举，实则在敬自然之道。农本社会中的农本文明，即是黄土文明的根本，谷神作为"生养之神"，是万物生长的母体，天地之根，源自黄土地滋养下的五谷，以五谷米花的形式在年头（亦是年末）的过渡时间点，开启了庆祝丰收的欢快和祈求收成的愿景。传统的农耕文明虽然在介休城市化进程中逐渐失落，但在介休的街头巷尾，偶尔还能看到经营爆米花生意的小贩，推着三轮车，走街串巷，在孩童的好奇围观中，那一声爆米的声响，串联起了黄土文明五谷的文化之本与介休人童年记忆的怀乡之情。

五味粥道 腊月初八，是介休农本文明"腊祭"的日子。腊祭之神有：先啬（收割庄稼）神、司啬神、邮表神、畷（田间小道）神、水庸

[①] "五谷"有多种不同说法，主要有两种：一种指稻、黍、稷、麦、菽；另一种指麻、黍、稷、麦、菽。两者的区别是：前者有稻无麻，后者有麻无稻。古代经济文化中心在黄河流域，稻的主要产地在南方，而北方种稻有限，所以"五谷"中最初无稻。而介休五谷所指又与这两种五谷概念有差别，如今多以五谷为谷物的通称，不一定限于某五种。

[②] 谷神：中国神话人物，敬谷神就是崇祀植物谷子，属自然神。后来奉后稷为谷神。后稷是古代周族的始祖，传说有邰氏之女姜嫄踏巨人脚迹，怀孕而生，因一度被弃，故又名"弃"。他善于种植各种粮食作物，曾在尧舜时代当农官，教民耕种，被认为是开始种稷和麦的人。其后子孙繁衍，逐渐强大，是为周。周人姓姬，故称谷神姬真人。

神、坊神、猫虎神、昆虫神八种神灵。[①] 汉代前，腊祭并无定日，汉代后开始定在冬至后第二个戌日进行，那年戌日正好是腊月初八，后将腊月初八定为腊祭之日。据《风俗通》记载："腊者，猎也。因猎取兽祭先祖，或者腊接也，新故交接，狝猎大祭以报功也。"如今腊祭的牺牲主要为自家养的家禽，喝腊八粥也是必不可少的习俗。"腊八粥"的来源有诸多传说[②]，但是介休当地流传更多的是佛祖释迦牟尼成道之日恰是腊月初八，成道前喝了牧羊姑娘的五谷粥，以后寺院僧侣就在腊月初八日出前熬粥，供奉佛祖施舍信众，"腊八粥"由此得名。最初的腊八粥由糯米加上介休当地的七种食材熬就，也称为"七材五味"粥。其实，腊月中人们准备的各种食材，均留下了"腊"的印记，直到现在人们还习惯把腊月腌制的猪肉、牛肉、羊肉，称为"腊肉"。在介休草市巷五岳庙东，还有八蜡庙，这是中国古老的"腊祭"文化与佛、道共生的建筑遗存。

整个腊月至正月，介休人的年味在孩童们的顺口溜中被一一冒出来：腊月二十三，粞瓜、麻糖打发爷爷上了天；腊月二十四，擦摸打扫要搬家俬；腊月二十五，称上几斤胡萝卜；腊月二十六，割上几斤猪羊肉；腊月二十七，黄的白的蒸上几筐箩；腊月二十八，剃头、擦身、洗了脚；腊月二十九，洗净瓶子打上酒；腊月三十儿，抱出红绫包袱；初一，打扮起来过节，东一头，西一头，磕头磕了昏了头。其实，真正的介休过年并不像爷爷奶奶口口相传的顺口溜那样简单。

五位神灵 以腊月二十三为例，人们说"二十三，过小年"，介休过去腊月二十三是很隆重的。清早就开启神龛，擦抹干净，将"天地君亲师"五位神灵摆放在正中央，供桌上系上绣花桌裙，依次摆放香炉、蜡台、香筒。在家中，"福、禄、财、寿、禧"五神牌位居中，东侧供奉保护儿童的张弓神位，西侧是灶君神位，下面供奉小财神神位，后面半尺高的小木台上，供奉着"一佛二菩萨"的青铜雕像。家中大门以内

[①] 参见王锡堂搜集整理《介休民间传说习俗》，介休历史文化丛书编委会，2011年，内部资料，第3页。

[②] 诸如：来自"赤豆打鬼"的风俗、为悼念饿死在长城工地的民工、传自印度、教育后辈要勤俭持家、出于人们对忠臣岳飞的怀念等等。详见 http://baike.baidu.com/subview/5137/7。

的门神、土地神龛均有各自的供器。柏木香、红烛、粞瓜、春条、芝麻糖、贯馅糖等祭品准备妥当，上午全家吃羊肉水饺，等晚上夜深人静时，家中主人上香后口念"请诸神保佑，上天言好事，回宫降吉祥"等吉祥话，大户人家还要读祭表文，然后焚表。

破五之俗　当大年来到正月初五，初五这一天忌出门，传说这天是财神老爷赵公元帅的生日，介休人称大年初五为"破五"，全家人都会在家敬献财神，主人会在财神爷神位前上堂供，并供奉上一盘十二个寿桃，烧香焚表，祈求来年招财进宝。在太阳出山之前，会挑一担煤灰倒出去，上面插上点燃的清香，口中念道：穷姑姑走了，富姑姑来。返回时会挑回一担烧土或一担煤，这就是介休人的"送穷五"仪式，可以总结为"破五之俗"。

上元之火　农历正月十五元宵节，又称为"上元节"，正月是农历的元月，古人称夜为"宵"，而十五日又是一年中第一个月圆之夜，所以称正月十五为元宵节。元宵节又称为小正月、元夕或灯节，是春节之后的第一个重要节日。在汉族古俗中，上元节（元宵节）、中元节（盂兰盆节）、下元节（水官节）合称三元。吃元宵、赏花灯、猜灯谜是汉族文化圈几项必备的元宵民俗，介休也不例外，但是在介休，人们吃的是黄芽韭菜、莲藕和猪肉的三合馅饺子。全家大都会到街上去看红火，正月十五晚上，城里或附近有放架子火（类似于今天的焰火）的，人们争相去看，直至深夜才回家。

介休市 2012 年元宵节焰火（张志东　摄）

五谷添仓　正月二十五，介休人俗称添仓节，是祭祀仓王爷的生日。这是中原汉族民间一个象征新年五谷丰登的节日。"添仓节"因"添"与"天"谐音，也称为"天仓节"，介休民间有老天仓与小天仓之分，农历正月二十为小天仓，正月二十五为老天仓。在晋中民间，有的说天仓节是祭星之日，有的说是为祭土地或祭磨神，在介休，天仓节是祭献仓神的日子。所谓添（天）仓，意思就是添满谷仓。

介休市南庄村民居中堂的五神像和存储粮食的谷仓

节日当天，会制作仓形、囤形、布袋形、包袱形、元宝形、钱形的糕灯，除了敬献仓神，也会向天地、财神、土地等神仙上香祈福。介休天仓节还有在门口偷灯盏的习俗，叫作"偷灯添仓"，发现有人偷灯盏也不会生气，也不追赶，"丢灯发财，偷灯添材"，成为邻里间的一种游戏。糕灯燃尽，要仔细辨认灯花像谷穗还是像豆花，像什么就预示着什么庄稼收成好。小天仓也意为为青壮年添仓，老天仓则是为老年人添仓，全家合力增收添仓，日子才越来越红火。除了民间家庭，官衙也要敬仓神，府里的同知老爷要带领仓官、仓役去祭拜仓神。介休城里的三官楼巷有"县仓"，此巷也被称为仓巷，每逢天仓节，官员们都会在此祭祀天仓神。

龙行雨施 龙抬头是每年农历二月初二，俗称青龙节，传说是龙抬头的日子，又被称为"春耕节""农事节""春龙节"，是中原汉族民间传统节日，人们庆祝"龙头节"，以示敬龙祈雨，让老天佑保丰收。介休当地二月二这天，有人去龙王庙、龙泉观祭拜，绵山一带的会去空王殿、五龙圣母殿祭拜。

空王宝殿内正在修缮的空王佛　　转运池旁的石兽寄托了介休人的祈愿

这一天家家户户会在天地爷神位前祭拜，祈求风调雨顺、五谷丰登。清早祭献完毕，吃过绿豆面、白面、红面、豆杂面摊的煎饼后，会带着全家人上街买上一尺多长的一片格纽大麻糖，登上城墙，全家人登高望远，祈求步步高升。二月二登高是介休人的习俗，有的还去附近爬山登高。而且二月二这天摊的第一个煎饼人不吃，而是甩到房顶上，传说是祭献给女娲娘娘用来补天的。介休有句老话：过了正月十五是拜晚

年，过了二月二不拜年。可见，二月二是过年的延续，是过年的尾声。且二月二与二十四节气的惊蛰时节不远，惊蛰以后地气通，万物复苏，气象更新，农事与商旅开始，介休人想让龙王爷看到人们的诚意，以祈求龙行雨施，风调雨顺。

断火寒食 寒食节也称"禁烟节""冷节""百五节"，在夏历冬至后一百零五日，清明节前一二日。寒食节禁烟火，只吃冷食，在后世的发展中逐渐增加了祭扫、踏青、秋千、蹴鞠、牵勾、斗鸡等风俗。寒食节是汉族传统节日中唯一以饮食习俗来命名的节日，后因寒食和清明较近，所以人们把寒食和清明合在一起只过清明节。但是在介休当地，如今还延续着在清明前一天过寒食节的习俗。

介休绵山 　　　　　　绵山上的寒食斋

作为中国寒食节的发源地——介休绵山，是中国清明寒食文化之乡。"子推言避世，山火遂焚身。四海同寒食，千秋为一人。"唐代诗人卢象这首《寒食》诗，所言即是寒食节的来历"子推绵山焚身"的故事。相传此俗源于纪念春秋时晋国介子推（姓介名推，又称介之推，之为虚词，子为敬称）。当时介之推与晋文公重耳流亡列国，子推割股（即大腿）肉供文公充饥。文公复国后，子推不求利禄，与母归隐绵山。文公焚山以求之，子推坚决不出山，和他的母亲一起抱树而死。文公葬

其尸于绵山，修祠立庙，并下令于之推焚死之日禁火寒食，以寄哀思，后相沿成俗。

介休寒食祭祀的传统有 2600 多年，与介休的历史基本一致，寒食的祭祀所体现的家族繁衍和家庭孝道，使介休人无论身在何方，都不误上坟祭扫的"千里赶清明"行为，成为华夏孝文化的一个鲜活样本。寒食清明节前数日，介休每户都要准备不施红色的素色蛇盘兔，同时准备一桌四盘或八盘的祭菜，一壶酒，一罐米汤，带上扫墓工具，携子女上山扫墓。亲人逝去五年或九年的，则还需要准备一座五尺九寸高的纸扎"库楼"，把元宝、冥票、色纸（代表布匹）装进"库楼"，已出嫁的闺女家要做两盆纸花，一同拿到坟前烧化。之后祭扫坟头，栽种松柏，尔后献供、上香、奠酒、跪拜。礼成后用带来的米汤浇在坟头，滋润风水。

上巳祭水　"三月初三，穿上蓝布大衫，骑上毛驴，去赶洪山"，这是农耕时代介休民间流传至今去洪山过"上巳节"的生动图景。在如今的汉文化中，中国以往的春祭都在寒食节，直到后来改为清明节。但在韩国，仍然保留在寒食节进行春祭的传统。[1] 这样的表述并不准确，因为在介休洪山的"上巳节"，已在历史的长河中，逐渐融合了春祭、分水和庙会的综合功能。

据《大清通礼》《大清会典》记载，清乾隆十二年（1747）修建的源神池水神庙，令有司春秋致祭，祭祀的是源神庙正殿主神尧、舜、禹，相传大禹治水至梁及岐，而岐就是源神庙后的狐岐山。源神庙背靠狐岐山，面向鹜族（一种水禽，似野鸭而稍大）。午时，源神庙乐楼传出锣鼓声，祭祀水神的仪式在头堂锣鼓声中即将开场。三牲祭品、面塑蒸食、时鲜果品摆放完毕，香烟缭绕、灯烛辉煌间，本府同知、县令、县丞等诸多官员按品阶依次排列，县里绅士、村头、社首及用水各村的"公人"排在第二排，当地的香业公会、水磨业公会、瓷业公会的头目及本村乡绅排在第三排。由县衙门师爷司仪，共

---

[1] 引自 http://baike.baidu.com/link?url=5JeOCQZxTb_RU_1IzTICjBiE5UkgDas-MNOCIyJJJT2VVqesuiYL0MCKJ8YPvu1N。

向水神行三拜九叩首大礼，由县令宣读祭表文。上巳节的洪山街头庙会，有跑马卖解的，有打把式卖艺的，有唱着卖针的，有练武卖膏药的，还有杈耙木锨、篮筐箩头、骡马牙行等各种买卖商人都在讨价还价，喧嚣隆盛。

源神庙

"天下水为贵"的牌匾
提醒世人"水"的重要

皇天后土　每年农历三月十八，在介休市旧城西北隅庙底街的后土庙，会举行后土庙会。后土庙的建筑为五进院落，占地5566平方米，由三清楼、东、西钟鼓楼、戏台等建筑构成，其中三清楼和三进戏台形成了前台后殿的形式，这种建筑格局在中国建筑中属独创性建筑，为后土庙所独有。

后土庙主要供奉的是后土夫人，是掌管阴阳生育、大地、山河的女神，自秦汉以来，历代帝王多有祭祀，祭祀后土夫人的规格和玉帝的祭祀规格同等，可见她在介休人民间信仰中的地位之重要。

介休后土庙"厚德载物"匾额　　　　后土庙中的后土神像

介休后土庙香火鼎盛，并延续至今，被国内外道家信徒尊为祖庙。1990年，我国台湾道教地母至尊庙团联谊亲善访问团首次到介休后土庙寻根访祖，朝拜后土圣母，迄今为止，我国台湾同胞恭送的后土娘娘还供奉在后土正殿。如今的后土庙会，延续了传统的土地信仰精神，在仪式内容上有所扩充。以2013年后土庙祭祀为例，包括以下内容：

第一，入场：①祭祀仪仗队；②民乐；③祭品（整羊、整猪、麻花、祭馍、水果）；④特邀嘉宾入席。

第二，宣布祭祀大典开始：①全体人员伫立；②击鼓、击磬各十次；③鸣炮、奏乐；④特邀嘉宾敬献花篮、三鞠躬，行祭祀大礼。功德箱募捐、点香、烧纸。

第三，祭祀仪式开始：①摆放祭品（整猪、整羊、麻花、祭馍、水果、纸活）；②念祭文、三鞠躬后退台；③全体人员向后土圣母行三鞠躬；④取圣土；⑤表演团队表演。

2013年介休祭祀后土神　　　　　民众焚香叩拜　　（张志东　摄）

2. 夏

五五端午　端午节为每年农历五月初五，又称端阳节、午日节、五月节、重五节等。介休人的端午从四月就开始准备。进入农历四月初八，养牲畜的人家要去文家庄南玉皇阁东的弘牛庙（牛王庙）进香，祈求家畜平安壮实。女性也开始为孩子编制手指头肚大的荷叶小青蛙、蓬蓬包子、小钵盂、小佛手、小粽子、小香囊，里面装上雄黄、朱砂、珍珠粉、丁香、檀香末等，用红、黄、白、绿、青五色花线（五色神索），挂在孩子的脚上、手上和脖子上，用于辟邪驱虫、除怪护身。花线一直要等到过了端午，五月初八才剪掉埋入土中，最好是埋入土路的车辙中，让车轮把它碾碎，传说可保佑孩子一生平安。农历四月十八后，家庭主妇开始到街上采购苇叶、马莲草、黍米、江米、红枣，准备包粽子。介休人包粽子均为尖角，有黄米粽子、江米粽子和黄米与江米混合的二米粽子。五月初五一早就把粽子供奉给天地爷，上香礼拜，门窗插上艾株，清代之前还编制艾虎，用于辟邪驱瘟。介休人端午节不喝雄黄酒，而是吃水华（拉面）、配凉粉。下午人们会去郊外或花园郊游赏花。

3. 秋

地官赦罪　中国古代以一、七、十月之十五日分称上元、中元、下元：上元是天官赐福日，中元为地官赦罪日，佛教称七月十五为盂兰盆会，道教称这日为中元节。有些地方俗称亡人节、七月半、施孤，介休人习惯称之为"鬼节"。七月十五前几天，市场上就开始有人采买冥币、金银锞子、元宝串、色纸、香烛等，摇钱树、聚宝盆、离宅（纸房）、轿子、马匹、童男童女、库楼等烧醮用品可在纸扎店购买。七月十五一早，有新丧或新坟的人家需要去地藏王寺烧香祭拜，祈求地藏菩萨为死者赦罪。

介休五岳庙檐枋的龙象构建

文庙

东岳庙

城隍庙

也有去城隍庙、五岳（狱）庙、东岳（狱）庙降香祭拜、还愿献祭的，目的都是为了让死者在地狱少受折磨。一般人家多进行家祭，家祭在下午进行，祭品是四盘菜肴、四盘鲜果、四盘碗旋（小圆烙饼），然后焚香、燃烛、叩头。介休人叩拜讲究"神三鬼四"，无论贡献、叩头，对祖先神主都是四。入夜，在门前背人处画一圆圈，把冥币、金银纸锞放在圈中焚化。还有的把金银纸锞装入圪包，用点过而熄灭的香头写上收受人的称谓和名字，防止野鬼抢去或冒领。

金秋团圆，祭日拜月　中秋节又称月夕、秋节、仲秋节、八月节、八月会、追月节、玩月节、拜月节、女儿节或团圆节，是流行于中国众多民族与东亚诸国中的传统文化节日，时在农历八月十五。在堪舆学中，六白武曲星代表官禄之运，五行属金，中秋本身在节气中为"金"气场最强盛的时候，据说在中秋当晚出门往东面去赏月有利于增加流年事业运。八月十五前，介休人喜欢的粗月饼、二细则月饼、提糖月饼、郭杜林月饼、核桃酥月饼、起皮酥月饼陆续上市。收入不多的人家也会自己生两灶火用沙鏊自己烤制月饼。在八月十二前后，各家开始蒸花馍，主要有桃、榴、佛手、莲花、面兔、蟾蜍、如意等，里面会放烤月饼剩下的糖馅。出笼后要点红。八月十三、十四，各家要采摘毛豆、带叶萝卜、菊花等，备办水酒、蔬菜、肉食，准备金秋的团圆家宴。

介休人自己烤制的月饼

中秋当天早晨，在院子里摆起八仙桌，系上桌裙，摆放好香炉、烛台、香筒等供器，开始祭日。请出天地老爷神位，供献直径一尺的团圆月饼，月饼下方放置一个同样尺寸的月牙（半圆形），两边摆放烤制的猴、兔，月饼前要供献面塑的蒸五果：桃子五个、石榴五个、佛手五个、荔枝五个、柿子五个。面塑前要供献鲜五果五盘：桃子、柿子、石榴、葡萄、鲜枣各一盘，因"梨"与"离"谐音，介休人不供献梨。等到正午，当家男人点烛、烧香、跪拜，老人开玩笑说这是太阳沾了月亮的光。[①]

介休人过中秋，中午常吃羊肉饺子，下午吃炒菜、蒸食、羊肉熬冬

---

① 参见王锡堂搜集整理《介休民间传说习俗》，介休历史文化丛书编委会内部资料，2011年，第43页。

瓜。拜月习俗在晚上月亮出来之后才进行。家境殷实的人家，祭日时使用的铜供器，到拜月时要换成锡供器，白锡和月光更为协调，供品和祭日时一样，圆月饼、月牙、猴、兔各一套，面塑蒸五果、鲜五果，再加上两盘摆成海螺状的毛豆角，里面点上麻油灯，两盘带壳花生、两个带叶的大萝卜、一盘盛开的八月菊，一派庆祝丰收的场景。拜月由家中年龄最大的女主人开始，点烛、烧香、跪拜，家中成员依次进行。之后，全家人围坐在一起，赏月讲故事。待蜡尽香止，由女主人主刀切团圆月饼，全家有几口人就切几块，包括嫁出去的闺女和未出生的孙辈。八月十六，介休人还会送月饼，看闺女。一般由闺女的母亲带着烤制的月饼、水果去看闺女，如果有小外甥（即外孙），还会带上猴、兔和桃、榴、佛手等。

九月内火　《夏小正》称"九月内火"，"大火"星的退隐，不仅使一向以大火星为季节生产与季节生活标识的古人失去了时间的坐标，同时使将大火奉若神明的古人产生莫名的恐惧，火神的休眠意味着漫漫长冬的到来，因此，在"内火"时节，一如其出现时要有迎火仪式那样，人们要举行相应的送行祭仪，[①]据说重阳节即起源于此。西周初年，人们就认为"九"为"阳"数，《周易》即以阳爻为九。后来，人们认为九月九日二九相重，故称重阳。宋代吴自牧在《梦粱录》里曾说："日月梭飞，转瞬重九。盖九为阳数，其日与月并应，故号曰重阳。"重阳成为节日，始于东汉时期。

古人常将重阳与上巳或寒食、九月九与三月三作为对应的春秋大节，汉刘歆《西京杂记》中称："三月上巳，九月重阳，使女游戏，就此祓禊登高。"上巳、寒食与重阳的对应，是以"大火"出没为依据的。在介休，因北方无茱萸，故没有佩戴茱萸的习惯，介休文人雅士的诗文中也有饮菊酒、赏菊的描写，但未有登高的记载。介休人在重阳节一般都会吃炸糕，有枣馅、蚕豆馅、豆沙馅、案子馅等，"糕"与"高"谐音，可看成介休以"吃糕"代"登高"的习俗。

---

① 引自 http://baike.baidu.com/link?url=JK_7upeoKOpUf9ye6VXlkZDJWBDSjlKQ_pULH8xPIvApLcX_o_IESbUEp_0dtQWX。

4. 冬

五色棉纸　寒衣节，每年农历十月初一，又称"十月朝""祭祖节""冥阴节""秋祭"，民众称为鬼头日。这一天，特别注重祭奠先亡之人，谓之送寒衣。寒衣节与春季的清明节，秋季的中元节，并称为一年之中的三大"鬼节"。同时，这一天也标志着严冬的到来，所以也是为亡灵送御寒衣物的日子。据《礼记·月令》记，农历十月是立冬的月份。这一天，天子率三公九卿到北郊举行迎冬礼，礼毕返回，要奖赏为国捐躯者，并抚恤他们的妻子儿女。已经死去的人怎么受赏呢？为他们"送寒衣"当是题中应有之义，上行下效，遂相沿成习。[1]

介休街头售卖的供逝者穿的服装、房屋的纸制品

在晋南地区送寒衣时，讲究在五色纸里夹裹一些棉花，说是为亡者做棉衣、棉被使用。晋北地区送寒衣时，要将五色纸分别做成衣、帽、鞋、被种种式样。甚至还要制作一套纸房舍，瓦柱分明，门窗俱备。这些纸制工艺品除体积缩小之外，看上去比真房院还要精致漂亮。介休寒衣节除了五色棉纸，还会订制库楼，里面装上金银纸锞、冥票等，午后拿到坟前烧化。晚饭前会在神主位前举行家祭，四个菜或八个菜，荤素各半，主食是四盘不点红的白馍和四盘碗旋。燃烛、焚香，按照辈分依次行礼。入夜，照例会在门外背人处焚烧冥币，烧给孤魂野鬼，让他们和逝去的亲人和睦相处。

---

[1]　引自 http：//baike.baidu.com/link？url＝_KtXvB5LYNPharUFzJ36BnNBpfynuve-M8C34EuSr3QOFu73VF-6qwkf_uwfdx_Da。

五行冬至 太阳运转到南回归线的一天,称作"冬至"。古人又称"冬至"为"长至""长日""至日""日南至""冬节"等。"冬至"这一天,白天时间在一年中最短,夜晚时间最长。早在上古时期,古人就探索出用"圭表日中测影"的简单方法,并掌握了"冬至"到来的具体时间。所以,殷商时期甲骨文卜辞中记载的"至日""日南""南日"等,都是指"冬至"这一天。

"五行"理论是"冬至"产生的基础。古人"五行"理论认为,东为木、青、少阳;南为火、赤、太阳;西为金、白、少阴;北为水、黑、太阴;中为土、黄、中和(间阍),是太极的核心位置。建立在太极(昆仑山),即"中、土、黄"之位的"中央之国",是天帝日父、天王月母的居住地,也是"天地之中",或称"帝一"。它与古人主观认识天体中象征天帝的星宿"太(泰)一"上下对应,即天象与地形彼此相合。古人主观认为"太极星"就是天帝"太一"居住的位置,而"太极星"即"太一"是位置相对稳定不变的恒星,是"无极",即"道"的象征。所以,古人认为"天不变,道亦不变"。就是说,只要天体不发生变化,"太极星"即"道"的位置就不会变化,自然天帝"太一"的位置也不会变化。[①]

冬至作为介休人一年的最后一个节日,照例要供献神佛,祭献祖先。冬至前两天就要蒸发财馍面塑,一般蒸十二个,一年十二月每月一个,闰年则要蒸十三个。所谓"发财馍",内包煮好的红枣红豆馅,好让人月月有甜头,外面塑成如意、莲花、富贵不断头、金蟾蜍、莲花抱佛手、万字不断头、如意夹元宝等,面塑上插一个枣:"枣"与"早"同音,是愿望早日实现、早发财的意思。过冬至节还要蒸五朵面塑莲花,供奉天地爷,莲花既是神佛的宝座,也是"连发"的意思。如意、蟾蜍和莲花抱佛手,既是寓意莲花抱佛手,守住爹娘永不走,也寓意"连发、福寿",且出笼后的食物都要点红,以示喜庆。

[①] 《"冬至"节庆与"太极""五行"华夏人文传承》,引自 http://www.yxhenan.com/info/news/guanzhu_1788_11686.html。

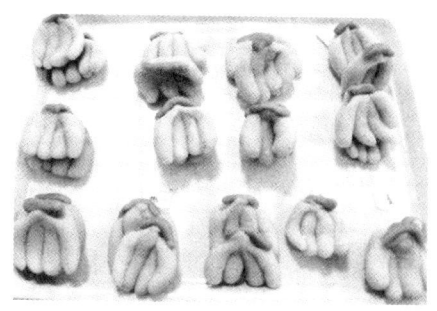

面塑金鱼　　　　　　　　　　　面塑佛手

冬至大如年。介休人清早就会把"天地君亲师"的牌位请到院子里，坐北朝南，供桌上系上桌裙，摆放香炉、烛台、香筒。需要供献五朵莲花，五个发财馍，烧三炷香，点一对红蜡，醮一份黄表。佛前供三朵莲花，财神爷及福禄寿禧前要供五朵莲花，五个发财馍，小财神前要供两至三个发财馍。神主牌位前要供奉四或者八盘菜肴，四盘馍馍。各位神前都得焚香、燃烛、礼拜、告慰神灵和祖先，今年很好，祈求保佑来年也顺利。门神、土地、张弓、灶君等一一如此祭拜。

煤矿祭祀窑神的锦旗　　　　　羊杂割

在介休，过去煤窑、焦厂不少，如果自己开办煤窑或是家中有人下煤窑，会另置供桌，供奉"窑神爷"。自己开办煤窑的，还要到坑下去供献，供奉祭品给窑神爷享用。冬至日介休人定会吃羊肉。老人们说：冬至羊肉吃一天，不冻耳朵不冻脸。上午一般吃羊肉饺子，馅要肥实，加小茴香暖胃、去腥。下午会吃羊杂割，炒菜配发财馍和花馍。羊杂割里有羊肚丝、羊血、羊肠、羊肉块，配上胡萝卜丝、白菜条、粉条、豆腐等，介休有"冬至吃羊杂割，不冻手也不冻脚"的说法。晚饭后，要在各位神佛处燃烛、烧香、叩拜，祈求来年好年景，人财兴旺，阖家平安。

(二) 介休人的一生

在"介休一年"的民俗过程中，我们粗略看到了在各种习俗背后，或显或隐的关于"五行观"在具体民俗后面的表述。如果我们把视线从作为仪式的民俗，转到民俗中的主角——人，从介休人一生中最为重要的三个过渡仪式[①]：诞生、婚嫁和丧葬习俗，对其中的五行观进行切片式[②]的阐述，则更能看到那些我们习以为常的生活细节，是如何把"五行观"生动地刻画在华夏中心的汉人生命历史中的。

1. 诞生之"八字"

人的诞生，俗称"生日"。婴儿降生，是人生的开始，家人欢欣，亲朋相贺。汉民族传统的出生礼，因地域之别而具有不同的风貌和表现样式，但总的来看，汉民族传统的出生礼中，大都包含了诞生（婴儿诞生，有诞生礼）、三朝（三日后，有三朝礼）、满月（出生一月，为满月礼）、百日（出生百天，行百日礼）、周岁（一周岁时，行周岁礼）五种主要礼仪，其具体表现形式也基本大同小异。

在介休，孩子出生后的第二天，婴儿的父亲会去岳父家报喜，岳母会来服侍产妇，并请贤德温良的妇女喂新生儿第一口奶，称"吃开口奶"，还要给新生儿剪去胎发，把胎发用香油和白面拌起来给黑狗吃，祝愿孩子黑发油亮，健康成长。过了三四天，给孩子穿上干净柔软的新衣服。产后第九天，亲戚会来探望，并送上红糖、鸡蛋、挂面、烧饼等

[①] 参见彭兆荣《人类学仪式的理论与实践》，北京大学出版社2007年版。
[②] 因为本节并非某种仪式的专题性研究，再次因篇幅所限，采取切片式的研究路径，旨在对黄土文明五行观的介休表述进行管窥，从中发掘那些被汉文化持有者所忽略的文化信息。

礼物。介休新生儿男孩满月为29天，女孩满月为30天。祝满月也称"弥月之喜"，亲人来贺，外婆家要给新生儿送"廊莲"、面塑食品、四个捧盒的炉食，并有金或银麒麟长命富贵锁，由外婆亲自带上。还要祭拜子孙娘娘、送子观音和催生圣母，大户人家还会在饭后说神书。孩子百日时，介休人也称"百岁"，习俗与祝满月大同小异，除了喝满月酒外，爷爷奶奶会给孙子带上长命富贵锁，祝福孩子长命百岁。孩子一周岁时讲究"头生"抓阄。对男孩来说，在盘中放书、笔、剑、算盘，对女孩来说，则在盘中放针葫芦、尺子、剪子、线团。

孩子出生后，即有五行之"八字"。八字，也称"子平命学""子平术""四柱命学""生辰八字"等。用从历法查出的"天干地支"表示人出生的年、月、日、时，合起来是八个字。八字的表达方式有太阳律四柱、月亮律四柱。用天干、地支相配标出一个人出生的年、月、日、时四项，分别称为年柱、月柱、日柱和时柱，每一柱由一个天干和一个地支组成。在应用中有以年柱或月柱为主，但多用日柱为主，以年干支代表父母，月干支代表兄弟姐妹（本人是男性，月干代表兄弟，月支代表姐妹；本人是女性，月干代表姐妹，月支代表兄弟），日干代表本人，日支代表配偶，时代表子嗣，更取命宫、胎元、大运、小运、流年，配合行年太岁、月令等的五行生克制来定。

2. 婚嫁之"合婚"

相传中国最早的婚姻关系和婚礼仪式从伏羲氏制嫁娶、女娲立媒约开始。《通鉴外纪》载："上古男女无别，太昊始设嫁娶，以俪皮为礼。"从此，俪皮（成双的鹿皮）就成了经典的婚礼聘礼之一。之后，除了"俪皮之礼"之外，还得"必告父母"；到了夏商，又出现了"亲迎于庭""亲迎于堂"的仪节。周代是礼仪的集大成时代，彼时逐渐形成一套完整的婚姻礼仪，《仪礼》中有详细规制，整套仪式合为"六礼"，与三书（即聘书、礼书和迎亲书）一起被合称为"三书六礼"。六礼婚制从此作为华夏传统婚礼的模板流传至今，后世历朝历代的婚制多数是在此基础上加以变化而来。六礼指的是纳采、问名、纳吉、纳征、请期、亲迎。纳采就是求婚，问名为请教女子的姓名（同姓不婚之故），纳吉为占卜生辰八字是否合适，纳征为交纳彩礼，请期为确定迎亲日期，亲迎为迎接新娘。

在新中国成立之前，介休民间婚嫁习俗基本延续的是"父母之命，媒妁之言"的传统婚嫁形态，大致有提亲、议婚、相亲、订婚、迎娶、回门等习俗。当子女到了谈婚论嫁的年龄，就有媒人自动上门来提亲，提亲前讲究门当户对、命相相合。提亲也叫"说合"，在说合过程中要看双方的生辰八字，是否合婚，只有具备这些条件才会进一步撮合。所谓合婚，就是把男女双方八字配在一起，对双方八字之间的五行是否和谐，双方所行的各种运气节律有无严重的冲克等信息详加研究，由此推导出以后两人的婚姻生活吉凶。传统上"合婚"一般重视年柱，原则是不与大6岁的人配婚，如果女方是属马的，就不能与属鼠的相配，因为在属相中，马是午火，鼠是子水，缘于子午相冲。在"合婚"中，还有专门的"男女五行合婚歌诀"，对男女五行婚配进行规范。

男女五行合婚歌诀：

　　男金女金：两金夫妻硬对硬，有女无男守空房，日夜争打语不合，各人各心各白眼；

　　男金女木：金木夫妻不多年，整天吵打哭连连，原来二命都有害，半世婚姻守寡缘；

　　男金女水：水金夫妻坐高堂，钱财积聚喜洋洋，子女两个生端正，个个聪明学文章；

　　男金女火：未有姻缘乱成亲，娶得妻来也是贫，若无子女家财散，金火原来害本命；

　　男金女土：金土夫妻好姻缘，吃穿不愁福自然，子孙兴旺家富贵，福禄双全万万年；

　　男木女金：夫妻和好宜相交，钱财六畜满山庄，抚养子女姓名扬，木金万贵共一床；

　　男木女木：双木夫妻难相合，钱财有多亦克子，原来两木多克

第三部分 案例解析

害，灾难疯病多加流；

男木女水：男木女水大吉利，家中财运常进室，常为宝贵重如山，生来儿女披青衫；

男木女火：木火夫妻大吉昌，此门天定好姻缘，六畜奴作满成行，男女聪明福自隆；

男木女土：土木夫妻本不宜，灾难疾病来侵之，两合相克各分散，一世孤单昼夜啼；

男水女金：金水夫妻富高强，钱财积聚百岁长，婚姻和合前程辉，禾仓田宅福寿长；

男水女木：木水夫妻好姻缘，财宝贵富旺儿郎，朱马禾仓积满院，男女端正学文章；

男水女水：两水夫妻喜洋洋，儿女聪明家兴旺，姻缘美满福双全，满仓财产好风光；

男水女火：水火夫妻不相配，在家吃饭在外睡，原因二命相克害，半世姻缘半世愁；

男水女土：水土夫妻不久存，三六九五见瘟王，两命相克亦难过，别处他乡嫁别克；

男火女金：金火夫妻克六亲，不知刑元在何身，若是稳有不孝顺，祸及子孙守孤贫；

男火女木：火木夫妻好婚配，子孙孝顺家业旺，六畜钱粮皆丰盈，一世富贵大吉昌；

男火女水：水火夫妻虽有情，结啼姻缘亦不深，儿女若是有富贵，到老还是孤独人；

男火女火：两火夫妻日夜愁，妻离子散泪水流，二命相克宜不聚，四季孤独度春秋；

男火女土：火土夫妻好相配，高官禄位眼前风，两人合来无克害，儿女聪明永富贵；

男土女金：土金夫妻很姻缘，两口相爱至百年，内宅平安六畜福，生来女儿均团圆；

男土女木：土木夫妻意不同，反眼无情相克冲，有食无儿克夫主，半世姻缘家财空；

　　男土女水：土水夫妻定有兽，接到家中定有灾，妻离子散各东西，家中冷落财不来；

　　男土女火：土火夫妻大昌吉，财粮不愁福寿长，儿女聪明生端正，富贵荣华好时光；

　　男土女土：双土夫妻好姻缘，共欢一世福双全，儿女聪明多兴旺，富贵荣华好家园。

在命相合婚后，经媒人撮合的男女还要相亲，一般由媒人领男方及其母亲到女方家，由女方家庭主要成员观察男方的相貌、品性及家庭的情况。婚姻议定后，会择吉日订婚，男方要送女方订婚信物，如银饰吊坠、戒指、玉镯、耳环之类，女方也会送男方四色礼品，表示"接定"。这天，男女要吃"合"，女方要吃"猫耳朵"，表示百年好合，俯首帖耳顺从对方。再经历迎娶的婚礼大典、拜天地、见大小、入洞房、酒宴和闹洞房后，婚后次日，新婚夫妻要回到娘家见亲属，俗称"满二"。从第三天起则由女方亲属轮流请姑娘，介休人称"换日子"。结婚第五天，则不准在娘家婆家吃饭，常到外婆家或远亲家"避五"。结婚第十天，要回娘家，俗称"满十"。满十后可在娘家住宿一日，然后次日带着四个食盒送回婆家，其中必须有空心火烧和蒸饺子。送的人到婆家后，还要念"喜歌"，其中有"空空火烧夹饺子，明年准定生小子"等歌句。

3. 丧葬之"入殓"

人生三件大事：生、婚、死。无论是中原（华夏中心）或是地方（华夏边缘），"视死如生"的民俗传统，一直是中国人往生世界的建构模式。老人逝世，俗称"归家""过身""过背""老掉"。从阳间到阴间，是从一个"家"到另一个"家"的过程。简单而言，丧葬礼仪主要包括入殓、出殡、安葬三个主要环节。入殓、出殡、安葬都要请堪舆（俗称"地理先生"）择"吉日、吉时"和安葬的"风水宝地"。

介休街头隆重的出殡车队　　　　　孙子为奶奶守灵

　　介休人笃信阴阳五行，以棺木土葬为主，生前会请阴阳先生、看风水，营造坟室。提前准备的棺木称为"寿材"，以独幅的松木、柏木为主，也有乡绅富豪从南方购买黄花梨、红木为寿材。介休人讲究"七至"祭奠，整个丧葬过程包括：停尸、入殓、灵堂设置、寻魂、出殡、停尸。介休人过去睡热炕，人死后先放置在木板或门板上，叫"登板"，之后请邻里孤寡老人为逝者梳洗换装，男性以蓝色、烟色为主，忌穿黑白，女性以红色为主。随后用纸帛掩面，叫"盖脸纸"。盖脸之前死者口中要放铜钱、硬币，俗称"口含钱"。随后向死者的"人主"家及主要亲属报丧。孝子见人就要磕头，即使出门遇到狗，也要磕头，叫"免罪头"，为死者"免罪"。

　　入殓，又叫"入棺""入木""落材"，古称"大殓"，意为将人死尸体移入棺木。入殓仪式由阴阳先生主持，要净面开光，吊钱分中，其间还讲究属相忌讳等习俗。

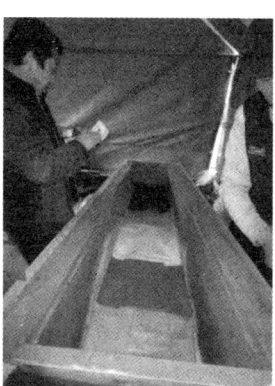

碗筷支十字迎进棺木　　　铺金木土火水五色纸　　　分中

棺木在摆放前，阴阳先生会用逝者生前用过的碗，在里面点上蜡烛，用一双筷子支成十字，迎进棺木后，用菜刀将碗打碎。在罗盘指引下，棺木的大头对着东方，在棺木中会先铺上锯木灰，在棺内的四角摆上**木炭（代表五行之火）**，做醋用的曲**（代表五行之水）**，然后在锯木灰上铺上七星木板，上面摆上铜钱，呈北斗七星状，之后**铺上五色纸（绿、红、黄、橙、蓝）**，寓意五行之金木土火水，其中代表"土"的黄色纸，必须放在中间。之后将逝者在阴间使用的冥币铺满棺床，再在上面铺上一层红纸。之后将棉被等衣物铺上，即完成了入殓前的棺木设置。待主要亲人看过逝者后，就可进行入殓。由其长子抱头，另外4人或6人抬身体，脚先头后出屋。屋外用毯子遮阳或打伞，称为"上不见天"。入棺时，死者的脚要先进，然后平放棺内。为了使逝者的身体处于棺木的中央，阴阳先生会用红线吊着两个木托，进行分中，类似于木匠用墨斗来分线。

逝者头部要枕一种特制的凹形空心枕，上绘日月、山川、花卉图案，枕中实以线香、五谷等。死者身上再铺七张银箔，最后从头到脚蒙红布七尺，此布须由已嫁女儿置备，俗称"铺儿盖女"。给死者铺盖停当以后，棺内还要放置一些生活用品和死者生前的心爱之物。入殓完毕后，棺盖斜盖于棺身之上，仍留缝隙。待死者亲属最后告别后，由阴阳先生择定时辰**盖棺（棺木代表五行之木）**。

铺就棺床　　　　　　　　　　准备合棺

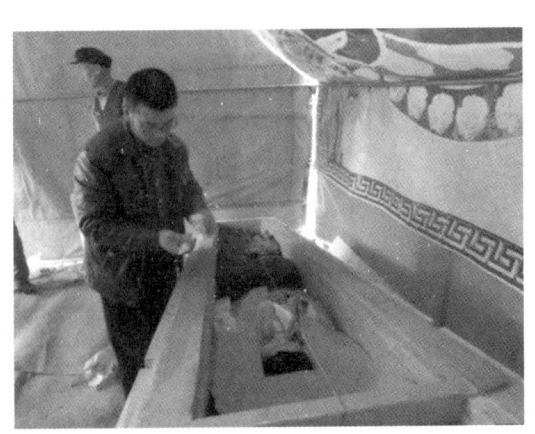

盖棺，又称"合棺"。家人、亲友集齐后，揭去死者脸上的蒙面布或纸，向死者告别，然后正式盖棺楔钉，家人、亲友跪拜告别。合棺前要把死者身上盖的红布由脚部往下拉，露出颜面，然后顺势把红布撕下一条，迅速合盖落木锁，即棺盖与棺身之间的榫卯。钉棺一侧用钉七枚，每颗钉子（代表五行之金）上把撕下的红布条各垫一小块。钉棺时，全家回避不动哭声，只有死者的儿子须立在棺旁口喊"躲钉"。参加钉棺的邻里、朋友都要身系红布条，并要给钉棺的人赏封，称为"喜钱"。盖棺以后，死者的子女还要手拍棺木数次，称为"叫醒"。

叩头祭拜 　　　　　　　灵堂焚香燃烛

入殓后，在灵堂前挂起孝幔，前面放上供桌，桌上摆上逝者的遗像和灵位，摆上祭献的果菜、香炉、香筒、烛台、丧盆（烧纸盆）、跪垫等，孝子们披麻戴孝，每有人来祭拜，孝子都要叩头还礼。在头七以内，介休人会为逝者"寻魂"，也称"知死"。寻魂时大门口要挂"宝盖"，认为"宝盖"是望乡台，逝者灵魂可以登上望乡台看望家人最后一眼。在阴阳先生择定期日后，即可出殡。出殡的程序是：起灵、祭奠、绕街、辞灵、下葬（**下葬之土代表五行之土**）等。出殡后的第二天，要去坟头上添土烧纸，男人祭拜，女人号哭，介休人称之为"发二"。从头七到尽七，丧葬礼俗经过四十九天才算基本结束。

四 华夏中心：回到"家园遗产"

如果仔细审看本文开始时引用的"介休市地图"，从地理方位来说，介休市所处的晋中地区，从华夏文明的地理区位看，属于"华夏中心"。人类学在回答什么是中国人的问题上，有一种"边缘看中心"[①]的视角，**而作为黄土文明介休范例的人类学文化遗产研究，无疑是一种"中心看中心"的视角探索**。本文从五行框架出发，在"介休一年""介休人的一生"的田野细节梳理中，阐述了"五行观"是如何在介休人的日常生活中通过特有的民俗来表述的，而这些带着"五行观"烙印的民俗事项，均可以归结为一个字：家。从这些民俗事项组织的空间、成员看，无疑都是在"家"的基础上进行的。

对人类而言，"家"是一个永恒的、最具实体性、最有归属感的社会基层单位，同时也是遗产生成和代际传承的终端。[②] 要从"中心看中心"，回答什么是中国人（介休人）的问题，需要回归"家"的观念中来阐述。在人类学研究中，"家"（family）、"家族—宗族"（lineage）、"家户"（household）等是核心概念，也是人类学研究社会文化的最小单位。从家庭的内部结构出发构成了基本视野，在定义上一般采取两种类型：一是以家庭为经济独立自主的家户单位；二是偏重家族与宗族关联所形成的继嗣单位或仪式行为单位。[③]

家，有待国而定；国，有待家而存。"最中国"的文化要素，家是其中很重要的内容。悠久的华夏历史，有一个重要的支撑元素就是"家"，从家族而家国，所谓"家国一体""家国同构""齐家治国平天下"。在漫长的中国历史中，一些著名的权力家族在政治、经济、文化

[①] 王明珂：《华夏边缘：历史记忆与族群认同》，（中国台湾）允晨文化实业月份有限公司1997年版。

[②] 彭兆荣：《家园遗产：现代遗产学的人类学视野》，《徐州工程学院学报》（社会科学版）2013年第5期。

[③] 彭兆荣：《"遗产旅游"与"家园遗产"：一种后现代的讨论》，《中南民族大学学报》（人文社会科学版）2007年第5期。

上的掌控力,有时甚至超越或取代了政府职能部门。无数家族对中国产生了巨大的影响力,影响了一个社会、一个时代,甚至某一段历史的走向。明清时代介休最有影响力的三大家族:范氏、侯氏和冀氏,就是成千上万个家族中的代表。"介休范氏"作为晋商文化兴起的主要代表,入选中国"100个最具影响力的家族"[①]评语中,**是中国最早经营晋蒙边贸的家族,点燃了晋商走西口的热情。**

介休市南庄村传统家户建筑

门神堂 　　　　　　　　　　　土地神龛

---

① 《中华遗产》2013年第11、12期邀请来中国的历史学家,从中国自"夏商周—秦汉—魏晋南北朝—隋唐—宋—元—明—清—民国"的历史长卷中,推选出100个最具影响力的家族,来显示中国家族对国史的重要作用。

在对"黄土文明 介休范例"的研究过程中，介休人对"家"的概念，是开放而有趣的。在所寄住的酒店，服务员会主动问你："又来了？这回住哪个家？"在一个为流动人口提供暂住服务的商旅空间，介休人把它当作家。到酒店餐厅的216号包房吃饭，介休人也会把这个吃饭的包房称作"家"。介休人在谈到平遥、榆次、灵石的地理、人口时，也会在后面加上家，成为"平遥家""榆次家""灵石家"。在说到介休人自己时，也称"我们介休家"。

在介休，似乎每一个实体建筑空间，都可以称为"家"，这背后，**其实潜藏着一种华夏文明之本的原生性**。"家"，从词源看，据《说文解字》：（家），居也。从宀，豭省声。𠖊，古文家。本义：屋内，住所。《尔雅》也言："户牖之闲谓之扆。其内谓之家。"在"家"的甲骨文字形中，上面是"宀"（mián），表示与"室"有关；下面是"豕"，即猪。华夏祖先原在树上"架木为巢"，7000多年前，转到地上盖木房子为屋，并开始驯养野兽为家畜，猪就是人们最早饲养的家畜。因此，凡是有"猪圈"的地方，也住着人，有"猪圈"，也就是有"人家"的标志。后来经过演变，"家"的"猪圈"这一本义消失了，"人的住所"这个含义保留了下来。历经几千年文明变迁之后的介休人，依然保留着对"家"概念认识的原生性，可以看出，在介休的文化表述中，"华夏文明之本的原生性"还有存留。

而介休当地**存留的"谢土点灯"习俗，将"家"与"五行"连接在了一起**。谢土，古称"解土"，汉王充《论衡·解除》中：世间繕治宅舍，凿地掘土，功成作毕，解谢土神。以前建宅落成时设祭坛报谢土神，即为解土。介休凡是当年盖房修屋或是兴建工程的家户，一般会在冬至前择五行中土神当令的吉日谢土。一般在农历十月十八至冬至节前进行。先从动土用土最多的地方用升将土请回家，意味着请回土神。然后用黄表纸折成神位，上书"五方五帝土德星君之神位"，用细高粱杆夹住插入升中的土中。之后把土神牌位供奉在院子坐北朝南的供桌上方。

钟楼巷 47 号的土地神龛　　家中有人去世，会用黄纸把土地神龛蒙起

在遍鼓、饶钹、三眼手锣、笙、制纳等乐器声中，主人和主持谢土点灯仪式的僧人先后焚香礼拜，然后主人跪着，僧人打击手中的法器，用来祭献的大羊也在院子中间跪了下来。僧人念念有词，主人叩拜，在羊的背上染一块红色，还给羊系一块红布，称为"安神领牲"。之后，僧人入席吃斋，主人陪席。席罢，主人和僧人焚香、燃表、叩拜，开始念诵《地藏本愿经》。佛事需两小时完成，在僧人的"南无阿弥陀佛"中告一段落。待僧人喊"续香换蜡"时，主人换上香蜡，烧香叩拜。晚饭后，僧人们又一次念诵经文、敲打法器。

入夜，用糕面捏成三大盘灯盏，每盘二十四盏，灯内插入棉花黄表纸做成的灯芯，注入豆油，点燃供奉在土神位前。灯前要供献土垒垒、点心心各一盘，点红馍馍三盘。北方七盏灯盏盏，以敬北斗七星；南方六盏灯盏盏，以敬南斗六郎；其他各位神灵前都供两盏灯盏盏。但在门神、土地神前要供三盏灯盏盏。之后依次焚香、叩拜，感念神灵保佑动土平安，祈求来年家庭顺利、五谷丰登。待糕面灯盏盏熄灭后，抽去灯芯和土垒垒，放在一个大瓦盆里。谢土以后，要把土神牌位焚化，连同所有糕顶的灯盏和灯芯，请回的土，送回原位，用土掩埋，再把土垒垒撒在地里，意味着送走孤魂野鬼。次日上午，把糕炸吃完，就完成了一次谢土仪式。

附件1：介休传统婚礼实录

讲述人：郝柱可	时间：2014年3月31日
记录人：巴胜超	地点：介休市隆洲大酒店

注：此介休传统婚礼，实为介休一富商在2013年为子女筹办婚礼时，邀请介休当地知晓传统婚礼的民间文化人，为其策划的依据介休传统民间习俗而定制的婚礼，基本将介休传统婚俗囊括其中，并根据时下的具体情况，进行了微小的调整。因主人家信奉佛教，故加入高功、殿主、提科的净洒礼仪。其余礼仪过程基本沿袭传统，是介休当地婚俗的详尽记录，具有文献参考价值。

郭利炜　王美　结婚之喜

一、做跻跻

曰："良宵吉时，吉星高照。珠联璧合，天长地久。"

1. 净洒礼，凶星灵气避让

（1）高功、殿主、提科等净路、净房、人员净身。

（2）良辰吉时拜神，叩跪拜礼。三拜九叩。

（3）拜祖。（庙见）叩跪拜礼。一拜四叩。

（4）净房。（净房前已备全喜房所摆用的实物）属羊、猪、兔三属相，牛、鼠二属相全退避让。

（5）参加做跻跻人员净身（净物及用具）。

（6）净洒礼告成。

2. （亥时）吉时已到

（子时）**做跻跻的仪式开始**。曰："鸣鼓乐，鞭炮。"

靳维俊曰："胡萝卜（富利帛）敲鼓，越敲越有。二响和合，百世其昌。"

（1）新郎点高灯。曰："新郎登高点高灯，前途光明好前程。"（跻跻登高）

（2）请新郎高登上座（梳洗等）。曰："踏马登上座，平步青云，上床幸福。"

（3）新郎坐面向正南方，迎喜神。曰："喜神降临，带——喜——来——"曰："福神降驾，福——神——到——"

（4）新郎坐千层厚被。曰："坐厚被迎喜得福。"

（5）新郎点燃红蜡烛。曰："明灯高照，奎壁生辉。"

（6）新郎净面。曰："脸净（剂）芙蓉，容光焕发。"（用原词）

（7）新郎净手。曰："金盆洗手，富贵常有。"

（8）新郎净口刷牙。曰："刷牙漱口，因荷得偶。"（漱口刷牙，人人赞夸）

（9）新郎洗脚。曰："金贵人洗脚，一辈子享福。"

（10）新郎梳头。曰："一梳天，天官赐福。二梳地，地赠黄金。再梳吉，三阳开泰。再梳通，财运亨通。五梳福，五福临门。六梳顺，六六大顺。七梳明，七星高照。八梳财，八方来财。九梳情，天长地久。十梳全，十全十美。"

（11）新郎更衣。曰："新袄新裤一起穿，鸳鸯伉俪配成双。新里新表新棉袄，幸福美满百年好。"

（12）新郎腰缠万贯。（内装硬币 8 个）曰："红腰带，腰上盘（缠），世世代代做高官。"

（13）新郎照镜子。曰："明镜宝镜明又亮，左照右照如意郎。"

（14）新郎蜡烛光照。曰："烛光高照吉祥到，前途光明展宏图。"

3. 新郎吃仙果等

（1）新郎喝红糖水。曰："喝上糖水口里甜，父母教诲记心间。"

(2) 新郎吃点心。曰:"点心一咬一对对,恩爱甜蜜一辈辈。"

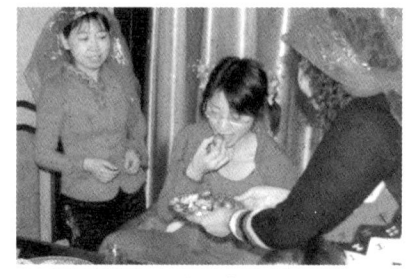

吃糕点　　　　　　　　吃红枣

图片来源:http://blog.sina.com.cn/oufen。

(3) 新郎吃红枣。曰:"吃红枣,早生贵子称英豪。"

(4) 新郎吃花生。曰:"吃花生,子孙后代好前程。"

(5) 新郎吃蛋清蛋黄。曰:"蛋清白,蛋核黄,金银珠宝堆满仓。"

(6) 新郎吃栗子。曰:"吃栗子(则),来年生(哈)个胖小子(则)。"

(7) 新郎吃苹果。曰:"吃苹果,求平安,好夫好妻好相伴。"

(8) 新郎吃香蕉。曰:"吃香蕉并一对,孝敬父母尊长辈。"

(9) 新郎吃核桃。曰:"吃核桃,合家欢乐家庭好。"

(10) 新郎吃开心果。曰:"开心创业业红火。"

(11) 请新郎爸妈上座,给爸妈吃点心,喝糖水。

A. 吃点心。曰:"孝敬爸妈吃点心,报答父母养育情。"

B. 喝糖水。曰:"孝敬爸妈喝糖水,礼仪道德铭记心。"

曰:"敬天地,彰显神仙先祖护佑之灵。孝长辈,子孝父慈传家风。敬祖先,牢记祖先传统美德。孝长辈,报恩师,铭记仁义礼智,诚实守信。"

(12) 母亲坐福。曰:"母亲坐福福来到,福禄寿禧全家福。"

(13) 新郎照镜,照灯。曰:"先照镜,再照灯,红袄红裤穿在身;不忘父母养育恩,幸福美满一家人。"

(14) 请如意。曰:"吉祥如意,事事如意,如意顺利。"

曰:"做跻跻礼——成——"

二、新人冠戴(房内坐床冠戴)

曰:"喜神绕洞房,福神福临门,笙箫引凤来,琴乐迎嘉宾。"

1. 洒净礼。

(1) 高功、殿主净房，净物（用具），人员净身。

(2) 新喜房净洒。（新郎准备更衣）

2. 吉时已到。

(1) 新郎冠冕更衣。曰："冠冕更衣，开始。纳福迎喜神。"

(2) 新郎净脸洗手。曰："新郎净面。大红脸盆净面洗手，富贵满堂吉祥富有。"

洗 脸

图片来源：http：//blog.sina.com.cn/oufen。

(3) 新郎更衣，换礼服，戴礼帽。曰："穿礼服，蹬官靴，状元及第；系领带，戴礼帽，一品高升。"

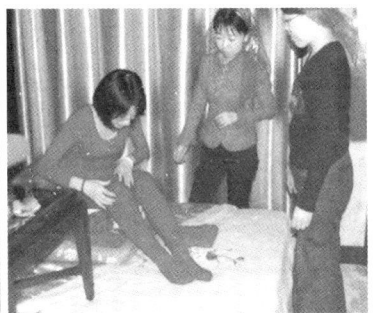

穿红衣

图片来源：http：//blog.sina.com.cn/oufen。

3. 高放红棉袄、裤位置。

曰："更（替放）衣登高。"

注：在红袄、红裤、红裤袋内装钱，拴住后登高，另冠戴系的皮带

内装硬币（做袋装币）6～8枚。

三、新郎迎亲

(一) 迎亲准备

1. 新郎吃迎亲早餐（迎亲经理、伴郎、介绍人迎亲就餐）。

今天是黄道吉日，良辰吉时，新郎同诸位吃"四碟、八碗、六盘菜肴"，（大家问为啥吃这，我真诚告诉大家）这意味着有天地众神先祖护佑。祝福诸位：平平安安，四平八稳，四方来财，八方见宝，财源广进，财丰福满，六六大顺，顺顺当当，迎亲顺利。

若司仪在场，上四碟（上四平），四平吉祥；上八碗（上八稳），八方见宝；上六盘（上六顺），六六大顺。（另：新郎还吃岁数饺子，报答父母养育之恩，捏花边饺子）曰："新郎吃岁数饺子（则），来年生（拾）富贵小子（则）。"

2. 洒净礼开始。

（1）高功、殿主、提科净房，净身洁体。

（2）新郎净面，沐手焚香。（准备拜神）净路。

3. 拜天地众神、神仙先祖。（净路结束后拜神）

4. 迎亲拜祖坛（告庙）。诵读《新郎告庙祝义》，叩跪拜礼。

5. 拜神、拜祖。曰："礼成，闲人回避。"

（提示：凡和属相羊、猪、兔相穿、相冲，属相牛、鼠，五属相之人暂时回避。妊娠、孕妇、戴孝、穿素服之人避让，戴素服之人不能进院房）

6. 高功、殿主、提科净房。净喜房，净参与工作人员之身。

7. 新郎整装，准备迎亲。

（1）新郎坐太师椅。曰："吉星高照，官运亨通。"

（2）新郎手把木锨。曰："钱贯在身，金榜题名(前途无量，五谷丰登)。"

（3）新郎踏斗。曰："奎星点斗，独占鳌头。"

（4）新郎托兄弟。曰："手托兄弟，荣华富贵。"

8. 冠冕礼成。曰："良辰吉时，奎壁生辉，爱情永笃，千福永驻。"

（1）新郎身（升）起"官椅"，披红大吉。前红彩带在上（左肩福，右挎喜），后绿彩带在上（右肩福，左挎喜）。曰："新人肩挎（健康）福，腰挎（夸）喜，长富贵。水（须）长流，状元及第，荣耀披彩，一路荣华，迎亲富贵。"

（2）父亲请官椅上座。迎喜。

9. 新郎开锁。（做开锁动作，司仪说下文）曰："金锁一开财门开，财源广进财运来。"

10. 新郎装枕头。

（1）先装鸳鸯枕。曰："三把两勺子（则），相亲相爱好日子（则）。"

（2）再装夫妻枕。曰："三把又两勺，早生贵子早立业。"

（3）再装子枕枕。曰："三把两勺装子枕，子孝媳贤家风顺。"

（4）再装孙枕枕。曰："装罢子枕装孙枕，四世同堂福满门。"

（5）再装重孙枕。曰："三把两勺装重孙枕，五世其昌家风盛。"

（二）高功化煞驱秽

1. 高功、伶童净道迎祥。二龙曰吉祥语。（后返回喜房外门待发贵人）曰："伶童净道迎吉祥，伶童展灯一路顺。"

2. 全福（欢）人净车。曰："全福（欢）人净车祥气到，凶神避让吉星照。"

3. 伶童明灯照车。曰："明灯照车灵气避，喜气贵神保平安。"

4. 全福（欢）人路上烛光驱秽。曰："烛光红，明镜亮，祥光瑞气保吉祥。"

5. 新郎左托男、右托女迎亲。新郎、全福（欢）人（父母双全、有儿有女之人）、伶童、伴郎，同上。曰："左托男，右托女，后代（子嗣）殿试又中举，明灯高照吉祥到，烛光普照洪福来。"

6. 新郎候轿待发。（候时）曰："天地氤氲，咸恒庆会，金玉满堂，长命富贵。良辰吉时已到，大吉大利。迎亲起轿。"

迎亲提前安排外经理等，路遇不吉避让，如岔路、黑井、枯路、庙宇、千年古槐、桥梁、怪石、穿素服、妊娠、孕妇、他（她）人迎娶（嫁）要洒吉避让，绕行。

7. 父亲官椅宽座。（司仪回喜房）曰："天赐如上宝座，家业永存，世代荣华（富贵）。"

8. 如意登高。（迎亲快回来听见鼓乐声，此时为16时）曰："手捧如意登高顶，蒸蒸日上家业兴。"

四、迎新人（下轿）

（一）吩咐事项

道曰：（1）吩咐外经理，司机（主车新人司机）停车位置，喜神方向（新人朝喜神），其他婚车妥当安排停放。（2）凡和属相羊、猪、兔相穿、相冲（除与男方相穿、冲并列属相外），鸡、鼠、虎三属相人员回避。（3）司仪提前待（在）候。

1. 回官停轿。曰："跨凤乘龙，之子于归，妙选佳婿，带结同心。"

2. 高功净洒。（高功无根水净洒，道喜房，工作人员身体等）曰："迎喜神。"（新人下车朝喜神方，车门朝吉门，或贵门，开门方。）

3. 洒吉礼（秸）迎神。（1）提前准备好谷秸、硬币、五谷、枣、花生、栗子、糖等。（2）派人端好，招之即来。曰："纳福迎喜。"再曰："一洒天门开，天赐吉祥来。二洒地门开，地送洪福来。三洒祈求天地众神，神仙先祖护佑来。四洒请诸位星神灵气避让开。五洒人间富贵喜门开。六洒新郎新娘下轿来。"

4. 下轿迎双喜，双福全贵人。曰"驾到"（双福贵人驾到），肩扛（升）双福，腰系双喜，开门（车门）见喜，满载而归。曰："（开车门）新郎新娘下轿。"（1）派人放石叶；（2）拿弓箭；（3）传代子；（4）摆火盆；（5）放马鞍和苹果。

（1）新人踏石叶：脚踏石（实）地，荣华富贵。

（2）三箭定乾坤：上天射，曰："祈求上天，天赐洪福。"大地射，曰："天长地久，长命富贵。"远方射，曰："家业兴盛，儿孙满堂。"

（3）伶童挽携贵人。曰："新人踏彩带。"

（4）新郎新娘携彩球。曰："新人携绣球。"

（5）脚踏彩带。曰："传宗接代。"

（6）新郎、新娘跨火盆。曰："新郎、新娘跨火盆，红红火火家兴旺。"曰："踏彩带，传万代。"

（7）新郎新娘跨马鞍。曰："踏彩带，跨马鞍，平平安安永保平安，马到成功家业兴，平步青云事业成。"马鞍上放苹果，曰："苹果马鞍，平平安安。"火盆放木炭，曰："踏彩带，跨火盆，日子过得红红火火。"

5. 新人拜华堂。曰："踏罢彩带拜华堂，万福之源百世昌。"再曰："吉时纳余庆，良辰拜华堂。吉时已到。"

（1）一拜天地。曰："作揖，跪。一叩首，二叩首，再叩首，起。"重复三次，三拜九叩。

（2）二拜高堂。曰："作揖，跪。一叩首，再叩首不起，拜母亲。"

（3）夫妻对拜。曰："新郎新娘面对面，一鞠躬（女方提前三秒拜），再鞠躬（同上拜时）。"

（4）进入洞房。（携绣球，走进洞房）伴郎伴娘配合。

注：1. 这时高功净洒喜房，华堂礼拜告成。2. 入洞房前，新郎上金锁。曰："捏金锁，贵人到，福禄寿禧财来到。"

6. 入洞房。曰："门贴红双喜，窗贴富贵图。"新人入洞房，奎壁又生辉。

7. 新郎执弓，拉箭。（拉大弓）曰："新郎拉大弓，福禄喜财在家门，八方进宝收仓中。"曰："新郎执箭搭弓（一箭），新郎开弓大吉（二箭），新郎大展宏图（三箭），新郎吉祥富贵（四箭）。"箭射告成。

8. 新娘执笔辟邪。曰："新娘执笔请魁斗，魁斗在此点状元。"

9. 新郎扶新娘上炕。曰："新娘上火（福）炕，踩踏登上床，青云直上，平升三级，世代荣昌。"

10. 新郎执秤杆。曰："秤杆挑起红盖头，同心同德结良缘。"

11. 新人父母给家宝。

（1）戴顶针。曰："学做针线活，巧绣织锦衣。"

（2）给毛笔。曰："琴棋书画知书理，才华出众有文理。"

（3）给巾腰布。曰："再给家传巾腰布，孝敬公婆好媳妇。"

（4）给计算机。曰："给媳（你）计算机，持家理财有水平。"

12. 新郎父母赠"富贵钱"。曰："迎福迎喜迎财源，爸送儿郎创业钱，腰缠万贯宏图展，荣华富贵百世昌。妈送儿媳发展钱，相夫教子家业建，家兴业兴永昌盛，蒸蒸日上创辉煌。"

13. 新郎母亲洞房做福。曰:"喜坐厚被,日进斗金财源广,再坐褥,福禄寿禧百世昌。"

五、新人认亲（新郎整装更衣,准备认亲）

1. **高功、殿主、提科,拜天地众神,神仙先祖。**
2. **认宗拜族**（新娘庙见）。
3. **吉时已到,认亲开始**。曰:"新郎新娘行叩跪拜礼。"
4. **新人认亲礼告成**。（附认亲单）曰:"九阳启泰,五福临门,认亲顺利,大吉告成。"

六、新婚宴席

1. **吉时已到**。上座,上席,宴请。
2. **安桌次序**。（1）新人合封席。（2）送亲戚上座。（3）长辈座。（4）亲属座。
3. **婚宴司仪**。新郎新娘父母致辞。

七、闹洞房

喜耍。（1）房内见什数什。曰:"门全贴喜字,笔架柏叶如意,弓箭木锹还有斗,你爱我爱甚都有。石叶床面床头柜,蟾宫祥瑞又折桂。蛇盘兔,必定富,麒麟送子贴脚头。"（2）数窗。曰:"玻璃窗净明又亮,剪纸彩图贴中间。红黄五样有方向,五方定位百世昌。"（3）洞房歌。曰:"东一头,西一头,对比狮子滚绣球。碰罢头,扶胳膊,手拉妹妹不用羞。妹妹嫁了如意意,晚上睡觉挨住你,扯尿布,做被被,黄酒红糖早预备。饺子馍馍交给你,生儿育女全靠你。夫妻二人手拉手,洞房细拉对对口。手接馍馍头冠戴,鸳鸯夫妻天仙配。双手解衣又亲面,拉住窗帘面对面。"

八、铺被褥（躺）

1. **司仪数物**。（见什数什）曰:"尿氌氌,（喜）盔盔,来年掐（生）来（下）宝宝来。盖边富贵不断头,财源广进水长流。内装粽子一对对,儿女双全跟过来。内装一对如意意,如如意意生贵子。内装一对双玉兔,早睡早起要致富。子孙馍馍一对对,丰衣足食好运来。"

2. 数葱、蒜、生姜、老虎虎。葱。曰:"葱蛇蛇,蒜蛇蛇,生姜刻成老虎虎。"葱须曰:"青春永存,蒜双伴侣。夫唱妇随,水水长长。"生姜。曰:"生生江(姜)海财,源源不断。"虎虎。曰:"虎(富)虎(辅)吉祥福,事事如意。蛇盘兔,必定富,麒麟送子贴脚头。夫慈子孝大鸿雁,聚财宝盆来咱院。金玉满堂摇钱到,翡翠金银财宝到。"

3. 铺躺。曰:"姑姑铺躺一对对,娘娘送子双胞胎。"

4. 小姑子提髽髽、盔盔。曰:"姑姑提(丢)髽髽,嫂嫂(新娘)开门门,妹妹(新郎)提(丢)盔盔,哥哥(小姑姑哥哥)迎接来。"

九、第二天请安

曰:"早起梳洗打扮好,公婆房内请问早。提盔盔,提(丢)髽髽,孝敬大人尽到心。先生火,后洗菜,财源广进家门来。斜芝(菱)芝,拉面家,公婆竖指当面夸。金银首饰礼物赠,磕头请安成家风。传统习惯要形成,贤妻良母一家人。"

十、婚后回礼

(1)第二日早晨新郎新娘到姥爷姥姥家,在神主上叩头,祭送酒席一桌。

(2)第二天回门(去新娘家),宴请姑爷新郎官,先拜女方神主,再吃饭。

(3)换日子。女方直系亲属依次请换新郎的日子。

(4)第四天不出门,在家孝敬父母。称面,赶家,做饭。第五天到舅舅家,第十天回娘家住四天,称为"满十"。回婆家要带两盒吃:(1)四十个空心火烧饼子;(2)装四十个饺子,或四十块半疙瘩,四十个圆石头饼。曰:"空心火烧夹饺子,明年生个胖小子。"

癸巳年腊月十一日

附件2:100个最具影响力的家族之一——介休范氏

家,有待国而定;国,有待家而存。"最中国的家族",这是《中华遗产》2013年第11、12期的策划专辑,以"叩击历史星空,梳理华夏文明"为己任的《中华遗产》杂志,用两期的版面,为读者介绍了中国自"夏商周—秦汉—魏晋南北朝—隋唐—宋—元—明—清—民国"的历史长卷中,以专家①推选出的100个最具影响力的家族,来显示中国家族对国史的重要作用。在明代12个最有影响力的家族中,就有"介休范氏"。

悠久的中国历史,有一个重要的支撑元素就是"家",从家族而家国,所谓"家国一体""家国同构""齐家治国平天下"。在漫长的中国历史中,一些著名的权力家族在政治、经济、文化上的掌控力,有时甚至超越或取代了政府职能部门。无数家族对中国产生了巨大的影响力,影响了一个社会、一个时代,甚至某一段历史的走向。

"介休范氏"作为晋商文化兴起的主要代表,在入选中国"100个最具影响力的家族"评语中,是中国最早经营晋蒙边贸的家族,点燃了晋商走西口的热情。在满族人入关之前,就有山西商人不顾明朝政府禁令与之进行交易,提供各种所需物资。清王朝建立后,清世宗接见了其中最著名的八家,并御封为内务府的皇商。这八家皇商是王登库、靳良玉、范永斗、王大宇、梁嘉宾、田生兰、翟堂、黄云发,其中最显赫者是范家。

范家发源于山西介休,早在明初就在蒙古边境地区从事贸易活动,到第七代范永斗时把商号设在张家口,从事满蒙贸易,并与满族上层建立了密切关系。满族人入关被封为皇商之后,范氏除了原有的边境贸易外,又向内地发展。首先是进入并垄断盐业,经内务府特许,范氏获得了河东与长芦两处引盐的运营经营权,而且销盐地区的条件十分优越,离盐场近、人口稠密,盐的消费量大。范氏在潞安、泽州、直隶、河南组成了庞大的销售网。雍正九年(1732),原来在大兴等八州县承办盐引的皇商李天馥积欠30多万两盐课银,面临破产。范氏收购之,实力又加强。最兴盛时,范氏供给1000万人的食用盐。

---

① 以下为推荐专家团(教授)名单。北京大学:郭卫东、尚小明、张帆、朱凤瀚、张希清;中国人民大学:高王凌、韩树峰、刘后滨、王子今;中国社会科学院:陈晋国、康鹏、李志愉、刘晓、马勇、汪朝光、王启发;四川大学:刘复生;香港科技大学:吕宗力;西北大学:王善军;辽宁师范大学:孙俊;南开大学:孙立群;福建社会科学院:徐晓望。

范氏还利用清政府用兵的需要，从事粮草及其他贸易。康熙五十九年（1720），清政府平定准噶尔叛乱，从四川、青海调兵镇压，范氏提出以三分之一的运费低价办粮售军。有一次，13万石军粮被劫，范氏出银144万两再购。范氏的这一举动节约了清政府军费，自己也致了富。范氏的核心人物范毓馪被授予二品级太仆寺卿，其弟被授予布政司参政，真正实现了由商而官。

范氏的另一项大生意是从事对日铜贸易。当时日常生活用铜钱交易。康熙年间，国内铜供不应求，政府允许民商赴日本购买，并将中国的丝绸、毛毯、茶叶、瓷器、药材等日用品出口日本。当时这种贸易利润极高，出口货物获利五倍，进口铜获利两倍。范氏又获得这种贸易特权，先后承包了荆州、凤阳、太平桥、龙江、西新、南新、赣关等地的额（进口配额）铜，在对日贸易中一枝独秀。

范氏还从事木材、马、人参、玻璃等贸易，并开采铁矿。最兴盛时在山西、直隶、河南有盐店近千家，天津有大仓库，苏州有管理赴日船舶的船局，京师有店铺三家，张家口有店铺六家，归化城有店铺四家，河南有当铺一家，张家口有地106顷，各地房产1000间。其财产无法估计。范氏中有20人有官职，范毓馪成为进入《清史稿》的唯一晋商。

据《清史稿》（卷三一七，《列传》一零四）记载[①]：

> 山西介休人。范氏故巨富，康熙中，师征准噶尔，输米饷军，率以百二十金致一石。六十年（1721）再出师，毓馪请以家财转饷，受运值视官运三之一。雍正间，师出西、北二路，怡亲王允祥荐毓馪主饷，计谷多寡，程道路远近，以次受值，凡石米自十一两五钱至二十五两有差，累年运米百余万石。世宗特赐太仆寺卿衔，章服同二品。寇犯北路，失米十三万余石，毓馪斥私财补运，凡白金百四十四万。

当时的范家是既富又贵。仅以第三代的毓字辈和第四代的清字辈计，毓馪任太仆寺卿，毓馪任布政司参政，毓奇又以一个武举而破例被擢为

[①] 转引自韦庆远、吴奇衍《清代著名皇商范氏的兴衰》，《历史研究》1981年第3期。

正定总兵官、署广东提督等职,"昆季皆为显官"。此外,还有太仆寺少卿一人,员外郎二人,郎中一人,道员一人,知府一人,同知一人,州同六人,县承二人,经历武二人(其中有些官职系由捐纳而得);在科举功名方面,得中进士的二人,举人三人,武举一人,庠生等若干人。范氏的祖辈,如范永斗、范三拔等,无不被追赠为骠骑将军、资政大夫、奉直大夫、儒林郎等;他们的妻子,也被追赠为夫人、宜人等①。由此可见,当时的范氏不但是全国最大的铜商、盐商,以及兼营其他多种特许贸易的商界巨子,而且迭出功名,实任过中央或地方官吏的权门。

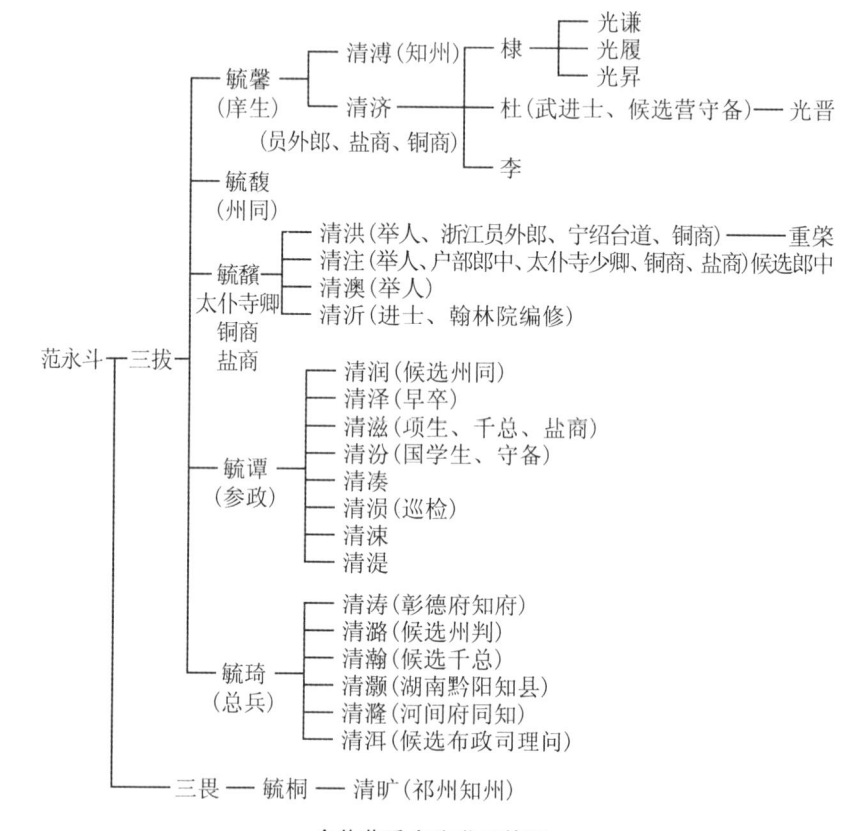

```
范永斗─三拔─┬─毓馨────┬─清溥(知州)──┬─棣──┬─光谦
            │ (庠生)   │              │     ├─光履
            │          │              │     └─光昇
            │          └─清济─────────┼─杜(武进士、候选营守备)──光晋
            │           (员外郎、盐商、铜商) └─李
            │
            ├─毓馥
            │ (州同)
            │
            ├─毓馣────┬─清洪(举人、浙江员外郎、宁绍台道、铜商)──重棨
            │ 太仆寺卿 ├─清注(举人、户部郎中、太仆寺少卿、铜商、盐商)候选郎中
            │ 铜商    ├─清澳(举人)
            │ 盐商    └─清沂(进士、翰林院编修)
            │
            ├─毓谭────┬─清润(候选州同)
            │ (参政)  ├─清泽(早卒)
            │         ├─清滋(顶生、千总、盐商)
            │         ├─清汾(国学生、守备)
            │         ├─清凑
            │         ├─清溃(巡检)
            │         ├─清涞
            │         └─清湜
            │
            ├─毓琦────┬─清涛(彰德府知府)
            │ (总兵)  ├─清潞(候选州判)
            │         ├─清瀚(候选千总)
            │         ├─清灏(湖南黔阳知县)
            │         ├─清滕(河间府同知)
            │         └─清洱(候选布政司理问)
            │
            └─三畏──毓桐──清旷(祁州知州)
```

介休范氏家族世系简图

---

① 据乾隆《介休县志》卷八《封荫》、卷九《人物》和嘉庆《介休县志》卷一二《人物》等所载资料统计。功名和官职是累计数字。有一人而兼两者的,官职以曾任最高职务算。

注：范氏以皇商起家，也由于依靠皇权而破产。由于后来日本铜的产量减少，日本又限制铜出口，范氏的铜业举步维艰，加之政府苛捐杂税多，又压低铜价，在乾隆十七年（1752），范氏已经营困难。铜业无利可图，盐业资金缺乏，到乾隆四十八年（1783），范氏因欠政府银150万两之多而被查抄。辉煌一时的范氏也烟消云散。范氏当年在介休张原村曾建有范家街，长达百米，其西有一院落，称"小金銮殿"，可见其昔日的气派。

文化遗产的生养制度研究：
以介休古戏台为例

文化遗产有其生成的历史依据和逻辑，人们在选择、确定和认同某些事物后，不同时代、语境下，不同阶层和群体的养护行为及技术构成了遗产的养育制度，该制度保障遗产得以延续且价值不断累加。[1] 所以，开展文化遗产保护工作，首先要寻找文化遗产生成的逻辑起点，梳理其历史发展的脉络，调查文化遗产得以延续的保障体系，追究遗产传承发生濒危的原因。这样才能更全面、深入地认识文化遗产的价值，从而进行准确的定位，并根据遗产的生养制度体系确定保护工作开展的策略、方法和措施。

我们以介休神庙剧场空间为例，调查其中各文化遗产的生成养育制度，探究该空间的生成及发展过程。神庙剧场空间指各类庙宇中，集中在庙会期间呈现的，以戏台为核心的观演空间。这个空间既是一个实体空间又是一个"文化空间"。该空间中的文化遗产形态主要包括戏台建筑、庙会民俗和地方戏曲等，这些物质的或非物质的文化遗产形态在这一空间中同时呈现，且在各自的遗产过程中又紧密勾连、彼此互动，构成一个更为完整的"文化遗产体"。对神庙剧场空间的产生及历史发展脉络进行梳理可以为文化遗产的整体性保护和传承提供依据。

---

[1] 彭兆荣：《我国文化遗产体系的生成养育制度——以三个文化遗产地为例》，《厦门大学学报》2013年第2期。

一 神庙剧场空间的生成

神庙剧场空间以戏台建筑为核心,包括演出和观看空间,人们在特定的时间里聚集在该空间中,举行祭祀仪式、上演娱乐表演、进行商品交易,因而神庙剧场空间兼具神圣性和世俗性,二者密不可分。神庙剧场空间中的活动围绕着戏台的献祭、表演功能而展开,戏台建筑本身则暗合着中国传统的思想观念,其建筑形制和功能随着宗教信仰及戏剧的发展而演变。戏台、宗教信仰与戏剧三要素的紧密互动形成了神庙剧场空间的生成和演变过程,反映着文化与社会的历史变迁。

(一) 台与戏台

戏台与台颇有历史文化渊源。"台"古作"臺",《说文解字》释为"观四方而高者",本义是用土筑成的方形的高而平的建筑物。台是中国古老建筑形制,至今还能看到观星台、测影台、观稼台、议事台等众多古台遗迹。台有不同类型,《五经要义》中载:"天子台,灵台以观天文,时台以观四时,囿台以观鸟兽。"古人积土四方登高而望以观天测时,台承载着中国古人对宇宙时空的认知。如古籍所载,周公营造"测影台"以"测土深,正日景,求地中,验四时"。古人登台而望,观星象、测日影,以确定时间、方位,总结出丰富的天文历法知识,并发展演化出"一点四方"的政治地理概念和"顺天应时""天人合一"的哲学思想。由此,台常常被古人作为一种具有尊崇含义的礼制建筑,成为祭祀天地、祭拜诸神的神圣空间,并配以一套严格的礼乐制度。

以垒土高起的平台为基础,还发展出台榭、台阁、台观、台门等建筑形制。戏台也由台这一建筑形制发展演变而来。台兼有供馔和献艺两种功能,后来这两种功能分别归属于献殿和戏台。[①] 我国的古戏台多依

---

① 曹飞:《关于中国古代戏台主流的辨析——对"中国大百科全书·戏曲曲艺卷"有关论断的思考》,《上海戏剧学院学报》2007年第4期。

附于祠庙等宗教或礼制建筑,这与台的礼制建筑性质相符合。而戏曲起源于宗教祭祀活动①,酬神敬佛的戏曲在神庙中的戏台上表演也就合"礼"而顺"理"了。以戏台为核心的神庙剧场空间,其形成与发展的过程,也是戏剧伴随宗教信仰活动而产生,并从宗教祭祀向娱乐功能转变的过程。

(二) 宗教信仰活动与戏剧、戏台

中国传统信仰源于古人对祖先、天地神灵的崇拜,祭祀活动至迟在夏代就已经出现,商周时期已形成天神、地祇和人鬼三大系统。祭祀活动"必作歌乐鼓舞以乐诸神"②,这也成为后世戏剧的起源。王国维先生对此进行了考证:少昊之前既有巫觋,以歌舞为职以乐神人。及周公制礼,虽巫风稍杀,然存其余习。方相氏之驱疫也,大蜡之索万物也,皆是物也。春秋周礼既废,巫风大兴,信鬼好祠,其祠必作歌乐鼓舞,以乐诸神。楚人谓巫为灵,灵之为职,或偃蹇以象神,或婆娑以乐神,盖后世戏剧之萌芽,已有存焉者矣。③ 祭祀仪式中的念祝词、歌唱、舞蹈、动作、面具、假想、装扮、表演都是成熟戏剧的最基本要素。④ 戏曲成熟化的过程一直与宗教信仰及祭祀活动密不可分。

神庙是举行祭祀活动的重要场所。古人建庙"以供皇天上帝名山大川四方之神,以祀宗庙社稷之灵"⑤。庙最早是用来供祀祖先的地方。《说文》释"庙"为"尊先祖貌也"。清人段玉裁注释道"古者庙以祀先祖,凡神不为庙也。为神立庙者,始三代以后"⑥。秦汉时期,中国制度化宗教开始形成,后世历史上作为主流宗教的儒、释、道三家,亦皆于此时奠基。⑦ 东汉时期佛教传入并开始其本土化过程,道教在魏晋南北朝时期亦发展成熟。佛、道两教吸收儒学传统,历经相争与合流,形

---

① 高琦华:《祭祀乐舞与神庙戏台》,《中国戏曲学院学报》2009年第8期。
② (汉)王逸:《楚辞章句》卷二。
③ 王国维:《宋元戏曲史》,东方出版社2008年版,第1—2页。
④ 吴双:《论中国戏曲起源于原始祭祀仪式》,《中国文化研究》1999年第25期。
⑤ 吕不韦:《吕氏春秋》卷六,《六月纪》。
⑥ 许慎、段玉裁:《说文解字注》,上海古籍出版社1981年版,第446页。
⑦ 麻天翔、姚彬彬、沈庭:《中国宗教史》,武汉大学出版社2012年版,第93页。

成各自的信仰体系。而儒学在汉武帝时期登上国家正统制度化宗教的舞台，一直延续其正统地位。在帝王"神道设教"的统治思想下，各朝代沿袭周代礼制，分封神灵、颁布祀典，形成以"敬天法祖"为核心，以社稷、日月、山川等自然崇拜和其他鬼神崇拜为辅的祭祀范式。各类庙宇也随着庙祀对象的不断扩大而兴盛起来。作为酬神献戏的功能性礼制建筑，戏台是神庙建筑中的重要组成部分。神庙中山门、戏台、献亭、正殿在中轴线上一字排开，戏台一般位于寺庙南端，坐南朝北，台口对着正殿，以表示对神的恭敬。中轴线的东西两侧一般有庑殿或看廊，与正殿和戏台合围成一个神人共聚的观演空间。

神庙中的祭祀活动不仅催生了戏剧，而且由祭祀活动发展而来的庙会、庙市、神诞节日等更促成了戏剧与神庙戏台的结合，使高台教化、集市贸易、烧香还愿都集中于神庙剧场空间，使其具有了神圣与世俗的双重文化属性。庙会萌芽于魏晋南北朝时期，形成于唐代，成熟定型于宋代。在先秦至汉代，迎神赛社的表演场所除了礼制性的坛庙外，多无固定场所。[1] 北魏以后，佛寺、道观中始设戏场，以行伎乐供养，并吸收中国坛庙祭祀和民间迎神赛社的传统，通过俗讲和庙会活动吸引教众、募集财资，以扩大宗教势力。庙会依托佛、道的寺院宫观逐渐形成，同时又伴随着民间信仰活动的开展而发展、完善和普及。宋以后，庙会、庙市已大盛于民间，而戏台也在这一时期产生，依附于神庙或祠堂等宗教或礼制建筑，经金元时期发展至明清两代，神庙戏台已遍布于城乡各地。[2]

（三）戏剧与戏台

戏台形制的发展演变又与戏曲剧种的发展有直接关系。我国唐代以前的"戏"或"百戏"，主要指杂技、幻术、歌舞、杂剧、评话、鼓书、散乐、傀儡戏、皮影戏等。唐代长安的许多寺庙已经成为表演散乐百戏

---

[1] 傅崇兰、白晨曦、曹文明等：《中国城市发展史》，社会科学文献出版社2009年版，第694—695页。

[2] 罗德胤、秦佑国：《古戏台：戏曲文化的建筑遗存》，《聚焦》2013年第5期。

和歌舞的重要场所。这些百戏杂艺表演的动作较大，通常需要较为开阔的表演空间，因此一般台上不加盖顶棚。但当时的戏台已经以"帷""幕"分割观演空间，① 奠定了后世戏台前后场的基本格局。至宋，或在台上盖亭，称"乐亭"或"舞亭"，或建楼阁而称"乐楼""舞楼"。金代出现了以歌舞敷衍故事为戏曲形态的北杂剧。北杂剧至元代繁荣，促进了演出场所的大量兴建和形制的变化，出现了一面观或三面观的戏台。戏台有了前后台分割，可以通过上下场变换场次和情节。虽然在明末清初兴起了梆子腔，但直至明代中后期，北杂剧仍然是舞台上表演的主要剧种。北杂剧戏班被称为"大行院"，以家庭成员为主，同时登场的演员有七到十人，所需演出空间不大。因此，金至明代的戏台比清代面积小。而梆子腔在清代成熟以后，多上演历史剧，尤其是反映战争题材的戏，人物众多、场面宏大。因此，这一时期的戏台面积较大，许多元代戏台在清代于前面加盖了卷棚顶，以扩大表演区面积，适应演出需要。② 例如，介休后土庙戏楼，据碑文记载，在清道光年间重修时就为了扩大表演区，向前突伸两米，增建了歇山抱厦台。此外，在明清时期还将戏台与寺庙山门结合以扩大观赏空间，也是这一时期戏台建筑形制的重要特征。

介休洪山镇源神庙"鸣玉楼"

---

① 谢涌涛：《汉唐戏场和宗教坛场的文化渊源》，《戏剧艺术》1998第6期。
② 车文明：《中国古代戏台规制与传统戏曲演出规模》，《上海戏剧学院学报》2011年第1期。

戏台建筑面积的大小、建筑形制与戏曲剧种的关系也可在介休找到例证。介休的张壁古堡有三座戏台，自古这三座戏台上演不同剧种。关帝庙的戏台面积最小，集山门过厅于一体，这里多上演皮影戏，俗称猴戏，所以当地人称关帝庙戏台为"猴台"。可罕庙戏台面积稍大，上演干调秧歌。干调秧歌无音乐伴奏，同时登台人数少，没有专门的戏曲服装，动作、走场简单，所以演出不需要太大的场地。而二郎庙戏台最大，可满足梆子戏等多种剧种的演出需要。

二　介休市古戏台概况

（一）介休古戏台的数量与分布

戏台根据其所依附的主建筑类型不同，可分为神庙戏台、会馆戏台、祠堂戏台、茶楼酒馆戏台、宫廷戏台等类型。介休的古戏台大多分布于佛、道教的庙宇中，现存戏台多为明清两代修建。介休历史上庙宇众多，据介休第三次文物普查资料统计，介休现存古建筑类文物390处，其中庙宇类241处，分为道教庙宇、佛教庙宇和本地神庙宇。庙宇中保存较为完好的戏台有51座，已被列入各级文物保护单位的戏台建筑27座，其中，国保级戏台建筑7座，省保级戏台建筑1座，市保级戏台建筑5座，县保级戏台建筑14座。古戏台在介休辖区的大部分乡镇都有遗存，其中保存较完好，具有较高历史价值和文化价值的戏台主要集中在介休城区、洪山镇和张壁古堡三个区域，此外，在张兰镇、绵山镇等乡镇都有分布。

（二）介休古戏台的分类

介休的古戏台按形制可分为镜框式、伸出式和品字式，建筑样式主要有独体戏台、依附式戏台、三连戏台，按台口可分为一面观和三面观戏台。

独体式戏台：介休城隍庙乐楼

独体戏台以介休城隍庙乐楼为典型。城隍庙乐楼，面宽五间，进深四椽，卷棚硬山造顶，前出一面宽三间歇山顶抱厦，后出一面宽一间卷棚歇山顶小抱厦，黄绿琉璃脊刹，吻兽和琉璃瓦方心点缀，斗拱三踩单昂。台前石栏保存完好，柱头石雕狮子小巧精致，檐下正中悬"明白处"木匾一方。乐楼左右各有一仪门，为砖券门洞，门洞内外各镌一石雕匾额，东门内曰"谦福"，外曰"福缴"，西门内曰"盈害"。仪门两侧砖券窑洞三孔，前建木结构插廊。窑洞之上建钟、鼓二楼，为歇山造顶结构。该组建筑设计巧妙，窑楼结合，富于变化，造型独特，古朴典雅，为介休地方建筑之精品。介休有代表性的独体戏台还有洪山源神庙戏台和五岳庙戏台等。这些戏台同时是寺庙的山门，符合明清时期戏台形制的发展特征。

依附式戏台：介休后土庙戏楼

后土庙戏台是三清楼建筑的一部分，为依附式戏台的代表。三清楼是一组集殿、台、楼三位一体的崇楼合体建筑，重建于明正德十四年（1516），楼总高 15.2 米。下为三清正殿，上为三面围廊的三清楼（又名八卦楼），背面为后土庙戏楼。戏楼左右开重檐歇山顶与三清楼三重檐十字歇山顶巧妙衔接。戏台两侧有八字形影壁，中间突出抱厦，戏台台面虽高，但低于三清阁楼，是解决"乐上神下"矛盾之成功建筑范例。三清楼整体呈现出重檐反复、结构多变、繁华复杂的艺术建构，可谓古建筑中之精华，是明清古建筑史上不可多得的代表性杰作。

三连台：介休后土庙中的三连台

三连台以后土庙群中的三连台为典型。后土庙旁的吕祖阁、关公庙、土神庙一字并排相连，三座庙宇对面的三座戏台也相连而成一体。由于三座庙酬神演戏的时间不同，所以很少出现三个戏台同时演戏的场面。

三面观戏台：介休板峪村戏台

图片来源：http://www.zh5000.com/ZHJD/zgxl/2006/zgxl-0072.htm。

介休古戏台大多为一面观戏台，三面观戏台以板峪村戏台最为典型。板峪村戏台建于嘉庆四年（1799），三面可做台口，北面对着龙王庙，南面对着关帝庙，台底有门洞连通两庙，东南坡顶是嘌师庙。面对龙王庙的南台，每年农历六月和七月祈雨、谢雨时唱戏。面对关帝庙的北台口，每年农历五月十三日庙会演剧。东台口则是每年农历三月十五日大赛使用。每到唱戏时，用台上的夹板隔扇调整方位，做到一台多用。

三 介休神庙剧场空间的生成与养育

介休市历史上处于中原农耕文明和北方游牧文明的交会地带，其历史文化既具有黄土文明的典型性，又具有交汇地带的流动性特征。这使介休神庙剧场空间的生成与发展既符合神庙剧场空间的一般过程而又具有鲜明的地域特征。

介休地处黄土高原，汾河流域，其自然地理环境适合农耕生产。但历史上介休地域多有天灾蝗祸，尤其在元、明、清几代，旱、霜、蝗、地震、大水等灾害频繁。[①] 古人认为"山川丘陵，能出云为风雨者，皆曰神"，"能御大灾则祀"。[②] 因此人们建庙立祠，供奉如八蜡、牛王、龙王等保佑农业生产的神灵，以求风调雨顺、五谷丰登。介休源神庙碑记中就记述了县令王一魁迁建源神庙的原因："余窃闻若兹源泉，既以其水溉焉西矣，又时以其气蒸为云雨，即岁大旱尤不至乏绝，夫非所谓神而能御大灾者耶？若是者，祭之则不为非。其所祭不为非，其所祭则不得谓之淫祀。"[③] 而王一魁也作为建庙保民的有功之臣进入源神庙配享之列。除源神庙外，介休多地的水神庙、龙王庙、城隍庙、关公庙甚至介神庙等都是民众祭祀祈雨、祈晴的庙宇。修建庙宇供奉神祇，就必须斋醮祭祀、献戏酬神。正如介休后土庙重修献楼碑文所言："盖闻燔柴以祀天，埋以祭地，起建崇楼，敬神之至也。神之享，曰敬而已。

---

① 王谋文：《介休县志·乾隆版》，山西人民出版社2012年版，第23—26页。
② 冯济川：《山西旧志二种·山西乡土志》，任根珠点校，中华书局2006年版，第20页。
③ 冯俊杰：《山西戏曲碑刻辑考》卷五，中华书局2002年版，第281页。

《鲁论》有云'吾不与祭如不祭。'信斯言也。"① 在这样的背景下，介休历史上村村有庙，且庙中都有戏台。

神庙戏台上酬神献戏演出的同时一般伴有庙会活动。山西旧志有载："春祈秋报，其来古矣然其弊则流于靡。晋俗勤俭，信鬼神而惜钱力，虽沿习俗，尚从简略，盖有为商农互市者，有为商工联络者。会场所在，百货毕陈，借以通有无、资取给，非第求福已也。"② 由于介休自古"商贾云集，民物浩穰"，为庙会发展出专门的集市提出了条件。如在张兰镇每年九月下旬古庙会，有文水皮货、沁州麻货、浑源挽具、上党药材、内蒙古骡马上市交易，自古以来从未中断。"文革"以前，介休各村镇都有大大小小的庙会和定期的集市活动。据民国县志记载，西关逢四、八日大集，二、六、十日小集，张兰镇逢二、六、九日有集。而各地的庙会多达24个，有一年一次的，也有一年两次的。会期短则一天，多则十天，城隍庙庙会则长达一个月。③"每于春秋迎神赛会，届期演剧张乐，官绅均至拈香，名曰醮神。"④ 这些庙会、集市集中在正月至十月间，这几个月也成为戏剧演出活动最为集中的时期。介休县境内流行的民间演唱文艺主要有晋剧（中路梆子）、祁太秧歌、介休干调秧歌、三弦书和介休宝卷等。除了三弦书和宝卷，其他剧种都主要在庙会期间演出。庙会、集市的繁荣为戏剧演出提供了市场，促成了戏剧演出的专业化和商品化。

流行于介休等地的中路梆子是在蒲州梆子的基础上逐渐形成的。早期的中路梆子演员多蒲籍，后来逐渐根据当地人民的喜好，并吸收当地各种艺术之长，又经过许多艺人的丰富和发展，逐渐发展为自成一派的中路梆子剧种，而这一剧种的产生与发展与晋中富商的支持是分不开的。晋中地处要冲，自古是财货、人员、信息流动的重要节点。晋中商贾发迹于明，兴盛于清，衰落于民国。与晋商的兴衰同

---

① 冯俊杰：《山西戏曲碑刻辑考》卷四，中华书局2002年版，第187页。
② 冯济川：《山西旧志二种·山西风土志》，任根珠点校，中华书局2006年版，第138页。
③ 参见侯柏清编《介休县志·民国版》，山西人民出版社2012年版，第206页。
④ 石荣暲：《山西旧志二种·山西风土记》，任根珠点校，中华书局2006年版，第139页。

步，梆子戏亦形成于明，盛行于清，民国时一度衰落。许多富有的商人对戏曲情有独钟，在祭祀、庆典中都要请中路梆子演出，从而为这一剧种的形成与发展提供了舞台。如每年农历五月十五日前后，商贾们总要举办社戏，表示开市大吉。有不少商贾富户还是票友，出资购置戏装行头，邀请戏曲名家切磋技艺，甚至成立乐班，亲自登台表演。商人们除了积极出资请班唱戏还承办戏班，成为旧时戏班主要的组织形式。如今，中路梆子主要流行于晋中、晋北、内蒙古自治区与河北省、陕西省的部分地区。[①] 这些地区正是明清晋商开办商埠、从事贸易活动的主要地区。他们远离家乡，经常不惜重金邀请家乡戏班到他们商埠所在地演出。清道光、咸丰年间，介休的"竹园"戏班就是当时有名的四大戏班之一，在晋商的支持下，长期活跃于晋、陕、内蒙古等地。晋商对戏曲的经济支持还体现在出资搭建戏台、兴建科班以及组建票社等方面[②]。清光绪十八年（1892），介休禄梨园科班创办，班主是义安镇的富商郭应照，因其商号为禄合盛而得名。科班前后两届共培训艺徒近百名，至光绪末年停办。[③]

四 介休神庙剧场空间的当代变迁

如前所述，神庙戏台、宗教信仰活动与戏剧三者在神庙剧场空间中相互依托、互相影响，神庙剧场空间的发展变迁是三者各自发展又相互关联互动的结果。考察介休神庙剧场在当代社会中的变迁过程，可以发现：一方面，宗教信仰的衰落直接导致神庙剧场空间物质性与文化性发生断裂，寺庙的"文物化"更使神庙剧场空间失去活力；另一方面，戏剧的传承与革新导致神庙剧场被新型剧场所代替。

[①] 《中国戏曲音乐集成》编辑委员会：《中国戏曲音乐集成·山西卷》，中国 ISBN 中心出版社 1997 年版，第 291 页。

[②] 张春娟：《晋商、移民与戏曲》，博士论文，上海戏剧学院，2013 年，第 15 页。

[③] 参见郭士星等编纂《中国戏曲志·山西卷》，文化艺术出版社 1990 年版，第 435 页。

（一）宗教信仰活动的衰落

民间宗教信仰的衰落主要表现为寺庙香火的中断和庙会、集市的减少。介休在战乱和"文革"时期，许多寺庙的建筑和佛像被毁，僧尼道众被迫离开，保留较好的寺庙则多被占用，传统的宗教活动一度中断，酬神献戏的活动相应停止。

以介休后土庙为例。后土是农业社会基于土地崇拜结合社神信仰发展而来的道教尊神，主宰大地山川。介休后土庙是一座规模宏大、体系完整的道教古建筑群，始建于北魏年间，南朝宋大明元年（457）、梁大同二年（536）皆重修，后毁于地震，元延祐五年（1318）复建。后土庙严格按照道教宫观的建筑规制而建，现存戏台为清代建筑。据碑文记载，后土庙原有乐棚三间，明正德年间（1516）由县邑耆老提议，汾州庆王府王孙、县令衙役于道士等捐资，改建乐棚为献楼。与后土庙相连的吕祖阁、关帝庙和土神庙前还有一三联台戏台。旧时，后土庙有道士驻庙，香火旺盛。道士们靠十方供养，定期举行庙会和祭祀活动，其间通常由居士还愿请戏酬神。

民国时期，后土庙由政府和军队占据用作办公，没有宗教活动。新中国成立以后，介休县政府在后土庙区成立县委第一招待所。20世纪70年代初在后土庙成立了介休琉璃艺术博物馆，归文物局管理。而后土庙旁边的吕祖阁等区域从新中国成立以来一直为介休市党校的办公区，直到2010年才迁走，所以长期以来并无宗教活动。在后土庙传统的庙会期间，博物馆也会举办一些展览活动，但并无祭祀唱戏的活动。1990年，我国台湾道教地母至尊辅导委员会亲善访问团首次赴后土庙朝觐，次年5月又护送地母至尊认祖归宗。其间，我国台湾多处地母庙团和信众纷纷来此寻根祭祖。当时的介休文管所请私人出资按传统举行了祭祀仪式，并请剧团唱戏。此后，这种由管理部门牵头，私人出资办庙会请戏的形式一直延续下来。但每年的公祭活动由道士和官方共同主持，道士负责斋醮科仪，官方负责统筹和撰写祭文，祭祀的宗教色彩大大削弱。

（二）庙会传统的中断

民国时期战乱频仍，戏曲活动基本停止，晋商衰落又使戏班失去经济支持而难以维持。新中国成立后，农村的宗教生活开始恢复，唱戏酬神、戏曲娱乐又活跃起来。条件比较好的村还会由村委会出资请师父来村中教戏，组织业余剧团。1952年，介休县文化馆文艺宣传队扩建，在西刘同、沙堡等村以及县城的小学里选调戏曲演员，成立了介休青年剧社，后改为青年剧团。作为介休专业剧团的代表，青年剧团经历了20世纪80年代的辉煌时期，在90年代末开始出现难以维持的局面，这与当时庙会的兴衰过程直接相关。

介休的庙会传统在新中国成立后曾一度恢复，但在"文革"期间再度中断。直到20世纪80年代，有的村镇逐渐恢复了庙会和集市活动。庙会一般由村委会组织和管理，多数由于没有僧人道士驻庙，庙会活动省去了传统的祭祀活动，仅保留唱戏和集贸活动。请戏有村委出资、村民集资和个人还愿出资三种形式。20世纪90年代末，随着商品经济、交通运输的发展，物资流通的便利，集市逐渐衰落下来，许多小型集市被取消，庙会活动也随着民间宗教信仰的衰落而减少。据2009年介休文化局的非物质文化遗产统计资料显示，介休的庙会有48场，其中只有11场庙会仍保留戏曲演出（详见附件3、附件4）。剧团的演出市场急剧萎缩，加之各种娱乐活动不断丰富，人们对戏剧的热情大大降低，少数专业剧团在政府的扶持下艰难维持。

（三）寺庙建筑的"文物化"

从介休城区的寺庙来看，除了后土庙和关帝庙的庙会得以恢复外，其他寺庙几乎都没有祭祀和庙会的活动。其中一个重要的原因就是城区的这些庙宇比村庙的规模大，建筑完整程度较好，被列为较高级别的文物保护单位，受到了政府文物部门的直接管理和更为严格的保护。根据国家文物保护政策，这些庙宇的建筑虽被修复、维护，但并不鼓励重塑神像，这就造成有庙无神的情况，自然就不会有酬神娱人的庙会活动。古戏台也成为严格受保护的建筑文物，其使用受到一定的限制。

(四) 戏曲传承的困境

神庙剧场的物理空间是戏剧文化存活的物质载体，戏台建筑本身的历史变迁与戏剧的兴衰密切相关。戏曲演出使戏台得以发挥其根本价值，赋予戏台存在意义，但戏剧传承的中断，使一些戏台被长期闲置，甚至拆除。在介休，专门上演干调秧歌的古戏台这种情况最为突出。

张壁古堡专门上演干调秧歌的可罕庙内戏台

介休干调秧歌起源于清代乾隆年间，是游牧时期到定居时期农夫在田间劳作时即兴编唱的一些词调，逐步发展、演变，进而定型的一种地方小剧种，主要流行于介休、灵石、沁源等地，常于新春正月及农闲时间演出。起初只在演出前临时组班，在街巷演出。清嘉庆、道光年间（1796—1851），介休农村出现了自乐班社，开始在戏台上演出。[1] 20世纪50年代，介休尚有一批干调秧歌的老艺人活跃于舞台。"文革"期间，干调秧歌的传承中断，老艺人相继去世，如今仅存少量艺人会演唱干调秧歌，且收徒困难，后继无人。由于传统上专门上演干调秧歌的戏台面积都比较小，不适合上演梆子等剧种，因而这些戏台也被闲置。

---

[1] 参见郭士星等编纂《中国戏曲志·山西卷》，文化艺术出版社1990年版，第106页。

（五）戏剧革新与新式戏台的普及

20世纪80年代，拆除村庙，在原址重建新式戏台的做法在介休农村地区非常普遍。主要原因是，随着娱乐生活的不断丰富，戏曲演出面临激烈竞争，传统的戏曲演出需要借助灯光、布景等设施来加强舞台演出效果以争取观众和市场。旧式戏台的观演空间较小，且传统戏台多为木质结构，加之年久失修，已经不能满足设备安装和演出的需要。而那些规模较大、保存较完好的寺庙出于文物保护需要，戏台虽未被拆除，但其观演空间也已不能满足现代戏曲演出的要求。此外如前所述，如今的庙会活动大都取消了祭祀内容，戏曲演出的目的由娱神转变为纯粹的娱人，因此也没有必要在神庙中的戏台上演出。在这样的背景下，既能满足演出效果需要又为观众提供更宽阔观赏空间的新型剧场逐渐代替了传统的神庙剧场。

例如：在洪山镇原有七座寺庙，其中源神庙、关公庙至今还存有戏台，虸蝗庙在抗日战争期间被炸毁，仅存戏台。据村中老人介绍，在"文革"以后村里恢复了庙会活动，在农历三月初三源神庙庙会期间，在虸蝗庙戏台和关公庙戏台同时唱戏。20世纪70年代虸蝗庙戏台被拆除，村政府在原址上重建了砖混结构的新式戏台，每逢庙会则在新戏台上唱戏。而关公庙由于香火日渐衰落，直至不再有道士驻庙而被关闭，庙中戏台上也不再有戏曲演出。

洪山村新式戏台

五 结论

上文简要叙述了介休神庙剧场空间的生成、养育过程，分析了介休神庙剧场在当代发生变迁的原因。从中可以看出文化遗产有其发生、发展的内在逻辑。一个空间或地域内的各项文化遗产并不是各自孤立的，而是在区域大社会历史背景之下，受到政治、经济和文化多要素的综合影响，各文化遗产之间紧密关联且互动发展，形成一个较为完整的地方文化遗产体系。因此，在进行文化遗产的保护工作时，要充分认识文化遗产体的完整性，厘清区域内各文化遗产间的互动生成关系，多要素综合考虑制定适宜有效的整体性保护措施。

附件1：介休寺庙戏台统计

寺庙名称	时代	现存位置	有无戏台	保护级别	戏台简介
介休后土庙	明清	北关街道办事处庙底街99号	有	国保	后土庙戏台是三清楼建筑的一部分，为依附式戏台的代表。三清楼是一组集殿、台、楼三位一体的崇楼合体建筑，重建于明正德十四年（1516），楼总高15.2米。下为三清正殿，上为三面围廊的三清楼（又名八卦楼），背面为后土庙戏楼。戏楼左右开重檐歇山顶与三清楼三重檐十字歇山顶巧妙衔接。戏台两侧有八字形影壁，中间突出抱厦，戏台台面虽高，但低于三清阁楼，是解决"乐上神下"矛盾之成功建筑范例。三清楼整体呈现出重檐反复、结构多变、繁华复杂的艺术建构，可谓古建筑中之精华，是明清古建筑史上不可多得的代表性杰作
介休后土庙（土神庙）	清雍正八年（1730）	北关街道办事村庙底街105号	有	国保	三连台以后土庙群中的三连台为典型。后土庙旁的吕祖阁、关公庙、土神庙一字并排相连，三座庙宇对面的三座戏台也相连而成一体。由于三座庙酬神演戏的时间不同，所以很少出现三个戏台同时演戏的场面

续 表

寺庙名称	时代	现存位置	有无戏台	保护级别	戏 台 简 介
介休后土庙（关帝庙）	清代	北关街道办事处庙底街105号	有	国保	三连台以后土庙群中的三连台为典型。后土庙旁的吕祖阁、关公庙、土神庙一字并排相连，三座庙宇对面的三座戏台也相连而成一体。由于三座庙酬神演戏的时间不同，所以很少出现三个戏台同时演戏的场面
介休后土庙（吕祖阁）	明崇祯十二年（1639）	北关街道办事处妙底街105号	有	国保	三连台以后土庙群中的三连台为典型。后土庙旁的吕祖阁、关公庙、土神庙一字并排相连，三座庙宇对面的三座戏台也相连而成一体。由于三座庙酬神演戏的时间不同，所以很少出现三个戏台同时演戏的场面
城隍庙	明清	北关街道办事处东街275号	有	市保	城隍庙，位于介休城内东大街，坐北朝南，临街而立，占地面积2637平方米，为一处四进院落的古建筑群。该庙创建年代已无可考证，据庙内现存碑记载，最早为明弘治八年（1498）修复。现存戏楼、钟鼓楼、东西配殿、正殿及东西垛殿。城隍由最初的护城沟渠水庸神衍化为城市守护神，道教利用佛教的阴间地狱之说，将城隍纳入道神系统，以其为剪恶除凶、护国保帮之神，称他能应人所请，旱时降雨，涝时放晴，以保谷丰民足，并将其作为管领亡魂之神。可惜庙内原先所塑神像现已全部无存
三结义庙	清代	北关街道办事处顺城路581号	有	国保	祆神楼，俗称玄神楼，位于介休市顺城关大街东端，它既是三结义庙的山门和乐楼，又是顺城关大街的过街楼，其设计精巧，结构奇特，可谓晋省木构建筑之精华，明清楼阁式建筑之典范

续 表

寺庙名称	时代	现存位置	有无戏台	保护级别	戏台简介
五岳庙	清代	东南街道办事处草市巷33号	有	国保	五岳庙位于介休市城区东大街草市巷内，处介休旧城区中心地带。创建于明代景泰七年（1456），是一座建筑宏大，构造丰富，琉璃、三雕皆精且保存十分完整的道教宫观。庙的山门、戏楼、钟鼓楼为一座三位一体的崇楼合体建筑，屋面结构组合连接为一个整体
八蜡祠	清康熙年间（1662—1722）	东南街道办事处草市巷31号	有	未定	猴台
关帝庙	现代复建				
洪山源神庙	明代	洪山镇红山村东南	有	省保	与大殿遥遥相对的是建在五孔窑洞之上的戏台及两旁的钟鼓二楼。戏台又名"鸣玉楼"，卷棚顶结构，面阔三间，进深两间，钟鼓二楼为六角攒尖顶结构，下有窑洞五孔，中间的一孔为通道，左右各二孔窑洞为"云房"。清乾隆年间，介休文化名士宋廷魁曾在此著书作画，现存"云卧"匾额为其真迹。整座戏楼气魄雄伟，雍容华贵，富丽堂皇。庙院设计，精巧别致，雕梁画栋，重檐转角，处处显示着古代工匠们杰出的艺术想象和深厚的艺术创造功底
石屯源神庙	清代	洪山镇石屯村中	有	县保	创建年代不详，明代重修，庙院建筑为清代遗构，戏台倒座，下层中间辟拱形门洞，南建木结构单坡插廊。台身面宽三间，进深六椽，单檐硬山顶。七檩前廊式构架，斗拱一斗二升交麻叶，额枋、雀替、拱眼壁均施镂空木雕龙凤、宝瓶、书卷、香炉等吉祥图案

续　表

寺庙名称	时代	现存位置	有无戏台	保护级别	戏台简介
洪山关帝庙	明至清	洪山镇红山村中	有	市保	戏台倒座，砖砌台基高1.52米，面阔三间，进深四椽，单檐硬山顶，明间出抱厦，琉璃瓦剪边
张壁古堡可汗王庙	清代	龙凤镇张壁村南门东侧	有	国保	可罕庙戏台是张壁古堡现存戏台中较古老的一座，坐南面北，硬山顶，灰瓦脊兽，木结构采用移柱减柱法，木雕手法古朴，匾额书"梦觉轩"三字。戏台的创建年代不详，清乾隆三十五年曾经重修。台前的八字影壁内有龟甲文"福寿"二字，寓意多福多寿。该戏台被多位专家鉴定为元代建筑。台内木结构的特点是戏台面阔被三等分而台口则不等分，这种扩宽了演出空间的木架结构俗称"龙门驮担"。该戏台是研究我国古代戏台演变史的实物资料
张壁古堡关帝庙	清康熙十四年(1708)	龙凤镇张壁村南门旁	有	国保	关帝庙始建于明代，清康熙四十八年(1709)重建。现存关帝庙为清代重建后风貌。山门与乐台连体，为卷棚加歇山造顶，面阔三间，进深四间，向南的明间出廊，灰瓦脊兽。台前有八字影壁，悬廊木雕采用镂空技术，具有较高的艺术价值。蝙蝠、二龙戏珠(寿)、象首、莲花垂柱等装饰，寓意"福寿相连"。旧时乐台上白天演木偶戏，晚上加些桌凳纱窗即可上演皮影戏(皮影戏俗称猴戏，所以戏台也称猴台)

续 表

寺庙名称	时代	现存位置	有无戏台	保护级别	戏台简介
张壁古堡二郎庙	清代	龙凤镇张壁村北门北侧	有	国保	二郎庙正对乐楼（大戏台），高2.7米，台下曾有过道，后来为挡风水而被封闭。光绪二年（1876），"德盛班"在张壁唱戏时于墙壁上留下的戏剧人物、脸谱、剧目等资料，对于研究古代戏曲文化具有一定的参考价值。戏台是串联二郎庙、真武庙的重要一环，共有三道门可落锁关闭，瓮城的"瓮中捉鳖"功能得以充分体现。现存戏台为清代建筑。二郎庙戏台位于庙院南，坐南朝北，面阔三间，硬山造顶，灰瓦脊兽，台口离地面2.27米。现存为清乾隆十年修葺后风貌。台门位于西山墙里，后墙有角门沟通真武殿，夹道间隔一线天，台下即为北门门洞。二郎庙戏台被村里人称作大戏台。全村共有三座戏台，每个戏台只演专门的剧种。大戏耍头雕有"飞鹰"工艺，帽翅板还见"犀牛望月""别窑回窑"等画面，额枋面上塑泥雕金龙、莲花等，内容丰富，华丽壮观，匾额书"梨园春"三字。二郎庙戏台创建年代不详，历史上曾多次修缮。现存建筑为2004年投资修缮后风貌。修葺时，见大梁上书"清乾隆十年修建"等字样。舞台的出将入相、天花板、裙牙板都依旧貌恢复，内壁上毛笔书写的戏剧剧目、登台演戏的戏班以及勾画而成的戏剧脸谱都清晰可见，成为研究戏曲发展史的实物资料
红卫庄龙天庙	清代	张兰镇红卫庄村中庙坡上	有	县保	戏台建于高1.8米的砖砌台基上，面宽三间，进深五椽，六檩卷棚硬山灰瓦顶，中间以隔断的形式将戏台分为前后台，明间题"古楼"，台口两侧筑小型八字影壁，壁心砖雕麒麟

续　表

寺庙名称	时代	现存位置	有无戏台	保护级别	戏台简介
东内封真武庙	清代	绵山镇东内封村中	有	县保	现存建筑为清代遗构，戏台建于高1.2米的砖砌台基上，面宽三间，进深三椽，四檩卷棚硬山灰瓦顶，前檐明间施龙首雀替，次间施象鼻雀替，门窗缺失
泰山圣母庙	清代	绵山镇北槐志村南约100米	有	县保	清道光年间修建，戏台建于高1.74米的砖砌台基上，中央辟门供通行，台身面宽三间，进深四椽，单檐卷棚硬山灰瓦顶，五檩前廊式架构，后墙两侧开圆形窗
东岳庙	明清	绵山镇小靳村东北	有	国保	东岳庙处绵山北麓，位于介休市绵山镇小靳村村东塬地。该庙坐北向南，总占地面积3100平方米。东岳庙由来已久，庙碑记"历唐宋元明，代有补修"，据明万历十八年（1590）重修碑记载：至元七载（1270）重加修葺。之后，明万历，清顺治、康熙、乾隆、道光、光绪年间均进行过维修。庙内现存影壁、山门、戏楼、钟鼓楼、献殿、正殿、东西配殿、后寝殿等建筑
后山庄关帝庙	乾隆四十八年（1783）	连福镇后家庄村中	有	县保	建于乾隆四十八年。戏台建于高1.4米的砖砌台基上，前台砖木结构，面阔三间，进深三椽，单檐卷棚硬山灰瓦顶，后台为砖券无梁窑1孔，以隔扇分隔，门头板上题"惊梦觉"，台口两侧筑小型八字影壁
板峪大庙	清代	张兰镇板峪村中	有	县保	乐楼建于高2.9米的砖砌台基上，中央辟拱卷门洞以拱通行，乐楼台身平面近方形，面宽三间，进深五椽，单檐歇山卷棚灰瓦顶，里面前后檐与两山各施四柱，平面殿内前后柱，四面明、次间施格扇门，四柱与四面明间柱两侧各施两扇格扇，把乐楼四角分隔成四间化妆室，四角柱外45°加置小型影壁，柱头施大斗，额枋、雀替镂空雕刻，大梁出头雕作龙首

续 表

寺庙名称	时代	现存位置	有无戏台	保护级别	戏台简介
旧寨关帝庙	清代	张兰镇旧寨村中	有	县保	建于明代，现存建筑为清代遗构，戏台建于高1.5米的砖砌台基上，面宽三间，进深五椽，六檩卷棚硬山灰瓦顶，台口两侧建小型八字影壁，台中以隔断将戏台分为前后台，明间题"乐奏均天"，次间隔墙上施小型水墨画
古龙头寺	宋、元、清	龙凤镇龙头南村约200米	无	县保	
回銮寺	元、明、清	绵山镇兴地村西	无	国保	
大靳大兴寺	元、清	绵山镇大靳村西街	无	县保	
渠池棲云庵	元至清	龙凤镇渠池村东	无	未定	
龙凤介神庙	元至清	不详	无	县保	
西刘屯镇河楼	明嘉靖十九年（1540）	义堂镇西刘屯村	无	县保	
常乐净土庵	明万历四十八年（1620）	绵山镇常乐村南	无	县保	
兴地龙天庙	明	绵山镇兴地村东	无	县保	
旧堡龙天庙	明	张兰镇旧堡村中	有	县保	
史村东岳庙	明	张兰镇史村西北	无	未定	
下梁显圣寺	明	张兰镇下梁村东	无	未定	

续 表

寺庙名称	时代	现存位置	有无戏台	保护级别	戏台简介
张壁古堡空王佛祠	明	龙凤镇张壁村北门楼平台东侧	无	国保	
师屯北广济寺	明	义棠镇师屯北村西南	无	县保	
沙木塔天圣禅师	明	义棠镇沙木塔村西约2.5千米处	无	县保	
龙泉观	明至清	北关街道办事处东大街295号	无	县保	
南两水吉祥寺	明至清	三佳乡南两水村北	无	县保	
云峰寺	明至清	绵山镇绵山腰抱腹岩	无	省保	
史村禅慧寺	明至清	张兰镇史村后街	无	县保	
利贞寨华藏寺	明至清	义棠镇利贞寨村西南两千米的莲花	无	县保	
龙头崇兴院	清康熙四十年(1701)	龙凤镇龙头村西	无	未定	
陶家庄观音堂	清康熙十四年(1708)	绵山镇陶家庄村	无	未定	
岳家湾玄帝庙	清康熙五十八年(1719)	绵山镇岳家湾村中	有	未定	
赵家庄娘娘庙	清雍正四年(1726)	连福镇赵家庄村东北	无	未定	
新寨山神庙	清乾隆九年(1744)	张兰镇张兰村新寨自然村中	无	县保	

续 表

寺庙名称	时代	现存位置	有无戏台	保护级别	戏台简介
白水子孙圣母庙	清乾隆十八年（1753）	义棠镇后水村东北	无	未定	
宋安三官庙	清乾隆二十九（1764）	宋古乡宋安村北	无	县保	
北角头天地庙	清乾隆三十六年（1771）	义棠镇背角村西	无	未定	
诸葛庙	乾隆三十八年（1773）	北坛街道办事处北坛中路北	无	未定	
温村天地堂	清嘉庆丁巳年（1797）	三佳乡温村村中	无	未定	
南庄真武庙	清嘉庆八年（1803）	龙凤镇南庄村北	无	县保	
张壁古堡真武庙	清嘉庆十三年（1808）	龙凤镇张壁村北门楼平台中部	无	国保	
西北里刘氏祠堂	清嘉庆十四年（1809）	张兰镇西北里村东街16号	无	未定	
小靳八蜡坛	清嘉庆十六年（1811）	绵山镇小靳村道马巷东10号观音庙南	无	未定	
西送壁天地堂	清道光四年（1824）	龙凤镇西送壁村中	无	未定	
南庄龙王庙	清道光十年（1830）	龙凤镇南庄村西南	无	县保	
沙堡三教堂	清道光十年（1830）	义安镇沙堡村东北	无	未定	

续表

寺庙名称	时代	现存位置	有无戏台	保护级别	戏台简介
西宋丁文昌阁	清道光壬寅年(1842)	三佳乡西宋丁村北	无	未定	
中街村关帝庙	清道光二十四年(1844)	义安镇中街村东北	无	未定	
下李侯文昌阁	清道光二十九(1849)	张兰镇下李侯村东北	无	未定	
西宋丁观音庙	清道光三十年(1850)	三佳乡西宋丁村	无	未定	
旺村关帝庙	清同治十年(1871)	义棠镇旺村村北	无	未定	
西段屯河神庙	清同治十一年(1872)	宋古乡西段屯村东	无	县保	
张壁古堡吕祖阁	清光绪三年(1877)	龙凤镇张壁村北门上	无	国保	
永庆真武庙	清光绪二十九(1903)	三佳乡永庆村北	无	未定	
柳沟三官庙	清宣统元年(1909)	连福镇柳沟村北	无	未定	
文庙	清代	东南街道办事处学巷19号	无	市保	
马王庙	清代	北关街道办事处西大街139号	无	未定	

续表

寺庙名称	时代	现存位置	有无戏台	保护级别	戏台简介
介休后土庙太宁寺	清代	北关街道办事处庙底街99号	无	国保	
梁吉真武庙	清代	城关乡梁吉村北	无	未定	
马女三官庙	清代	城关乡马女村北	无	未定	
马女关帝庙	清代	城关乡马女村北	无	未定	
马女贺房庙	清代	城关乡马女村北	无	未定	
三佳山神寺	清代	三佳乡三佳村北	有	未定	
三佳真武庙	清代	三佳乡三佳村村中	无	未定	
北两水三官庙	清代	三佳乡北两水村西	无	县保	
北两水关帝庙	清代	三佳乡北两水村西北	无	县保	
洪山华严寺	清代	洪山镇洪山村西	无	未定	
洪山明霞观	清代	洪山镇红山村南半山腰	无	未定	
东大街关帝庙	清代	北关街道办事处东大街95号	无	县保	
北两水娘娘庙	清代	三佳乡北两水村中	无	县保	
北两水真武庙	清代	三佳乡北两水村北	无	县保	

续表

寺庙名称	时代	现存位置	有无戏台	保护级别	戏台简介
东宋丁大云寺	清代	三佳乡东宋丁村中	无	未定	
石屯下世庙	清代	洪山镇石屯村	无	未定	
石屯娘娘庙	清代	洪山镇石屯村东北	无	未定	
堡上真武庙	清代	洪山镇堡上村东	无	未定	
小褚屯真武庙	清代	洪山镇小褚屯村北	无	未定	
运吉财神庙	清代	洪山镇运吉村北	有	未定	
朱家庄真武庙	清代	洪山镇朱家庄旧村东北角	无	未定	
朱家庄天地庙	清代	洪山镇朱家庄旧村村中	有	未定	
大甫村关帝庙	清代	张兰镇大甫村北	无	未定	
东北里财神庙	清代	张兰镇东北里村北	无	未定	
东北里关帝庙	清代	张兰镇东北里村东	无	未定	
东北里介石庵	清代	张兰镇东北里村南	无	未定	
田堡财神庙	清代	张兰镇田堡村村西	无	未定	
仙台村中关帝庙	清代	张兰镇仙台村中	无	未定	
仙台村东南关帝庙	清代	张兰镇仙台村东南一千米	无	未定	

续 表

寺庙名称	时代	现存位置	有无戏台	保护级别	戏 台 简 介
仙台香岩寺	清代	张兰镇仙台村西	无	未定	
仙台送子观音阁	清代	张兰镇仙台村中南门上	无	未定	
张村永宁寺	清代	张兰镇张村村南	无	未定	
张村观音堂	清代	张兰镇张村村北	无	未定	
史村关帝庙	清代	张兰镇史村村北门上	无	未定	
史村财神庙	清代	张兰镇史村后街	无	未定	
史村观音堂	清代	张兰镇史村新堡	无	未定	
孙村石佛寺	清代	张兰镇史村村北	无	未定	
孙村关帝庙	清代	张兰镇孙村村北	无	未定	
孙村娘娘庙	清代	张兰镇孙村村中	有	未定	
上梁关帝庙	清代	张兰镇上梁村东	无	未定	
上梁娘娘庙	清代	张兰镇上梁村东	无	未定	
涧里神阁	清代	张兰镇涧里村北	无	未定	
涧里河神庙	清代	张兰镇涧里村北	无	未定	

续表

寺庙名称	时代	现存位置	有无戏台	保护级别	戏台简介
上岭后关帝庙	清代	张兰镇上岭后村西	有	县保	
下李侯李陵庙	清代	张兰镇下李侯村南	无	未定	
下李侯观音阁	清代	张兰镇下李侯村南	无	未定	
下李侯千佛寺	清代	张兰镇下李侯村南	无	未定	
下李侯三官庙	清代	张兰镇下李侯村西北	无	未定	
下李侯财神庙	清代	张兰镇下李侯村西北	无	未定	
下李侯关帝庙	清代	张兰镇下李侯村西北	无	未定	
红卫庄夫子庙	清代	张兰镇红卫庄村中庙坡上	无	未定	
板峪嚎师庙	清代	张兰镇板峪村中东坡上	无	县保	
新寨龙王庙	清代	张兰镇张兰村新寨自然村北	无	未定	
西北里真武庙	清代	张兰镇西北里村光明街116号	无	未定	
席村关帝庙	清代	义安镇席村西北	无	县保	
那村关帝庙	清代	义安镇那村东北	无	县保	
北盐场娘娘庙	清代	义安镇北盐场村北	无	未定	
孔家堡戏台	清代	义安镇孔家堡村中	有	未定	

续表

寺庙名称	时代	现存位置	有无戏台	保护级别	戏台简介
乐善关帝庙	清代	义安镇乐善村东南	无	未定	
张良戏台	清代	连福镇张良村南门街	有	未定	
东狐三官庙	清代	连福镇东狐村东南	有	未定	
西狐观音庙	清代	连福镇西狐村北	无	未定	
关子岭关帝庙	清代	连福镇关子岭村中	有	未定	
东刘屯关帝庙	清代	连福镇东刘屯村北	无	未定	
沙堡庄关帝庙	清代	连福镇沙堡庄村北	无	未定	
大许三官庙	清代	连福镇大许村北	无	未定	
里屯三官庙	清代	连福镇里屯村北	无	未定	
里屯关帝庙	清代	连福镇里屯村西门外	无	未定	
里屯真武庙	清代	连福镇里屯村北	无	未定	
西杨屯玄帝庙	清代	连福镇西杨屯村西北	无	未定	
柳沟关帝庙	清代	连福镇柳沟村北	无	未定	
柳沟龙王庙	清代	连福镇柳沟村东北	有	未定	
柳沟南庙	清代	连福镇柳沟村北	无	未定	

续 表

寺庙名称	时代	现存位置	有无戏台	保护级别	戏台简介
赵家窑关帝庙	清代	连福镇赵家窑村上院口	无	未定	
赵家窑龙泉寺	清代	连福镇赵家窑南两千米的半山腰	无	未定	
化家窑龙天庙	清代	连福镇化家窑村北	有	未定	
化家窑关帝庙	清代	连福镇化家窑村北堡门上	无	未定	
樊王村庙	清代	连福镇樊王村中	无	未定	
西讫塔樊哙庙	清代	连福镇西讫塔村东	无	县保	
樊王沟关帝庙	清代	连福镇樊王沟村西	无	未定	
船窟下庙	清代	连福镇船窟村中	有	未定	
连福关帝庙	清代	连福镇连福村西	无	未定	
大靳观音庙	清代	连福镇大靳村西	无	未定	
小靳观音庙	清代	连福镇小靳村道马巷东十号	无	未定	
常乐观音坛	清代	绵山镇常乐村西	无	未定	
东内封观音堂	清代	绵山镇东内封村中	无	未定	
西兴屯关帝庙	清代	绵山镇西兴屯村北	无	县保	

续表

寺庙名称	时代	现存位置	有无戏台	保护级别	戏台简介
洪山三官庙	清代	洪山镇洪山村东	无	未定	
南靳屯观音堂	清代	绵山镇南靳屯村东	无	未定	
焦家堡观音庙	清代	绵山镇焦家堡村中	有	未定	
焦家堡古佛庙	清代	绵山镇焦家堡村中	无	未定	
保和真武庙	清代	绵山镇保和村东	无	未定	
保和关帝庙	清代	绵山镇保和村富强路四号	有	未定	
宋家小庄关帝庙	清代	绵山镇宋家小庄村西北	有	未定	
马堡云楼寺	清代	绵山镇马堡村中	有	未定	
四家窑龙天庙	清代	绵山镇四家窑村西南	有	未定	
四家窑三教堂	清代	绵山镇四家窑村西	无	未定	
四家窑关帝庙	清代	绵山镇四家窑村西北	无	未定	
梁家村龙天庙	清代	绵山镇梁家村西北	无	未定	
西河底关帝庙	清代	绵山镇西河底村西北	无	未定	
西河底天地社	清代	绵山镇西河底村上头街中部	无	未定	

续 表

寺庙名称	时代	现存位置	有无戏台	保护级别	戏台简介
候堡三教堂	清代	绵山镇候堡村北	无	未定	
候堡龙天庙	清代	绵山镇候堡村北	无	未定	
东欢财神庙	清代	绵山镇东欢村北	无	未定	
西欢龙天庙	清代	绵山镇西欢村西一千米的柏树岭	无	未定	
柳树坪三教堂	清代	绵山镇西靳屯村柳树屯自然村东北	无	未定	
团枣湾关帝庙	清代	绵山镇团枣湾自然村东	无	未定	
谢峪龙天庙	清代	绵山镇谢峪村中	无	未定	
谢峪关帝庙	清代	绵山镇谢峪村北	无	县保	
靳陵真武庙	清代	绵山镇靳陵村东北	无	未定	
董家庄关帝庙	清代	绵山镇董家庄村东	无	未定	
南槐志庆云庵	清代	绵山镇南槐志村南	无	县保	
兴地三大土庙	清代	绵山镇兴地村西约100米	无	未定	
后党峪关帝庙	清代	绵山镇后党峪村中	有	县保	
前党峪三教堂	清代	绵山镇前党峪村东北	无	未定	

续表

寺庙名称	时代	现存位置	有无戏台	保护级别	戏 台 简 介
吴家山关帝庙	清代	绵山镇吴家山村中	无	未定	
李家堡玉皇庙	清代	宋古乡李家堡村北	无	县保	
韩屯关帝庙	清代	宋古乡韩屯村南	无	县保	
洪善北庙	清代	宋古乡洪善村北	无	未定	
洪善关帝庙	清代	宋古乡洪善村南	有	未定	
东段屯真武庙	清代	宋古乡东段屯村北	无	未定	
西段屯文庙	清代	宋古乡西段屯村西	无	县保	
遐壁三官庙	清代	龙凤镇遐壁村西	有	未定	
遐壁宝峰寺	清代	龙凤镇遐壁村西	无	未定	
北庄观音庙	清代	龙凤镇北庄村南	无	未定	
北庄介神庙	清代	龙凤镇北庄村西	无	未定	
鳌子岭五岳庙	清代	龙凤镇鳌子岭村北	有	县保	
鳌子岭关帝庙	清代	龙凤镇鳌子岭村北	无	未定	
圪垛龙天庙	清代	龙凤镇圪垛村南	无	未定	
峪子三官庙	清代	龙凤镇峪子村北	无	未定	

续表

寺庙名称	时代	现存位置	有无戏台	保护级别	戏台简介
龙头真武庙	清代	龙凤镇龙头村西南	无	未定	
龙头长春观	清代	龙凤镇龙头村东	无	县保	
张壁古堡观音堂	清代	龙凤镇张壁村南	无	国保	
张壁古堡圣境殿	清代	龙凤镇张壁村南门平台上	无	国保	
张壁古堡三大士庙	清代	龙凤镇张壁村北门西侧	无	国保	
西宋壁三官庙	清代	龙凤镇西宋壁村东	无	未定	
东宋壁三官庙	清代	龙凤镇东宋壁村东	无	未定	
西宋壁兴国寺	清代	龙凤镇西宋壁村南	无	未定	
东宋壁真武庙	清代	龙凤镇东宋壁村东门楼上	无	未定	
龙凤龙王庙	清代	龙凤镇龙凤村东南	有	未定	
龙凤吉祥庵	清代	龙凤镇龙凤村西南	无	未定	
龙凤三明寺	清代	龙凤镇龙凤村中	无	县保	
龙凤北道庄庙	清代	龙凤镇龙凤村西约1500米的山坳中	无	县保	
小宋曲关帝庙	清代	义棠镇小宋曲村中	无	县保	

续　表

寺庙名称	时代	现存位置	有无戏台	保护级别	戏台简介
西刘屯观音堂	清代	义棠镇西刘屯村中	无	未定	
西刘屯娘娘庙	清代	义棠镇西刘屯村北	无	未定	
田村北庙	清代	义棠镇田村村中	有	未定	
师屯南真武庙	清代	义棠镇师屯南村银锭山坡上	无	未定	
师屯南窑神庙	清代	义棠镇师屯南村北	有	未定	
汪沟娘娘庙	清代	义棠镇汪沟村中	无	未定	
汪沟龙王庙	清代	义棠镇汪沟村南水沟坡地上	无	未定	
温家沟炉神庙	清代	义棠镇温家沟村东南	无	未定	
段家巷华严寺	清代	义棠镇段家巷村东	无	县保	
段家巷三官庙	清代	义棠镇段家巷村东	无	未定	
段家巷龙天庙	清代	义棠镇段家巷村南约150米的台地上	有	县保	
北村观音堂	清代	义棠镇北村村西	无	县保	
北村关帝庙	清代	义棠镇北村村中	无	未定	
南村关帝庙	清代	义棠镇南村村东	有	县保	

续表

寺庙名称	时代	现存位置	有无戏台	保护级别	戏台简介
钦屯关帝庙	清代	义棠镇钦屯村北	有	未定	
要里关帝庙	清代	义棠镇要里村东	无	未定	
杏坡树神庙	清代	义棠镇杏坡村北	无	未定	
冯家南庄关帝庙	清代	义棠镇利贞寨村南虎神山顶上	无	未定	
后庄关帝庙	清代	义棠镇后庄村北	无	未定	
沟南天地庙	清代	义棠镇沟南村东	无	未定	
麻凹关帝庙	清代	绵山镇枣湾村麻凹自然村西南	有	未定	
麻凹观音堂	清代	绵山镇枣湾村麻凹自然村西南堡门上	无	未定	
小畅夫子庙	清代	绵山镇西靳屯村小畅自然村北	无	未定	
小畅五道爷庙	清代	绵山镇西靳屯村小畅自然村北	无	未定	
小畅道庄庙	清代	绵山镇西靳屯村小畅自然村西约一千米处	无	未定	
樊家湾龙王庙	清代	绵山镇西靳屯村樊家湾自然村东北	无	未定	

续表

寺庙名称	时代	现存位置	有无戏台	保护级别	戏台简介
樊家湾菩萨庙	清代	绵山镇西靳屯村樊家湾自然村南	无	未定	
大郎神关帝庙	清代	绵山镇西靳屯村大郎神自然村东北	有	县保	
东凤朝阳庙	清代	张兰镇东凤村东	无	未定	

附件2：介休现存重要古戏台建筑简介

据介休第三次文物普查资料统计，介休现存古建筑类文物390处，其中庙宇类243处，仅存戏台47座，较重要的有以下几个。

一、张壁古堡戏台

1. 二郎庙

二郎庙正对乐楼（大戏台），高2.7米，台下曾有过道，后来为挡风水而被封闭。光绪二年（1876），"德盛班"在张壁唱戏时于墙壁上留下的戏剧人物、脸谱、剧目等资料，对于研究古代戏曲文化具有一定的参考价值。戏台，是串联二郎庙、真武庙的重要一环，共有三道门可落锁关闭，瓮城的"瓮中捉鳖"功能得以充分体现。现存戏台为清代建筑。二郎庙戏台位于庙院南，坐南朝北，面阔三间，硬山造顶，灰瓦脊兽，台口离地2.27米。现存为清乾隆十年修葺后风貌。

台门位于西山墙里，后墙有角门沟通真武殿，夹道间隔一线天，台下即为北门门洞。

二郎庙戏台被村里人称作大戏台。全村共有三座戏台，每个戏台只演专门的剧种。大戏台耍头雕有"飞鹰"工艺，帽翅板还见"犀牛望月、别窑回窑"等画面，额枋面上塑泥雕金龙、莲花等，内容丰富，华丽壮观，匾额书"梨园春"三字。

二郎庙戏台创建年代不详，历史上曾多次修缮。现存建筑为2004年投资修缮后风貌。修葺时见大梁上书"清乾隆十年修建"等字样。

舞台的出将入相、天花板、裙牙板都依旧貌恢复，内壁上毛笔书写的戏剧剧目、登台演戏的戏班以及勾画而成的戏剧脸谱都清晰可见，成为研究戏曲发展史的实物资料。

2. 关帝庙

关帝庙门里为连体乐台（木偶皮影戏台）。关帝庙始建于明代，清康熙四十八年（1709）重建。现存关帝庙为清代重建后风貌。

山门与乐台连体，为卷棚加歇山造顶，面阔三间，进深四间，向南的明间出廊，灰瓦脊兽。台前有八字影壁，悬廊木雕采用镂空技术，具有较高的艺术价值。蝙蝠、二龙戏珠（寿）、象首、莲花垂柱等装饰，寓意"福寿相连"。旧时，乐台上白天演木偶戏，晚上加些桌凳纱窗即可上演皮影戏。

3. 可罕庙

可罕庙戏台是张壁古堡现存戏台中较古老的一座，坐南面北，硬山顶，灰瓦脊兽，木结构采用移柱减柱法，木雕手法古朴，匾额书"梦觉轩"三字。戏台的创建年代不详，清乾隆三十五年曾经重修。台前的八字影壁内有龟甲文"福寿"二字，寓意多福多寿。

该戏台被多位专家鉴定为元代建筑。台内木结构的特点是戏台面阔被三等分而台口则不等分，这种扩宽了演出空间的木架结构俗称"龙门驮担"。该戏台是研究我国古代戏台演变史的实物资料。

二、介休市城区戏台

1. 后土庙戏台

后土庙戏台是三清楼建筑的一部分，为依附式戏台的代表。三清楼是一组集殿、台、楼三位一体的崇楼合体建筑，重建于明正德十四年（1516），楼总高15.2米。下为三清正殿，上为三面围廊的三清楼（又名八卦楼），背面为后土庙戏楼。戏楼左右开重檐歇山顶与三清楼三重檐十字歇山顶巧妙衔接。戏台两侧有八字形影壁，中间突出抱厦，戏台台面虽高，但低于三清阁楼，是解决"乐上神下"矛盾之成功建筑范例。三清楼整体呈现出重檐反复、结构多变、繁华复杂的艺术建构，可谓古建筑中之精华，是明清古建筑史上不可多得的代表性杰作。

2. 吕祖阁、关帝庙、土神庙前三连台

三连台以后土庙群中的三连台为典型。后土庙旁的吕祖阁、关公庙、土神庙一字并排相连，三座庙宇对面的三座戏台也相连而成一体。由于三座庙酬神演戏的时间不同，所以很少出现三个戏台同时演戏的场面。

3. 祆神楼

祆神楼，民间俗称玄神楼，位于介休市顺城关大街东端，是一座雄伟高耸、建筑风格独特的木结构楼阁。它集山门、乐楼、过街楼于一体，三重檐十字歇山顶结构，屋顶琉璃精致华美，檐下木雕怪异神奇，是目前国内保存最为完整的一处祆教建筑遗迹。与万荣县秋风楼、飞云楼并称为山西三大名楼。1996年11月被国务院公布为第四批全国重点文物保护单位。

4. 城隍庙戏台

城隍庙，位于介休城内东大街，坐北朝南，临街而立，占地面积2637平方米，为一处四进院落的古建筑群。

该庙创建年代已无可考证，据庙内现存碑记载，最早为明弘治八年（1498）修复。现存戏楼、钟鼓楼、东西配殿、正殿及东西垛殿。城隍由最初的护城沟渠水庸神衍化为城市守护神，道教利用佛教的阴间地狱之说，将城隍纳入道神系统，以其为剪恶除凶、护国保邦之神，称他能应人所请，旱时降雨，涝时放晴，以保谷丰民足，并将其作为管领亡魂之神。可惜庙内原先所塑神像现已全部无存。

5. 五岳庙戏台

五岳庙位于介休市城区东大街草市巷内，处介休旧城区中心地带。创建于明代景泰七年（1456），是一座建筑宏大，构造丰富，琉璃、三雕皆精且保存十分完整的道教宫观。庙的山门、戏楼、钟鼓楼为一座三位一体的崇楼合体建筑，屋面结构组合连接为一个整体。

6. 八蜡庙戏台

八蜡庙建于清康熙年间，八蜡庙北为八蜡祠，东西垛殿为白虎神君殿和财神殿，庙南为戏台，上演皮影戏，也称猴台。

三、洪山镇戏台

1. 源神庙戏台

与大殿遥遥相对的是建在五孔窑洞之上的戏台及两旁的钟鼓二楼。戏台又名"鸣玉楼"，卷棚顶结构，面阔三间，进深两间，钟鼓二楼为六角攒尖顶结构，下有窑洞五孔，中间的一孔为通道，左右各二孔窑洞为"云房"。清乾隆年间，介休文化名士宋廷魁曾在此著书作画，现存"云卧"匾额为其真迹。整座戏楼气魄雄伟，雍容华贵，富丽堂皇。庙院设计，精巧别致，雕梁画栋，重檐转角，处处显示着古代工匠们杰出的艺术想象和深厚的艺术创造功底。

2. 关帝庙戏台

戏台倒座，砖砌台基高 1.52 米，面阔三间，进深四椽，单檐硬山顶，明间出抱厦，琉璃瓦剪边。

3. 石屯源神庙

创建年代不详，明代重修，庙院建筑为清代遗构，戏台倒座，下层中间辟拱形门洞，南建木结构单坡插廊。台身面宽三间，进深六椽，单檐硬山顶。七檩前廊式构架，斗拱一斗二升交麻叶，额枋、雀替、拱眼壁均施镂空木雕龙凤、宝瓶、书卷、香炉等吉祥图案。

四、其他

1. 板峪大庙乐楼

乐楼建于高 2.9 米的砖砌台基上，中央辟拱卷门洞以拱通行，乐楼台身平面近方形，面宽三间，进深五椽，单檐歇山卷棚灰瓦顶，里面前后檐与两山各施四柱，平面殿内施前后柱，四面明、次间施格扇门，四柱与四面明间柱两侧各施两扇格扇，把乐楼四角分隔成四间化妆室，四角柱外 45° 加置小型影壁，柱头施大斗，额枋、雀替镂空雕刻，大梁出头雕作龙首。

2. 东岳庙戏楼

东岳庙地处绵山北麓，位于介休市绵山镇小靳村村东塬地。该庙坐北向南，总占地面积3100平方米。东岳庙由来已久，庙碑记"历唐宋元明，代有补修"，据明万历十八年（1590）重修碑记载：至元七载（1270）重加修葺。之后，明万历，清顺治、康熙、乾隆、道光、光绪年间均做过维修。庙内现存影壁、山门、戏楼、钟鼓楼、献殿、正殿、东西配殿、后寝殿等建筑。

3. 后山庄关帝庙戏台

建于乾隆四十八年（1783）。戏台建于高1.4米的砖砌台基上，前台砖木结构，面阔三间，进深三椽，单檐卷棚硬山灰瓦顶，后台为砖券无梁窑1孔，之间以隔扇分隔，门头板上题"惊梦觉"，台口两侧筑小型八字影壁。

4. 旧寨关帝庙戏台

建于明代，现存建筑为清代遗构，戏台建于高1.5米的砖砌台基上，面宽三间，进深五椽，六檩卷棚硬山灰瓦顶，台口两侧建小型八字影壁，台中以隔断将戏台分为前后台，明间题"乐奏均天"，次间隔墙上施小型水墨画。

5. 东内封真武庙戏台

现存建筑为清代遗构，戏台建于高1.2米的砖砌台基上，面宽三间，进深三椽，四檩卷棚硬山灰瓦顶，前檐明间施龙首雀替，次间施象鼻雀替，门窗缺失。

6. 泰山圣母庙戏台

清道光年间修建，戏台建于高1.74米的砖砌台基上，中央辟门供通行，台身面宽三间，进深四椽，单檐卷棚硬山灰瓦顶，五檩前廊式架构，后墙两侧开圆形窗。

7. 红卫庄天龙庙戏台

戏台建于高1.8米的砖砌台基上，面宽三间，进深五椽，六檩卷棚硬山灰瓦顶，中间以隔断的形式将戏台分为前后台，明间题"古楼"，台口两侧筑小型八字影壁，壁心砖雕麒麟。

附件3：介休市庙会相关非遗项目概况表

序号	非遗类别	名　称	简　介
1	民间文学	关帝庙戏台的故事	关帝庙的小戏台每年农历四月初八就要演皮影戏，是虫神蝗蝗爷唱的，有一年村子里因为困难没有唱戏，结果到了进金秋时，庄家抽穗的时候村中有个地方就闹虫害了，村干部就赶紧找戏班来唱戏，戏班子到了以后，开场的锣鼓打响了，瞬间影响减灾。第二天，人去地里一看，蝗虫死了满满一地
3	岁时节令	正月十五祭火神	明清时开始，主要内容与形式为祭活羊、唱戏、敲锣打鼓，点汾河灯。在庙里祭活羊，在活羊角上栓满红布条，磕头，然后庙里道士用酒往羊角上倒，嘴里面说："领领吧，大领大领吧，今年加了一家，或减了一家，有什么不干不净，您老人家担待了吧！"酒浇到羊身上，羊发抖，就证明神领了祭品，这时候小孩就上去把羊角上的红布条抢了去带上以保平安吉祥。回去以后宰了羊，扒了皮，第二天把羊摆在桌子上，全家顶着桌子去庙里供奉，一路上人们敲锣打鼓，到了庙里，人们先磕头，然后把羊均分给社里社员。晚上点汾河灯，唱大戏
	岁时节令	张兰镇下李侯村正月十五河灯习俗	串了汾河灯，就能万事通，放河灯市井天地爷，祈求风调雨顺四季平安。李陵死后村民给他建了一座庙，来保佑人民消除灾难，五谷丰登，从此每年正月十五就有了串河灯的习俗。放河灯、扭秧歌、跑旱船、踩高跷、唱戏、舞龙狮、背棍、抬棍等。正月十四五六晚上放三天的河灯，黄色代表生男孩，红色代表生女孩，放河灯主要是为了求儿讨女，白天不能放，正月十四开始，村委会组织，先用铁架做成四个"卍"字架，然后用纸灯把"卍"上面铺满，表演热闹节目的人在"卍"字中间穿行

续表

序号	非遗类别	名　称	简　介
8	生产商贸习俗	张兰镇大会	每年农历九月二十开始，维持十天，主要是骡马大会，还有各种商贸活动，全国各地的人都来，张兰镇东街市商铺，西街上时布匹铺，还有小吃一条街，应有尽有，近几年加了古玩买卖，已有七届了
9	民间信仰	北辛武十二月二十三阎王庙庙会	
10	民间信仰	三佳北两水十一月十五娘娘庙庙会	
11	民间信仰	义安中街十一月初五关帝庙庙会	
12	民间信仰	连福十月二十关帝庙庙会	
13	民间信仰	三佳东湛泉十月十五关帝庙庙会	
14	民间信仰	张兰九月二十至二十九泰山庙庙会	
15	民间信仰	义安孔家堡九月十九东庙庙会	
16	民间信仰	宋古西段屯十月初八至初十河神庙庙会	
17	民间信仰	义棠师屯南九月十七至二十宏济寺庙会	

续表

序号	非遗类别	名　称	简　介
18	民间信仰	洪山八月初一源神庙庙会	
19	民间信仰	义安洪相九月初九关帝庙庙会	
20	民间信仰	北辛武八月初八观音庙庙会	
21	民间信仰	三佳村七月二十三三圣寺庙会	从清代开始，在村中三圣寺举行。七月二十二接源神爷，当晚由侯张两家的分水英雄宣布开始唱戏，第二天集贸活动。现接神活动已停办，集贸和唱戏活动仍延续，但已不在庙中
22	民间信仰	宋古洪善七月十六至十八老爷庙	
23	民间信仰	宋古东段屯七月初四至初七真武庙会	
24	民间信仰	义安中街七月初七至初十娘娘庙庙会	
25	民间信仰	张兰张村七月初一永宁寺庙会	
26	民间信仰	洪山石屯七月初一源神庙庙会	
27	民间信仰	义安六月二十四文公庙庙会	
28	民间信仰	张兰旧堡六月十九三官庙庙会	

续表

序号	非遗类别	名　　称	简　　介
29	民间信仰	连福六月初六关公庙	
30	民间信仰	连福张良六月十五龙天庙庙会	
31	民间信仰	张兰北盐场四月二十关帝庙庙会	
32	民间信仰	义棠四月十八三清观庙会	
33	民间信仰	连福张良五月初八老爷庙庙会	
34	民间信仰	义安沙堡四月十八关帝庙庙会	
35	民间信仰	龙凤村龙头四月初八至初十关帝庙庙会	
36	民间信仰	三佳村永庆四月十三关帝庙庙会	
37	民间信仰	义安礼世三月二十八娘娘庙庙会	
38	民间信仰	绵山镇兴地村云峰寺四月十二庙会	
39	民间信仰	板峪三月十五嚛狮庙庙会	
40	民间信仰	义安中街二月二十二娘娘庙庙会	

续 表

序号	非遗类别	名　称	简　介
41	民间信仰	义安孔家堡二月初二东庙庙会	
42	民间信仰	洪山村源神庙娘娘殿祭祀庙会	
43	民间信仰	龙凤村老爷庙五月十三庙会	
48	民间信仰	南北两水村吉祥寺庙会	很早以前就有，可能是吉祥寺修建以后就有了庙会，100年前中断，直到2002年重新恢复的，和尚释觉一重新修建了吉祥寺，把"文革"时期埋下的五尊石像重新挖出。每年的农历六月二十四，庙里和尚就开始准备，先烧香、拜佛，和尚主持做道场，持续三天。六月二十五晚上开始唱戏，一共常八九场。集贸活动时六月二十六开始，持续三天
49	民间信仰	北盐场村元通寺庙会	元通寺原来叫娘娘庙，庙里供奉着著名的医学家、文学家傅山先生。相传，傅山先生一次路过此地，跟随的妻子马上要生育了，就停下来在村里生孩子，为了纪念傅山先生就修建了这座庙。祠庙始于隋末唐初年，于近代被毁后重建，改名为平安寺。人们来此烧香拜佛，求子孙平安。治病去难。20世纪70年代村民有染病者就到此庙烧香，据说把香灰喝下就好了
50	民间信仰	义安村六月二十四关公生日的庙会	传说关公是农历六月二十四日生人。人们来祭祀以求生活安康、风调雨顺、家庭和睦。关公在明末清初被人神化。农历六月二十四这一天，以祈祷为主。献祭品、烧香。有唱戏的活动（3~5天）。六月二十三开始唱戏。关帝庙已被拆了，关帝庙建于明末清初纪念关公。庙没有了，祭祀活动没有了，唱戏活动还有（3~5天）。唱戏在村里戏台上唱。现有唱戏活动，集贸活动，集中在关帝庙的原址上

续 表

序号	非遗类别	名　称	简　介
51	民间信仰	兴地村六月六庙会	祖辈流传下来，人们认为：有钱难买五月旱，六月连阴吃饱饭，六月初六秋收结束，庆祝丰收。 相传，六月初六是河神生日，为感谢河神使他们风调雨顺，在每年的六月初六，开始唱戏，唱戏7～9场，一般是4～6天，庆祝夏天丰收；并在这天祭拜黑龙王，由乡绅和执事带领全村男丁来拜佛，村中水头和乡老，拉一只黑色的公羊，去村南的河神前面祭奠叫"领羊"，羊如果抖一下，说明灵验了；如果不抖，在身上洒点白酒；还不抖，耳朵里灌。羊抖了，说明河神显灵了。宰羊后，十家水头分了羊，再唱戏，天遇害大旱，在"领羊"之后请出黑龙王，敲锣打鼓进行游街，村民讲相当灵验，很快就会下雨
52	民间信仰	兴地村金銮庙会	相传，农历三月十七这一天是空望佛的生日，人们赶庙会祈求万事如意、心想事成，烧香、拜佛、集贸活动、唱戏、干绸秧歌等庙会一般是从农历三月十七到四月二十，高峰期一般是四五天，从三月十七到三月二十一，百姓首先是烧香拜佛，拜佛的人给佛祖披袍、献花、上供，三月十六晚上开始唱戏，唱七到九场，然后开始集贸活动。庙里的管理人员是和尚。集贸活动总理是村干部，费用以前是百姓凑钱，现在是村委会负责
53	民间信仰	义安村五月十三关帝庙会	相传，农历五月十三是关公磨刀出征的日子，相传这一天都会下雨，老百姓把这叫作磨刀雨，于是人们就在这一天举行庙会。 提前三到五天，村领导做好准备工作，把祭祀用的执事拿出来，请戏班子，到农历五月十三这一天百姓敲锣打鼓，执事在村里转一圈后回到老爷庙烧香、拜佛。五月十二晚上就开始唱戏，一般唱三到五天，五月十三早上开始集贸活动。现在庙已经没有了，庙会日期因为农忙，新中国成立后改到了七月初七。庙会的管理人员为村干部

续 表

序号	非遗类别	名 称	简 介
54	民间信仰	东岳庙娘娘爷庙会	庙里供着三个娘娘,云霄、碧霄、青霄,分管送子、小孩生麻疹,据说农历三月二十是十三个娘娘成仙的日子,人们在这一天祭祀她们,祈求生儿育女、子女平安,庙里还供着接生婆。庙会活动有烧香、拜佛、唱戏。集贸活动有唱戏、干调秧歌、带娘娘的花、送小孩鞋戴架(纸做的三角圈)
56	民间信仰	介休洪山源神泉庙会(农历三月初三)	源神庙明清时香火很旺,近年来人们来祭拜尧舜禹以祈求风调雨顺、五谷丰登,同时也祭拜上天赐予了他们源神池源源不断的水流。每年从二月二到三元三为庙会期,三月初三举行祭祀唱戏等活动,现在只有三月三这一天的祭祀活动了
	民间信仰	兴地村回銮寺庙会	庙会为庆祝空王佛生日举办。村民赶庙会烧香拜佛、物资交流、唱戏酬神。唱晋剧、干调秧歌、碗碗腔等。庙会从农历三月十七到四月十二。1956年到1982年唱戏售票
57	民间信仰	后土庙庙会	
	民间信仰	师南屯虹霁庙会	虹霁寺是李世民打败刘武周后在汾州所建,原名滚钟寺,相传空王佛释志超从华岩寺移位于此。这一年,虹霁寺向善男信女们募捐,在院内修建宝塔,可是这寺庙在山顶上开工时往山上运水很难。田善友想去帮忙就干了抬水的活,从此每天缸内的水都是满的,人们开始奇怪,就想找到原因。一天夜里,两个年轻人想探个究竟,半夜时,他们看见一只大白兔和一只梅花鹿,抬着一口大钟往山上走,大钟内装满水,一个人就叫了一声,兔子和鹿看见人就跑了,接着大钟就滚下山坡,这道坡就叫滚钟坡。虹霁寺已经毁坏,现在的庙是近几年新建的。虹霁寺位于师南屯南的银锭山上,正殿供奉释迦牟尼,其他分别供着观音菩萨、千手观音等,院内还有一座宝塔。从农历三月十七开始,烧香拜佛,爬宝塔,唱戏,一般持续三到五天。有病的人还要喝圣水,园内有棵大槐树下冒泉水,为圣水,治百病

附件 4：介休市庙会情况统计表

寺庙名称	庙会地址	庙会时间	会期天数	内容	是否
东庙	义安孔家堡	二月初二	1天	祭祀、集贸	√
弘济寺	义棠	二月十五至十八	4天	祭祀、集贸、文艺	√
娘娘庙	义安 中街	二月二十二	1天	祭祀、集贸	√
源神庙	洪山	三月初三	5天	祭祀、集贸、文艺	√
嚎狮庙	板峪	三月十五	4天	祭祀、集贸、文艺	√
宏济寺	义棠 师屯南	三月十七至二十	4天	祭祀、集贸、文艺	√
回銮寺云峰寺	绵山 镇兴地	四月十二	25天	祭祀、集贸、文艺、登山	√
娘娘庙	义安 礼世	三月二十八	1天	祭祀、集贸	√
关帝庙	龙凤 龙头	四月初八至初十	3天	祭祀、集贸、文艺	√
关帝庙	三佳 永庆	四月十三	1天	祭祀、集贸	√
关帝庙	义安 沙堡	四月十八	1天	祭祀、集贸	√
三清观	义棠	四月十八	1天	祭祀、集贸	√
关帝庙	张兰 北盐场	四月二十	1天	祭祀、集贸	√
老爷庙	连福 张良	五月初八	1天	祭祀、集贸	√
关公庙	义安	五月十三	1天	祭祀、集贸	√
关公庙	连福	六月初六	1天	祭祀、集贸	√
龙天庙	连福 张良	六月十五	1天	祭祀、集贸	√
三官庙	张兰 旧堡	六月十九	1天	祭祀、集贸	√
关公庙	义安	六月二十四	1天	祭祀、集贸	√
文公庙	义安	六月二十四	1天	祭祀、集贸	√

续 表

寺庙名称	庙会地址	庙会时间	会期天数	内容	是否
永宁寺	张兰 张村	七月初一	1天	祭祀、集贸	√
源神庙	洪山 石屯	七月初一	1天	祭祀、集贸	√
真武庙	宋古 东段屯	七月初四至初七	4天	祭祀、集贸、文艺	√
娘娘庙	义安 中街	七月初七至初十	4天	祭祀、集贸、文艺	√
老爷庙	宋古 洪善	七月十六至十八	2天	祭祀、集贸	√
老爷庙	三佳	七月二十三	1天	祭祀、集贸	√
源神庙	洪山	八月初一	1天	祭祀、集贸	√
观音庙	北辛武	八月初八	1天	祭祀、集贸	√
关帝庙	义安洪相	九月初九	1天	祭祀、集贸	√
宏济寺	义棠 师屯南	九月十七至二十	4天	祭祀、集贸、文艺	√
东庙	义安 孔家堡	九月十九	1天	祭祀、集贸	√
泰山庙	张兰	九月二十至二十九	10天	祭祀、集贸、文艺、古玩	√
河神庙	宋古 西段屯	十月初八至初十	3天	祭祀、集贸、文艺	√
关帝庙	三佳 东湛泉	十月十五	1天	祭祀、集贸	√
关帝庙	连福	十月二十	1天	祭祀、集贸	√
关帝庙	义安 中街	十一月初五	1天	祭祀、集贸	√
娘娘庙	三佳 北两水	十一月十五	1天	祭祀、集贸	√
阎王庙	北辛武	十二月二十三	1天	祭祀、集贸	√

注：(1)"√"表示继续坚持；(2)绵山庙会与兴地统一时间。

茶叶之路与晋商

万里茶路与丝绸之路被誉为中国历史上两条最负盛名的国际贸易黄金通道。汉通西域的丝绸之路，犹如一条生命的脐带，将亚洲、欧洲和非洲的文明连成一体，是东西方古文明传播交流的血脉。万里茶路对世界文明的影响范围更广，今天世界各国对茶的称呼，仍然沿用源于中国的"外来语"发音，如英文俚语说茶的发音"cha"，英文"tea"来源于中国福建厦门话说茶的发音"te"。1753年瑞典科学家林奈出版了《植物种志》，把茶的学名定为"Camellia Sinensis"，"Sinensis"是拉丁文，意思为"中国"。

万里茶路，全长达5150千米，在中国境内，从福建武夷山区至中俄边境的买卖城恰克图约4500千米，随着茶叶生意向境外扩张，茶路不断延长。万里茶路的经营者，都是来自非产茶区的山西商人。在武夷山茶区采购的茶叶，就地加工成茶砖，水运到"茶叶港"汉口，再经汉水运至襄樊和河南唐河、杜旗。上岸后由骡马驮运北上，经洛阳，过黄河，越晋城、长治、太原、大同、张家口、归化（今呼和浩特），再改用驼队穿越1000多千米的荒原沙漠，最后抵达边境口岸恰克图交易。俄商再贩运至伊尔库茨克、乌拉尔、秋明，直至遥远的彼得堡和莫斯科。[1] 茶叶，成为这条茶路上的主角。

---

[1] 《乔家大院与武夷茶》，参见 http://www.wuyishantea.com/xingweng/xingweng/1029.htm。

一　下梅村：万里茶路的起点

武夷山的梅溪，是武夷山东部一条著名的溪流，它发源于梅岭，全长 50 多千米，最终汇入武夷山的崇阳溪。梅溪的上游，就是柳永的家乡白水村，朱子故里五夫镇。可以说，正是这条美丽的小溪，养育了宋代大词人柳永、大理学家朱熹。下梅地处梅溪下游，并得名于此。下梅村处于山水环抱之中，风水意向独特，四面山峰叠翠，南北水口紧锁，是个具有文昌意向的古村落。整个村庄按《周易》八卦布局，外人进入村庄，犹如进入迷宫，没人引领，难以出村。据史料记载，下梅从隋朝起有了村落，唐朝设立驿道，宋朝开始形成街坊，从明朝开始有了较大规模的民居建筑群，清朝时村落达到鼎盛。[①]

下梅村，依水而分，这里清澈的当溪水缓缓流过，将下梅村分为南北两条街，沿街依然保留着 30 余幢清代民居，粉墙、青瓦、马头墙，装饰在门罩、窗楣、梁柱、窗扇上的砖雕、木雕、石雕，工艺精湛，造型逼真，具有典型的徽派建筑特色，让人疑是置身于江南水乡深深的巷子里。

沿河的廊道上，用长木板架设了坐凳，还用碗口粗的木柱，沿廊道直立溪边的廊柱横架成了坐凳的靠背。忙碌一天的村民收工后，悠闲地坐在廊凳上休憩、品茶、谈天、说唱，老人们则抱着孙娃坐在廊凳上戏耍。数座拱桥、板桥将南北两岸古民居店铺前的廊道贯通。这溪边的廊道成了村民公共交往的空间。溪边不时有村妇洗濯、淘米，一对对鸭子在溪上戏游，划出一道道富有节奏的水纹，倒映在溪水中的古建筑屋影、桥影、人影、鸭影……交相辉映，极富情趣。

[①] 梁亮：《地域文化的自强之路——以下梅村为例浅谈武夷古村落的文化历史价值极其保护作用》，朱水涌编《闽文化与武夷山》，厦门大学出版社 2008 年版，第 221—222 页。

武夷山下梅村

来源：http://www.17u.com/blog/article/65270.html。

邹氏祠堂是下梅村最为富丽堂皇的一座建筑，具有典型的徽派建筑特色。邹氏祠堂——位于当溪溪北，临溪，建于清乾隆五十五年（1790），占地约200平方米，为砖木结构。由邹氏茂章、英章兄弟合资修建。祠门以幔亭造型，对称布列梯式砖雕图案，为体现中国家族敦本传统，特饰有"木本""水源"篆刻书法两幅，意即家传宗法血缘有如木之本、水之源，生息相关。祠门前设有拴马石、抱鼓石，供前来祭祀始祖的后代驻停。祠内供有祠规、家祠史略的碑刻。主厅敞开式，两侧为厢房，楼上为观戏台。前廊为精巧木柱拱架，造型别致，可悬宫灯、花灯。照壁为四扇合一的木雕画屏门，主体表现为伦理、宗法、生活情趣。其风火墙为双波造型，气势宏阔。祠内备有宴会设备、祭坛，由于"文革"期间毁坏严重，现已不存。[①]

暮色中的邹氏祠堂引人生出无数的慨叹：这是一座因茶叶而兴又因茶叶而衰的古村落。尽管当溪水依然缓缓流淌着，却已不见了昔日里舟来楫往、南下北上的热闹与喧嚣。"鸡鸣晨光兴，祥云夹出千灶烟"，从下梅村流传的这首民间歌谣里可以想见当年的繁荣，这里曾经是闽北至莫斯科的万里茶叶之路的起点，曾经吸引了无数的晋商南下买茶。载满

---

① 参见http://baike.baidu.com/view/962345.htm。

茶叶的船只从这里出发，一路北上，以中俄边境的恰克图为中心，横贯欧亚大陆，一直延伸到莫斯科。

下梅村曾经是武夷山重要的茶叶集散地。中央的人工运河——当溪，有8个码头装卸繁忙。当溪的水面宽不过8米，长1000余米，自1680年开通后就被当作一条水运通道，四方商贾通过这条水运通道在下梅进行商贸活动。据《崇安县志》载，康熙十九年（1680），"其时武夷茶市集崇安下梅，盛时每日行筏300艘，转运不绝"。由此可见当年以茶叶交易为中心的经贸活动在下梅十分活跃。乾隆年间，下梅遂形成崇安最大的茶市。满载茶叶的船只从这里出发，一路北上，由水路进鄱阳湖至湖口，再溯长江西至汉口，在汉口经鉴定分装，溯汉水至襄樊，再溯唐河至河南的赊店。到了这里，茶商们改为陆路北上至祁县。在祁县，茶叶按商号分配，其中花茶大部分在华北销售；而那些砖茶和红茶改运到张家口，在这里改为驼队运输，经过1100余千米的漫漫行程至库仑（今乌兰巴托），然后再行400余千米到达中俄边界的恰克图。恰克图是著名的买卖城，晋商把茶叶卖给俄罗斯的大茶商，然后再由这些茶商把中国的茶叶转运到欧洲各国。从武夷山下梅茶市，到中俄边境恰克图城，全程约3500千米，谁能够想象，小小的武夷岩茶竟然经历了如此漫长的征途。

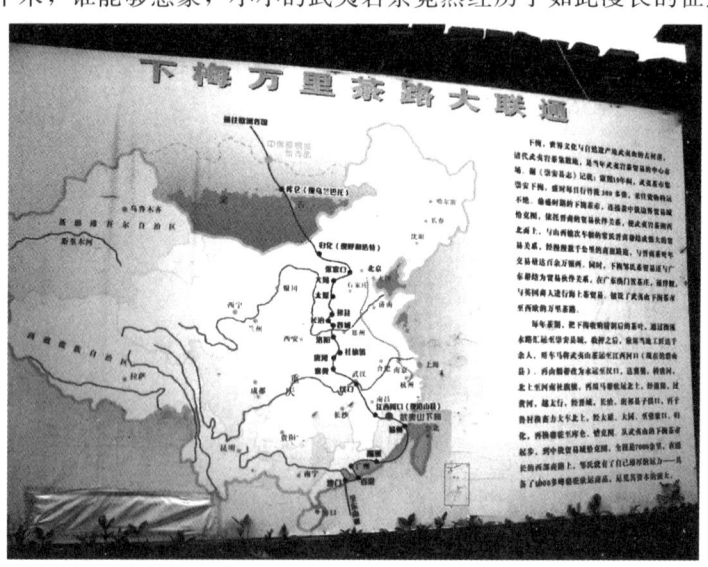

武夷山下梅村的墙上张贴的"万里茶路"的地图（龚　坚　摄）

二 茶道上的人与物：晋商与万里茶道

如果我们将一些商品视为有"社会历史"的，或者在某种意义是有"经历"的，那么以不同视角反观它们经历中的知识传播，就能串联起一段文化传播的历史。在前资本主义社会，连接外部需求与内部生产者之间的，是商人及其经营机构，他们为这个很少联系的世界构建了桥梁。这样一个以商人为中介，连接生产者与消费者的典型例子，在商品发展的历史中贯穿始终。直到今天，这些桥梁仍然存在。这或者是因为仍然存在一些文化的鸿沟，或者是因为极小量的特殊商品的生产与交换，或者相反——极为大量的特殊商品的生产，以及在它们到达消费者的过程中将经历无数的辗转。①

18世纪至19世纪末期的陆上茶叶之路，以恰克图为中心，从福建北部的武夷山区延伸到莫斯科，全程超过22500千米。中俄商人"彼以皮来，我以茶往"。19世纪中叶以前，这条贯通欧亚的陆上茶叶之路的贸易，一致由山西商人主导。鸦片战争以后，西方以武力推动对华商务扩张，外商在华享尽各种特权，华商在与外商竞争中纷纷败北，执塞外贸易之牛耳的山西商人也不得不退出对俄茶叶贸易。茶叶之路为以沙皇政府为后盾的俄商所垄断。②

驰名中外的晋商，在称雄明清商界五百年的辉煌历史上，有三个光彩夺目的"亮点"，那就是盐业、茶叶和票号。自明清以来，运销蒙俄的茶叶几乎由晋商垄断，并形成了一条由中国南方到欧洲腹地，可与"丝绸之路"媲美的国际商路——"茶叶之路"。山西商帮虽然远离闽北，却最先看中了武夷茶的生意资源。在袁干所写的《茶市杂咏》中记载："茶市在下梅，附近各县所产茶叶，均集中于此。竹筏三百辆转运不绝……清初茶叶均系西客经营，由江西转河南，运销关外。西客者山

---

① 孟悦：《什么是"物"及其文化？关于物质文化的断想》，孟悦、罗钢编《物质文化读本》，北京大学出版社2008年版，第45页。
② 庄国土：《从闽北到莫斯科的陆上茶叶之路——19世纪中叶前中俄茶叶贸易研究》，《厦门大学学报》2001年第2期。

西商人也,每家资本有二三十万至百万。货物往还络绎不绝,首春客至,有行东赴河口欢迎。到地将款及所购茶单,交点行东,恣所为不问。茶事毕,始结算别去。"

据晋中榆次《常氏庄园儒商文化书系·榆次车辋常氏家族》记载,在武夷山做岩茶贸易的晋商较多,但最早来武夷山贩茶的,是山西省榆次市车辋镇村的常氏。常氏武夷山贩茶的第一站,便是下梅村。乾隆二十年(1755),清政府限制俄商赴京贸易,中俄贸易统归恰克图一地,一时恰克图成为我国对外贸易的"陆上码头"。车辋常氏审时度势,为保证茶叶质量,一改过去由货主送货上门的做法,携带雄厚资金,在武夷山地区购买茶叶,组织茶叶生产,同时在崇安县的下梅村设立茶庄,精选收购当地茶叶。

在下梅村的芦下巷、罗厝坊均设茶焙坊、茶库,雇请当地茶工帮忙,还将散茶精心制作加工成红茶、乌龙茶、砖茶等。每年茶期,在下梅收购并精制后的茶叶,通过梅溪水路汇运至崇安县城,押验之后,雇用当地工匠千余人,用车马运至江西河口,达襄樊,转唐河,北上至河南社旗镇,而后用马帮托运北上,经洛阳,过黄河,越太行,经晋城、长治,出祁县子洪口,于鲁村换蓄力大车北上,经太原、大同,至张家口、归化,再换骆驼至库伦、恰克图。

晋商常氏在下梅茶市采购茶叶,也给下梅经营茶叶的商贾带来了商机。在这期间,与晋商合作较多的是下梅邹氏。据邹氏宗祠的碑刻记载:"邹姓世居江西茶溪,自幼卿公生子禹章茂章舜章英章四人,缘家计日薄,幼卿公殁后,昆季均来崇邑下梅里,各营生计,分立门户后,茂章英章生意日遂,产业渐充。于乾隆五十五年(1790),将自手买置下梅鸭巷口地基,卜建祠宇,一应工资皆茂章、英章独任焉此。下梅邹(氏)家祠所由建也。"说明邹氏原籍江西南丰,1694年由邹元老带着他的儿子们入闽,来到下梅村择居创业。对此,邹氏族谱中也有记载:"……吾祖轩佑公由福建邵武建宁县之锦江桥因游猎至南丰三十一都上茶陇徘徊览眺得山川之胜,挺然秀□,遂卜居焉。"[①]

---

① 《茶溪邹氏家谱》第五册,"旧序一"。

邹氏抓住与晋商来武夷山贩茶的机会，闯出了一条自我发展之路。据《茶溪邹氏家谱》记载："闽固产茶之区，而武夷七十二岩茗种尤甲天下，公（邹世偁）与伯兄（邹茂章）共治之，走粤东，通洋艘，闽茶赖以大行，公□幅无华品核，精详无贰值，无期隐，且卜与市井较铢两，以故洋人多服之，洋人售公住制如□异珍，所至辄倍价其利，由是家日饶裕为闽巨室。"① 除邹氏外，还有孙氏等人士，随晋商奔赴西部经营茶叶。受到晋商的影响，他们的商业头脑也得到开发，逐渐由单一的茶叶交易到贩卖各类货物，生意日渐扩大，交易日渐多元化，资产遂增。邹氏投入重金购骆驼，用驼队运货到恰克图换皮货、药材，换洋铁（日用铁具）、洋油（煤油）、洋火（火柴）等。

随着茶叶生意向境外扩散，茶路不断延长，武夷山下梅邹氏借福州、广州口岸开放之机，租用洋船，将武夷茶贩运到东南亚各地，有的还销往欧洲，其南下贩茶的路程也有1000多千米。②《山西外贸志》说："在恰克图从事对俄贸易的众多山西商号中，经营历史最长、规模最大者，首推榆次车辋常家，常氏一门，从乾隆时从事此项贸易开始，历经乾隆、嘉庆、道光、咸丰、同治、光绪、宣统七朝，沿袭一百五十多年，尤其在晚清，在恰克图十数个较大商号中，常氏一门独占其四，堪称清代本省的外贸世家。"

从空间距离上看，晋商并不是离产茶地福建最近的商人群体，相反，山西与福建两个省，一个在南，一个在北，由福建山区运出的茶叶，经水路至河南赊店后，还要换驼队，穿越茫茫的草原和戈壁，这条商道上的艰难、崎岖可想而知。而比自然阻隔更难应付的，还有沿途的匪盗集团。贩茶虽是一本万利的买卖，但也有可能在途中丧命。

但为什么19世纪末以前在这条国际通道上走动的，既不是福建本地的商贾，也不是对茶叶奉若上帝的俄罗斯商人，而是一群和茶叶的生产几乎没什么关系的晋商？对于这一条贯通欧亚的万里茶叶之路，历史

---

① 《茶溪邹氏家谱》第五册"奉直大夫晋赠中宪大夫世偁公传"。
② 邹全球：《晋商与下梅村》，《寻根》2007年第5期。

学家从当时的中俄关系、中西贸易结构、白银资本的流动等方面已经做了太多的解释。如若我们从人类学对物质研究的眼光来看，或许可以从茶叶与晋商之间，物质性与职业性之间找到某种联系。① 在将近一个世纪之前，塞比欧即已探讨过这个问题。他的著作《传说与职业奇观》列举了在传统上与各种手工艺活动相关联的个人特征，这些特征表现在三个方面。

首先是体态特征。或许是由于纺织匠人和裁缝总是坐着或蹲着干活的缘故，人们往往将他们描绘成发育不良或肢体不健全的人。在布列塔尼的童话中，裁缝的样子总是罗锅、斜眼、一头褐色的乱发。屠夫们则被看成膀大腰圆、身强体壮的人。

其次表现在为人的方面。人们常用道德标准进行衡量，将各种职业活动区分开来。古老的欧洲民间故事一直把织布匠、裁缝和磨坊工说成骗子，因为他们总是从别人手中接过原材料——纱线、布匹和谷物等，进行加工。这就不由得使人怀疑他们会多拿少用，在织布、裁衣和磨面时做手脚。如果说这三个行当里的人总被认为在用料的量上大打主意，那么糕点师便总是被怀疑在质的方面弄虚作假了。他们一向有说媒拉纤甚至是拉皮条的坏名声，他们卖出的总是一些用美丽的外表掩盖了低劣质量的商品。

最后，人们给不同类别的工匠赋予了不同的心理特征。裁缝好说大话而又胆小如鼠，但有时也像鞋匠一样狡猾而有运气；鞋匠爱开玩笑，花天酒地，放荡轻浮；屠夫吵吵闹闹，自命不凡；铁匠爱虚荣；伐木工俗不可耐，令人反感；理发师饶舌；油漆匠好喝上两口，总是高高兴兴的。②

值得注意的是，这里我们看到了塞比欧的研究方法，也看到了人

---

① 相关论述参见庄国土《从闽北到莫斯科的陆上茶叶之路——19世纪中叶前中俄茶叶贸易研究》，《厦门大学学报》2001年第2期；庄国土《茶叶、白银和鸦片：1750—1840年中西贸易结构》，《中国经济史研究》1995年第3期；[德] 安德烈·贡德·弗兰克《白银资本——重视经济全球化中的东方》，刘北成译，中央编译出版社2001年版。

② [法] 列维-斯特劳斯：《嫉妒的制陶女》，刘汉全译，人民出版社2006年版，第2—3页。

们通过对社会上形形色色的人的分类,将不同的物质性与不同的职业特征相联系,在物的分类与人的分类中找出了一种一一对应的关系。尽管这种分类是粗浅的、模糊的、潜意识的,以现代自然科学的客观标准来看,带有浓厚的神话和迷信色彩;但从认知人类学的角度来看,这种分类态度则可能是一个民族的社会结群、等级或社会制度的根源。

那么,奔走在万里茶路上的中国晋商与其经营的福建茶叶之间,又有着怎样的对应关系呢?武夷茶叶与晋商的联手,究竟是纯属巧合的偶然相遇,还是存在某种历史的必然性?茶叶的物质属性与晋商的性格特征、茶叶的口味特点与晋商的经营之道之间,究竟有无相合之处?在茶叶之路上流动着的物质文明与贩卖这些物质的人群之间,有没有一种互相建构的关系?在某种程度上,我们很难清楚地说明:究竟是福建的茶叶造就了晋商在国际商道上的成功,还是晋商造就了中国茶叶在俄罗斯帝国的辉煌。

事实上,人与物的二元对立,是在商品社会出现后才产生的。在人类社会很长一段时间里,物与人都是合二为一的,按照毛利人的说法,物带有主人的"惑","惑"总是要想尽办法回到主人身边,它与主人根本就无法分开,这便人类学家常常谈论的"礼物之灵"。在商品社会里,物的灵力虽然渐渐消失,却以一种"活生生的物质性"(animated materiality)的形式重新出现。[①] 在这里我们并不是要对赛比欧的分析方法进行中国式的解释,以印证其合理性,而是想以一种不同于历史学家、政治学家和经济学家的"科学的"眼光来看待这条茶叶之路,暂时放弃对其背后真实性(authenticity)的追求,而以一种更富人性化的手法,来重构武夷茶叶与晋商之间的关系。

---

① "活生生的物质性"(animated materiality)是英国人类学家大卫·帕金(David Parkin)提出的。这种观念瓦解了笛卡儿在不思维的物质与沉思的心灵之间所做的区分。它严格地恪守人们所认为的像石头这样的客体也有心灵的主张。凭借这样一种观点,文化的观念足以转变得使人把客体和人连接在一起,反之亦然,并且把这样的信念和隐喻当成创造性思维和重构他们世界观的基础。「英」大卫·帕金:《英国的当代人类学中存在一种新物质性吗?》,赵旭东译,《二十一世纪:文化自觉与跨文化对话(一)》,北京大学出版社2001年版,第262页。

明清山西商人，称雄国内商界五个多世纪，"生意兴隆通四海，财源茂盛达三江"是对他们的真实写照。清代初期，晋商不仅垄断了中国北方贸易和资金调度，而且涉足整个亚洲地区，甚至把触角伸向欧洲市场，南自香港、加尔各答，北到伊尔库茨克、西伯利亚、莫斯科、彼得堡，东起大阪、神户、长崎、仁川，西到塔尔巴哈台、伊犁、喀什噶尔，都留下了山西商人的足迹。① 关于晋商在国际商贸上的成功，学术界的讨论可谓汗牛充栋，这里我们从民间草根性的角度来看，即在民间老百姓眼里，晋商的性格特点可简单概括为三个方面：一是不畏艰险，有吃苦耐劳的精神；二是头脑聪明，善于经营；三是注重诚信，一诺千金。

三 羊鞭、茶叶与"外贸世家"：榆次常氏的创业奇迹

山西人，在一百多年前曾被喻为"海内最富"，并不是山西物产丰饶，而是山西人因位处黄土高原、土地贫瘠，不足以维持生计，因此必须通过"走西口"走出来与其他省份贸易。艰难的自然生态环境也铸就了山西人勤俭吃苦、坚韧不拔的品质。晋商人大多白手起家，凭着吃苦耐劳的创业精神行走在漫漫商道上，足迹遍布天涯海角。从日本到莫斯科，从加尔各答到阿拉伯地区，都能见到山西商人的身影。山西人也自豪地宣称："凡是有麻雀能飞的地方都有俺山西人。"

如果将万里茶路分为三部分，北段为驼路（从张家口到库伦），中段为车路（从河南赊店至河北张家口），南段为水路（从福建崇安到河南）。这三段路的直线距离是，水路约1560千米，车路约1440千米，驼路约1500千米，共约4500千米，走完全部路途至少得半年时间。且三段路程都不好走。从张家口至库伦，全线四分之三是沙漠，残阳冷月，狂风沙暴，风餐露宿，日夜兼程，其劳顿、艰辛和危险是可想而知的。② 如果没有自小养成的吃苦耐劳精神，晋商与福建茶叶的这种缘

---

① 参见http://zhidao.baidu.com/question/49433090.html?si=3。
② 李国光、李晨光：《万里茶路探晋商》，《文史月刊》2007年第9期。

分，很可能失之交臂。

被《山西外贸志》称为"外贸世家"的榆次车辋常氏，即是此种白手起家、依靠勤劳吃苦而致富的典型。明代弘治年间，车辋常家的始祖常仲林只身一人，来到车辋村时，房无一间，地无一垄，仅靠为车辋大户刘氏牧羊为生。在四世之前，常家的生活是比较艰难的，而且由于是迁来的移民，在生活上，也常常受到当地人的刁难。后来常氏家族靠经营来自福建武夷山的茶叶发家致富后，常仲林用过的放羊工具——羊鞭、羊铲等一直被他的后人供奉在祠堂里，当圣物顶膜礼拜。名扬四海的山西首富，清代中国儒商第一家，正是从这支羊鞭起家的。这几乎成为榆次的一个神话。[1]

晋商的另一个特点是头脑聪明，善于经营。茶路上杰出的商人，都是从长着"三条舌头"的商人中脱颖而出的。他们的聪明智慧可与统领千军万马的诸葛武侯相比。

> 一条舌头的商人吃穿刚够，
> 两条舌头的商人挣钱有数，
> 三条舌头的商人挣钱无数。
>
> ——《茶路民谣》

这里的"三条舌头"，指的是会讲三种语言。"一条舌头"是指只会讲汉语的商人；"两条舌头"是指既会讲汉语又会说蒙古语，而"三条舌头"则是指不但会说汉语、蒙古语，还会讲俄罗斯语。[2] 从福建武夷山延伸出来的万里茶路，绵延数万千米，跨越汉人、蒙古人、俄罗斯人三大族群，三大族群彼此语言不通，要做成茶叶生意，不仅要具备吃苦的精神，而且还必须对汉人以外的两大族群——蒙古人和俄国人——有详细的了解。

"三条舌头"是一个代称，它指的是在茶叶之路上具备雄厚的资金

---

[1] 参见 http://zhidao.baidu.com/question/52141624.html?si=2&wtp=wk。
[2] 邓九刚：《茶叶之路——欧亚商道兴衰三百年》，内蒙古人民出版社2000年版，第202页。

实力且善于与汉人、蒙古人和俄罗斯人打交道做生意的大商人。从福建的山区一直贩卖茶叶到恰克图，直接与俄罗斯人做生意的大商人，几乎都是晋籍商人。同时，"三条舌头"代表的不仅仅是三种语言之间的转换，还包括对蒙古人和俄罗斯人的了解，对草原上的习俗和俄罗斯国情等文化的了解，以及各方面调控、运作的能力。

从空间上看，从茶叶的出产地福建山区，到其销售地莫斯科，中间要历经千山万水，运作资金数量庞大，往往动辄千金，长途运输上还有天灾人祸的意外风险。而组织和运输的安排、交易的敲定、生意的拍板——这些大决断都必须依靠商人自己的经验与智慧。"三条舌头"的商人是商人队伍中素质较高的一个群体。一般来说，这帮人见多识广，熟悉社会民情，他们不但对经济层面的事情了如指掌，同时对政治和国际事务也有着相当的了解。在长达两个半世纪的时间里，通过他们在茶叶之路上的行走，中国的茶叶源源不断地流入俄罗斯帝国的疆域，并由巍峨壮丽的俄罗斯皇宫流向民间，成为居住在西伯利亚高原的俄罗斯民族的饮食必需品，极大地改变了俄罗斯人的饮食习惯与中俄的贸易结构。

诚信，乃晋商垄断万里茶路贸易的核心精神，俗话说：千两银子一句话。"诚信为本，纵横欧亚九千里；以义制利，称雄商场五百年"，是对晋商发展历程的精辟概括。[①] 在茶叶之路上，有"千两银子一句话"的说法，即是对晋商诚信精神的高度赞扬。千两银子数目不小，但只要商人说了话就一定不会产生纠纷。

四 茶叶之路上的物质流动

中国向俄国出口的主要商品，最早是棉布，而后又有丝绸、茶叶、瓷器和大黄等物资。1727年，中俄签订了《恰克图条约》，使中俄贸易达到了一个新的水平。商行、客栈如雨后春笋般建立起来。位于中俄边

---

① 参见佚名《强者精神诚信意识》（http://www.nczl.com/forum/lt2/lt3.asp？ID=1895)。

境的恰克图（今蒙古国阿尔丹布拉克），渐渐地由一个人烟稀少之地，变成人声鼎沸、车水马龙的商埠。1730年，晋商在恰克图的对面，建起一座供中国商人驻足的市镇，名叫买卖城。1762年，叶卡捷琳娜二世取消了国家对中俄贸易的垄断，允许私商与中国自由贸易。这项措施大大刺激了茶叶之路上的贸易繁荣，由最初单指布匹的"中国货"买卖，逐渐扩大为吃穿用品无所不包的百货贸易。[1]

从中国福建山区延伸至欧洲大陆的茶叶之路，恰似一条由小而大、由缓而急的河流。它从武夷山下梅村的当溪流出，一路挟带着苏杭的丝绸，山东、河南的布匹，江西的瓷器，北京的果脯……不断地将沿途的土特产品席卷进来，形成一条浩浩荡荡的物质文明的大河，一路向着俄国的心脏——莫斯科奔腾而去；同时，西伯利亚的皮毛，也随着这条河流南下输入中国。让这条商道上的中心点归化城（今呼和浩特），一侧是蒙古草原上的驼铃不绝于耳，驼帮辗转连绵，接通内地各省；一侧是西伯利亚高原上的雪爬犁来回穿梭，翻越乌拉尔山，直达莫斯科和彼得堡。这座国际商贸城市的物流清单，向我们展示了它曾经的繁荣。

先看看茶叶的采集地，产茶地福建、安溪、湖南、湖北；丝绸产地苏州、杭州；丝线采自山东；生烟采自山西；绸缎布匹采自山东、河南；红糖采自广东；白糖和冰糖采自福建；铁器种类很多，包括铁锅、铁锹、火撑子、剪子（包括大剪、小剪）、刀等，大部来自福建，其余多由归化城的作坊加工；铜器使用云南的原料也在归化城加工；水果、干果采自山东、山西、陕西、河南等地；果脯采自北京；木碗，原料来自全国各地的桦木，由归化城作坊加工；白酒、炒米采自山东、山西等地或归化自产；大黄有产自山西五台的和来自青海的。种类多得难以计数，真正是百货云集。

---

[1] 俄文里的"中国货"一词当时并不指称其他物品，只表示"中国布"的意思。在俄国人心目中，"中国货"就是"大布"，"大布"就等于"中国货"。由于丝绸价格昂贵，只有王公贵族才有能力穿戴，因而仅限于在上层社会中流行，影响面远不如土布。阎国栋、刘亚丁：《俄罗斯的中国形象》，周宁编《世界之中国：域外中国形象研究》，南京大学出版社2007年版，第179页。

仅茶叶就有几十种,包括红茶、米砖茶、槛槛茶、香片茶、茉莉花茶……当然缺不了砖茶;瓷器分为高等瓷器、中等瓷器和下等瓷器;糖类分皮糖、冰糖、赤糖、白糖、山楂糖;布匹有各色斜纹布、白斜纹布、各色粗洋布、白洋布、各色大布、白大布;食物分稻米、核桃。

从俄罗斯方面来的商品,以皮毛和轻工产品为主,有海豹皮、海狗皮、海象皮、北极狐皮、红狐皮、青狐皮、扫雪皮还有大量的灰鼠皮、猞猁皮、河狸皮、羔皮、山羊皮、多脂皮,以及马皮、牛皮、骆驼皮、羊皮等。轻纺织品有各种呢料,包括马斯洛夫呢、梅节利茨基呢、可洛沃伊呢,还有俄国标布、羽纱、粗毛呢、德国纱、呢绒等。还有转自欧洲其他国家的商品,像波兰、普鲁士、英国的轻纺工品。还有一些工艺品和其他工业产品,像钟表之类的。①

在这些物流商品贸易中,茶叶是最为重要的商品。在18世纪中叶以后,茶叶逐步取代布匹,成为输入俄国的第一大宗商品。1820年,西伯利亚总督波兰斯基下令给俄国商人在恰克图互市中,扩大茶叶购买量。他对俄商说:"俄国需要中国丝织品时代已经结束了,棉花也差不多结束,剩下的是茶叶、茶叶,还是茶叶。"输俄茶叶的主要品种是砖茶状的红茶和绿茶,其中又以红茶占绝对优势。红茶多由福建武夷山产出。茶叶从武夷山运出后,由陆路的商队转贩,行程数万里,耗时近两年,故需制成砖状,便于装卸和避免变质。

中国茶广为西伯利亚人所喜爱,乃至被视为一般等价物:"砖茶在外贝加尔湖边区一带的居民中饮用极广,极端必要,以至可以当银使用。在西伯利亚的布里雅人等土著民中,在出卖货物时,宁愿要砖茶不要银,因为他们确信,在任何地点都能以砖茶代替银用。"② 茶叶与白银朝着相反的方向流动,白银作为俄国支付茶叶的主要手段源源流入中国,造成了贡德·弗兰克所谓的"白银资本"。弗兰克认为:贵金属流动的意义在于某些地方需要从其他地区进口商品,却不能出口同等数量

---

① 邓九刚:《茶叶之路——欧亚商道兴衰三百年》,内蒙古人民出版社2000年版,第209页。

② 瓦西里·帕而森:《外贝加尔边区纪行》,转引自卢明辉《恰克图买卖城中俄边境贸易的兴衰变化》,《中外关系史论丛》,天津古籍出版社1994年版,第144—145页。

的商品，所以不得不用货币来结算贸易逆差。[①] 以弗兰克的观点看来，俄国的白银与中国的茶叶，在这条国际商道上的反向流动正说明了它们当时各自在世界经济体系中的位置。俄国必须依赖中国的茶叶，而俄国的皮毛和其他轻手工业品，对中国来说却并不是必需品。因此，至少在19世纪以前的中俄贸易中，中国具有明显的优势。

五 茶叶之路上的晋商大院、地名与票号

学者们在讨论"白银资本"的同时，另一个应运而生的问题是：西方为什么能够（暂时地）胜出。最常见的解释是，西方将从美洲掠夺而来的白银转化为资本，积极地用于技术变革和生产投资；而同一时期的清政府和中国商人却没有如此的眼界，白银流入中国后大量被用于贵族阶级的奢侈享受，而商人们在发财后则纷纷买田置地，成为坐享清福的地主。

做茶叶买卖发了财的晋商，很多都在老家修房子、盖大院，因而从某种程度上讲，正是通过茶叶之路，流往中国的白银造就了三晋大地上规模宏大的"大院"。如今坐落在晋中祁县境内乔家堡的乔家大院、长裕川茶庄的渠家大院就是其中典型的代表。

乔家大院，如今已经成为游人观光的公共空间

[①] 参见陈燕谷《重构全球主义的世界图景》，安德烈·贡德·弗兰克《白银资本——重视经济全球化中的东方》，中央编译出版社2001年版，第8页。

乔家大院位于山西省祁县乔家堡村，北距太原54千米，南距东观镇仅2千米。它又名在中堂，是清代全国著名的商业金融资本家乔致庸的宅第，始建于清代乾隆年间，以后曾有两次增修，一次扩建，经过几代人的不断努力，于民国初年建成一座宏伟的建筑群体，并集中体现了我国清代北方民居的独特风格。

长裕川茶庄的祁家大院则是更直接依靠到福建的茶叶而兴修起来的建筑。长裕川茶庄早期在福建武夷山贩茶，中期转入湖南安化，后期开辟了湖南、湖北交界地的羊楼洞、羊楼司茶山，是晋商中开设时间最长、规模最大的茶庄之一，也是晋商万里茶路文化的一个闪光点。

长裕川茶庄，由祁县渠氏家族第十五代渠映潢创办于清乾隆年间。地点在祁县城内段家巷，现遗址保存完好，整座大院占地2039.73平方米，共有房屋66间，暗寓"六六大顺"，三面临街，院墙高耸，俨然一座城堡，其院内大型青石浮雕更是罕见。2006年5月被国务院批准为国家级重点文物保护单位，是目前我国少有的大茶庄遗址。[1]

除了散落在三晋大地上的一座座精美宅院，在这条茶叶之路上还遗留下一个个富含文化意味的地名。例如：恰克图是晋商与俄商进行茶叶交易的城镇，俄语称茶叶为"恰依"，"恰克图"中的"恰"就是指茶叶，"克图"则是蒙古语"地方"。所以从地名学与音译的角度考虑，"恰克图"就是茶叶交易的地方。再如：晋商水陆转运的枢纽"社旗"原名"赊旗店"，"赊"就是赊欠之意，由于商贸活动有时会出现资金不足的情况，所以这些常年做买卖的商人就有了赊账的情况，久而久之，此地便起名为"赊旗店"了。[2]

在晋商的茶叶生意中，金融流通的重要机构，中国金融史的文化遗产——"票号"也应运而生。

---

[1] 赵敏：《千里晋商万里茶路——山西祁县祁家大院长裕川茶庄经营模式探秘》(http://www.chinavalue.net/Media/Article.aspx?ArticleId=13635)。

[2] 李国光、李晨光：《万里茶路探晋商》，《文史月刊》2007年第9期。

山西商帮多数从事长途贩运、商品流转和资本周转慢，垫资大，在资本不足的情况下，就需要向社会借贷。万里茶道绵延数千里，资本用量大，周转慢，需要大量货款，为了适应营销活动需要，山西商帮首先创办了账局，经营存放款业务。后来，在账局的基础上形成票号。票号的兴起是金融制度的一场革命，它既解决了晋商长距离贩运货物需携带大量银两的安全隐患、携带不便的问题，也通过对社会财富的聚集为晋商进一步扩大贸易积累了资本。

从中国东南地区延伸至草原的茶路，一路上盗匪出没，为对付俄蒙一带横行的骑匪，晋商将从俄国换回的大量粗制银器，在买卖城熔化成每块重1000两（约合32千克）的大银锭，以专用马车运输。这样骑匪来袭时，仓促之间无法将沉重的银锭掠走，只有徒呼"没奈何"。如今在榆次的常家庄园，游客仍可以看见重达1000两的"没奈何"复制品。从"没奈何"到"票号"都是晋商智慧和胆识的体现，票号以异地汇兑清算方式代替运现清算方式，这种清算方式尤其适合长距离大规模的货物贸易，而票号、钱庄等的运转使得商业和金融业互相渗透，融合生长，形成了高效融资的机制，为"万里茶道"上长年累月奔波的商队提供了可靠的金融体系保证。

山西的晋商票号中，以今天仍保留在平遥古城的"日升昌"以及与其相邻的介休侯氏"蔚字五联号"最为著名。而从今天陈列于"蔚字银号"的历史资料来看，介休侯氏"蔚字银号"年股分红曾一度超过"日升昌"。侯氏原籍陕西，1163年（南宋孝宗隆兴元年）迁入介休北贾村。从一世，传到十九世的侯兴域，已经是著名商人。侯兴域娶妻二（顶两门，叫作"对妻"），生子六。侯氏店铺，除介休、平遥外，远设京师等地，原来主要经营绸布、杂货、药店、染坊以及钱铺、账局等，大小字号五十多处。1823年前后，西裕成颜料庄开创为日升昌票号，资本家是平遥达蒲村李大全兄弟，总经理是雷履泰。第一副经理是毛鸿翙。在1826年之前，毛鸿翙被雷履泰挤出日升昌后，投奔侯家，来到侯氏蔚字号后被委以重任。他根据日升昌的经验，说服资东侯氏于1827年前后投资800万两将蔚泰厚绸布庄改为票号，后将介休的马氏等六家亦有投资的其他字号全部改为银号，成为五联号，毛鸿翙成为总经理，在他的努力下，业务迅速得到拓展。天成亨由细布庄改为票号后，即将周村的布庄也改成票号；同时，新泰厚周村布庄也改票号。后来，资东侯奎将五联号全部在周村设分号，另外在北京、天津、济南、上海、汉口、开封、兰州等全国分号达23处。至1918年，这些票号盈利700万两白银。同年，全部票号改为银号。①

从茶叶的自然属性来看，在《利玛窦中国札记》中这样记载，"有一种灌木，它的叶子可以煎成中国人、日本人和他们的邻人叫作'Cia'的那种著名饮料"，并认为"它的味道不好，略带苦涩"。② 这可能是每个初次饮茶人的共同感受。也就是说，茶给人的味觉刺激，一开始并不是甘甜的、讨人喜欢的。然而，只要经过几次饮用，习惯以后，会饮茶的人，就会渐渐地从苦涩中品味出香醇，而越发地喜爱这种苦中带甘的清香。这与晋商出身于贫瘠的黄土地之上，靠着自己的吃苦耐劳、艰难打拼而获得成功的经营历程，有着同样的意蕴。在此意义上，物的生命传记与人的生命传记是相契合的。

马克思主义者对物质性的富有影响的观点是：人类作用于物质资源而产生了商品，这种商品转而变成非私人化的，并且是与人的个人意识相对立的。相反，新物质性则是把人看成深嵌于其周围的客体之中的，这种客体包括他们的环境、物质资源、风景、身体（他们自己的和他人的身体）。由此，客体便有了生命。并且，人类的宇宙观也不只是面对精神的世界，而且要面对生活的物质状况。③ 从以上材料中，我们可以发现，从福建武夷山到俄国莫斯科的这条长达4.5万千米的国际商道上，茶叶与晋商之间实际上乃是客体与本体、物质性与人的特性之间的一种互相形塑的过程。来自福建山区的茶叶，通过晋商而由一种地域性的普遍饮品，一跃成为风靡欧洲大陆的国际饮品；而晋商也通过贩卖茶叶，创造了一个横跨欧亚大陆的国际商贸集团。下图就是这一建构过程的实现。

---

① 参见黄鉴晖《山西票号史》，山西经济出版社1992年版，第81页；黄鉴辉《山西票号资料（增订本）》，山西经济出版社2002年版，第638页；石生泉《平遥票号史》稿本。
② ［意大利］利玛窦：《利玛窦中国札记》，中华书局1983年版，第17页。
③ ［英］大卫·帕金：《英国的当代人类学中存在一种新物质性吗?》，《二十一世纪：文化自觉与跨文化对话（一）》，北京大学出版社2001年版，第261页。

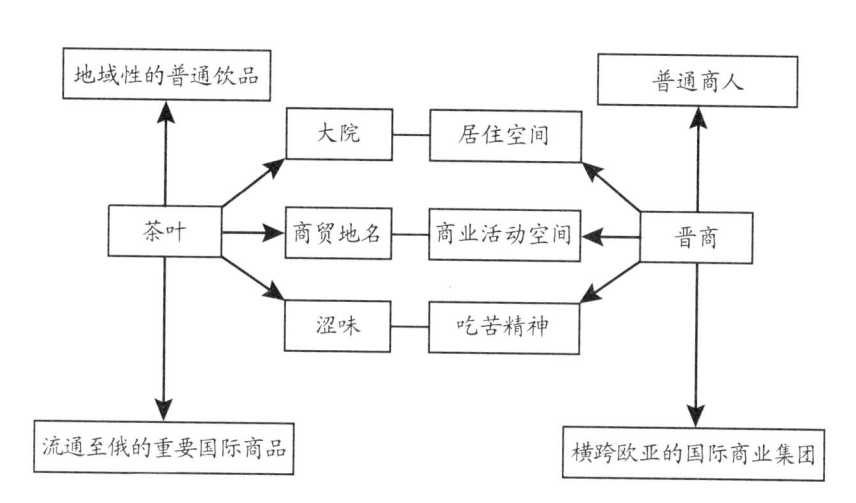

武夷岩茶与晋商的互相建构关系

六 茶叶在俄罗斯的传播

茶叶在俄罗斯的传播大致经历了三个阶段：第一阶段，茶叶在俄国被视为一种能够调理身体的神奇药物，是由沙皇一人专享的"贡品"，笔者称之为"神话"阶段；第二阶段，茶叶作为一种与身体美学相关的奢侈品在上流社会中传播，但普通人仍然难得一见，这是茶叶在俄国的"传说"阶段；第三阶段，茶叶作为一种平衡饮食结构的大众饮品，在整个西伯利亚地区广为传播，这时的茶叶传播已成为"历史"。

（一）神话阶段

无论问任何一个俄罗斯人，最喜欢的饮料是什么，他都会毫不犹豫地回答是"茶"。俄文中的"茶"一词即是汉语北方方言"cha"的音译。据俄罗斯史料记载，1638 年，俄国贵族斯塔尔科夫，携带大批贵重礼物出使蒙古国的阿勒坦汗，后者回赠沙皇锦缎、毛皮等许多礼品，其中有几包"干树叶"。

这是沙皇第一次品尝到中国茶的芬芳。1658 年，俄国派遣使臣佩尔菲利（Perfilev）来华，虽然并未完成其寻求建立避免阿穆尔地区冲突和从事和平贸易的使命，但他在北京受到较好的接待，他呈现给中国皇帝的礼物包括 40 张黑貂皮、13 张银狐皮、4 匹布和 1 件白鼬袍。清廷回赠沙皇 24 匹丝绸，1 磅多白银，雪豹、海狸、海豹皮各 3 件，还有一些缎子和 3 磅茶叶。他应在 1660 年把这些礼品带到了莫斯科。[①] 1665 年，俄国使节别里菲里耶夫，又一次将茶叶带回俄国。在向沙皇供奉之前，为防止不测，御医首先品尝了这种医书中没有记载的"草药"。当时，沙皇肚子正感不适，饮茶后症状立刻消失。从此，俄国上层对茶叶的神奇功效赞叹不已。[②]

从上面的材料来看，茶叶首先是与锦缎、毛皮等珍贵物品一起作为来自中国皇帝的赠礼，被俄罗斯皇家所知道，因而也是一种沾上了皇权的尊贵之物。另外，与锦缎、毛皮这些已知其用途的东方物品不同，俄国人并不知道茶是什么，应该怎样使用，但是它医治好了沙皇的身体不适，因而，它又被看作一种来自非本土的"药物"，对身体具有神秘作用。

而对于来自非本土的事物崇拜、敬畏，并以之为尊贵象征，则是人类社会的普遍现象，这是由于人们总是倾向于将无法解释的神秘力量与来自域外的"陌生人"和"他者"联系在一起，并产生一种"他者为上"的普同心态。统治阶级也经常通过对这种"他者"之物的获得，来建构起自己与"天赋"或"神授"力量的联系。茶叶医治好了沙皇身体的不适这一"神话"所展示的，正是皇权与来自域外神秘之物（茶叶）的某种联系，统治阶级通过将来自"他者"的神秘力量内在化于自己的身体中，来彰示自己与普通百姓的不同之处，并以此彰示其统治地位的合法性。因此，茶叶最初流入俄国，是与遥远的东方、可医治身体的草药以及神秘的力量联系在一起的，是一种来自异邦的"神话"。

（二）传说阶段

茶叶流入俄罗斯的第二个阶段，是以一种"传说"的形态传播的，这一时期的茶叶，作为仅供贵族阶级享用的奢侈饮品，在俄国上层小范

---

① 庄国土：《从闽北到莫斯科的陆上茶叶之路——19 世纪中叶前中俄茶叶贸易研究》，《厦门大学学报》2001 年第 2 期。
② 阎国栋、刘亚丁：《俄罗斯的中国形象》，周宁编《世界之中国：域外中国形象研究》，南京大学出版社 2007 年版，第 179 页。

围内流传，普通民众则难得一见。与茶叶在上层社会的流行相伴而生的是最初发端于沙皇，然后由贵族身体力行推行的自上而下的对身体的改造过程，以及由此而产生的身体美学。

大卫·帕金（David Parkin）在对物质性的研究中讨论了身体的美学，他认为人的身体要么是主体，要么是被伤害的，要么是积极的行动者，这种变动不居的矛盾状态构成了身体的美学。伊格尔顿（eagleton）注意到了这样的事实，早期欧洲的美学起源于"你能够对人的身体以及他的感受性特征做些什么"这样的观念。因为这些可能激起不赞成（违抗）以及赞成（有生气），因而美学既是物质的也是道德的。[①] 而在有关美学的起源上，东西方有着共通的物化倾向。季羡林曾说过："中国最原始的美偏重物质……在中国当代的汉语中，'美'字的涵盖面非常广阔，眼、耳、鼻、舌、身五官，几乎都可以使用'美'字。"[②] 也就是说，美学最初来源于身体的五官感受，来源于物质所激发的身体欲望，是由一种五官刺激的有意识上升到审美倾向的无意识过程。

从茶叶在俄罗斯的传播过程来看，其最先正是通过对味觉的直接刺激，激起了身体的积极回应，从而最初在上层社会中建立起了一种有关身体的美学系统。如前所述，这些茶叶带回俄国后被进献给沙皇，并立刻减轻了沙皇身体的不适。如将沙皇的身体置于俄国的社会空间中来分析，由于其所处地位的特殊性，它既是沙皇本人私人化的客体，又是一种在社会公共空间中被展示的（至少是在贵族内部展示的）客体，而这种客体既是权力、等级与财富等的最直接符号标志，也是社会时尚的最终资源。

也就是说，沙皇通过对身体的装饰与展演，建立起一种审美的图像机制。这个图像机制既是客体的也是主体的，并经过贵族的追捧与实践将之扩大化，最终成为一种渗入社会公共空间的身体美学观念。在这个

---

① ［英］大卫·帕金：《英国的当代人类学中存在一种新物质性吗?》，《二十一世纪：文化自觉与跨文化对话（一）》，北京大学出版社2001年版，第262—263页。
② 季羡林：《美学的根本转型》，《文学评论》1997年第5期。

美学系统的源头，沙皇的身体既是被物质所操纵者（客体），同时又是刺激物质消费与传播的制造者（主体）。由于茶叶对沙皇的身体产生的这种神奇效果，在17世纪的很长一段时间里，俄国上层社会都将其作为一种能够"醒脑"的药物和彰显贵族之气的奢侈品看待，并与精美的中国瓷器、丝绸和古董等一起，形成一股席卷俄国宫廷和社会的"中国风"。

而仅就美学系统中的饮茶风气而言，茶叶是否真的具有醒脑或对身体的治疗效果并不重要，重要的是，上流社会认为它具有这种效果，并将之作为一种身体审美的符号标签。一旦贴上这个标签，身体就会被东方化、精致化、美化。

（三）历史阶段

在17世纪的俄国，茶叶很长时期都是作为"醒脑"的药物，供居住在城市的贵族饮用，普通百姓难得一见，这主要是由于其价格昂贵，而且百姓也不知饮用方法。随着《恰克图条约》订立后中俄贸易的进一步扩大，茶叶迅速成为俄国民众最喜爱的饮料，饮茶的习俗逐渐从上层贵族中间流传到民间。[1]

如果说茶叶在俄罗斯上流社会的风行与身体美学的建构有关，那么饮茶风气在一般民众中间，尤其是西伯利亚边境的广泛传播，则与其地域环境和人们的饮食结构有关。其对身体的作用由一种符号性的装饰，逐渐向改善和提高身体机能转化。贝加尔地区往北往西延伸的西伯利亚高原，是茶叶之路的纵深地带。这里地处高纬度地区，蔬菜供应极少，人们的饮食结构中以肉食为主，因此化油脂的中国茶叶，就成了这些游牧族群的日常饮食必需品。整个西伯利亚饮茶之风甚烈，18世纪中叶在这里旅行的俄国学者瓦西里·帕尔申在《外贝尔加边区纪行》一书中写道："……不论贫富，年长和年幼，都嗜饮砖茶。茶是必不可少的主要饮料，早晨就面包喝茶，当作早餐。不喝茶就不去上工。午饭后必须有茶。每天喝茶可达五次之多。爱喝茶的人能喝十到十五杯。不论你什

---

[1] 阎国栋、刘亚丁：《俄罗斯的中国形象》，周宁编《世界之中国：域外中国形象研究》，南京大学出版社2007年版，第179页。

么时候走到哪家人家，主人必定用茶来款待你。"①

由此可见，中国茶叶在俄国的传播历经了由沙皇、贵族到普通民众，由神奇药物、奢侈品到日常饮品，由权力象征、身体美学到平衡饮食结构的不同功能变化，最终由一种神话、传说成为中俄文化交流中的一段历史。俄罗斯人对茶叶的认知变化的几个阶段可大致用下表来展示。

茶叶在俄罗斯的传播过程

阶段	时间	人群范围	认知客体	功能
神话阶段	17世纪中叶	沙皇	神奇草药	皇权的象征
传说阶段	17世纪后半叶至18世纪中叶	贵族	有治疗效果的奢侈饮品	身体的装饰与美化
历史阶段	18世纪中叶以后	平民大众	日常饮品	平衡饮食结构

七 今日武夷茶：遗产与旅游

作为一种具有悠久历史的物质文化载体，在21世纪的今天，武夷茶不可避免地被卷入国家的遗产运动和旅游活动中。在国家的话语权力下，"国家级非物质文化遗产"的评定，使其获得了一种符号资本（Symbol Capital），从而成功地由一种地域性资源一跃成为国家级的公共资源；同时，这一符号标签的获得也为其在旅游市场中加重了砝码，吸引了更多的游客。②

---

① 邓九刚：《茶叶之路——欧亚商道兴衰三百年》，内蒙古人民出版社2000年版，第209页。

② 布迪厄将资本分为经济资本、文化资本、社会资本三种基本形式，此外还有一个符号资本，即象征资本。象征资本与前三种资本不是同一个层面的概念，它指的是特定的社会空间中公认的知名度、声誉、成就感、领袖地位。其他三种资本可以在社会空间不断地生产出来，而象征资本永远是稀缺的，总量有限。活动在场域中的各个资本的行动者通过运用各自所拥有的经济资本、文化资本和社会资本，致力于争夺社会的稀缺资源——象征资本。参见〔法〕皮埃尔·布迪厄、〔美〕华康德《实践与反思》，译者中央编译出版社2004年版。

2006年，在我国第一批518项国家级非物质文化遗产名录中，福建武夷山市武夷岩茶（大红袍）制作技艺榜上有名，成为唯一的茶类国家级非物质文化遗产。尽管我国茶叶种类众多，但是在此次非物质文化遗产名录中，却只有福建武夷山岩茶大红袍位列其中。

"国家级非物质文化遗产"是由国家文化部具体组织和实施，由国务院向各省、自治区、直辖市人民政府，国务院各部委、各直属机构发文公布的，带有强烈的国家话语权力（Power/Discourse）的色彩。在《国务院关于公布第一批国家级非物质文化遗产名录的通知》中有这样的话语：

> 我国是历史悠久的文明古国，拥有丰富多彩的文化遗产。非物质文化遗产是文化遗产的重要组成部分，是我国历史的见证和中华文化的重要载体，蕴含着中华民族特有的精神价值、思维方式、想象力和文化意识，体现着中华民族的生命力和创造力。①

这些话语表述经由国家权力机关国务院正式发文公布，具有不容置疑的权威性，因此，"国家级非物质文化遗产"无疑是一种象征国家权威的符号资本，各地的"申遗"行为实乃对这种社会的稀缺资源——符号资本的争夺过程。

而一旦获得这一符号资本，它也就相应地获得了这种符号资本所带来的公认的知名度、声誉、成就感和领袖地位，从而吸引社会资本、经济资本等向其靠拢。从这个意义上讲，武夷岩茶（大红袍）制作技艺被成功列入首批国家级非物质文化遗产，是地方在对这一符号资本的角逐竞争中的获胜。

除了成功获得国家级非物质文化遗产的符号资本外，武夷山的六棵大红袍母树所采摘下的20克茶叶，还被中国国家博物馆收藏。2007年10月10日上午10时10分，"乌龙之祖，国茶巅峰——武夷山绝版母树大红袍送藏国家博物馆"仪式在紫禁城外的端门大殿内举行，20克最后一次由福建武夷山350年母树大红袍上采制而成的茶叶，正式由武夷

---

① 《国务院关于公布第一批国家级非物质文化遗产名录的通知》，参见 http://www.gov.cn/zwgk/2006-06/02/content_297946.htm。

山赠送给国家博物馆珍藏。

目前,生长在武夷山九龙窠景区的大红袍母树,仅存六棵,至今已有350多年的历史。根据联合国批准的《武夷山世界自然与文化遗产名录》,大红袍母树作为古树名木列入世界自然与文化遗产。"为了更好地保护这一珍贵的世界遗产,去年5月,武夷山市政府决定停采留养母树大红袍,实行特别保护和管理,从此不再用大红袍母树生产制作茶叶,因此这20克茶叶已成绝品。"国家博物馆有关负责人说。[①]

旅游则是武夷茶在今日更为"流行"的一种表现形式。2006年年初的央视大片《乔家大院》的热播,将这条几乎已经被历史的尘埃掩埋的茶叶之路,重新炒热,而武夷山的旅游相关机构,也趁着这部电视剧的热播对当地进行了重新包装。《乔》剧内容涉及晋商乔致庸等冒着危险亲临江南和武夷山贩茶的经过,再现了重新疏通茶路后,江南各省的茶叶纷纷通过水路、陆路被运往晋中、蒙古、恰克图等各处的历史。这部电视剧的热播,使武夷山的古村落走进了人们的视野。当笔者来到这里时,这里的人们自豪地说,《乔》剧中提到的乔致庸到武夷山买茶的地方就是下梅村,而剧中与乔致庸做生意的武夷茶商就是以下梅邹氏为原型的。下面是《乔》剧中涉及武夷茶的内容。

"真香,绝品啊!"

邱天骏:这武夷山的云雾茶,这个云雾茶是名扬四海,这还是几年前茶路没有断的时候,我从那里搞来的,整个的武夷山茶区,一年才产它一百来斤茶,全都是贡品,我花重金才找到了区区二斤之数。尝一尝,尝一尝,我年轻的时候曾经到武夷山贩茶,我吃过那个刚炒出来的云雾茶,哎呀,清香盈口,终日不绝呀,当时我真想放弃本行,留在当地种茶。

乔致庸:果然是好茶,喝起来满口清香,如饮甘醇。

耿于仁:这是武夷山上等的云雾茶呀,往常不管有多少都得送

[①]《武夷山绝版大红袍入藏国博》,参见 http://news.xinhuanet.com/photo/2007-10/11/content_6863719.htm。

到宫里去，这几年茶路不通，也没有官府向我们来勒索贡品，这些就留着我们自己享用了！乔东家，请先尝尝！

乔致庸：真香，绝品啊！

乔致庸：嗯，这茶有点像那个武夷山的云雾茶，但又不完全像。其实我从小生在商家，也喝过不少名茶，但是我还真不知道这是什么茶。

老茶农：这种茶我是采取武夷山的云雾茶的枝芽嫁到四季春的茶树之上，用一种新的方法炒制出来的一品新茶。

"不避万死来到武夷山……做一辈子武夷茶生意。"

耿于仁：乔东家不避万死来到武夷山，我们这些茶农真是既感激又钦佩啊！

乔致庸：耿大哥，耿大哥，我有一个想法，咱们不如结为异姓兄弟，你日后这个大德兴和武夷山茶山，做一辈子生意，你觉得怎么样？

茂才：东家，咱们此次来武夷山贩茶，真是千难万险……咱们不能改为不用这样长途跋涉，也能获得武夷山的好茶呀？

乔致庸：行啊，把武夷山整个搬到咱山西去。这就解决了这事儿。

茂才：哎呀，这三五年的恐怕是这战乱也平息不了。这江北汉水流域，山高多雾，适合种武夷山茶，你能过来武夷山贩茶，咱就不能买块儿山自己种茶？

乔致庸：实际上水家、元家的茶也是我从武夷山贩过来的。这是同一批茶，而且我的茶砖每一块儿都比他们重一两！价钱却是一样的！

乔致庸：你看，这么说吧，今年我从武夷山贩来的茶，比水家、元家、达盛昌邱家三家加起来的茶都多。明年，水家、元家、达盛昌邱家他们有可能从武夷山贩来茶，但是也有可能他们贩不来茶，但是我现在就可以向你保证，明年的这个时候我们把武夷山的茶给你贩到恰克图。这样，你就能垄断俄罗斯的茶货市场，就连你们国家的沙皇都得喝你贩过去的茶。

雪瑛：还有啊，乔致庸可以贩茶，咱们也能贩茶！明年到了时候，你就派人去武夷山贩茶！

雪瑛：只要他能帮我把茶从武夷山贩过来，要多少银子给多少银子。

乔致庸：当时咱们去这个武夷山贩茶的时候不是在那个茶货上也印上咱们大德兴了吗？……这个呢，让人永远都记住咱们乔家的货。

"万里贩茶：南到武夷山，北去恰克图"

乔致庸：好吧，那我就直说吧！我是想过来借一笔银子，去江南武夷山疏通茶路！

乔致庸：茶路畅通的时候，光水家一年纳给杀虎口的税关的茶税，就得有几万两，可是就这么一条从武夷山贩茶到蒙古的恰克图的茶路已经断了四年，这四年里不光水家因此损失了上百万两银子，就那些茶路上以制茶、运茶为生的茶农也都没有了生路，就连朝廷也因此四年里损失了大概几十万两的税银。这么一条茶路，为国为民为己，是不是都应该有人去把它重新疏通呢？

水长清：从武夷山贩茶到蒙古的恰克图，一万多里地，南边有大江，北边有沙漠戈壁，这江南一带呢，还被太平军占着，你就这么大本事能够把这个茶路重新疏通了？

乔致庸：我想南下去武夷山贩茶，重新打开这条茶路，这算不算我们生意人里的替天行道呢？

元家少东家：合约上已经写明，最多半年之内，乔东家一定要把茶叶从武夷山运回祁县，再由这里运至恰克图，交于我们三家在恰克图的茶庄。

茂才：龙票啊，龙票就是朝廷颁发给水家、元家这种大茶商一种特许的执照。有了这种执照，东家才能带着咱们去武夷山贩茶，然后北上恰克图，在边境与俄罗斯客商交易。

邱天骏：乔东家万里贩茶，南到武夷山，现在又北去恰克图，为我祁县商人长脸哪！

陆玉菡：特别是你去武夷山贩茶，去蒙古大草原，去恰克图做生意都赚了……扣除你欠武夷山茶农的银子十万两，咱们净赚了三十多万两。

乔致庸：这介休王家全盛的时候吧，生意做得特别大，他们的茶路从武夷山一直到法兰西国，比今天水家、元家做得都大，当年他们每年贩茶到俄罗斯，回来的时候要把所得的银两熔化铸成一个一个的大银砣子，这外表看上去像个大鸭蛋，但人都叫银冬瓜，这个东西滑不溜秋的不好拿，抢匪就是抢到手里，他也带不走。①

仔细分析上面《乔》剧中关于武夷茶的对话，实则包含着两极对立的内容。一方面，在乔致庸与他人的对话中，不止一次提到要"不避万死"、历经"千难万难"也要到达武夷，这说明武夷山在当时人的头脑里还是一种神秘的、危险的所在；而"云雾茶"一词语似也隐含有"云蒸霞蔚"的仙人居处之意，暗示着它的遥远与不可接近。另一方面，则是乔致庸对其赞不绝口的"真香，绝品啊"，从感官上说，武夷茶有一种被西敏司称为"麻醉食品"的诱惑力，这种"软性麻醉"对于西方的吸引更甚于东方。而商人追逐利益的本性，使他们敏感地意识到这种"软性麻醉"对西方人身体的入侵与改造，最终将为茶叶的产地东方带来滚滚财富。对话中出现的还有中国皇帝和俄罗斯皇帝，作为历朝的贡品和俄罗斯宫廷里的时尚饮品，这从一个侧面反映了武夷茶叶在当时的高贵身份，它是一种只在上层社会中流动的奢侈品。而在前现代交通不发达的背景下，诸如茶叶、丝绸、香料这样的奢侈品的全球性贸易，都是获利高达几十倍的暴力行业。

因此，在晋商与武夷茶之间，其实有一段互相依赖、交相辉映的历史。我们可以说武夷茶成就了晋商，也可以说晋商成就了武夷茶。晋商因为贩卖武夷茶而发家致富，白银滚滚而来，成为扬名国际的商界巨擘；武夷茶也通过晋商而走出深山，走进俄罗斯的宫廷，成为蜚声海外的国际饮品。

从遗产旅游的角度来看，从17世纪武夷茶叶在俄国宫廷初露锋芒到

---

① http://www.wuyishantea.com/xingweng/xingweng/1029.htm.

今天武夷山"大红袍"的制作技艺被列入首批国家级非物质文化遗产，陆上"茶叶之路"深厚的历史积淀无疑已经成为一种文化遗产。在大众旅游盛行的今天，遗产与旅游好像一对连体婴儿，总是相伴相生，不可分割，并形成了特色的遗产旅游。然而，按照联合国教科文组织（UNESCO）对遗产的评定标准，"遗产"强调的还是"从历史、艺术或科学角度看具有突出的普遍价值"，并没有直接与旅游吸引力因素相联系。因此，要将遗产转化为旅游资源，还必须经过选择和重组。被选择的遗产资源能否进一步转化为产品，关键在于对遗产的"解释"（interpretation）。解释赋予遗产以经济资本的价值。Walsh-Heron 和 Stevens 将"解释"定义为"讲故事的技巧"。当解释用于为遗产讲故事（telling story）时，它不仅作为传递信息的方式，更重要是谁在讲故事，为什么讲故事，讲故事给谁听。于是问题就变成"什么样的故事讲述给什么样的听众"。在遗产工业中，"解释成为被市场所制约的一部分"[1]。

《乔》剧无疑是典型的故事，这个故事讲得很成功，吸引了很多的观众。但它的最初用意显然并不在于对遗产进行解释，更不在于将遗产转化为"产品"。而这一故事最终转化成一种旅游资源，吸引了大批游客，则是当地旅游部门将故事中的内容与武夷山的现实场景相结合，对"茶叶之路"进行旅游包装的结果。

这种旅游包装包括两个方面，一是将眼光投向渺远的过去，通过一套叙事策略对"过去"进行选择、重组、诠释，乃至虚构，将两三百年前的"茶叶之路"重构为今日的"茶旅之路"。这主要体现在 2006 年 3 月，由武夷山市政府和武夷山旅游集团组成的旅游促销团远赴西北地区开展旅游促销活动，其中最主要的点就是山西太原和内蒙古呼和浩特，一为晋商的发源地，一为茶叶之路上最重要的贸易城市。在山西太原的乔家大院，促销团详细解说了武夷茶和乔致庸的关系，主推武夷山的茶之旅，乔家大院民俗博物馆馆长说道："乔致庸把乔家大院与武夷山联

---

[1] Robert Hewsion: Heritage: An Interpretation, in David L. Uzzell: *Heritage Interpretation*, Volume 1, *The Natural and Built Environment*, London: Belhaven Press, 1989, p. 15.

系起来，乔致庸与武夷山的渊源就是乔家大院与武夷山的渊源，是两地优势旅游资源相互结合的最好切入点，开发一条乔致庸贩茶的旅游线路也是我们所力推和将要做的，因为这将给我们带来更多的游客。"促销团随后又来到内蒙古呼和浩特，即当年商贾云集的归化城。推荐团特别介绍武夷茶与乔致庸、与内蒙古的关系。而旅行社的负责人也表示，由于《乔家大院》的热播，内蒙古人知道了乔致庸所贩的茶是武夷茶，对武夷茶情有独钟，在呼和浩特市今后的旅游宣传中，将对乔致庸的贩茶旅游线路做重点宣传。①

除了将眼光投向过去，远赴西北进行旅游宣传以外，当地旅游部门还通过一系列的景观再造工程，将茶叶之路的过去与武夷山的现在联结起来。南平市政府为了借助《乔》剧的热播效应，做大做强武夷山茶叶品牌，经武夷山人民政府批准，在下梅村竖起了"晋商万里茶路起点"的纪念牌，在当地修建了"晋商茶馆"，并在主要路口悬挂起电视剧《乔家大院》的剧照。通过这一系列的人工造景和文化展演，《乔》剧中没有点明的乔致庸贩茶的地点被成功"再造"，成为现实中的下梅村。

武夷山下梅村张贴的《乔家大院》的巨幅剧照（龚　坚　摄）

---

① 《〈乔家大院〉武夷山香飘——武夷山西北旅游促销团茶旅结合营销随记》，参见http://www.cyxxg.com/csgfc/cjxw/291347469436.html。

结合前面的史料，我们不难发现：乔家大院与武夷山的联系是值得怀疑的。《乔》剧中提到晋商乔致庸到武夷山贩茶的经过，却没有具体提到他与武夷山哪些茶商做岩茶贸易。事实上，前面提到的《榆次车辋常氏家族》中有明确记载，在武夷山做岩茶贸易最为成功的晋商，是山西省榆次市车辋镇常氏，与常氏结成贸易伙伴的是下梅邹氏。因此，乔致庸究竟有没有到过武夷山，有没有与当地人做过茶叶买卖都是难以证实的。《乔》剧明显是将车辋常氏到武夷山买茶这一史实套用到了乔家，以丰富故事内容，它反映的其实是晋商到武夷山贩茶的一段整体性历史。但对于武夷山的旅游宣传部门来说，乔致庸到武夷山贩卖茶叶这一段历史，是否真实并不重要，重要的如何使人们相信它的真实，如何通过对地方的景观再造与舞台展演，将人们头脑中的历史与现实中的景点联系起来，从而推动当地的旅游发展。

而这一系列的宣传造势确实带来了良好的效应：一方面是武夷山的茶叶在《乔》剧播出后声名大振，销量猛增，各地订单不断；另一方面是万里茶路的起点下梅村，成为武夷山的一个旅游热点，全国各地乃至境外的游客纷纷慕名而来，游览和参观下梅村的清代茶市。

如果将这一对遗产的解释行为，置于更大的全球化视域来看，这种对遗产进行商业包装的背景，正是现代性自身所具有的双重矛盾所造成的：现代化一方面输出同一性，另一方面又追求差异性；一面摒弃传统（tradition），一面又指向怀旧（nostalgia），寻求差异性的特质。因此，从文化遗产的角度来看，茶叶之路的旅游包装，实际上是现代性语境下传统的发明、怀旧范式的滥觞，是地方性主体向全球化场景中输出差异性文化形象，以获得身份认可、构筑自我认同纽带的过程。

现代化商业组织的发达、交通工具的便利，使马帮与驼铃，都湮没在黄沙漫漫的古道中，成为遥远的绝响；然而马帮、驼铃、大院、茶市这些指向传统的符号，又正是现代性所缺乏和追求的一种稀缺性资源。从这样的角度来看，通过《乔》剧对遗产的发掘甚至是复制、再造活动，是在现代性语境下地方对传统资源的挪用、对旧有记忆的整合重构，其实乃是现代性的另一个自反性面向。

因此，尽管就其物质属性而言，茶叶之路仍然是那条由武夷山区延伸出来至俄罗斯的国际商道，其所经路途也与两三百年前完全相同，但其背后的内涵所指却已经完全不同。19世纪中叶以前的茶叶之路是一条保证中俄两国之间物质流动的重要商旅之路，而在今天，当全球化的力量深入每一个微小角落时，它则被包装成了现代人用以怀旧和寻找自我认同的"朝圣之路"。

八　海上茶叶之路：中国茶叶的欧洲之旅

从17世纪开始，产自福建武夷山区的茶叶，通过两条线路被运往世界各地，一条通过陆路由下梅村的当溪，一直通到俄罗斯的莫斯科，这条线路输出的茶叶以武夷岩茶为主，以"大红袍"为极品；另一条则通过海路，最先由荷兰垄断，随后由英国东印度公司运往英法等欧洲国家。这条线路输出的茶叶以武夷红茶为主，以崇安县桐木地区所产的正山小种红茶为极品。①

在18—20世纪初西方所寻求的中国商品中，茶叶一直处于重要地位。西方贸易认为"茶叶是上帝，在它面前其他东西都可以牺牲"②。1610年，荷兰东印度公司的船队，首先自福建武夷山将少量武夷红茶运回欧洲，此后，茶叶的饮用很快在欧洲并进一步在世界范围内风靡起来。③ 由于运输路途遥远，茶叶在西方世界，首先是作为奢侈品出现的，其传播满足了资本主义上升阶段资产阶级和探险家对东方的幻想。此后，随着东西方茶叶贸易的繁荣，运抵西方的茶叶数量急剧增加，茶

---

① 正山小种，属红茶类，与人工小种合称为小种红茶。18世纪后期，首创于福建省崇安县桐木地区。

历史上，该茶以星村为集散地，故又称星村小种。鸦片战争后，帝国主义入侵，国内外茶叶市场竞争激烈，出现正山小种与外山茶之争，正山含有正统之意，因此得名。西方人称为LAPSANG SOUCHONG，俄罗斯称武夷茶，后称熏茶，日本称拉普山小种（粤语）。现在产地仍以桐木为中心，另崇安、建阳、光泽三县交界处的高地茶园均有生产。参见 http://baike.baidu.com/view/27510.html？wtp=tt.

② 庄国土：《茶叶、白银与鸦片：1750—1840年中西贸易结构》，《中国经济史研究》1995年第3期。

③ 邹新球：《世界红茶的始祖：武夷正山小种红茶》，中国农业出版社2006年版，第19页。

叶又成为大众借以消磨时光、资本家借以剥削劳工、资本主义世界体系向全球扩张的完美工具。茶叶在其原产地中国被赋予的社会角色和文化意义，在遥远的西方被"转译"了。

（一）武夷红茶的外销路线

与从陆路流入俄国的岩茶不同，通过海路运往欧洲的武夷山茶叶，以正山小种红茶为主。据《中国茶经》记载，荷兰商船是 1610 年首次来到中国的，并带回了少量的武夷山红茶。《与雷诺阿共进下午茶》一书也证明了这一史实：

在 17 世纪时，已经开始制作红茶，最先出现的是福建小种红茶，这种出自崇安县星村乡桐木关的红茶，当 17 世纪初荷兰人开始将中国茶输往欧洲时，它也随着进入西方社会。[①]

1650 年以前，欧洲的茶叶贸易可以说完全被荷兰人所垄断。经过两次英荷战争后，英国东印度公司渐渐摆脱了荷兰而垄断茶叶贸易。1684 年清政府解除海禁，1689 年英国商船首次靠泊厦门港，从此英国开始由厦门直接收购武夷红茶。

在英国，早期以"CHA"来称呼茶，但自从厦门进口茶叶后，即依照厦门语音称茶为"TEA"，称最好的红茶为"BOHEATEA"（武夷茶），"BOHEA"即武夷的谐音。在英国《茶叶字典》中，"武夷"（BOHEATEA）条的注释为："中国福建省武夷（WU-I）山所产的茶，经常用于最好的中国红茶（CHINA BLACK TEA）。"[②] 可见武夷红茶在英国的重要地位，以至后来逐步演变成了福建红茶乃至中国红茶的总称。

武夷山有这么一句话："武夷山一怪，正山小种国外买。"产地买不到正山小种红茶堪称一怪。产区农民生产红茶而又从不饮用红茶，这就引出一个推论——红茶应是为海外贸易发展而兴起的产物。海外不断增长的茶叶需求量，导致正山红茶的生产范围逐步扩大，从 17 世纪开始，武夷山正山小种红茶，先从桐木核心区向外围，从正山往外山，从周边

[①] 参见吴梅东《与雷诺阿共进下午茶》，上海文艺出版社 1999 年版。
[②] 吴觉农：《茶经述评（第二版）》，中国农业出版社 2005 年版，第 91 页。

县市向省外扩散。随着红茶的扩散,武夷红茶的含义,也逐渐由正山小种这个地区性红茶品种,扩大至武夷山全市,以至周边地区,乃至福建全省的红茶的总称,甚至在武夷红茶独步世界的18世纪"武夷茶为中茶之总称矣"。《崇安县新志》载,武夷茶"由域中而流行海外,而武夷遂辟一新纪元矣"。

桐木村是红茶的原产地,红茶的外销自然是从这里开始的,红茶初期的海外需求,由于价格昂贵数量较少。虽然荷兰人1610年就把它带到欧洲,但基本上是把它当作稀有物品。直到1664年,英国东印度公司晋献凯瑟琳皇后的武夷红茶才两磅[1],可见其稀少程度。

17世纪末,在红茶最大的消费国英国,武夷红茶逐渐由贵族阶级流入普通百姓中,普通人饮用红茶越来越多,红茶的消费量直线上升,供不应求,特别是1684年清政府解除海禁后,外国船舶可以直接靠泊厦门港进行红茶贸易,极大地方便了红茶外销。

据资料统计:18世纪前50年,英国平均年进口红茶873973.31磅(6556担),是17世纪末期的76倍。加上另一红茶贸易大国荷兰也有与此相当的进口量,这显然已经超出了正山范围的最大生产量。因此从18世纪开始,武夷红茶开始由崇安县桐木地区逐渐向周边县市扩散,出现了周边仿制的武夷红茶。如在1706年的《安溪茶歌》中便出现了仿制的紫毫白毫红茶和外销的盛况(需要指出的是,这时期之前进行的茶叶贸易都是红茶贸易,销售出去的都是红茶,而不是别的茶)。[2]

通过海路外销的武夷红茶,大致经历了以下几个发展阶段。

第一阶段,17世纪武夷红茶的对外贸易和外销路线。17世纪武夷红茶的外销路线,主要是由闽商通过海上与欧洲商船进行贸易,然后由欧洲商船把红茶运往欧洲。

1610年,荷兰人首次把闽南人从厦门运到巴城的武夷红茶运往欧洲。在18世纪20年代以前,荷兰人主要以巴达维亚为据点,同中国到

---

[1] 参见萧致治、徐方平《中英早期茶叶贸易》,《历史研究》1994年第3期。
[2] 参见邹新球《世界红茶的始祖:武夷正山小种红茶》,中国农业出版社2006年版,第26页。

达的帆船进行贸易往来，茶叶是其中的主要货品。清政府在1656—1644年，实行了近30年的海禁，对武夷茶的海上运输造成严重影响，但武夷茶的海上贸易并未禁绝，荷兰人仍从海上购得大量福建茶叶。

1650年以前，"正山小种"红茶的经贸权可以说完全被荷兰人所垄断。1652—1654年，英国人与荷兰人在茶叶生意上短兵相接，爆发了第一次"英荷战争"；1665—1667年又爆发了第二次英荷之战，英国再度获胜，摆脱了荷兰人，渐渐垄断茶叶贸易。1669年，英国政府规定，茶叶由英国东印度公司专营。1684年以后，厦门港首开与外商直接贸易之新纪元，武夷红茶开始从厦门港直接出口。从此，由厦门收购的大量"正山小种"红茶被英国东印度公司输入欧洲市场。

第二阶段，18世纪武夷红茶的对外贸易和外销路线。18世纪是武夷红茶大发展时期，由于英国红茶消费量的增加，普通人饮用红茶者越来越多，同时茶叶贸易在英国、荷兰、丹麦、法国、瑞典间的激烈竞争，促进了茶叶需要量的增加，茶叶贸易大幅度上升。18世纪初，武夷红茶的输出已达百万斤，武夷正山小种红茶的产量已经不能满足需要，茶叶产区沿闽江而上，从建溪向富屯溪、沙溪毗邻诸县扩展。但武夷山仍是最重要的红茶产区，国内其他省的红茶均是19世纪以后才出现的，所以18世纪仍是武夷山红茶独步天下的时期。

这一时期清政府实行了第二次海禁政策，规定只准广州一港对外通商，关闭厦门等通商口岸。由于贸易地点的改变，武夷红茶的通商口岸也随之改变。武夷红茶（包括周边生产的红茶）在崇安星村集中后，翻越武夷山抵江西铅山河口镇，由河口换船顺信江到鄱阳湖，经鄱阳湖运至江西省会南昌，从溯江到赣州，由赣州再到大庾，由大庾到广东南雄始兴县，再用船运到韶州府曲江县，从曲江县沿北江顺流南下广州。这条运输路线，长达2800多华里。

虽然清政府多次重申严禁茶叶泛海运粤，但"闽商贩运武夷茶仍每每违背禁令"。可见，在第二次海禁期间，武夷茶的海上运输并未中断。海上运输仍是武夷茶外运的另一个渠道。

第三阶段，19世纪武夷红茶的对外贸易和外销路线。19世纪是中国茶叶出口的鼎盛时期，也是武夷红茶对外贸易最辉煌的时期。这一时期，红茶成为我国向西方各国输出的主要茶类,在红茶中"武夷茶"成为"武夷红茶"的专名,也是中国出口茶叶中最受欧美欢迎的抢手商品。19世纪40年代红茶平均出口量为465361担,50年代红茶平均出口745640担,60年代红茶平均出口已经跃至百万担以上,从此保持年百万担出口量长达32年之久。出口量最高年份的1886年,达165万担。

这一时期对武夷红茶外销路线影响最大的是1840年的鸦片战争。鸦片战争后,清政府被迫开放厦门、福州、宁波、上海以及原先已经开放的广州五港,进行对外贸易通商。五口通商后,武夷山一改只运广州的去向,开始走较为便捷的上海港,运输途径由江西鄱阳湖过九江入长江转上海,或由河口至玉山进常山,再顺钱塘江上游支流运往杭州,再由嘉兴内河运往上海。福州自1843年开埠,但10年内没有输出茶叶。在1853年以前,武夷茶仍只走广州线,以后转走上海线。1853年,福州直接出口茶叶后,武夷茶终于找到一个合理便捷的出口地,全部通过福州出口,不用再绕道其他港口出口了。[①]

(二) 武夷红茶在英国

> 我觉得我的心儿变得那么富于同情,我一定要去求助于武夷的红茶。
>
> ——拜伦《唐璜》

阿帕杜莱(Arjun Appadurai)在他所主编的 *The Social Life of Things* 的导论中,强调用一种过程的视角来看待物,不同情景下的物,具有不同的特征。而作为商品的物,只是物品的生命传记中的一个阶段。在任何一个既定的情景中,商品的流动都是社会规定的"路径"与竞争性激发的"转移"之间的一个过程。[②] 以这样的眼光来看武夷红茶,其在英国的传播,就不仅仅是全球贸易网络中的一个图景,作为有着社会生命的物(武夷红茶),中英不同的文化语境(context)赋予了

[①] 邹新球:《世界红茶的始祖:武夷正山小种红茶》,中国农业出版社2006年版,第96页。

[②] Arjun Appadurai, *Introduction : Commodities and The Politics of Value*, in his edited the Social Life of Things, 1986, pp. 3—63.

其不同的文化想象，传到英国的武夷红茶，其消费价值与消费者的社会阶层的转变经历了三个阶段，从上流社会的药品到中产阶级的奢侈品，再到社会大众的佐餐饮料，同时与来自美洲的蔗糖，两者的流通路径在英国发生并接，最终被英国人演绎成一套英式的红茶文化，并为当时以英国为中心的资本主义世界体系向全球的扩张注入了"兴奋剂"。

茶进入英国社会，从消费价值、方式到消费者社会阶层的转变，经历了三个阶段，艾德谢在《世界史中的中国》一书中对这三个阶段有过明确分析。

> 1650 至 1833 年，英国对茶的需求经历了三个阶段。1720 年之前，年茶叶进口量在 10000 担以下，茶只是一种药品，一种有刺激与兴奋作用的饮料。对男性来说，它是除了咖啡以外另一种可供选择的提神饮料；对妇女来说，它是缓解周期性偏头痛、忧郁症和各种心理压力的镇静剂。此间的茶主要是由荷兰进口的，以药用为主。
>
> 1720 至 1800 年，进口量从年平均 10000 担升到 20000 担，茶变成了一种社会消费品，消费者主要是女性，围绕着茶构筑起一种女性化的时空与家庭内部关系。喝茶要求有专门的茶室，专门喝茶的时间与服饰，并形成了一套独特的行为仪式与独特的社会技巧。茶作为一种日用商品，主要进口渠道来自荷属东印度公司及其欧陆的一些后继者。
>
> 1800 年至 1833 年，茶进口量从年平均 20000 担涨到 35000 担，茶在英国，像在西藏与西伯利亚那样，变成一种食品：家用浓茶，加许多牛奶与糖，成为早期工业革命时代长劳动时间与高出生率的社会生活的一种简单有效的基本营养品。作为一种大众消费品，茶此时已主要依靠英国东印度公司的进口。[1]

饮茶，在中国社会中被视为一种能够陶冶性情的休闲饮品，对比以上三个阶段茶在英国所具有的文化意义，就会发现这三个阶段的英国茶与中

---

[1] 周宁：《风起东西洋》，团结出版社 2005 年版，第 199—200 页。

国茶之间的关系，乃是经历了"由陌生到接近，再到分离"的一个过程。

而这一过程中的茶叶，经历了由卖者到买者、由本土到异域，以及与知识和市场的调适后，其本真性（authenticity）被完全置换。从武夷红茶到英国红茶，体现了商品的所谓本真性，就是"在他者社会供应的基础上，来自我们自己社会的选择和协商的产物"[①]。

茶在英国传播的第一个阶段（17世纪中叶），西方的中国形象，是一种模糊的"想象中国"，茶叶作为"他者"对英国人是完全陌生的，英国人甚至没有把它作为一种饮料，而是看成一种能够治病的神秘药物。这一时期的茶叶流动范围极其有限，仅限于王公贵族之间。皇室对红茶的热爱和推动，塑造了饮茶的高贵、华美的形象。1664年，东印度公司的普罗德船长（Captain Prowde）从万丹回来，送给国王查理二世的不是什么珍禽异兽，而是一小包"贵重的茶叶"和一点肉桂油。葡萄牙公主凯瑟琳带给英国的嫁妆，不仅有一块殖民地，还有中国红茶。威廉·乌克斯的《茶叶全书》载："最初茶叶只能从中国购办，系一种极名贵之物品，在馈赠帝皇、王公及贵族之礼物当中，偶然可以发现此种世界之珍宝。"[②]

在第二阶段，英国茶和中国茶可说是最为接近的，这一时期整个欧洲大陆掀起了一股"中国潮"，人们追捧中国的茶叶、丝绸、瓷器以及园林艺术、哲学思想等，饮茶成为一种时髦的休闲方式。

修·汉诺尔在回忆它孩童时代获得的中国印象写道：

> 我们每天吃饭用的盘子上的垂柳图案，让我清楚地看到中国风景，不久我又听说，盘子上方在云端飞翔的两只鸟儿，是一对中国恋人，他们被一个发怒的父亲追逐过美丽的拱桥，就变成了飞鸟……不管是自己家里还是别人家里，总能见到一些青花的美丽瓷杯、彩釉小碟、漆镶板，对我来说，这些东西就是那个遥远的国家的产物。去丘园参观，我又见到那个国度的建筑。所有这些东西都

---

① 布莱恩·斯波纳：《织者与售者：一张东方地毯的本真性》，孟悦、罗钢编《物质文化读本》，北京大学出版社2008年版，第266页。

② 邹新球：《世界红茶的始祖：武夷正山小种红茶》，中国农业出版社2006年版，第33页。

在我幼小的脑海里形成了清晰的中国形象。一个颠倒的、一切都与欧洲迥然相反的世界,到处是奇花异草、山妖水怪、玲珑剔透的建筑。尽管多年以后,我已经发现这种中国形象都是欧洲制造的,可我仍然无法消除在我记忆深处那最初的印象。①

这是 17—18 世纪"中国潮"时代欧洲典型的中国形象,这一时期的英国人,对茶的认识由一种包治百病的药物到一种休闲饮品,上层社会将之视为时尚和社交生活的一部分。这一时期,英国饮茶不管在器具、陈设、环境和习俗与中国有多么不同,都没有从本质上改变饮茶的文化意义——它的意义是一种闲暇的消遣,代表着一种优雅的生活方式,只是在英国这种文化空间更加女性化。

真正改变茶的饮用方式和其物质本真性是在第三阶段。这一时期,茶的饮用已经遍及普通百姓,人们在烹煮茶叶时,加入大量的牛奶和糖,将之作为一种温和而又有滋补作用的兴奋剂,成为当时英国的资本主义向全球扩张的有力助推器。

随着英国工业革命的发展,要求大量的劳动力高强度地工作,这时加入了大量奶糖的茶叶成为工业化进程中一种暂时缓解食品压力的方法。生活水准并没有因此提高,但工人们可以依靠英式红茶这一麻醉食品保持高负荷的劳动。英国经济史学者 J. A. 威廉逊曾说:"如果没有茶叶,工厂工人的粗劣饮食就不可能使他们顶着活干下去。"②

而中国人也认为,茶叶作为酒的替代性饮品在英国的推广,使英国人由容易酗酒滋事之徒转变为谦谦君子。《清代通史》中如下记载:

> 当茶叶之初到伦敦也,公私进贡英王,贵族仿而用之,而妇女之时髦者,深恐茶中有毒,饮后以白兰地酒解之,其关心世务者,则以茶之毫无滋补,徒耗金银,大倡反对之论,然以酒税之增加,酒价飞腾,贫民用茶代酒,故至嘉庆十八年前后,其风气已通行全国矣。约翰生 Samuel Johnson 自述其二十年嗜茶成癖,宜朝宜夕。

---

① 周宁:《异想天开:西洋镜里看中国》,南京大学出版社 2007 年版,第 120 页。
② 邹新球:《世界红茶的始祖:武夷正山小种红茶》,中国农业出版社 2006 年版,第 33 页。

六合丛谈所载华英通商略言，英人以酒为饮料，酗酒滋事，及改饮茶，则养成彬彬君子之风，是茶为英国民性优良之恩物也。①

（三）"迂回的线路"的反思

毫不夸张地说，17世纪初的英国几乎没有人喝茶，可到了18世纪末，几乎全英国上下人人皆在饮茶。然而，这些来自福建武夷山区的茶叶传到英国后，却与殖民扩张和工业革命连在了一起，这也促使我们对这条泛着茶香的迂回线路进行反思。在16世纪和18世纪，整个西方都渴求中国的茶叶，将之称为"茶神"（god tea），却没有可以和中国交换和贸易的其他商品，这就造成了大量的白银和黄金从欧洲源源不断地流往中国。

鸦片，这个在中国鸦片商眼里，被看成和白银一样值钱的东西，让东印度公司看到了曙光。由于鸦片主要产自印度，而印度的生产和贸易又在很大程度上受东印度公司的控制，所以公司很快就控制了鸦片的种植和生产，并从18世纪70年代开始，默许把鸦片卖给走私商和腐败的清政府官员。清政府的海关官员自然非常清楚所发生的一切，但他们受中国鸦片商的贿赂，同样参与了走私过程。仅1830年一年，出口到中国的鸦片就增长了250倍，达1500吨。其所赚银两足以支付购茶费用；事实上，从1828年起，中国进口的鸦片价值就已经超过了出口的茶叶价值，英国茶叶贸易逆差完全扭转。

1838年12月，朝廷派钦差大臣林则徐清剿鸦片。林则徐下令在虎门集中销毁了一年来进口的鸦片。此举激怒了英国人。东印度公司的代表和其他英国商人对本国政府施压，要求政府强迫清政府扩大贸易开放、增加通商口岸，这样商品就不用全都从广东进入中国了。他们要求以自由贸易的原则处理广东的不稳定局势，特别要保护茶叶贸易（及相关的鸦片贸易）。英国政府并不想公开支持鸦片贸易，不过他们坚持中国内部禁烟并不等于中国官员有权搜查和销毁属于英商的货物（即鸦片）。于是，英国以保护自由贸易为借口，发动了历史上的第一次鸦片战争。

---

① 《清代通史》卷二第四篇"十九世纪之世界大势与中国"，中华书局1985年版，第847—851页。

第一次鸦片战争从 1839 年持续到 1842 年，历时不算长。由于欧洲武器先进（这大大出乎中国的预料），此次战争几乎是单方战役。战败后，清政府被迫签署了《中英南京条约》，割让香港岛，开放 5 个通商口岸，允许自由贸易，并赔偿英国白银 2100 万两，其中 600 万两用以赔偿林则徐所销毁的英商的鸦片。《南京条约》的签订标志着英商的胜利，同时也翻开了中国历史上最耻辱的一页。总而言之，茶叶凭借对大英帝国政策的影响改变了世界历史的进程，铸成了一幕幕诸如美国独立、中国封建王朝衰败这样的人间传奇。[1]

通过从福建武夷山区延伸出去的这条海上茶叶之路，在 17 世纪到 19 世纪的两三百年间，将中国的茶叶传到了世界各地，正是它把温驯而富有效率的工人阶级，送进了发展资本主义的喉咙之中，成为资本主义世界体系扩张的助推器，而这一迂回的路线带给中国的却是鸦片、战争和近八十年的半殖民地统治。从茶叶在东西方社会中不同的角色和功能来看，这恰恰体现出：物质文化的传播不应简单看其被某一社会接纳的现实和结果，而更应重视当地社会文化对该物的重新建构和吸收这一过程。

认真研究茶俗是如何传播的，我们就能够肯定，亦如同在其他任何地方一样，茶的实际功能表现为一条本土的宇宙图式的情境性运作模式，它目睹了西敏司（Sidney Mintz）所称的"麻醉食品"在欧洲大众阶层迅速传播的过程。现代西方"文明"的发展依赖于一种巨大的"软性麻醉"文化，这种文化至少是容忍力的一个条件，其标志是诸如茶、咖啡、巧克力、烟草和糖之类的物质进入了日常普通消费之列——这是一个不怎么估计营养价值的食谱。[2] 而今日在中国各大小城市的超市货架上，赫然摆放着全球最大的茶叶生产商——英国立顿公司生产的各式茶叶，其中就包括福建的"铁观音"。三百多年前，正是从福建武夷山区延伸出去的海上茶叶之路，使英国人第一次尝到了茶的滋味，而三百多年后的今天，这条茶叶之路却反向流回了茶叶的原产地中国，这既是

---

[1] ［美］汤姆·斯丹迪奇：《六个瓶子里的历史》，吴平等译，中信出版社 2006 年版，第 155—159 页。

[2] ［美］马歇尔·萨林斯：《资本主义的宇宙观——"世界体系"中的泛太平洋地区》，《历史之岛》，蓝达居、张宏明等译，中信出版社 2006 年版，第 398—401 页。

三百年来东西文化碰撞和融合的结果，也是历史在对中国的提醒：中国深厚的茶叶文化底蕴，不应只是历史河流中的遗留"物"，更应在今日的全球贸易体系中，焕发出更加蓬勃的生命力。

九 茶道：从"路"达"道"的文化之道——作为文化线路遗产的中俄"万里茶道"

从今天的文化线路遗产的角度来看，万里茶道不仅是一条普通的商道，更是以中原"黄土文明"为纽带，将茶道沿线的草原文明、游牧文明、农耕文明连接起来的"文化之道"，是中、蒙、俄三国商贸往来的历史见证，"万里茶道"作为一项文化遗产，至今仍对茶道沿线各地产生着深远影响。

1993年，西班牙圣地亚哥·德·卡姆波斯特拉朝圣路线被列入《世界遗产名录》。这标志着文化线路（cultural routes）作为遗产类型的概念开始形成。在次年于西班牙马德里召开的文化线路世界遗产专家会议上，与会者一致认为应将"路线作为我们文化遗产的一部分"，第一次明确提出"文化线路"的概念。自此，文化遗产的内涵和外延得到进一步拓展，保护对象由遗产本体扩展到周边环境、视线走廊，遗产的规模由点状发展到线状和面状，遗产类型由静态向动态和活态发展。

在这一全新概念的启发和激励下，许多隐性文化遗产浮现于世，一系列无形的"文化线路"相继申遗成功，引发世界关注：法国米迪运河、奥地利塞默林铁路、印度大吉岭铁路、阿曼乳香之路、日本的纪伊山脉胜地和朝圣之路、以色列的香料之路、秘鲁的印加之路……据《文化线路宪章》，文化线路可以看作一种通过承担特定用途的交通线路而发展起来的人类迁徙和交流的特定历史现象，现象的载体即文化线路遗产的内容。[①] 可见，文化线路中的交通路线并不是一条普通的道路

---

① 2008年，国际古迹遗址理事会第十六届大会正式通过了《文化线路宪章》（The ICOMOS Charter on Cultural Routes）成为国际文化线路保护的基础性文件。目前，《文化线路宪章》六十多个缔约国已确认三十多条文化线路，以备推荐给世界文化遗产委员会，其中，中国有丝绸之路、大运河两项。

(road)，而是运输特定的商品，或进行特定的政治、宗教、文化活动而逐渐形成的线路（route）。一条交通线路区别于其他交通线路的最主要特征就是其承担的主导功能，比如丝绸之路、中俄茶叶之路、欧洲的葡萄与葡萄酒线路等，其名称均源于其在历史上的功能用途。在这一过程中，不同的人文因素的集体干涉相一致，并导向这个共同的目标。①

从文化线路遗产的定义和内涵来看，"特定的用途"和"特定的历史文化现象"这两点是"文化线路"特别强调的。此外，它还强调时间上的持续性、空间地域上的"跨越性"、族群文化的多元性、交通方式的多样性等多种衡量标准，各种因素共同在历史的过程中交互影响作用，才有可能形成持续的演进动力，从而成为今天的文化线路遗产。300多年前形成的"万里茶道"作为中西方物质文化交换的国际商道，横贯亚欧大陆中、蒙、俄三国，一直延伸到俄罗斯和欧洲其他国家，沿线有200多个城市。从各种标准来看，都符合"文化线路"遗产的概念和内涵。

（一）具体的特定用途

"万里茶道"又被称为"茶叶之路"，从其命名上显而易见茶叶是这条商道上主要流通的商品。虽然俄国的欧洲部分与中国的直接贸易早在17世纪就已开始，但大规模的商队贸易则开始于茶叶成为重要商品之后。尤其在18世纪后期到19世纪末西伯利亚大铁路建成之前，茶叶贸易一直是中俄陆路贸易的核心商品。在莫斯科和福建之间这条长达4万多里的陆上茶叶之路上，中俄商队络绎于途，共同经营蔚为壮观的茶叶贸易。② 在18世纪的中俄贸易结构中，中国方面提供的主要商品是茶叶，俄国方面提供的是棉织品和毛织品。1852年，从恰克图卖给俄国人的茶叶达到175000箱，其中大部分是上等货，这指的是由山西商人通过陆上茶叶之路运来的"商队茶"，不同于由

---

① 王建波、阮仪三：《作为遗产类型的文化线路——〈文化线路宪章〉解读》，《城市规划学刊》2009年第4期。

② 参见庄国土《茶叶、白银和鸦片：1750—1840年中西贸易结构》，《中国经济史》1995年第3期。

海上进口的次等货。中国人卖出的其他商品是少量的糖、棉花、生丝和丝织品。1796—1810年，俄商在这条商路上的贸易额占到该国对亚洲贸易额的63%~70%。①

从各种史料中所罗列的中俄商人所贩运各种商品所占的比例来看，这条商道被称为"茶叶之路"的是名副其实的。17世纪至19世纪初，山西商人首先深入中国南方各产茶区采购大量茶叶，之后一路北上穿越蒙古草原、戈壁、沙漠，一直抵达中俄边境的买卖城恰克图。除了俄国人对茶叶的狂热需求以外，蒙古草原上的牧民将茶叶视为"第二粮食"，牧民们习惯于将砖茶投入沸水中熬煮成浓浓的茶汤，再兑上羊奶就成为香气四溢的奶茶，这样的奶茶可以化解肉食油腻，对于长期缺乏蔬菜的游牧民族而言是每日必不可少的。固然在这条"万里茶道"上流动的商品不仅有茶叶，还有棉布、绸缎、生丝、瓷器等，但这些商品所占的比例与茶叶相比是极小的。在这条绵延万里的商道上，事实上主要是两种商品的物物交换，即中国的茶叶与来自俄罗斯的皮毛进行交易，其他商品在茶叶与皮毛的货物大潮中只是小部分的补充。

（二）特定的历史文化现象

"万里茶道"是在特定的历史背景下，特定的地理环境、交通条件和族群互动过程中形成的特定历史文化现象。在现代社会，由于交通工具的方便快捷，旅客与交通沿线的物质、景观和居民几乎没有交集和互动，因而一般不会产生新的文化线路。世界上著名的几条文化线路，如丝绸之路、瓷器之路、香料之路、阿曼乳香之路都是在历史上经由几个世纪，依靠人力、畜力或水路运输而形成的。

从时间阶段以及商队与沿途的交流互动来看，"万里茶道"只能是

---

① 《华事夷言》评论道："因陆路所历风霜，故其茶味更佳，非如海船经过南洋暑湿，致茶味亦减。"当时欧洲人普遍认为，海上运输时空气中的盐分，又经过热带和东赤道时气候的炎热和潮湿，一冷一热，茶叶发汗，潮湿和不通风都会耗去和破坏茶叶的特殊风味。而通过陆路运输的茶叶，不受潮湿、霉味、含盐的空气、舱底污水的侵袭。因此，俄罗斯人十分青睐那种被称为"商队茶"的恰克图质量最好的茶。参见陶德臣《马克思论中俄茶叶贸易》，《中国茶叶》2008年第3期。

在19世纪之前形成的一条国际性商道。首先,"线路遗产"并不只是普通的一条交通运输道路,而是因为迁徙和交流而对道路沿线的村庄、居民、景观和文化现象产生影响或留下遗迹而形成的文化现象。"交流"是形成文化线路的一个关键因素,而只有依靠人力和畜力的大规模长途运输,商队需要在途中住宿、休整、采购、补给才有可能与道路沿线的社区产生交流,从而对商道沿线的饮食、风俗、语言、建筑景观等产生影响。在现代交通工具产生以后,商队与沿线居民的交流大大减弱,因而也无法形成线路遗产。其次,万里茶路的兴盛繁忙与当时中、俄之间良好的外交环境和外贸关系密不可分。中、蒙、俄之间的民间茶叶贸易由来已久,但真正形成规模化的"茶叶之路",应该是始于公元1689年(清康熙二十八年)的《中俄尼布楚条约》。相对固定的茶叶商贸线路和大规模的运销活动则始于1727年(雍正五年)的《中俄恰克图界约》之后。《中俄尼布楚条约》被评价为中国第一次以平等地位跟外国签订的条约,清帝国以和平的商贸关系阻止了沙皇进一步东进的势头。《中俄尼布楚条约》第五条规定:"两国既永修和好,嗣后两国人民持有准许往来路票者,应准其在两国境内往来贸易。"这是双方第一次以国家的名义正式承认边境贸易为合法。[1] 此后,中、俄两国持续了近200年的和平贸易关系,为中俄双方商人都带来了巨大的利益。自《尼布楚条约》签订后的36年间,俄国官方先后派出11支商队到北京采购茶叶、牛、皮革、丝绸、瓷器和大黄。而晋商更把商业触角伸向俄罗斯及欧洲其他国家,跨越区域之大,经营时间之久,世所罕见。再次,进入19世纪以后,"万里茶道"的衰落与中国国力的衰落、沙皇俄国与清政府签订的一系列不平等条约、铁路的修建替代晋商的驼队等诸多因素有关。诸多的历史条件决定了"万里茶路"只能在17—19世纪成为中俄交通运输的大动脉。虽然至明朝以来,居住在中俄边境的居民之间就有零星的物资买卖和交换。并且,晋商在明朝时期就在"茶马互市"的基础上深入蒙古草原,与游牧民族做起了买卖,但这种民间交易无论在数量上还是商品品种上,都与万里茶道开辟以后庞大的商品交易量无法相

---

[1] 米镇波:《清代中俄恰克图边境贸易》,南开大学出版社2003年版,第10页。

比。而 19 世纪以后，尤其是西伯利亚大铁路建成通车以后，主要依靠驼队在草原戈壁运输的"万里茶道"的衰落是无可避免的。

（三）时间上的持续性

作为一种历史现象而不是一个历史事件，文化线路的形成需要时间的累积，这意味着交通线路上的人类往来和交流是长时间的、持续的，从而可以形成不同文化群体间的相互影响和融合。这也正是文化线路作为历史现象的独特之处，是文化线路作为一种遗产类型存在的价值与意义所在。时空上的特定要求，使得作为一种遗产类型的文化线路数量实际上是有限的，比如前几年中国学术界曾有学者倡导将"长征线路"申报为世界线路遗产，然而对于长征是否属于"线路遗产"，至今仍存在较大争议，质疑者提出的最主要原因就在于长征存在的时间较短（3 年），不能体现出线路遗产"长期的、持续的演化动力"。而中俄万里茶道从明朝算起，一直到 19 世纪上半叶才逐渐退出历史舞台，前后持续时间约三百年，完全符合文化线路遗产对时间持续性的要求。

（四）空间与族群的"跨越性"

"万里茶道"是一条连接中国东部和俄国西部的商路。这条路由中国向北伸展，穿越茫茫戈壁，然后由东向西，横跨西伯利亚针叶林地带的"泰加群落"，最终抵达俄罗斯帝国的都市中心。[1] 从地理空间上来看，"万里茶道"穿越了中国、蒙古和俄罗斯三个国家，沿途经历的各段路程环境、气候差异极大，地理特征各异，从福建武夷山出发以后，商队一路行经风光旖旎的南国水乡、山河壮美的中原腹地、气象雄浑的塞外大漠、银装素裹的雪域高原，其地理空间上的跨越性之大，经历的地形地貌之复杂在完全依靠人力和畜力运输的前工业社会实属罕见。地理空间上的跨越性同时对应着族群分布的多样性，"万里茶道"以茶为最主要的商品，而茶叶本身就是农耕社会与游牧社会交往互动的最重要

---

[1] 艾梅霞：《茶叶之路》，范蓓蕾、郭玮等译，中信出版社 2007 年版，第 18 页。

的物质媒介之一。茶路的一端是以"山"这一地理环境为主要生活空间的"茶农",蒙古草原上则是逐水草而居的游牧民族,俄罗斯西伯利亚地区以及叶尼塞河岸边的族群构成则更为复杂,图瓦人、雅库特人、布里亚特人、哈卡斯人等散布在这一高纬度的寒冷地区,将这些散居族群联系在一起的是通过万里茶道运输而来的砖茶。瓦西里·帕尔在贝加尔湖边考察时称:"所有亚洲西部游牧民族均大量饮用砖茶,时常把砖茶当做交易的媒介。"万里茶道所呈现出的地理空间和族群文化的多样性"反映了人们之间的相互往来,以及贯穿重大历史时期的人类、国家、地区甚至大陆之间的货物、思想、知识和价值观的多维度的持续的相互交流"[①]。

（五）交通方式的多样性

"万里茶道"是一条纵贯南北水陆交通的商业贸易线路。起点在福建崇安（现武夷山市）,途经江西、湖北、河南、山西、直隶（河北）、内蒙古,终点是乌里雅苏台（现蒙古人民共和国）的恰克图。全程约9580余里（4790余千米）,其中,水路2970余里,陆路6610余里。[②]

《山西省历史地图集》"清代晋商商路"记述:"在南方,（晋商）又开辟了由福建崇安过分水关,入江西铅山县,顺信江下鄱阳湖,穿湖而出九江口入长江,溯江抵武昌,转汉水至襄樊,贯河南入泽州,经潞安抵平遥、祁县、太谷、忻州、大同、天镇到张家口,贯穿蒙古草原到库伦至恰克图,这是一条重要的茶叶商路。"[③] 从交通运输的多样性来看,"茶道"主要分为船运、车运、驼队三段运输路线。但这仅仅是对每一段路程最主要的交通方式而言,实际上在每一段路线中都会根据实际路况交替采用不同的运输工具。比如第一段由武夷山下至湖北汉口的船运:在下梅加工的茶叶从当溪运出,进入梅溪,西驶则抵达赤石码头。之后改由脚夫挑担或用"鸡公车"推过分水关。晋商歌谣说:"到崇安,

---

① 王建波、阮仪三:《作为遗产类型的文化线路——〈文化线路宪章〉解读》,《城市规划学刊》2009年第4期。
② 韩小雄:《晋商万里茶路探寻》,山西人民出版社2012年版,第4页。
③ 山西省地图集编纂委员会:《山西省历史地图集》,中国地图出版社2000年版。

又无船,雇上脚夫把茶担。担茶要走二百里,这才挑茶到铅山。"脚夫们挑茶到铅山县永平镇永平码头后,将茶包装入小船,入铅山河顺流向北(铅山河可通1.5吨的木船),经过20千米的水路,即到达信江岸边的河口镇。在这里改船运,由信江下鄱阳湖,一直到汉口。[①] 因此,仅此一段路程实际上就交替采用了"水运—脚夫—小船—大船"的方式。

---

① 参见程光、李绳庆编著《晋商茶路》,山西经济出版社2008年版,第16—33页。

从焦化到文化：介休文化
遗产格致的方法论

一 介休，中国的一个谜

从太原出发，经过四天的行程，就到达介休（Kiehiu），这是我在中国见到的最奇怪的城市。在周边各地的乡间，房子都是泥或砖盖的，仅为一层，然而介休的房屋全都是两层，清一色用石头建成。建筑风格并未依循惯常的汉式标准，而是令人联想到15世纪的德国小镇。房屋第二层的整个前部是一条门廊，可以由石砌楼梯登达，这个楼梯从院落中一直通到房屋的外面。屋顶以瓦片覆盖，屋脊通常装饰有龙和鸟的形象。山西的大道穿过介休向南、北延伸。它构成介休城区的主要大街，也是这里仅有的一条名副其实的大道。其他街道都是宽约3米的小路，弯弯曲曲向四面延伸，长达数千米，使得这个城市就好像连人身牛头的怪物都会极为满意的迷宫一样。很显然，在设计建造房屋时，没有建造可以眺望街巷的窗户是精心安排的结果，以至穿街而过的人们除了墙壁外，什么也看不到。

在一名卫队士兵的陪同下，我开始了一次对本城的探索之旅。离开公馆，我们进入一条街道，沿着它不停歇地走了半个小时，猛然间才发现，我们又回到了起点。导游告诉我，我们是从另一条与进入迷宫时不同的路线回来了；这也许是事实，但是之前的行走经历实实在在地给我造成了这样的印象，即我只是穿过了一条弯曲的街巷。房屋的入口也是迷宫的一部分。墙壁空落落的，从墙上的一扇小门穿过过道，就进入院子里，这似乎就是纯粹为了误导人而建造的。院子通常由空无一物的墙壁圈围起来，乍看上去似乎除了访客进来时的入口外，再无别的出口。但在稍远的角落，导游很快就发现了一个小通道，通向另一个院子，里面是他正在寻找的房子。

中国内地的城镇都还没有尝试过在夜晚照亮街道，介休也不例外。了解介休市民如何在黄昏时分回家，准确地找到各自的宅院，会是非常有趣的。但是迷宫并非偶然的产物。街巷全都按照设计者脑海中的某些规划思想加以布局。两墙之间的巷道绝对不会突然到头，而总是通向某地，我被告知，一旦掌握了它们的基本规律，其复杂程度就变得与曼哈顿岛标有数字的街巷一样简单明了。为什么要建造迷宫？迷宫的要害在哪里？为什么这里的房屋高度和建筑风格与山西其他地方迥然不同？介休的确堪称中国的一个谜。

以上关于介休的文字，出自美国《基督教先驱报》记者、美国地理学会会员、探险家弗朗西斯·亨利·尼科尔斯。1901年10月，受《基督教先驱报》派遣，尼科尔斯行程万里，前往西安调查大旱和饥馑灾情，1902年记录尼科尔斯此行见闻的《穿越神秘的陕西》在纽约出版，百年前的西方世界所认知的"介休"，大约就是以上文字所描述的。

一个美国记者眼中的介休，虽然并不完全真实，但是却生动地将自己的见闻所感，以"中国的一个谜"的方式记述下来。在从南方出发之前，笔者并没有看到这段文字，而是通过贾樟柯的《小武》《站台》《任逍遥》"故乡三部曲"系列电影看到了一个与"人说山西好风光"截然不同的一个山西。

《人说山西好风光》是电影《咱们村里的年轻人》的插曲，创作于1959年，20世纪60年代开始响遍大江南北。1958年，电影《咱们村里的年轻人》准备开拍，张棣昌随摄制组来到山西省娘子关及汾阳峪道河沿线采风。那一带风光优美，民风淳朴。山西本来就是民歌的海洋，有谱可查的民歌就达两万余首。我国最早的诗歌总集《诗经》中的《唐风》和《魏风》，大都是产生在山西地区的古老民歌，如《击壤歌》和《南风歌》，相传是舜时歌唱运城盐池和人民生活关系的民歌。尤其是汾阳地区秧歌曲调优美，委婉动听，感情真挚，丰富生动，极富浓郁的乡土气息，张棨昌在创作时大量借鉴了当地的民歌和地方戏剧素材，这些素材的收集，为歌曲打上了鲜明的地方特色烙印。

人说山西好风光/地肥水美五谷香/左手一指太行山/右手一指是吕梁/站在那高处望上一望/你看那汾河的水呀/哗啦啦啦流过我的小村旁/杏花村里开杏花/儿女正当好年华/男儿不怕千般苦/女儿能绣万种花/人有那志气永不老/你看那白发的婆婆/挺起那腰板也像十七八。

1959年电影上映后，郭兰英演唱的这首歌不胫而走，很快风靡全国，而一提起山西，人们第一个想起的就是这首"人说山西好风光"。60年前的介休，应当也是"地肥水美五谷香"的一番景象吧！在贾樟柯"故乡三部曲"的光影世界中，笔者却看到了一个与《人说山西好风光》吟唱的"儿女正当好年华/男儿不怕千般苦/女儿能绣万种花/人有那志气永不老"完全不同的一个山西。

贾樟柯的"故乡三部曲"制作于1997—2000年，三部曲的故事背景均设定于导演的家乡山西省，每一部电影都突出了被边缘化的个体（歌手、舞蹈演员、扒手、妓女和漂泊者）游走挣扎于当代中国充满剧烈变化的世界时所面临的困境。《小武》讲述扒手的故事，他面对着友情、亲情和爱情的破裂，并最终落网于当地公安的严打活动。《站台》经常被认为是贾樟柯最具野心的一部电影，它是一部史诗片，见证了中国喧嚣的20世纪80年代，以及从社会主义到改革开放的激进转变。《站台》截取了一个山西歌舞团的十年光阴，是一首关于时间、变化和青春的电影交响诗，脱俗而深刻。电影《任逍遥》持续地表现出他对变化的中国的思考。电影的背景设置在大同，一个正在进行着大破坏和大建设的灰色城市，电影描绘两个失足青少年，他们生活在充斥甜腻的中国流行乐、卡拉Ok、《低俗小说》和可口可乐的世界，然而在无所事事的同时，做着参军和当上黑帮小混混的白日梦。

时过境迁，每个时代都会有每个时代的人所具有的精神风貌，"物是人非"的感叹，是我们跨越时间对记忆的一种描述，新中国成立初期曾经意气风发、战天斗地的山西人，是意识形态光影流年的红色记忆，如今"故乡三部曲"中颓废、消沉、无望的边缘人，是喧嚣车轮下我们熟视无睹的浮尘。而如今，在山西的土地上，在"雾霾"里，连"物"也"非物"了。纪录片《穹顶之下》的中国山西，在时间的变迁里，空气也改变了。

麻醉师：这个人抽烟吗？

杨主任：这个人不抽烟。但是她是山西的，是你们（柴静）老家的。

麻醉师：空气质量不太好。

杨主任：对，不干净。所以这可能是大气里面的东西。

（柴静讲述）一个人，别说是一个人了，一个活物，在我看来应该这么活着，春天来的时候门开着，风进来、花香进来。有雨、有雾的时候，人忍不住想要往肺里面深深地呼吸一口气，那种带着碎雨的凛冽的、清新的感觉。秋天的时候，你会想跟你喜欢的人一起，就一个下午什么都不干，懒洋洋地晒一会儿太阳。到了冬天，你跟孩子一块出门，雪花飘下来，他伸着舌头去接的时候，你会教给他什么是自然和生命的美妙。

但现在呢？

这一年每天醒来，我做的第一件事情就是先看一下手机上的空气质量指数，用它来安排我一天的生活。我就靠盼着一点西北风过日子，我每天戴着口罩上街，戴着口罩见朋友。我用胶条把我们家的门窗每个缝都给它粘上，带着孩子出门打疫苗的时候，她冲我笑，我都会感到害怕。

我不是有多怕死，是不想这么活。我要知道它从哪来，我要弄明白这一切是怎么回事。

中国、山西、山西、介休、好风光、雾霾、好男儿、边缘人，在这些抽象的词汇后面，曾经发生了什么？

二 "焦化"的介休

在一本1994年出版的《中国国情丛书——百县市经济社会调查：介休卷》的书中，是这样总结介休在新中国成立后的社会发展的：中华人民共和国成立以后，介休的发展进入一个崭新的历史阶段，特别是改革开放以来，介休充分发挥地方资源优势，实行煤炭加工转化，大力发展乡镇企业，不断进行产业结构调整，从而带动整个社会、经济、文化事业全面发展。

资源优势，加工转化，结构调整，全面发展，同样抽象的词汇，并不能让我们真切了解实情，而在具体的历史事件后面，我们能看到那些历史的细节，是如何塑造了一个曾经"焦化的介休"。

介休的工业是在1949年后发展起来的。在此之前，只有手工业。介休手工业的发展源远流长。早在唐贞观元年（789），顺城关"通德裕"醋场生产的食醋就名扬海外，洪山村因烧制的洪山陶瓷而素有"小景德镇"之称。清光绪年间是介休手工业发展的高峰期，制铁业、造纸业、煤炭采掘业、食品酿造业、纺织业、做香业等发展很快，工艺水平渐有提高。民国时期，手工作坊又有了较大发展。据1936年统计，全县个体手工业者达1192户，从业人员4268人，完成总产值357.4万元。1949年以后，介休的工业从无到有逐步建立、发展起来。

1949年1月，中央直接接管了灵石境内日伪、阎锡山经营过的煤矿，于1956年正式命名为汾西矿务局，1957年迁居介休，辖3个小型矿井。这是介休境内第一个中央属企业。同年兴建了介休县义棠利民煤矿和洪山陶瓷厂。这两个厂分别于1961年、1965年转为地属企业。1958年又兴建了介休纺织厂、介休造纸厂两个省属轻工企业。1958年，汾西矿务局投资兴建了一个比较先进的洗煤厂——介休洗煤厂。1965年，山西省电力公司兴建了一个省属企业——山西省电力公司电力制杆厂。同年，国家在介休兴建山西省第一个现代化印染企业——山西印染厂。1966年"文化大革命"开始后，工业生产出现大滑坡，直到1970年才有所回升。1971年中央有色金属工业总公司在介休兴建了山西碳素厂，1974年晋中地区公路局在介休兴建了介休材料厂。在介休市的乡镇一级，乡镇工业企业主要集中在采煤业、炼焦业、碳素制品业、建材业、食品加工业等行业。

根据国家1990年公布的经济行业分类标准，介休20世纪90年代有煤炭采掘业、煤炭洗选业、铁矿采选业、铝矿采选业、机械建筑材料及其他非金属矿物制品业、石膏采选业、化学工业，纺织印染业、文教体育用品业、木材加工业、家具制造业、饲料工业、塑料制品业、橡胶制品业、电器修理业、工艺美术制品制造业、玻璃及玻璃制品业、煤焦业及煤制品业、交通运物设备制造业、电动机制造业和其他工业，约30余个行业。其中主要有八大行业，即冶金、煤炭、机械、化工、轻工、食品、建材、纺织。

其中冶金工业主要是乡镇焦化厂生产各种冶金焦炭。20世纪90年代共有乡办焦化厂54家，年产焦炭130万吨。还有碳素厂、铁厂、线材厂等。煤炭工业。有95个乡镇煤矿，2个全民所有制煤矿，1个二轻介休煤矿，1个洗煤厂，产值合计达8452.5万元，占县属工业产值的25.69%，是介休县属工业的第一大行业。此外还有水泥厂、电石厂、石膏厂、砖厂、化肥厂等规模大小不等的各类"污染型"工业，造就了介休的"能源化工产品"。

1990年介休县属工业产品结构表

	名　　称	年产量	单　位	主要生产企业
能源化工产品	原煤	141.71	万吨	洪山、樊王等煤矿
	洗精煤	5	万吨	乡镇洗煤厂
	碳酸氢铵	5	万吨	介休化肥厂
	电石	6500	吨	电石厂
冶金工业产品	冶金焦炭	130	万吨	乡镇集体焦化厂
	碳素制品	5000	吨	乡镇集体碳素厂
	生铁	1	万吨	义安、新华铁厂

续 表

	名 称	年产量	单 位	主要生产企业
冶金工业产品	轧材	6000	吨	烘干机厂
	线材	250	吨	线材厂
机械工业制品	潜水电泵	2000	台	水泵厂
	洗煤机	150	台	农机厂、机械厂、二机厂
	拖拉机配件	5	万件	农机厂
	气力输送机	80	台	烘干机厂
	小型炼焦炉	100	套	二机厂
建材工业产品	水泥	1.5	万吨	水泥厂
	石膏墙粉	7000	吨	石膏建材厂
	耐火砖	5	万块	乡镇各耐火材料厂
	青砖	20000	万块	各乡镇砖厂
轻工业产品	自行车配件（产值）	20	万元	自行车配件厂
	塑料制品	400	吨	塑料木器厂
	服装	7	万件	服装厂
	布鞋	28	万双	鞋帽厂
	木制家具	1500	件	塑料木器厂
	印刷品（产值）	40	万元	介休印刷厂、新华印刷厂
	陶瓷	17	万件	各乡镇陶瓷厂

续　表

名　　称		年产量	单　位	主要生产企业
食品工业产品	饮料酒	700	吨	介休酒厂
	糕点	450	吨	介休副食加工厂
	食醋	2000	吨	顺城关陈醋厂
其他工业产品	卫生纱布	600	万米	介休棉织厂
	重浆纱布	200	万米	介休棉织厂
	日用铁皮制品	20	吨	介休机械厂
	生熟铁杂件	25	吨	介休机械厂
	玻璃钢落水管	1500	米	介休皮麻厂
	农用麻绳	70	吨	介休皮麻厂

　　1990年年底，介休共有95个煤矿，其中1个国有煤矿——洪山煤矿，1个二轻集体煤矿——樊王煤矿，其余全部为乡镇煤矿，年产原煤141.7万吨，工业产值8452.5万元，占县属工业总产值的25.69%；固定资产原值3503.44万元，占县属工业固定资产原值的24.25%；职工5759人，占县属工业职工的51.42%。自1993年以来，煤炭工业总产值每年以20%的速度递增，已发展成为介休的第一大支柱产业。

　　以煤炭为主要基础资源的"焦化产业"，是介休在改革开放以来经济社会发展的主要动力，这种以"焦化"为主的社会发展选择，在2013年12月7日，笔者从南方赶到太原，从太原赶到介休下车后，呼吸到的空气的味道中，体现得很直接：略带二氧化硫的空气中，刮在脸上的风，可以很亲密地感受到粉尘颗粒物的存在，在户外转一圈回来，头发上，眉毛间，鼻孔里，可以清晰地看到黑色颗粒物，即可吸入粉尘。在夜晚，风夹着粉尘，在昏黄的路灯下，让习惯了蓝天白云的南方人，真正明白了"雾霾"是什么。

煤怎么了？

全世界都要烧煤和油。我们的煤怎么了？

你们知道中国烧了多少煤吗——2013年的时候已经是36亿吨。

你知道全世界其他国家烧了多少煤吗？——我们比全世界其他国家加起来烧的煤还要多，上一个达到过这样消费量的是1860年的英国，但在之后，他们为此付出了沉重的代价。

所以，20世纪60年代，大烟雾事件发生后，其他的国家纷纷减少和控制自己的煤炭用量。

然而，当时恰逢中国改革开放开始，这个已经封闭了多年和落后了多年的国家，迫切需要一种巨大的能量来让自己起飞。

它的选择就是煤炭。跟随我们其后的是现在的印度，印度很快会成为世界上第二大煤炭消费国，而且印度的工业现在对重要的污染物的排放还没有规定的标准，印度也是世界上空气污染非常严重的一个国家。

那中国这么多煤用在哪了呢？

2013年的36亿吨——3亿8千万吨，烧在了京津冀，3亿8千万吨当中有3亿烧在河北。

——柴静《穹顶之下》解说词

山西的煤烧在了河北，让河北笼罩在雾霾之下，而山西的焦化产业——炼焦化学工业是煤炭化学工业的一个重要部分，煤炭的主要加工方法包括高温炼焦（950℃—1050℃）、中温炼焦、低温炼焦等三种方法——企业数量众多，规模小，布局分散，产业集中度低，技术装备整体落后，排放污染重，化工产品回收和综合利用与集中加工不足，精深加工技术落后，产品品种少，质量水平低，产能过剩、经济效益不高等问题，同样让山西笼罩在焦化的阴霾里。

煤炭经济的发展到20世纪末已成为山西省的龙头产业、支柱产业。但在发展煤炭经济的同时，采煤所诱发的一系列区域性生态环境问题，如地质塌陷、裂缝、地表变形、水土流失等自然灾害；煤系地层以上各个含水岩组及水资源系统的改变和破坏，导致地表径流减少，地下水位下降，地下水资源枯竭；同时由于矿坑排水及尾矿的堆放，对区域水环境造成了严重污染。这些灾害性生态环境变化，给当地居民和矿区职工的生活及工农业发展带来了巨大困难。介休在山西省有一定的代表性，能够反映山西产煤县（市）以及山西省能源重化工基地建设的普遍情况，以"焦化"为主的能源发展选择，让介休成为中国山西无数个以牺牲环境为发展代价的城市中的代表。

为适应山西省建设新型能源和工业基地、晋中建设山西中部最具活力经济带和城市群的新要求，介休市委、市政府于 2005 年提出了以科学发展观为指导，以加快发展为主线，以大力发展循环经济为抓手，全力实施"资源整合，园区推进，城镇带动，环境保障"四大战略。2005 年介休市的焦化主导产业经历了比 1997 年更为严峻的市场考验。从 5 月开始，市场价格急剧直下，由年初的 400 美元/吨下降到 110 美元/吨，全年尽管生产焦炭 420 万吨，但经济效益大打折扣，仅焦炭一项至少影响税收 3 亿多元。碳素、洗煤、交通运输等相关行业也受焦化产业牵连，生产受阻，效益下滑。在应对资源发展障碍的同时，介休还面临着环境治理方面的难题。为了加大环境综合整治力度，整治违法排污企业，打击环境违法行为，出台了《全面推进环境保障战略的实施意见》。

2006 年，介休以创建蓝天碧水为目标，重点抓工业污染防治、城市环境建设、环境综合整治、发展循环经济等方面的工作。全年治理改造重点排污企业 142 家，查处违法建设项目 36 个，取缔关停小土焦、小碳素、小石灰窑、小耐火窑 342 个，拆除城区内锅炉 65 台，改造茶浴炉 170 台，新增集中供热面积 100 余万平方米。投资 4500 万元，筹建污水处理厂。投资 150 万元建成市城区空气质量自动监测站。

2007 年，为了治理环境，介休展开了"绿色环保风暴"，一年来，累计关停取缔企业 82 家，下达限期治理任务企业 161 家，对小土焦、小石灰窑、小耐火窑、小洗煤等进行不间断的取缔，拆除城区单位取暖锅炉 65 台，68 家餐饮单位完成了油烟治理任务。二氧化硫、化学需氧量分别减排 900 吨、100 吨，超额完成减排任务，单位 GDP 综合能耗下降 6.5%，单位 GDP 二氧化硫和化学需氧量排放分别下降 18.2%、17.3%，节约标煤 33.5 万吨。二级以上天数达到 236 天，比 2006 年增加了 149 天，在山西省 32 个被考核的县市中名列第七，扭转了 2006 年倒数的局面。

2008 年，介休开展了三次大规模"迎奥运、促减排"的环境集中整治，对焦化、洗煤、碳素、中小企业等进行了专项清理，涉煤企业高标准建成挡风抑尘网，汾河流域治理持续进行，煤矸石集中整治初步开始，城市污水处理厂正式投入运行。全市二氧化硫、COD 分别净削减 798 吨、379 吨，完成节能 41.5 万吨标煤，二级以上天数达到 324 天，其中一级天数达到 31 天，实现了"历史性突破"。

"先发展后治理"的"中国特色"经济发展与环境保护模式，活生生地体现在介休焦化产业发展与环境治理的实践中。虽然人们已经开始注意到"焦化"的后果，但治理的难度远远超过人们的想象。虽然近十年来，介休市一直以创建省级环保模范城市为目标，多措并举，通过加大污染企业处置力度，对排放量大、能耗大、效益差的工业企业实行关停并转，对焦化、发电、钢铁等涉气工业企业进行了脱硫除尘改造。例如，淘汰了广源实业公司 1.2 万吨 6300KV 电石炉和洪山陶瓷 3 条隧道窑生产线等，投资 151.08 万元用于加快供热管网和换热站的建设，特别是完成了 2000 户旧城区、"城中村"居民的非煤化改造；加大油烟、油气、尾气的治理力度。

但原料露天堆放，无挡风抑尘措施；焦炭露天堆放，未建挡风抑尘网，厂区扬尘污染严重；汾河沿岸多处采砂场、石料厂和东夏线沿途临时储煤场管理混乱，储料乱堆乱放，无任何防尘措施，运输车辆无遮盖上路，扬尘、粉尘污染严重等问题，仍然存在。"治理大气污染，建设美丽介休"依然是介休人需要面对的巨大问题。

三 "焦化"转"文化"

在"焦化"与"环保"问题日益严重的前提下，2011 年，介休市委、市政府做出了"介休历史文化名城复兴"的决策。该计划保护复兴范围达 2.37 平方千米，并对 734.7 平方千米内的市域文化遗产保护提出指导性的保护框架，包含十大重点工程。其中两项重点工程就是后土庙及城墙修复工程、后土文化广场的建设，力争在保护文化遗产、实现文化复兴的同时，推动周边旧城的改造，办成真正的文化惠民工程。介休人在"焦化"转"文化"的过程中，注重文化保护与经济社会发展相结合，以民间资本投入为主体的文化产业正在迅速成长为介休国民经济的支柱性新产业，绵山、张壁古堡就是介休发展文化产业的成功范例。

2012年9月1日至5日，由人类学高级论坛主办，台湾世新大学异文化研究中心和山西大学华北文化研究中心协办，山西省介休市委、介休市人民政府承办的"维护文化遗产、发展城市文化"圆桌论坛在山西省介休市召开，来自日本、中国台湾、中国香港及中国大陆共10所大学和研究机构的15名人类学机构负责人和学科带头人参加了会议。会议期间，专家学者们实地考察了介休绵山、后土庙、张壁古堡等文化遗产保存地，之后就"维护文化遗产、发展城市文化"进行了深入研究和探讨。

"焦化"转"文化"并不是笔者的发明，而是在介休调研时从张志东先生口中获悉的词汇，据说这是介休老百姓对"介休历史文化名城复兴"决策的生动比喻。而要看清楚介休"文化名城复兴"的实践，还需要从介休历史发展的细节中找到纵向的坐标。

介休地处太岳山脚下的晋中平原，历史悠久，文化发展源远流长。据介休博物馆馆藏的1982年从义棠镇温家沟发掘出土的石器、陶器判断，介休应属新石器时代的龙山文化分布区，距今已有6000多年的历史。

自汉魏以来，宗教传入介休。到北魏（386—534）时，介休境内已寺庙林立，僧侣众多，至东魏（534—550），宗教信仰逐渐社会化。隋唐时期的碑碣中有修复绵山抱腹寺及洪山古窑烧制琉璃状况的记载，明代有改建乐棚为戏楼的碑记。可见，元杂剧在北方流行时，介休已建有乐棚，流行杂剧。清代，当地富豪之家已有私人创办戏班，木偶戏、皮影戏也相继进入民众的文化生活之中。清末民初，戏剧已成为民众文化娱乐活动的主要形式。干调秧歌、评书说唱等也已在民间流传。

自明清以来，介休的经济发展较快，资金积累多，一些大财主一面建房置地，一面向外发展，外出经商，促进了与外界的文化交流。清代中叶，名商巨贾把自鸣钟、怀表、手摇式留声机带回家乡，使历来闭塞的介休县城的文化走向社会化，出现了说书场，其他曲艺活动也日益增多。随之，打麻将、摸纸牌、赌博、押宝等活动也进入介休。

民国十年（1921），介休县知事张庚鳞创办"移藏馆"，备有书籍报刊，供各界人士阅览学习，后因战事、经费短缺而停办。抗日战争与解放战争时期，介休人民在中国共产党领导下前赴后继，在极其艰苦的环境中，介休的文化有所发展。

新中国成立后，1949年，介休县政府设文教科，下辖文化馆。1955年8月，文化单列，县政府设文化科。1957年4月，文化与教育合署为县文教局。"文化大革命"中，文化活动由县文教办公室负责。1975年9月设立县文化局。1982年机构调整，文化局与体委合并为文体局，1985年恢复了文化局。下辖文化事业单位有：影剧院、电影放映公司、介休晋剧团、新华书店、文化馆、图书馆、博物馆、文管所。

20世纪50年代初，电影传入介休，70年代后发展了电视和录像业；文化馆、图书馆、新华书店为介休的文化发展架起了桥梁，建立和完善了县、乡、村的馆、站、室三级文化网络；恢复发展了戏剧、评书、秧歌的演出，博物馆不定期地举办各种展览、比赛活动。1978年以前，文化事业的活动经费，每年不足6万元，1984年则发展到87246元，1989年增加到17万余元。建立了以城镇为中心，以书籍报刊、音像制品、游艺活动为主要内容的文化市场，并不断向乡村渗透。

图书馆事业。介休图书馆事业的发展由来已久，茹纶常便是清朝十大藏书家之一。民国时期，先后又创立了"绵山书院""通俗书报社"。1950年，介休文化馆下设图书室，藏书4000余册。1959年正式成立了介休县图书馆，藏书1万余册。1961年介休县分为介休、孝义、灵石三县，图书馆又缩编为县文化馆的一个室，但除自身阵地外，还设有农村流动图书箱30只，定期由专人下厂矿、下农村基层送书供借阅。"文化大革命"中遭打、砸、抢，书报被烧被抢，珍贵善本失落，图书室名存实亡。1978年6月，再次恢复县图书馆建置。

图书报刊的发行。清道光年间（1821—1850），介休人郭建馨创办铜板印刷术，在京城被广泛采用，又在苏州开设"书业德"书局，经营出版和发行。1948年介休刚解放就成立了介休文化合作社，开设图书销售门市部，除供销全县中小学课本外，还销售近1000元的其他图书。1949年，介休文化合作社改为介休县书店，业务隶属太岳新华书店平遥支店。1951年，介休书店改名为新华书店介休支店，专营图书销售业务，1987年，新华书店新建1.39万平方米的三层营业大楼1座并投入使用。

广播、电视、电影的发展概况。1950年，晋中地区行署配备给介休两台"美式"六灯电池收音机，县委、县政府派专人从收音机里收抄中央人民广播电台播送的新闻。1953年，县政府购置1部50W的扩大器，2只25瓦的喇叭，1个麦克风和1台小型发电机，广播收音设备进入介休。1956年县政府决定筹建介休县有线广播站。当年10月1日建成，设在城内钟楼巷15号的一座四合院内，总面积为370平方米，下设机房、播音室和编辑室。"文化大革命"开始后，造反派冲击广播站，"打砸抢"使广播站的器材设备遭到严重破坏。1978年，全县开展广播线路标准化、入户喇叭规范化建设。到1985年年底，全县251个村庄已村村通广播。1972年，县工业局购进了全县第一台电视机。1985年，县财政拨款7万元，社会集资10万元，建起1座电视卫星地面接收站，购置了300瓦的电视差转机。介休市广播电视中心诞生半个世纪以来，不断发展壮大。自2007年以来，中心明确提出了"新闻立台、质量强台、团结兴台、形象树台"。目前，介休人民广播电台，采取99.9兆赫的调频广播播出。全天播出12小时，开办有《介休新闻》《欢乐时光》《空中大戏台》《评书联播》等栏目。介休电视台采用有线、无线方式播出，新闻综合、影视、经济三个频道全天播出54小时，开办有《介休新闻》《关注》《交通安全你我他》《介休报道》等栏目。

1951年，在介休北寺大操场放映了《钢铁战士》，这是介休县有史以来放映的第1场电影。20世纪50年代初，省属电影放映队3队、7队、50队、58队、108队经常在介休选择大操场、露天剧场、打麦场等为场地放映电影。1956年夏天，省108队下放到介休，改为介休电影放映1队，有4名放映人员。1957年，成立电影放映2队，有3名工作人员。1958年，张兰公社电影队成立，有4名工作人员。同年，介休、灵石、孝义三县合并，成立了介休县电影放映总队。地区的35毫米提包机城市队下放到介休，改为介休城市放映队，随后成立了介休县电影发行放映管理站。"文化大革命"中，电影放映管理工作混乱，直至1979年7月电影管理站改为电影公司，才又逐渐走上正轨。1981年，耗资70万元翻修红旗电影院，并于1984年春节期间开始正常营业，年放映900场左右，观众约50万人次，收入11万元左右。同时，张兰、义安、义棠、汪沟、洪山等集镇建起了简易电影院。1984年8月，城镇制镜厂作为介休的首家录像放映点开始营业，使录像放映进入介休并迅速发展。20世纪80年代，由于电视录像进入文化市场，使娱乐活动趋向多样化，电影观众锐减。

文化活动机构。1949年以前，介休文化活动多是群众自发组织的，没有专门的机构，也没有固定的活动场所。1949年，县文化馆正式成立。1951年改为介休县文化馆。1959年，介休、灵石、孝义三县合一，文化馆分设出图书馆、博物馆。1961年三县分设，保留了三馆建制。"文化大革命"开始后，文化馆、图书馆、博物馆三馆重新合一，管理工作相当混乱，群众文化娱乐活动自行中断。1978年，文化馆再次一分为三。1985年，全县20个乡镇都建立了文化站，有半数以上文化站盖起了活动之家，购置了录像放像机、台球、乒乓球、棋牌等必要的设备。全县251个村庄也普遍建立了"文化室"或"青年之家"，也有的叫"农民夜校"；县、乡、村还有一定数量的文化个体户。

文化活动的开展。据统计，20世纪五六十年代，介休县成立的各种俱乐部有300多个，秧歌班44个，业余剧团（包括文工团、宣传队）28个。以县文化小组为例，它诞生于1951年1月24日，按乙等县编制，有职工10人。他们结合形势，排演了反映改造二流子的晋剧《开荒》、支持抗美援朝的《绣荷包》、反映军民鱼水情的小歌剧《卖红薯》及相声、腰鼓舞等不少优秀的节目，还绘制了《开展大生产》等幻灯片。这些文艺工作者身背行装道具，满腔热情地步行数十里下乡演出，深受群众的欢迎。1966年开始的"文化大革命"把开展群众文化活动的组织当"四旧"扫掉了，代之而起的是"毛泽东思想宣传队"。直至中共十一届三中全会后，群众文化宣传活动才又恢复活动。1985年，各乡镇的文化活动辅导员实行"三三"制工作方法，即每年用1/3的时间集中培训，提高其业务水平，排演各种节目；用1/3的时间去工矿、农村、部队巡回演出；用1/3的时间回到各自的工作岗位开展群众文艺活动，组织各种文艺晚会和比赛活动。仅1989年，全县举办的文艺演出及农民演唱会就达14场。1990年，春节期间举办了文艺联欢晚会、歌舞比赛；国庆节期间举办了文艺晚会和威风锣鼓大赛。

文艺创作的情况。1957年，创办《介休小报》，年发行量万余份。1959年中共介休县委组织部编印了《绵山花开》，由介休文艺大跃进办公室主办，作为向国庆十周年献礼专集，内收小说和散文5篇、歌曲10首、小剧作4个、诗歌115首。1976年县文化局成立了创作组，由5名专业创作、编辑人员和50余名业余创作人员组成。业余创作人员来自全县的厂矿、学校、部队、农村。文化系统曾召开过文学、戏剧创作会议20余次，选编小剧作2册，刊登小戏18个。1978年，创办了文学刊物《绵山文艺》，到1985年12月共印发了52期，刊登有戏剧、曲艺、小说、散文、故事、评书等416篇，总字数48万，并向省、地刊物推荐稿件100多篇。文化局还创办《介休歌声》《绵山电影》等，印发配合形势教育的演唱材料12册。1979年以来成立的介休戏剧学会、文学学会、书法学会等群众组织，也积极开展工作，多次举办书法展览、诗词欣赏、文学创作经验介绍、摄影展览、图片展览等。

介休戏剧文化概况。流传在介休一带的主要剧种是中路班子（晋剧），还有木偶戏、皮影戏（俗称线猴）。清乾隆九年（1744）就有戏剧活动，板峪乡三开戏台上就留有当年剧团演出时写下的题词。道光八年（1828），大靳村财主郭建馨创办晋剧社"竹风园"，后分设"吉庆班""德胜班"。此后，杨忠宝创办的"同盛班"和"禄梨园"戏班也很有名气。

抗日战争到解放战争时期，中国共产党领导的"七月剧社"于1939年7月1日成立，马泉则、冀兰香（女）、李明宝、张本宽、王妙玲（女）等积极参加。特别是当时晋中有名的老艺人王得胜，得知"七月剧社"的情况后，毅然率领全家并动员马成则等艺人一起参加剧社，以文艺为武器，为革命事业做出了贡献。

1951年，介休县文化馆组建了"县文化宣传小组"，由十多名的青年演职员组成，为配合形势教育及宣传各时期的中心工作，身背行装道具，走山村，串窝铺，送戏上门，足迹踏遍介休村寨的每个角落。1952年5月4日，"介休青年晋剧团"正式成立。演职员通过拜师学艺、独立创造、实践磨炼，演技日臻提高，形成人民群众喜闻乐见、雅俗共赏的表演风格。1958年，凭借演员阵容整齐、行当齐全的优势，导演张佩一勇于改革创新。在全省率先自编自演了讴歌英雄人物的现代剧《韩奎》。1960年，青年晋剧团改名为"介休晋剧团"，数年间连续排演了《夺印》《社长的女儿》《八一风暴》等大型革命现代戏，产生了轰动效应。

"文化大革命"中，介休晋剧团遭到洗劫，戏装失散，道具被毁，团长张国强遭枪杀，编剧李克坦被逼自杀，导演张佩一被打成黑帮揪斗，演员被迫离团改行。1979年年初，恢复后的介休晋剧团经整顿开始正常活动。至1989年，共有演职人员78人，能演出《打金枝》《三关点帅》《伐子都》等十余部大型传统古装戏和几十出折子戏，全年演出450场。同时，《伐子都》一剧参加晋中地区调演，一举获得5项奖，剧团也被授予"社会主义精神文明建设先进单位"称号。

除介休晋剧团外，介休的业余剧团也很活跃。1951年和1953年两次全县调演中，参赛业余剧团有7个，300余人，演出剧目12个。据1960年统计，全县有业余剧团12个，1985年年底发展到37个。他们利用农闲排演，农忙下田种地，很受农民欢迎。

介休带有浓厚地方色彩的歌舞主要有干调秧歌。这是一种自编自唱，不需弦乐伴奏，只需打击乐敲出节奏的歌舞形式。起初，只是农民在田间地头劳动时随口哼唱的，后来发展成很多人合唱，并出现村与村之间的对唱、赛唱。明清时期，干调秧歌已从田头走上街头，出现于元宵节闹红火的活动中。当然，其形式也由即兴编唱过渡到有一定的故事情节。民国期间，建立了介休干调秧歌班，活跃于城镇乡间。抗日战争时期，民主政府曾组织人编演了《解放妇女》《刘胡兰》等干调秧歌剧。1955年，介休干调秧歌剧团成立，至"文化大革命"遭到摧残。1988年8月，介休召开了干调秧歌老艺人座谈会，县文化局为每位老艺人录制了干调秧歌磁带，摄制了独具艺术风格的剧照。同时，又挖掘出高跷、旱船、狮子、龙灯、大头娃娃舞等几十种民间娱乐形式，使歌舞得到迅速发展。

介休曲艺的主要形式是鼓书、莲花落，很受群众青睐。曲艺所表现的内容，由宣扬江湖义气、才子佳人的《小五义》《拾玉镯》发展为歌颂中国共产党的政策，宣传新人新事。历年来，先后编演了《抗日英雄韩奎》《攻张兰》《刘胡兰》《计划生育好处多》等节目，由文进等编写的鼓书《向阳院的红领巾》代表晋中地区参加了山西省职工曲艺调演活动。

据历代《介休县志》记载，介休有寺院庙宇、古迹遗址139处，现存碑刻243块，其中唐宋碑刻5块。1949年以前，这些文物古迹长期处于无人管理状态，毁坏不少。1955年介休县博物馆成立，专门负责文物的管理保护工作。1977年，恢复了受"文化大革命"冲击已名存实亡的博物馆建置，1980年又设立了文物管理所。博物馆成立后，很快就把失散在民间的古陶器、青钥器、名人字画等寻购回来后加以收藏。1953年第一次文物普查工作结束后，省政府把介休祆神楼、回銮寺、郭泰墓列为第一批省级文物保护单位。1959年又把洪山古窑址、后土庙古建筑群等17处古遗址列为第二批省级文物保护单位。1963年，县政府公布了县级文物保护单位79处。1987年，国家进行了第二次文物普查工作，共清查出古建筑、古遗址、古墓群154处，并重新确定后土庙、祆神楼、回銮寺、张壁古堡、郭泰墓以及北辛武琉璃牌坊6处为省级文物保护单位。

介休的面食。山西的面食驰名国内外，尤以晋中地区平遥、介休的面食最有特点。

介休面食的特点：

① 花色繁多，素有"一种面百种吃法"之说。小麦磨的面粉，多数地方只做馒头、面条，而在介休，则可做刀削面、拉面、扯面、焖面、揪片子、煮疙瘩、猫耳朵、剪面、花卷、馒头、锅贴、烙饼、馄饨、肉包、菜包、糖包、水煎包、糖三角、水饺、蒸饺、扁食等多种多样的食品，常吃常新。

② 粗粮细作，经常改换口味。高粱在多数地方只用来酿酒、制醋、作饲料。而在介休，却把它磨成面细做成擦圪豆、流尖、搓鱼、饸饹、糊糊、面茶、握六六等，配上可口的佐料，吃起来别有风味。

　　③ 具有明显的地方特色和文化特色。介休的面食是群众集体创造并逐渐发展起来的。先是由能干的巧媳妇做出，继而传给街坊邻居，在邻居模仿的过程中逐步完善提高，发扬光大，相沿成习，形成当地独特的面食品种，成为具有地方文化特色的财富。未婚女婿头次上岳父家，丈母娘款待新姑爷都要吃搓鱼。搓鱼的做法是把莜面用开水烫软，然后揪成小剂子，搓成半尺多长、比筷子稍细、中间圆肚两头尖类似小鱼的条条，再上锅蒸熟，配以做好的各种菜肴和佐料，吃起来色香味美。做这种饭时间长、工夫大。借此，丈母娘边做饭，边与姑爷拉家常，一顿饭下来，姑爷的情况也就了解得差不多了，达到了"相女婿"的目的。由此可见，款待姑爷吃搓鱼，不仅是一种招待客人的饭，而且是含有丰富内涵的一种文化行为。

　　形成介休面食文化特色的原因是：①与当地的农作物生产有关。介休是以小麦为主的多种杂粮生产地区，历史上以面食为主，熟能生巧，久而久之，群众就创造出各种面食的新鲜吃法；②介休地处交通要道，文化较发达，与群众切身生活有关的新发明、新知识、新文化都能很快被群众所接受，并在接受过程中得以发展；③农业生产经营粗放，不需要很多劳动力。妇女农忙时才下地，多数时间在家操持家务带小孩，她们有时间在做饭上下功夫，饭食讲究，花样翻新，使面食的做法越来越多。

　　介休人每天吃两顿面食。不论男女老少，吃饭时用粗瓷大碗。碗里盛上饭，上面加上浇头，即人们通常说的烩菜。冬天把白菜、萝卜、土豆、粉条、豆腐等煮在一起，夏天则用粉条、西葫芦、茄子、南瓜、萝卜烩作一锅，偶尔也有西红柿炒鸡蛋。逢年过节，里边再烩上猪肉、木耳、黄花、丸子等。盛好饭，加上浇头后，再调上醋和油泼辣椒，搅匀即可食之。饭菜都盛在碗里，无须围在桌边一起吃饭，男的三个一群、五个一伙聚在街头巷尾，边吃饭边谈论国家大事、当地新闻，交流信息，商议有关集体的事宜，等等。妇女也可端着碗去串门，谈论她们的热门话题,东家长西家短,现在还加上发财致富的窍门和经验。吃面食端大碗的习俗既表现了北方人粗犷质朴的性格,同时也可看出介休人粗细粮搭配、吃烩菜很注意营养科学的道理。

介休人吃面食很有讲究。过春节吃饺子,款待客人吃麻花(麻花做成面条状后扭成花样,再用油炸)和馓子、点心(用白面包上红糖、干果、青红丝等做的馅,然后烘烤的食品);元宵节要吃糯米粉做的元宵、黍面做的炸糕;农历二月初二惊蛰,吃煎饼以喻扯龙皮;三月初五清明节,纪念焚死在绵山上的贤丞介子推,城区周围的人家至今依然吃冷食,三日不举烟火;八月十五中秋节,要吃用木模子制作的月饼;等等。婴儿过满月,要吃黍面做的油炸糕,希望新生儿步步高升;还要吃油炸的菜合子,寓意家族人丁兴旺,合家幸福团圆。给老年人过寿辰,主家款待客人,要吃长寿面,客人送礼要送寿桃(一种用白面蒸成桃形的大馒头,桃尖上涂着鲜红的颜色)。男女青年订婚时,男方去女方家,所带礼物里必定有用白面做的面鱼,暗喻希望未来的儿媳像鱼一样机灵乖巧;而女方送男方的礼物里必定有用白面做的"虎",暗喻未来的女婿像老虎那样壮实威武。

介休的茶文化。介休人都喜欢喝茶,老的、少的、男的、女的都离不开茶。介休的茶文化在晋中一带颇负盛名。

介休人喝茶有独特的习惯——喝早茶。在机关单位上班的人,清晨起来要收拾家务、整理内务、送孩子上幼儿园或上学,还要准时赶到单位去上班,所以,早晨起床后喝杯热茶、吃点干粮,便急急忙忙离开家门。城镇不上班的人,早上虽有时间做饭、准备早点,也是冲一杯浓浓的热茶喝。在农村,农民一大早起来,一碗热茶下肚浑身都很舒坦,拿块干粮便下地干活去了。喝早茶,是介休人的习惯。当然,吃完每顿饭后,朋友邻里闲聊之时都少不了喝茶,招待客人、婚丧嫁娶等场合必然也都少不了喝茶,坐机关办公室工作的工薪阶层更是茶杯不离手。

介休人喝茶,对茶种也有特殊要求。农民家庭爱喝砖茶,一种需要在铁壶或铝壶里熬煮的茶,价格便宜。它的泡法是:先用壶烧开水,待水烧开后,抓一把茶叶放进壶中,煮上几分钟,待茶水熬成红褐色,才可倒入茶杯饮用。这种茶,虽说喝起来有点苦涩,但一杯下肚,去暑止渴，确实痛快。一般市民，喝的是介休自产的花茶，每千克 10 元左右。泡法是：先把茶叶放在茶杯里（多少随喜喝浓茶还是淡茶而定），然后用开水一冲即可饮用。知识阶层、干部家庭中的消费较高，喝的多为每千克 40 元左右的茉莉花茶。自 20 世纪 80 年代以来，在改革开放中富起来的一些人，讲究喝名牌茶叶，西湖龙井、铁观音、天山银富等才是他们所青睐的。

介休人喝茶很讲究茶具。平时喝茶，一般用的茶具是 4 个小茶杯；逢年过节招待客人，喝茶时要用细瓷制的卢壶和茶杯，是配套茶具；文人雅士相聚，有用细瓷卢壶茶杯的，更有用紫砂壶泡茶的，讲究浅斟慢饮。"敬客茶要浅，酒要满。"客人不能一口气把茶喝光，主人要不时地给续上新茶水。一杯香茗在手，谈兴渐浓。在介休，茶叶除自家饮用外，还是上好的礼品。在烟、酒、糖、茶诸礼品中，介休人更喜欢以茶叶为礼品。

介休茶文化形成的原因是：①茶被引进后，很快在群众中普及并形成习惯。明清时期，介休人外出经商的很多，在外地受环境的影响，逐渐养成喝茶的习惯。他们回乡探亲之时，便把这一新生事物带回家乡。很快被群众所接受，而且得以发扬光大，形成当地特有的一种茶文化。②当地的自然地理环境。介休有些地区碱大水咸，喝白开水难以下咽，而茶水有一种清香，可遮盖水的咸味。③介休人吃的面食硬，难以消化，加之每餐必食辣椒，容易上火，而喝茶能去火助消化，因此人们天天喝茶，甚至每顿饭都离不开茶，相沿成习，茶便成为介休人生活中一个重要的组成部分。

介休地处华夏民族的发祥地黄河流域，在长期的发展中，形成了当地特有的节日、礼仪、祭祀等，古庙会便是其中一项颇具文化特色的活动。传统的古庙会是群众敬神祭祖的活动，也是劳动人民游玩娱乐的节假日，更是亲友相聚、联络感情的好时机。到近现代，古庙会的功能不断地演变着。特别是到 20 世纪 80 年代，群众的商品经济意识增强了，庙会便逐渐演化成物资交流会、商品交易会。介休的古庙会很多，至今还延续着的有：二月初二（以下均指农历）孔家堡庙会；二月二十五白岸村庙会；三月初三洪山村庙会，三月十五板峪村庙会，三月十七义棠镇庙会、兴他村庙会，三月十八礼世村庙会；四月十三永庆村庙会，四月十八沙堡村庙会，四月二十北盐场庙会；五月初八张良村庙会，五月十三义安村庙会；六月初六连福村庙会，六月十五张良村庙会、万户堡村庙会，六月十九北贾旧堡村庙会，六月二十四义安村庙会；七月初一石屯村庙会、张村庙会，七月初四中街村庙会、东段屯庙会，七月初七龙凤村庙会，七月十六洪善村庙会，七月二十三三佳村庙会；八月初一洪山村庙会，八月初八北辛武庙会；九月初九洪相村庙会，九月十七义棠镇庙会，九月十九孔家堡庙会；十月初八西段屯庙会，十月二十连福村庙会；十一月十五北两水庙会；等等。

在介休文化发展的长河中，春秋时晋国贵族介子推、北宋宰相文彦博及宋昌等，都为后世留下了珍贵财富。东汉末年，郭泰在介休家乡设馆办学，传播文化，事迹感人，至今，以他的字"林宗"命名的"林宗书院"在为家乡人民培育着新一代。梁锡玛、茹纶常、董柴、宋廷魁等人著书立说，在介休的文化史上写下了浓重的一笔。李世民、李隆基等封建帝王亲临介休，御笔题咏，为介休的文化增光添彩。李商隐、贺知章、顾炎武、傅山等文化巨匠的宝墨佳章，是介休文化的宝贵财富。

四 "化合"之前提：文化遗产"格致论"

从介休文化的粗线条列举中可以看到，介休文化是比"焦化"更具发掘意义的富矿，在"维护文化遗产，发展城市文化"的施政策略下，介休文化的复兴有了政策方面的支持。而如何在"焦化"之后，重新梳理介休的文化遗产，就成为介休文化复兴的首要任务。在此，我们提出文化遗产"格致论"，为介休当地梳理介休文化遗产提供方法论和智力支持。

"格物致知"，简称"格致论"。格：推究；致：求得。直译：穷究事物原理，从而获得知识。"格致论"是中国传统文化中"认知论"的重要思维范式，最早见于《礼记·大学》："致知在格物。物格而后知至，知至而后意诚，意诚而后心正，心正而后身修，身修而后家齐，家齐而后国治，国治而后天下平。"① 儒家之"明明德、亲民、止于至善"的人生理想即依赖于"格物、致知、诚意、正心、修身、齐家、治国、平天下"的有序实践与方法论指导。

总体看来，"唐代及以前的时期，先哲对格物致知基本是单纯作为道德修养理论对待的"②。宋时，心学派基本沿袭了唐儒李翱等人对"格致论"道德化的诠释方向，如程颢认为："只心便是天，尽之便知性，知性便知天。当处便认取，更不可外求。"③ 似乎一切知识尽在心中，只需一心向内求索，即可获得。但宋时理学派则强调"格致论"中的理性精神，如程颐认为："凡一物上有一理，须是穷致其理。"④ 格物就需穷尽事物之理，"穷理"而后"致知"。明清以来，理学逐渐走向僵化，反对程朱陆王道学的实证化思想崛起，方以智、王夫之、黄宗羲、戴震等思想家将"格致论"阐释为"力行致知""经世致用"等偏重实用、践行的思想理念。近代以降，西学东渐，"格致论"几乎完全与西方科学技术实证论对接，来自西方的传教士利玛窦甚至用"格致论"来谈论科学技术理论："夫儒者之学，亟致其知，致其知当由明达物理耳……吾西陬国虽褊小，而其庠校所业，格物穷理之法视诸列邦为独备焉。"⑤ 徐光启在翻译利玛窦的《几何原理》时，也采用此说法。在救亡图存、师夷长技以自强/制夷的时代，"格致学"成为西方自然科学的代称，自然科学家也一度被称为"格致家"，洋务派在上海、广州等地开设的教授西方科学知识的学校称为"格致书院"。可见，19世纪中期，随着国门的重新打开，经过经典化的西方科学技术传入我国，格物致知便渐渐演化为"格致学"，而其中的道德形而上学意义最终被消解⑥。

而伴随着"格物致知"的词义被消解的，还有对"格""致"含义

---

① （宋）朱熹：《四书章句集注》，中华书局1983年版，第3—4页。
② 王绪琴：《格物致知论的源流及其近代转型》，《自然辩证法通讯》2012年第1期。
③ （宋）程颢、程颐：《二程集》，中华书局1981年版，第15页。
④ 同上书，第188页。
⑤ ［意大利］利玛窦《几何原理·卷首》，徐光启译，同治四年金陵刻本。
⑥ 冷天吉：《知识与道德：对儒家格物致知思想的考察》，中国社会科学出版社2009年版，第193页。

的简化,以"格"为例,其含义并非简单的"度量",还包含调节以"致中和",是"事物""时辰""节律""秩序""关系""格局""元气""交通"的融会贯通,甚至包含在"数"之中。"格物"无论作为中国传统的学问思想,还是问学方式,都旨在通过一种中国式的求知和认知以达到对"义理"的理解和实践,具有中国特色的"格物学"无疑是中华文明和文化弥足珍贵的无形文化遗产。[①] 笔者从"体、用、造、化"四个维度,阐述文化遗产"格致论"的具体操作程序,为中国传统学问与文化遗产事业之间提供一种连通历史与现实的方法论,对文化遗产之如何"格物""传家"提供实践指导。

(一) 体

体。"體",从骨,豊声。表示在身子里的诸多重要器官,强调"骨骼"对"身子"的支撑作用,对"脏器"的保护作用。其本义为:骨腔和诸多内脏组成的躯干。简体"体"字为人的"身子"和人之"本"——"主干"组成,表示"人之本",即人的躯干。"体"在中国古文中常指从事体力劳动的人,如"体夫",犹壮汉。"体",从"人",从"本",表示身体是人之本。其含义包括:①身体或身体的一部分;②物体;③形式、规格;④亲身体验。[②] 对文化遗产进行"格物",必先关注其"体",通过田野调查寻找其"本体"。

文化遗产之"体",因遗产项目类别不同有不同的内涵,大致包括文化遗产之名(名称、来由)、形(形式、形状)、质(质地、质量)、色(颜色)、饰(装饰、配饰)等核心元素。文化遗产之"体",需用文化人类学的文化整体观去审视、认知,方能以"他者的眼光"获得对文化遗产项目的完整认知,使文化遗产的真实之体、完整之体,在文化遗产的普查、认定中获得精确的认知,这才便于文化遗产保护、传承的完整性,并最大限度使文化遗产代代相传。

[①] 彭兆荣:《物·非物·物非·格物——作为文化遗产的物质研究》,《文化遗产》2013年第2期。

[②] 参见顾建平编著《汉字图解字典》,东方出版中心2008年版,第329页。

（二）用

"用"为"甬"的本字，而"甬"的本字是"桶"，像木块箍扎成的木桶，中间的一竖表示桶壁上的提手。本义为：木块箍扎成的木桶，桶可用，故引申为"用"，意为"使用、采用"。在文化遗产"格致论"中，"用"不仅指我们如何来使用、利用文化遗产，更强调文化持有者在其日常生活中如何"传承"文化遗产，以及文化遗产如何嵌入日常生活，并塑造怎样一种生命体悟与行为方式，从而表征为可见的、活态的身体实践。

非物质文化遗产又称为"活态遗产"，"活态"包含了活性、活品、活现和活传，这是人类生命表达的一种特殊方式，其中身体实践为关键词。[①] 文化遗产格致论之"用"，从宏观层面看，即需要从中国人对万物的使用出发，阐明某项文化遗产被"用"的历史线索，从而发现其后的文化思维范式。从微观层面看，"用"可细分为：人、地、事、用、价等关键概念。"人"，即"谁来使用"，这是对使用主体——文化持有者的明确，一个文化遗产，均有其所属的一个或多个文化群体，对"人"的明确，是对他者文化的尊重和对他者身份的确立。"地"，即"在哪些地域使用"，环境、生态、山川等地域因素，会在文化遗产上烙下独特的地域特色，如果同一文化遗产为多地域持有，则需要在不同地域间区分其细微差异。"事"，即"因何事而用"，强调的是文化遗产使用的时节性，如一些节庆性的文化遗产，并不是随时实践的，必须在四季时序的特定节令、日期才进行。"用"，即"如何使用（实践）"，文化遗产的实践，包含详略不等的实践步骤、细节。"价"，即"使用的成本"，强调文化遗产实践的人力、物力、财力成本。

（三）造

造，金文写作"艁"，是"舟，代表器物、交通工具等"，与"告、祝祷、祈愿"结合。造的本义为：在铸器、造船时祝祷，祈愿进展顺

---

① 参见彭兆荣《活态遗产中的生命体验与身体践行》，《百色学院学报》2014年第3期。

利，器物坚固耐用。我们当下所说的"造物"之意，与筑屋、造船类似，而文化遗产格致论之"造"，强调中国文化"手工"之知识谱系，对手工的"材、具、序、诀、仪、艺"等进行精确考工。"材"强调其材质的名称、来源、材质的制作方法、材质的特征和独有性；"具"强调文化遗产制作所使用的工具，工具的制作、种类，各种工具使用的规范；"序"则是文化遗产制作的工序；"诀"强调在文化遗产（特别是传统手工艺类）的制作中，应该铭记的口诀以及师徒传承时口传心授的要诀；"仪"主要指文化遗产制作过程中与仪轨、禁忌相关的仪式性内容；"艺"，是从美学角度对文化遗产的"艺术性"内容进行总结、归纳。而以上概念均是以"手工"为核心的。手工在我国的历史传统中非常独特，已经形成了"手工—工匠—工具—工作—工业"的完整形制，是真正意义上的"天工"[①]，中国传统手工，将西方艺术划分的"Useful Art"和"Fine Arts"完美地结合在一起，是"美"与"实用"的天然融合。以"造"来对文化遗产进行"格致"，就是要发掘中国传统工艺的"天工"之美。

（四）化

化的甲骨文表示一个头朝上站立的"人"和一个头朝下入土的"人"，意为：由生到死的改变。由昂首挺立的人到入土为安的人，"化"字的本义为一种自然死亡的过程，现多用于表示"教化施行"。文化遗产格致论之"化"，其题旨在于对文化遗产"从生到死"的遗产传承过程进行把握，不仅要知其然，还需要知其所以然，知晓文化遗产"生生遗续、代代相传"的文化密码。

以"化"观文化遗产，包含"天、地、人、变、生"五个维度的内涵。"天"，即时间维度，将文化遗产放在历史更迭的时间轴线上，从被命名为遗产的时间点开始，向前追溯，厘清文化遗产生发的历史线索。"地"，即地理维度，将文化遗产置于文化地图的空间系列中，从拥有文化遗产的"小地方"启程，向周边扩展视野，定位文化遗产的地域关

[①] 彭兆荣：《手工》，《民族艺术》2013年第4期。

系。"人",即主体维度,将与文化遗产传承、接受、传播相关的人群进行"遗产传承关系"的梳理,绘制文化遗产的传承谱系,记录文化遗产传承、接受与传播的口述史,活化文化遗产的生命史。"变",即从文化变迁维度聚焦文化遗产本体的流变与不变,探讨影响文化遗产流变的因素,总结文化遗产不变的内核。"生",即传承维度,在"天、地、人、变"四个维度的基础上,探索文化遗产生生不息、代代相传的内在动力,并结合文化遗产所处的时代语境,实践世代相传的文明接续。

在此"体、用、造、化"文化遗产格致论的陈述中,我们认为,中国文化遗产的总体系可用"生生遗续"[1]来概括,在此总体系下,对中国老祖宗流传下来的文化遗产,我们尊崇生命至上、以人为本、生态文明、共生共荣和生命平等的观念,将"生生遗续"之概念体系细分为:生命礼仪(身体表述)、生态亲和(自然生态)、生计方式(生活方式)、生产技术(生产技艺)、生业组织(行业组织)、生养制度(传承机制)"六生"次体系。

生命礼仪(身体表述):"天人合一"的生命观,是文化遗产生生遗续的根本。从中国古代的占星之官开始,大地上的生命迹象,就被认为与天象的存灭有神圣的关系,这种天地感应的生命仪轨,是文化遗产存续的基点。重新恢复生命、身体与无形神力间的关系,能够重塑生命礼仪对社会秩序的维护,弥合消费时代对物质的过度崇拜所造成的创伤。

生态亲和(自然生态):返归自然,与自然亲和共处,是文化遗产在过度工业化的"科学"话语霸权时代,对人的善意提醒。人,只是自然万物中的一粒微尘,人的生命、行为必须要与自然的秩序、节律相配合,从饮食三餐,到根据自然之道,顺应天时地利,在自然资源被无节制地索取情况下,我们应该为自己和后辈的未来,知足常乐,留有余地。

生计方式(生活方式):文化遗产大多以活态的形式存留在人们的生活中,生计方式的第一要务是以食为天。在农村城镇化的政策背景

---

[1] 彭兆荣:《生生遗续 代代相承——中国非物质文化遗产体系纲要》,《徐州工程学院学报》(社会科学版)2014年第4期。

下，农田高楼化、高速公路化，食物的反季节化，失地村民的城市化过程，都从生计方式的角度，使文化遗产存续的生活方式备受冲击，文化遗产面临的重要问题便是怎样在旧有的生活方式发生改变的前提下，适应并持续传承。

生产技术（生产技艺）：工欲善其事，必先利其器。生产工具是生计实践之媒介。早在《考工记》中，就将"百工之事"分为攻木之工、攻金之工、攻皮之工、设色之工、刮磨之工、传值之工等六大类。文化遗产之当下传承，特别是那些与传统农本文明相关的遗产，在机器化生产、流水化作业的"低成本、高效率"的诱惑面前，面临如何保障其传统生产技术不被替代，如何才能继续生存的问题。

生业组织（行业组织）：生业，是我国古代对行业的通称，生业百工，以农为本，黄土、大地是生业的根本，生业的发展，诞生了中国独有的"黄土文明"。第一，"黄土"是一个认知性时空构造，呼应着"一点四方"的政治空间格局，中土（黄土）为"一点"，"四荒""四海"谓之"四方"。第二，"黄土"是一个自然生态现象。"黄土"一词最早见于西汉学者伏无忌所记的一次雨土现象。黄土高原是华夏族的发祥地，而黄土本身又恰恰具有柱状节理和垂直节理的特殊性能，其上层的现代黄土经古代先民的种植实践，土壤呈团粒结构，腐殖质异常丰富，是宜农、宜林、宜牧的理想土壤。第三，"黄土"是一个政治地理学概念。在我国，地理从一开始就包含着"中心论"的思想，并与统一、一统、统治结为一体。第四，"黄土"是一个"天人合一"形制。第五，"黄土"是一个以"色黄"代表五行的结构。第六，"黄土"中"后土"（厚土）崇拜为传统的核心价值。在古代华夏人的心目中，大地本来就是黄色的。在黄土文明上生发出的生业组织，是中国文化遗产体系的土壤。

生养制度（传承机制）：在现有的对文化遗产传承进行解答的应对措施中，有生产性传承的原则，有对象传承、行业传承、个人传承、家族传承等传承范围，有引入性传承、指导性传承、示范性传承等传承模式，有观念性传承、行为性传承、身体性传承等传承类型。这些传承思路，均是在现代遗产事业、遗产行政管理部门强力推行语境下的传承探讨，仅是对文化遗产传承功利性实践和操作性可能的探讨。太过依赖政策，太过功利的遗产传承,背离了文化遗产自身生长、生生不息的本源,让文化遗产归于文化遗产,从文化遗产自身寻找传承的内在动力,是文化遗产传承机制的重要理论问题,而在中国的文化智慧中,"生养制度"①为文化遗产的存续和发展提供了独特、有效的内在机制保障。

五 传家:"四字诀"与"六生体系"

我国自古以来的"传家宝"多少包含一些"家传"的遗产意味。"宝"(寶)字与"玉"有关,在古代泛指珍贵之物,"宝"原指"家中有玉",即"家宝",并延伸出了各种不同的价值。传家宝的传承方式大抵属于我国自己的"遗传"表述概念②,耕读传家、诗书传家是农本文明、儒家文化推崇的家传方式。当今世界遗产体系(包括 UNESCO 的工作体系)中的遗产概念、分类、意义和价值,与我国传统的认知分类和概念使用,在语义上有很大的差异。

在对中国传统文化进行重新耕读的过程中,我们以"体、用、造、化"所阐述的文化遗产"格致论"正是对具有中国义化特征且符合中国文化思维方式的文化遗产体系的一种探索,"体"之"名、形、质、色、饰","用"之"人、地、事、用、价","造"之"材、具、序、诀、仪、艺","化"之"天、地、人、变、生",可以初步归纳为文化遗产格致论"四字诀",由此口诀所衍生的"二十一字",并非一个完美的概括,可以根据实际的文化遗产进行增补、调整或删减。而"生生遗续"之概念体系的"生命礼仪、生态亲和、生计方式、生产技术、生业组织、生养制度"的"六生"体系,是我们对文化遗产"传家"方法论的共同探讨。介休文化遗产之化合通变,必将是在对介休文化遗产"格致"之后才能顺利进行,"体、用、造、化"四字诀是介休文化遗产格致可借鉴的方法论。

---

① 彭兆荣、李春霞:《我国文化遗产体系的生成养育制度——以三个文化遗产地为例》,《厦门大学学报》(哲学社会科学版)2013 年第 2 期。

② 彭兆荣:《文本、语义与语境——非物质文化遗产名实考述》,《东南文化》2014 年第 1 期。

文化生态重建：晋中文化生态
保护实验区的介休探索

　　山西省的晋中文化生态保护实验区于 2010 年 6 月由文化部批复同意设立。同年 10 月成立晋中文化生态保护实验区建设领导组。2012 年 3 月 2 日，《晋中文化生态保护实验区总体规划》通过文化部组织的专家论证，同年 9 月，财政部、文化部批准下达 2270 万元保护区补助经费，建设工作全面启动。2013 年批准下达 2400 万元建设补助经费。晋中文化生态保护实验区地处山西中部，包括晋中市所辖县，太原市所辖 4 区县，吕梁市所辖 4 县市，总面积 2.3 万平方千米，人口 627 万。该区域内现有国家级名录项目 35 项、省级名录项目 138 项、市级项目 228 项。

　　"文化生态保护实验区"是随着中国非物质文化遗产四级名录体系认定、保护和传承的不断完善以及"生产性传承"的不断探索、"遗产法"的切实推进、"后申遗时代"来临的特殊背景下，由中国推出的借鉴生态学的理念，以"文化生态实验区"的形式，旨在对"非遗"进行整体性保护的重要保护策略。在第一个"文化生态保护实验区"设立之前，以生态学的理念对中国民族文化遗产的保护传承，已经有"生态博物馆""民族生态博物馆""民族文化生态村"的实践探索，在这些文化遗产保护的实践中，有哪些成功的经验和失败的教训值得"晋中文化生态保护实验区"学习和借鉴？在"晋中文化生态保护实验区"的建设背景下，介休又有哪些需要进一步探索的问题？介休如何在城市文化的发展中，重建文化传承的文化生态？

一　理论溯源："生态人类学"中的文化理论

（一）文化生态：生态学视角的文化研究

文化生态是借用生态学的方法研究文化的一个概念，是关于文化性质、存在状态的一个概念，表征的是文化如同生命体一样也具有生态特征，文化体系作为类似于生态系统的一个体系而存在。在生态学中，生态是生命体通过同化和异化与环境进行物质交换和能量转换的互动关系，生态系统是由生命系统和环境系统在特定空间的结合所构成的体系。运用生态学透视文化的运动和发展，可以看到，就像任何一个生命体、任何一种生物离不开其特定的生存环境、总是与其他生命体、生物及各种生存环境相互影响、相互作用一样，人类所创造的每一种文化也是在与其他文化及所处的社会环境交流互动中演化发展着，因而，完全可以把文化体系类比为生态系统进行分析研究[①]。"文化生态保护实验区"的实践，就是以生态学的视角，将非物质文化遗产看成一个文化生命体，将其传承、保护放在所属的文化空间，将文化空间看成非物质文化遗产生命延续的生存环境，以实验区的形式，对非物质文化遗产的生存延续进行外在力量的协助，探寻并最终找到非物质文化遗产保护与传承的具体实施办法。

与"文化生态"关系密切且容易被大众混淆的一个概念是"生态文化"。顾名思义，生态文化是有关生态的一种文化，即人们在认识生态、适应生态的过程中所创造的一切成果。生态文化本身是一个系统，有其内在的结构，其组成部分主要包括如下几个方面[②]：生态知识、生态精神、生态产品、生态产业、生态制度。

文化生态之"生态"是什么？民族文化的生态对民族文化的传承意味着什么？"一个民族的文化生成和发展离不开特定的环境，这一特定

[①] 高建明：《论生态文化与文化生态》，《系统辩证学学报》2005年第3期。
[②] 同上。

的环境综合了该种文化生成发展所必需的一切要素，它就是该种文化的生态。民族文化的生态具有民族文化的母体作用，文化总是在母体中孕育生发并被赋予了母体的特性。离开母体，文化无由产生，而产生之后的文化若不与母体调适，也将缺乏前进的动力和可能，成为静止僵死的东西。换言之，文化是环境的产物，其发展是与其生态系统调适以求平衡的过程，二者是辩证统一的。"① 所以，从生态视角来延续民族文化传承发展，必须首先对民族文化的生态/母体进行传承和维护，避免生态的急速变迁甚至变异，这样可以从文化根源上避免文化的突变，"文化生态保护实验区"的设立，从理念和根源上来说，是一个保持民族文化可持续健康生长的路径。

但是，文化环境并非一个稳定的主体，而是一个不断变化的所在。特别是在社会经济建设、城市化建设、政治施政理念变迁和消费文化盛行的语境中，民族文化的生态失衡已是客观事实。在此文化生态的动态变化前提下，文化传承该如何进行？"在民族文化生态失衡的情况下，文化传承不在于挖空心思地设计诸多传承线路及具体的举措，而在于深入思考怎样为它营造一个新的适宜的文化生态环境。这当然要从多方面入手，如政府文化政策出台、经济激励、主体意识的强调、人才的保护培养、新的传承场的建立、教育措施的采取等，进行系统的操作方能奏效；另一方面，民族文化不是孤立、僵死的东西，绝对的永恒的民族文化特色是不存在的，它因境而生、随境而变，其传承机制具有选择、认同、重构的功能，是开放的兼容的，具有反本开新、再造新的文化资源的能力。因此，文化传承保护是发展的开放的保护，保护是相对的，发展是绝对的，保护的意义就是为了更好地发展。"② "文化生态保护实验区"实验的目的，也不仅仅是为了维持文化生态的相对稳定，传承非物质文化遗产，更需要通过实验区的探索，找到在生态变迁中如何传承文化遗产，并使文化遗产的持有者受益于文化遗产的互惠模式，让文化遗产成为文化所有者的荣耀，而非文化持有者合理利益诉求的负

---

① 魏美仙：《文化生态：民族文化传承研究的一个视角》，《学术探索》2002年第4期。
② 同上。

担或招牌。

而要完成这样的探索,并非一朝一夕可以成功,需要按照文化传承的规律一步步实现;亦非某一单一力量即可完成,需要理论智慧、施政理念、经济物资和文化持有者合力完成。我们该如何做?首要任务,就是弄清楚"文化传承与文化生态的具体关系"。

第一,文化传承与自然生态。自然生态是文化的依托,自然生态孕育了丰富多样的文化,在历史发展中,自然生态使文化渐趋定型并打上鲜明的自然烙印。自然环境相对封闭的地方,地理环境的文化隔绝机制较强,民族文化易于在这样的环境中传承下去并保持原始质朴的成分。除了自然生态在文化传承中的演变之外,另一个明显的变化是环绕某些文化事项的小生态也发生了改变即物态传承场消失或转换。在自然生态变迁的情况下,民族文化的传承既要重视自然生态又要在一定程度上超越自然生态,用人为的力量弥补其不足,从而有利于民族文化的传承[1]。在自然生态诸因素中,我们需要找到与文化传承紧密相关的部分,维持、修复或减缓其变迁的速度,让文化传承有适应的过程,防止文化传承因自然环境的快速变化而消亡、损坏、变异。

第二,文化传承与人文生态。人文生态是除自然生态之外的一切因素的总和,包括社会、政治、经济、文化等要素,各要素又相互交叉渗透,难分彼此。其中,"经济"是文化变迁中最活跃的物质层面的因素,这一层面的变迁和经济发展密切相关。民族文化在自给自足的农业经济环境中生成并发展,适应于自身封闭保守的环境,以群体性为文化的基本特征。现代商品经济淡化群体、突出自我,其发展冲击了和谐自然的村落,村落自足系统中的文化受到影响,或消亡,或隐退,或变形,民族文化自然传承中的诸多链环趋于断裂。要改变旧的经济模式,又不能破坏建构于其上的传统文化,是许多民族现代化进程中的困惑,困惑的解答要从文化对环境的调适功能入手[2]。非物质文化遗产的"生产性传

---

[1] 魏美仙:《文化生态:民族文化传承研究的一个视角》,《学术探索》2002年第4期。
[2] 同上。

承"是文化遗产直面经济因素的一种探索，但是并非所有的非遗都适合进行"生产性"传承，在文化生态保护实验区中，大多数非遗如何在经济大潮中健康地传承，除了外来资金的补助，更多需要发掘文化遗产自身的"造血"功能。

第三，文化传承与文化主体。文化主体亦即"文化持有者"，"主体"是文化生态的核心。文化传承发展离不开文化主体——人——的活动，人是文化传承生态中极为重要因素。民族文化传承机制内在地包含了主体的选择机制。在文化发展中，主体依据环境的变化而做出具有时代特征的价值判断，对原有的文化进行创造和超越，将文化精华整合为新的文化资源，使文化传承永远具有吐故纳新的自我发展能力。正是主体的文化创造不断地向纵深推进，才展开了丰富无比的文化发展。在文化传承中，不同形式的主体（社区群、小群体、个体）所携带的文化特色不尽相同，他们在传承中的角色及方式也不同，但有一点是不容忽视的，那就是主位的立场极为关键，族人对自己文化的态度，直接影响到文化能否继续发展。其文化意识越强，文化传承就越容易。在很多情况下，族人置身于文化中，却往往对自身持有的文化熟视无睹，而客位的介入增强了其文化自尊心、自信心，从而使他们关注本族文化。当然，客位不能越俎代庖，我们应该以主客位的多种视角来思考现实，在充分尊重民族文化的基础上进行客位的介入①。非物质文化遗产的主体，无疑就是被认定或未被认定的非物质文化遗产传承人、传承群体，在文化生态保护实验区的建设中，非遗传承主体的声音、想法、做法更需要被施政部门所倾听、所重视。

（二）生态人类学的文化理论

综合研究人类生活的人类学，大致可分为以研究社会、文化为主的文化人类学和以研究社会、生态学为主的生态人类学②。生态人类学（ecological anthropology）是用人类学的理论和方法研究人类、文化与

---

① 魏美仙：《文化生态：民族文化传承研究的一个视角》，《学术探索》2002年第4期。
② ［日］田中二郎：《生态人类学》，宋建华译《民族译丛》1987年第3期。

生态环境之间关系的学科，是20世纪60年代兴起的一门人类学的分支学科。在美国人类学家韦达（Vayda）和拉帕波特（Rappaport）1968年首次提出"生态人类学"一词之前，人类学中对"生态环境"进行关注的重要成果还有法国人类学家马赛尔·莫斯对因纽特人的研究（《关于爱斯基摩社会季节性变化的研究》，1910）、英国社会人类学家雷蒙德·弗斯讨论环境对人类文化方面所起的作用问题、埃文斯·普理查德对努尔人的研究[1]。20世纪50年代，斯图尔德（J. H. Steward）倡导的"文化生态学"理论开辟了人类学研究的新视野，他因此被认为是生态人类学研究的开创者。美国人类学家唐纳德·L. 哈德斯蒂在《生态人类学》（1977）一书中，则将生态人类学的理论源流追溯到了被西方尊为"医学之父"的古希腊著名医生希波克拉底的"体液论"[2]。经过近半个世纪的发展，生态人类学的理论发展路径逐渐清晰，有以下8种代表性理论观点可资讨论。

1. 环境决定论：作为文化"原动力"的物质环境

上述希波克拉底的"体液论"就是最典型的环境决定论。该理论的要旨是这样一种观点，即：物质环境在人类事务中发挥着"原动力"的作用。人格与个性、道德、政治与政体、宗教、物质文化、生态——所有这些以及更多方面常常可以用环境决定论来加以解释。[3]

以"环境决定论"来解释文化，在西方历史上有以下重要实践：

---

[1] 马塞尔·莫斯根据民族志资料指出，因纽特人的社会生活因环境因素分为冬季社会集中期和夏季社会分散期，宗教的、道德的表达方式及其强调程度，顺应社会集团这种分散和集中的集团化原理而变化。普里查德经过实地调查指出，奈尔半农半牧的努埃尔人，到了雨季，他们的村落分散在一定地域之内；到了旱季，许多村落又集中到河川流域。这种游牧生活与他们非中央集权的政治体制密切相关。参见［日］田中二郎《生态人类学》，宋建华译《民族译丛》1987年第3期。

[2] 希波克拉底认为人体含有4种"体液"——黄胆汁、黑胆汁、黏液和血液，分别代表火、土、水和血4种物质。这4种体液的一定比例导致个人在体格与人格，以及虚弱与健康方面的差异。他认为气候是造成体液"平衡"状态的原因，因此，也是形成体质形态和人格与个性的地域差异的原因。所以，因过度炎热和缺水，居住在热带的人们易动感情，沉溺于暴力，而且懒散、短命、轻浮和敏捷。参见［美］唐纳德·L. 哈德斯蒂《生态人类学的理论源流——〈生态人类学〉导论》，郭凡译，《民族译丛》1991年第5期。

[3] 参见［美］唐纳德·L. 哈德斯蒂《生态人类学的理论源流——〈生态人类学〉导论》，郭凡译，《民族译丛》1991年第5期。

①柏拉图和亚里士多德把气候与政体相联系，认为气候对人格、个性和智力的影响决定人类对政体和宗教的认知；① ②18世纪时，孟德斯鸠将这一推理方法运用于宗教分析，认为炎热的气候导致嗜眠症，因而易于与消极的宗教相联系，如印度的佛教。相反，在寒冷的气候下，宗教则受与偏好个人自由和能动性相适应的侵略性所支配。③地理学家亨廷顿在《文明的原动力》（1945）一书中认为，最高形式的宗教均产生于世界的温带地区，其理论主张是：温和的气候更有益于产生理智的思想。

今天，环境决定论基本上被人类与环境（相互作用）模式的研究所取代。这种模式认定，环境起着一种"限制性的"但非创造性的作用。或者说，认识到了那种复杂的共同的相互作用关系。但是，环境决定人类生物性差异的解释仍具有强有力的、举足轻重的影响。例如，人类群体的遗传变异模式仍然受着自然选择理论——一种认定环境对基因库的形成起着有力的和积极作用的理论的支配。②

2. 环境可能论：环境与文化间笼统的可能性

20世纪20—30年代，人类学界对环境解释的学术方向由决定论转向可能论。对"环境可能论"的解释最典型的例子是克罗伯1939年关于玉米耕作的地理分布的论述。克罗伯的研究资料表明，玉米耕作在北美土著居民中的分布情况是受气候限制的。

"环境可能论"的转向，一方面得益于博厄斯提出的"独特的文化特征和文化模式的产生普遍基于历史传统而非环境"③的观点；另一方面，"环境可能论"的研究直接促成了"文化区"理论概念的诞生，并

---

① 柏拉图和亚里士多德认为：希腊的温和气候是民主政体和产生适于统治其他人的民族的理想气候。另一方面，专制政体则适宜于热带，因为那里的民族缺乏精神力量和对自由的向往，而且偏激狂热。在寒带没有形成完善的政体形式则是由于当地民族缺乏技能和才智，并且过于偏爱个人的自由。参见［美］唐纳德·L.哈德斯蒂：《生态人类学的理论源流——〈生态人类学〉导论》，郭凡译，《民族译丛》1991年第5期。

② ［美］唐纳德·L.哈德斯蒂：《生态人类学的理论源流——〈生态人类学〉导论》，郭凡译，《民族译丛》1991年第5期。

③ 转引自［美］唐纳德·L.哈德斯蒂《生态人类学的理论源流——〈生态人类学〉导论》，郭凡译，《民族译丛》1991年第5期。

有大量文化区域与自然区域间关系的研究成果①，但仅从环境的角度并不能解释文化的所有问题。因此，克罗伯评论道②："文化根源于自然，因此，只有联系文化植根于其上的自然环境，才能完全理解文化。这是事实。但是，像植根于土壤的植物不是由土壤制造或造成的一样，文化也并不是由文化植根于其上的自然环境所造就的。文化现象的直接原因是其他文化现象。"

美国人类学家格尔茨对"环境可能论"是这样评述的③："使用这样一种公式，人们只能最笼统地提出：文化受环境影响的程度如何？人类活动在多大程度上改造环境？答案只能是最笼统的——在一定程度上，但不是完全。"

3. 文化生态学："文化核心"中环境与文化的辩证作用

以上格尔茨的评述，针对的是"环境决定论"和"环境可能论"共有的一种二元对立看法：人类与环境之间的关系是永不相容的，决定论和可能论的目的都是要确定一方对另一方的作用和影响（决定论坚持环境能动地塑造人，而可能论认为环境起一种限制或选择的作用）。但事实是：人与环境之间的相互作用在始终不断地进行，两者之间并不存在"这一方"与"另一方"的明确"分野"。这种观点使人们有可能更准确地认识人与环境的关系。这一事实也为文化生态学提供了理论基础。

早在20世纪30年代，生态学在人类学中的优势地位就已为朱利安·斯图尔德所表述。他的"文化生态学方法"最重要的贡献或许就在

---

① 早在1896年，麦森就指出，物质文化和技术的地理分布是由环境"模式化"的，但并非由它引起。基于这一假说，他确立了12个"民族"环境或文化区域。麦森的研究成果后来在威斯勒（1926年）和克罗伯（1939年）的著述中被继承下来并加以发挥。两人都认识到文化区域和自然区域之间普遍的相关性，但他们只是从某些文化特征是否为自然区域所许可的方面来看待这种相关性的。参见［美］唐纳德·L. 哈德斯蒂《生态人类学的理论源流——〈生态人类学〉导论》，郭凡译，《民族译丛》1991年第5期。

② 转引自［美］唐纳德·L. 哈德斯蒂《生态人类学的理论源流——〈生态人类学〉导论》，郭凡译，《民族译丛》1991年第5期。

③ C. Geertz, *Agricultural Involution: The Process of Ecological Change in Indonesia*, Berkeley and Los Angeles, University of California Press, 1963, p. 3.

于认识到环境和文化不是分离的,而是包含着"辩证的相互作用——反馈或互为因果性"①。斯图尔德所倡导的文化生态学研究的是"文化核心"②部分环境与文化的相互作用,在"方法论"上涉及对下列问题的分析:①环境与开发技术或生产技术之间的相互关系;②"行为"模式与开发技术之间的相互关系;③"行为"模式对文化的其他部分施加影响的程度。其目的是"解释那些具有不同地方特色的独特的文化形态与模式的起源",在研究方法上要求对当地族群进行细致的研究时首先必须对其环境进行生态学概述。③ 韦达和拉帕波特(1968)在认识到斯图尔德学说重要性的同时,也批评了其方法上的不足之处④:①抽样过程中难免出现虚假相互关系的可能性;②即使相互关系具有统计意义,也并不一定意味着这是一种因果关系;③即使表明了意义重要的相互关系和因果性,也不一定像斯图尔德所认为的那样,表明这种关系是不可避免的。

4. 种群生态学:环境与文化的定量分析

由斯图尔德文化生态学引起的关于特殊人群环境关系的研究,直接引发了"种群生态学"的研究。种群生态学⑤就是关于影响生态种群的分布与数量的那些过程的研究。外部过程影响着种群与食物、水、气温和其他生物之间等方面的关系;内部过程则包括诸如行为、生理以及遗传等方面的各种因素对种群密度的影响。

---

① 转引自[美]唐纳德·L. 哈德斯蒂《生态人类学的理论源流——〈生态人类学〉导论》,郭凡译,《民族译丛》1991年第5期。
② 斯图尔德认为,文化特征是在逐步适应当地环境的过程中形成的,在任何一种文化中,有一部分文化特征受环境因素的直接影响大于另外一些特征所受的影响。他把这种文化中易受环境因素影响的部分称为"文化核心"。参见任国英《生态人类学的主要理论及其发展》,《黑龙江民族丛刊》2004年第5期。
③ 但是斯图尔德的文化核心未包括社会结构的许多方面,也几乎不包括仪式行为,这些都被认为与环境无重要关系。此外,斯图尔德把生物学研究排除在文化生态学之外。在非物质文化遗产的保护传承中,不能生硬地套用文化生态学的"文化核心"分类,而需进行整体性的文化把握。参见[美]唐纳德·L. 哈德斯蒂《生态人类学的理论源流——〈生态人类学〉导论》,郭凡译,《民族译丛》1991年第5期。
④ [美]参见唐纳德·L. 哈德斯蒂《生态人类学的理论源流——〈生态人类学〉导论》,郭凡译,《民族译丛》1991年第5期。
⑤ 同上。

相对于"文化生态学"抽样数量、过程可能造成的研究结果误差，种群生态学将研究群体集中在"种群"这个相对稳定的单位上，便于进行较准确的定量描述与分析，可以对种群规模和分布范围等进行计算。而且种群生态学还将种群视为一个流动的单位，其理论框架中的"生态群体"，不仅仅是本地群体，那些因为经济贸易、人口流动等因素串联起来的所有群体，也是其分析的对象。可以说，生态种群概念提供了一种对于人文生态学研究和非人文生态学研究都同样适用的可以定量分析的共同标准。

5. 文化唯物论：文化特征是适应环境的产物

哈里斯（M. Harris）的文化唯物论把适应环境作为最重要的解释机制，目的是通过追溯各种技术、居住模式、宗教信仰、礼仪等文化特征同环境因素的联系来论证它们适应环境的唯物的合理性。他最有名的一个例证是关于印度的圣牛[1]。米尔顿（K. Milton）对哈里斯理论主张的评述，可以看到文化唯物论关于"环境与文化"的论点："哈里斯的明确意图是：所要证明的不是某些环境特征是特定文化特征演化的直接原因，而是在环境所施加的物质条件下，所有文化特征都有了生态意义。然而，他的文化特征是适应环境的产物这一观点，使他的学派仍属于环境决定论，因为它赋予环境以形成文化的决定作用。有理由认为较之斯图尔德的文化生态学，哈里斯的文化唯物论的环境决定论色彩更浓，因为它更全面地考虑文化现象之间的相互

---

[1] 印度教禁止杀牛和吃牛肉。这种禁忌的结果使他们养了许多年老力衰和失去生育能力的牛。这些牛在印度乡下悠闲地来来逛去。它们妨碍交通和扰乱市场。这些看似没有用的东西却被印度教农民以宗教的名义保留下来，这在西方社会中是不可理解的，因为牛肉一直是西方人的主食之一，它能给人提供热量和蛋白质。但从印度当地环境背景来看，不杀牛却很有道理。在当地，牛的作用体现在多方面，即供应奶、犁地、负重、运输。仅牛粪就有好几种用途：做肥料、燃料和铺地的材料。牛粪作为肥料和燃料对环境能量系统有很大的贡献。它为农民节省了上百万吨的化肥。化肥价格太高，农民一般买不起。牛粪又是烧饭用的主要燃料，如果把大批牛宰杀了，那就必须买煤、木柴或煤油等昂贵燃料，而牛粪却比较便宜。因此，从唯物论的观点来看，印度人不吃牛肉的禁忌是有其合理性的，因为这样做有利于保存由牛提供的肉以外的其他资源。转引自任国英《生态人类学的主要理论及其发展》，《黑龙江民族丛刊》2004年第5期。

联系,从而使决定论的线索在凡是可以找到这种联系的地方都存在。"①

6. 生态系统论:环境与文化的平衡和自我调节

C. 格尔茨的《农业退化》(1963)一书是生态系统论的代表性著作。生态系统论的"系统"是"一组事物以及该组各个事物之间及其属性之间的相互关系的总和"②。与文化生态学所探讨的环境与文化之间"相互因果关系"不同,生态系统论着重于对一个互为因果关系的复杂网络进行分析。

生态系统论分析方法的运用,首先要确定一个系统的界线与环境;其次要建立复杂事物的系统模式,采用此种方法系统行为可以被研究和预测。格尔茨认为③,生态学系统这一概念是文化、生物和环境之间不断相互作用观点的逻辑结论。从理论上说,生态系统是生物和非生物之间关系的能动配置,通过它,能量得以流通,物质得以循环。并且因为它,生存的其他问题才得以解决。实际上,生态系统是由一群植物和动物及其非生物环境来确定的。由此构成一个"食物网",并对彼此的生存机遇产生全面的影响。生态系统论在理论阐述上,更接近文化人类学研究的"整体论",但在实践中,存在着研究对象的地理范围太小、资料取样范围太小、定量分析的数据处理方法不完整、流动因素的研究缺乏等不足。

生态学家 C. 霍林(1973)指出④,生态系统的"自我调节"实际上包括两种过程:维持平衡和恢复平衡。平衡用以稳定系统,使其不至波动太大,但实际上它可能并不那么重要;恢复过程则起着防止系统自毁、确保该系统能持续存在下去的作用。这些过程很重要,它们在某些时候可能实际上有利于波动的系统而不利于稳定的系统。这也

---

① [英]凯·米尔顿:《多种生态学:人类学,文化与环境》。《人类学趋势》,社会科学文献出版社 2000 年版,第 299 页。
② [美]唐纳德·L. 哈德斯蒂:《生态人类学的理论源流——〈生态人类学〉导论》,郭凡译,《民族译丛》1991 年第 5 期。
③ 同上。
④ 同上。

促进了对有人类参与其中的生态系统的研究,从对平衡过程的研究转向对恢复过程的研究。

7. 民族生态学:环境是文化建构的产物

民族生态学是生态人类学在 20 世纪六七十年代发展的一条主线。民族生态学之"民族",指的是从被研究者的观点界定的知识领域。"民族生态学"是对特定文化传统和环境的感知,从而得到当地人所具有的世界观,民族生态学认为,环境不是一个实在,而是人类感知与解释外部世界的产物,即环境是文化建构的产物。① 作为认知人类学的一个学术分支,民族生态学家对人类活动的动因(目标、动机、假想、信仰等),对人类行动的社会和文化后果感兴趣的程度大于他们对环境影响的兴趣。在学术实践中,民族生态学经常被限定于对一些地域环境的本土分类法的研究,或仅对一系列动物和植物物种名字和用途的描述性记录②,这明显是受到植物生态学、动物生态学之认知分类的学术影响。

8. 多元生态学:一元与多元的精妙结合

自 20 世纪 80 年代以来,西方生态人类学领域出现了某种令人瞩目的转向:从 20 世纪六七十年代以新进化论和新功能论为主导的生态人类学转向环境人类学或多种生态学③。其转向背景与人类学研究中对"极端的文化相对论"和"现代主义割裂自然与文化的二分法"的批判一致。对于生态人类学的这种转向,在定名上有"环境人类学"(environmental anthropology)、"多种生态学"(ecologies)、"复数

---

① 任国英:《生态人类学的主要理论及其发展》,《黑龙江民族丛刊》2004 年第 5 期。
② 康克林(H. C. Conklin)对菲律宾哈努诺人进行的民族生态学研究是典型的范例。他通过对哈努诺人文化内部结构的分析,识别出哈努诺人本土色彩分类系统的复杂内部结构,归纳为明亮度、暗度、湿度和干度等四个基本词汇。哈努诺人对当地的动植物有自己的一套认知系统。他们根据植物的叶形、颜色、产地、大小、性别、生长习性、生长期、气味等给植物分类。在植物种类中,每一种都有专门的系统名称。其名称由一个到五个字词组成。他们把这些种植物根据本地人分类方法分为 890 类,与科学的植物学中的 650 个属和大约 1100 个种相对应。转引自任国英《生态人类学的主要理论及其发展》,《黑龙江民族丛刊》2004 年第 5 期。
③ 张雯:《试论当代生态人类学理论的转向》,《广西民族研究》2007 年第 4 期。

的新生态学"（new ecologies）或"新生态人类学"（new ecological anthropology）等称谓。鉴于其学术特征（①多种理论来源；②多种分析视角；③在具体实践中倡导文化多样性[①]），笔者将其称为"多元生态学"。

多元生态学的学术主张具有以下四方面的特征[②]：

① 多元生态学力图以更为辩证和互动的方式看待自然与文化的关系，用一种新的"一元论"将生活世界中的诸种现实（包括生态、物质、象征、政治、社会、历史）整合起来。在关注社会文化对环境的建构时，多元生态学也没有陷入唯心主义的泥淖，而是一直试图缩小长期存在于生态人类学内部的"自然"和"文化"、唯物主义和唯心主义的鸿沟。多元生态学主张在"建构的自然"和"真实的自然"两者间保持平衡。前者指的自然其实是一件文化产品，后者则承认独立的自然秩序的存在。研究"意义"和研究"自然法则"的人之间需要进行更多的对话。

② 多元生态学将分析单位从原来的"地方"和"区域"进一步扩展到"国家"和"世界"，关注全球化和现代化的作用。认为系统生态学和民族生态学都具有强调孤立和封闭的系统的缺点。由于全球化和世界体系的影响，今天的生态人类学研究必须关注地方、区域、国家和世界之间的联系，关心全球人口、技术、资本、影像、信息和观念的流动对地方社区生态和文化的影响。

③ 多元生态学带有鲜明的政治批判性和参与性。与之前生态人类学研究持有的文化相对和价值中立的立场不同，多元生态学十分关注全球化条件下环境运动中的冲突对抗以及权力关系，批判环境运动中的权力不平等现象，倡导一种更公正和可持续的生态和社会关系。

---

① 张雯：《试论当代生态人类学理论的转向》，《广西民族研究》2007年第4期。
② 参见以下3篇文章，笔者对其略有改写。张雯：《试论当代生态人类学理论的转向》，《广西民族研究》2007年第4期；Arturo Escobar. After Nature: Steps to an Anti-essentialist Political Ecology, *Current Anthropology*, 1999, 40(1). Conrad Kottak. The new ecological anthropology, *American Anthropologist*, 1999, 101(1).

④ 多元生态学在研究方法上也具有新的特点。除了传统的民族志方法，今天的生态人类学还开始使用高科技手段（如卫星影像和计算机技术）进行定位和大量数据的处理。另外，多学科合作进行宏观和大规模的研究也成为可能。

在多元生态学看来，环境不再是封闭单位内某民族生存方式的简单而直接的原因，而是现代世界中政治、经济、社会、文化、历史等多种因素共同作用的表现。多元生态学既不是以生态为重点也不是以文化为重点，而是将两者精妙地结合起来。

二 纵向述评：文化生态保护实验区与生态博物馆、民族文化生态村、民族传统文化保护区

（一）生态博物馆

生态博物馆（Eco-Museum）这一词汇，是1971年由法国博物馆学家雨果·戴瓦兰（Hugues de Varine）在国际博协第九次大会期间与当时法国环境部长的助手共进午餐时偶然说出的一个新词①。从20世纪70年代开始，生态博物馆的概念和实践，在欧洲、北美和拉美等地传播开来。自1980年以后，生态博物馆为法语圈、西班牙语圈、葡萄牙语圈、意大利语圈以及拉丁语系的许多国家所接受，其理念在欧洲、北美洲、南美洲、非洲、大洋洲和亚洲得到了普及，出现了迅速发展的势态。迄今为止，全球的生态博物馆数量已达到300多座②。20世纪八九十年代，生态博物馆的概念开始进入亚洲博物馆学家的视野，中国博物馆学会安来顺先生于1985年将"生态博物馆"一词翻译到中国③，从此，中国博物馆界开始接触到了生态博物馆这一新事物。《中国博物馆》

---

① ［法］雨果·戴瓦兰：《"生态博物馆"一词及其他》，《中国博物馆》1995年第2期。
② 尹绍亭、乌尼尔：《生态博物馆与民族文化生态村》，《中南民族大学学报》（人文社会科学版）2009年第5期。
③ 张晋平：《关于生态博物馆论文英文翻译的说明》，《中国博物馆》2005第3期，第6页。

从 1986 年第 4 期开始刊登、翻译了大量有关生态博物馆的文章和信息。1986 年，时任贵州省文物保护顾问的苏东海先生在《贵州"七五"期间发展博物馆事业规划》论证会上呼吁建立生态博物馆[①]，而促使中国第一座生态博物馆（1998 年建成的贵州梭戛生态博物馆）建成的，也是时任《中国博物馆》主编的著名博物馆学家苏东海先生，因此他也被誉为"中国生态博物馆之父"。

1986 年，苏先生呼吁在贵州建立生态博物馆，之后很长一段时间并没有实质性进展。直到 1994 年 9 月，国际博物馆学委员会年会在北京举行，苏东海先生与时任国际博物馆学委员会理事、挪威《博物馆学》杂志主编的约翰·杰斯特龙先生，就彼此关心的生态博物馆和新博物馆学运动进行了学术交流，为中挪两国在生态博物馆领域的合作迈出了第一步[②]。1995 年 1 月，贵州省文化厅文物处胡朝相副处长在赴美国夏威夷进行民族文化和旅游经济考察回京之后，与担任贵州省文化保护顾问的苏东海先生探讨贵州文博工作，表达出建设新型博物馆的愿望，苏先生建议成立课题组研究在贵州建设生态博物馆的可行性。同年 3 月，课题小组成立，苏东海和杰斯特龙担任课题组负责人，胡朝相和安来顺分别担任组织工作和学术考察协调人。同年 4 月，"关于在贵州省建立生态博物馆可行性论证"课题小组深入贵州少数民族地区考察，揭开了中国生态博物馆实践的实质性一幕。经过考察和论证，课题组认为，"（六枝梭戛陇戛寨）仍然保存在一种比较完整的文化生态中"，符合建立生态博物馆的条件，并提出建立包括梭戛、隆里、堂安、镇山在内的一个分别代表苗、汉、侗和布依族四个民族的生态博物馆群[③]。国家文物局、贵州省政府批准了该建设项目，并列入《中挪 1995 年至 1997 年文化交流项目》。1997 年 10 月 23 日，时任中国国家主席江泽民与挪威国王哈拉尔五世在北京出席了《挪威开发合作署与中国博物馆学会关于中国贵州省梭戛生态博

---

① 苏东海：《博物馆的沉思》，《苏东海论文选》卷二，文物出版社 2006 年版，第 494 页。
② 《在贵州省梭嘎乡建立中国第一座生态博物馆的可行性研究报告》，《中国博物馆》1995 年第 2 期。
③ 同上。

物馆的协议》的签字仪式。经过三年多的筹建,1998年10月31日资料信息中心建成开馆,标志着中国第一座生态博物馆的正式诞生,开启了中国少数民族地区文化遗产保护的"生态博物馆模式"实践。

纵观中国第一座生态博物馆的诞生过程,除了苏东海和杰斯特龙先生出于对博物馆和遗产保护事业的热爱作出的巨大贡献以及贵州方面积极主动地争取和配合外,中挪两国最终能以政府文化交流项目的形式落实生态博物馆建设显然与其巨大的政治意义有着密切关系。就地方政府(包括贵州省、六枝特区、梭戛乡)而言,建立生态博物馆不仅可以保护当地的文化遗产,更可以借此提高知名度、开发旅游事业,也能就此争取到更多的扶贫经费,促进当地人民生活条件的改善,而开发和扶贫正是当地政府最直接、最迫切的愿望(事实上这些愿望也都基本得到了实现)。就国家政府而言,建立生态博物馆不仅是我国博物馆建设的新成就,更是中挪两国社会文化交流的真实写照,具有国际意义。这些重要的政治意义我们可以在梭戛资料信息中心的展示中得到证实——展厅正面是江泽民出席两国签字仪式的巨幅照片,整个展览有近三分之一的内容与此有关。曾有人批评贵州生态博物馆从一开始就是当作一项政府工程来做而不是当作一项事业来完成,尽管有些偏激,但也不无道理。除了政治意义,中挪合作的背景为生态博物馆建设带来的不仅仅是智力支持和先进理念,更有中国博物馆界和当地政府更为迫切需要的经费,这包括挪方的直接援助和数额更为巨大的由此带来的各方资金。[1]

由此可见,中国第一座生态博物馆的诞生,是在中外博物馆学学者的学术理想、国家与地方政府的政治诉求、地方与民间的经济建设诉求等力量综合影响下建成的。

在生态博物馆的中国实践中,广西壮族自治区将生态博物馆定位于"民族生态博物馆",试图开创一条具有民族特色的生态博物馆发展之

---

[1] 钟经纬:《中国民族地区生态博物馆研究》,博士学位论文,复旦大学,2008年,第12—13页。

路。1999年,广西开始将民族生态博馆建设纳入工作思路,2002年赴贵州调研梭戛生态博物馆,并组织专家调研全区民族文化资源,达成生态博物馆建设意向①。2003年年底,广西民族生态博物馆三个试点项目南丹里湖白裤瑶生态博物馆、三江侗族生态博物馆和靖西旧州壮族生态博物馆相继启动,到2005年9月相继建成。之后,广西提出了"十一五"期间(2006—2010)将民族生态博物馆建设与正在建设的广西民族博物馆结成"联合体"的"广西民族生态博物馆建设1+10工程"计划。② 具体地说,"1"是指发挥龙头地位和作用的广西民族博物馆,"10"是指已建、在建和待建的遍布全区的十个民族生态博物馆,"1+10"就是指"联合体",广西民族博物馆在各民族生态博物馆设工作站和研究基地,实现资源和优势互补。10个生态博物馆为前述3个馆加后来追加的7个馆:贺州市莲塘镇客家围屋生态博物馆,融水苗族生态博物馆,灵川县灵田乡长岗岭村汉族生态博物馆,那坡达文黑衣壮生态博物馆,东兴京族三岛生态博物馆,龙胜龙脊壮族生态博物馆和金秀县瑶族生态博物馆③。

自1998年中国第一座生态博物馆诞生,到2007年中国第一个"国家级文化生态保护实验区"的设立,在生态博物馆近10年的中国化实践中,在少数民族地区已经建成了11座生态博物馆,其中贵州省5座、广西壮族自治区4座、云南省和内蒙古自治区各1座。

贵州六枝梭戛生态博物馆是我国第一座生态博物馆,是贵州生态博物馆群的先锋和标杆,带有典范性意义,因此梭戛的运作模式在一定程度上也代表着整个生态博物馆群的运作模式。

---

① 广西壮族自治区文化厅民族生态博物馆建设课题组:《广西民族生态博物馆建设"1+10工程"项目建议书》,广西壮族自治区文化厅民族生态博物馆建设课题组,2005年,第2页。
② 容小宁:《广西生态博物馆建设探索与规划》,《中国博物馆》2005年第3期。
③ 广西壮族自治区文化厅编:《广西民族生态博物馆"1+10工程"建设项目资料集》,2005年版。

国家级文化生态保护实验区设立时生态博物馆(梭戛)之运作模式表

背景与基础	1. 中挪合作背景,有专业的学术支撑和经费支持。 2. 提升到两国政府合作项目的层面,获得政治影响力、国内外的关注。地方政府的重视,当成政治任务来完成,给予特别的重视和照顾,确保顺利进行。(过多的政治介入客观上也削弱了学术的影响力)。 3. 因兴建所需,各级各类扶贫项目进入社区,有的属于新增项目,有的则是提前落实,给居民带来了很多实惠
人员构成	1. 梭戛生态博物馆建设报告中"建设阶段包括建馆领导小组、科学咨询小组、策划建设小组,开放阶段包括管理委员会、科学咨询小组"的人员配置并未实现,现仅有正式编制 5 人,具有专业职称的仅 2 人,日常在馆工作仅 1—2 人,大多馆员都非本地人。 2. 社区居民参与博物馆事务的互动主要表现在由社区居民组成的表演队进行文艺表演。 3. "政府主导、专家指导和村民参加管理"的发展模式并没有落实
博物馆与社区、文化遗产保护传承	1. 以贵州生态博物馆群为代表的中国第一代生态博物馆走的是遗产保护社区化的道路,实现了文化保护社区化和民主化的博物馆新理念,并希望能在此基础上向专业化、博物馆化方向发展①。 2. 由于资金不足,造成了人才的培训和引进、博物馆的宣传工作、遗产保护工作的推进等都不能顺利进行。 3. 运作效率不佳的问题:馆员本来就很少,而常驻馆内上班工作的又仅是馆员中的部分——人力资源利用率低;平时如果没有观众,馆员常常会无所事事——工作时间利用率低;资料信息中心配备了较为完善的遗产采集记录设备,但通常并没有利用起来——物质资源利用率低。与此同时,博物馆却还需承担一份与本职并无关系的工作:由于梭戛"名声在外",几乎每天都有来自各地各级的领导参访,博物馆需要花不少精力应付。② 4. 双方在前期实践中总结出来的理论成果,包括"三项基本原则""八项适用原则"及"六枝原则"等并未对生态博物馆建设产生实质性作用。生态博物馆建成后,保护区内仍出现了不少建材风格与传统建筑迥异的新建筑;社区节庆或重大活动中传统歌舞表演的程式化,使文化遗产的原生时空和精神内核改变
交流与互动	1. 贵州生态博物馆群内各馆之间没有实质性联系,更没有形成一个有机整体。 2. 因兴建时间先后相隔较长,各馆在发展程度上有较大差距,主管部门未采取相应措施促进生态博物馆建设的交流、学习、借鉴。 3. 各馆所在的地域和族群文化差异,是馆群内合作联动的障碍。 4. 建馆初期曾有过几次人员培训,但涉及面非常小,其中 2000 年在中挪两地举办的培训班各馆仅有一名当地人参加

---

① 苏东海:《中国生态博物馆的道路》,苏东海主编《中国生态博物馆》,紫禁城出版社 2005 年版,第 19 页。

② 钟经纬:《中国民族地区生态博物馆研究》,博士学位论文,复旦大学,2008 年,第 32 页。

广西的民族生态博物馆,是在参考贵州生态博物馆的基础上,结合自身的研究成果和广西的实际情况所进行的文化保护建设事业。截至2007年国家级文化生态保护实验区设立时,其生存状况如下。

国家级文化生态保护实验区设立时广西"民族生态博物馆"之发展状况[①]

民族生态博物馆	发 展 状 况
南丹里湖白裤瑶生态博物馆	1. 广西民族生态博物馆中最为成熟的一座生态博物馆。博物馆展示中心设施齐全,各项工作运作较为正常,并已拥有固定的观众群。与学术指导单位广西民族博物馆互动良好,与主管部门和当地居民也保持了良好的沟通机制;组建了村民表演队,根据观众预约提供传统歌舞及服饰表演;针对社区的重要传统活动,博物馆予以配合和帮助,并实施记录。 2. 当地白裤瑶人成为博物馆的实际负责人,馆员也多为当地人,对生态博物馆事业有较大的热情。 3. 在博物馆商店有社区居民制作的服饰工艺品,这是生态博物馆经营的一个突破。 4. 该馆目前存在的主要问题是人力资源依然捉襟见肘(日常工作人员仅有两人),文化示范户体系有待落实,遗产保护工作有待深化
三江侗族生态博物馆	1. 三江馆保护区面积广阔,包括县境内苗江15千米流域的十多个侗族村寨,将展示中心设在距离保护区数十千米远、位于县城的三江侗族博物馆内(展示中心只是博物馆的一个展厅)。由于馆村分离,博物馆人员无法深入社区,无法实现与社区的深入互动和遗产保护活动的有效开展。 2. 在面积广阔的保护区内除了建在进入保护区公路上的门楼和立在每个村寨的"生态博物馆保护区示意图",基本没有其他具有博物馆标志或性质的设施,同时各村寨缺乏有机联系,保护区缺乏整体感,也未形成生态博物馆氛围。博物馆方面和广西民族博物馆也开始检讨这种模式,并决定在保护区内一个具有代表性的侗族村寨高定寨兴建工作站。 3. 在人事组织上,生态博物馆与县博物馆亦属"两块牌子、一套班子",并无专职馆员,因此人力资源的严重缺乏也大大制约了生态博物馆的各项工作

---

① 根据钟经纬之调查进行列表对比,参考钟经纬《中国民族地区生态博物馆研究》,博士学位论文,复旦大学,2008年,第35—36页。

续　表

民族生态博物馆	发　展　状　况
靖西旧州 壮族生态博物馆	1. 生态博物馆所在社区除了具有丰富的遗产资源外,在建馆前已有相当规模的旅游基础,在旅游公司的运营下,社区内各项配套设施和服务相对完善,社区居民也已在旅游开发中受益,并已有一定的遗产保护意识。 2. 生态博物馆在社区的建立被认为是"锦上添花"的事情,在当地遗产保护和传承中发挥了独特的作用。例如被视为广西民族生态博物馆模式特色之一的"文化示范户"工作在靖西落实得比较好,现有"传统工艺示范户"14户,对当地非物质文化遗产,尤其是传统手工艺的传承起到了积极的作用,受到社区居民和观众的肯定。 3. 旅游活动在社区的深刻影响给生态博物馆带来的冲击,生态博物馆需要扮演好社区居民和旅游经营者之间的角色,做出科学的定位,才能保证其可持续发展
贺州客家 生态博物馆	1. 在人事上与贺州市博物馆"共享""一套班子","馆员"平时并不在生态博物馆工作,馆员当中更不可能有社区居民,博物馆仅聘请了一位当地老人负责展示中心的日常开放。人力资源在数量上和专业上紧缺已成为制约生态博物馆发展的最大障碍之一。 2. 其展示中心是利用社区内一处具有地域特色的老院落改建的,不仅使展示中心真正进入社区,同时这也是一项积极的古建保护利用成果。但由于展示中心离保护区主景点较远,缺乏前期宣传及道路交通的制约,目前展示中心观众非常少,并未发挥其在整个客家社区中应有的作用和意义。 3. 社区内最大的客家围屋目前并不属于博物馆的管辖范围,由一家旅游公司负责运营,博物馆需要加强与之沟通与合作

相对贵州的生态博物馆群,广西的"民族生态博物馆"在运行模式上有新的一些做法,具体如下表所示:

国家级文化生态保护实验区设立时"民族生态博物馆1+10"运作模式表

背景与基础[①]	1. 广西壮族自治区建设"民族文化大省"的施政理念,于2002年启动筹建广西民族博物馆,为广西的民族生态博物馆发展提供了重要契机。 2. 以区民族博物馆强大的学术资源、政治资源和经济资源支持生态博物馆的发展,以生态博物馆丰富民族博物馆的形式和内容。 3. "1+10"两者将建立起长期、稳定的互动与延伸关系:以广西民族博物馆工作站的形式,使各生态博物馆成为广西民族博物馆在各个民族进行长期跟踪调查研究、搜集文化遗存和扩大研究成果利用的基地。 4. 运用现代科技手段,在两者间编织信息网络和可视界面,使各生态博物馆借助广西民族博物馆这更宽阔的平台,延伸与外部世界的联系,不受地域与时空局限而扩大受众面。 5. 以行政调控为两者建立起全方位的资源平台,形成优势互补,从而提高资源的利用价值和利用效率。 6. 为了从制度上保证广西民族博物馆在民族生态博物馆建设中的核心地位和领导作用,保证生态博物馆建设的顺利进行,广西民族博物馆制定相关的工作条例,包括《广西民族生态博物馆管理暂行办法》(2005.8)、《广西民族生态博物馆建设相关单位主要职责和工作制度》(2005.8)、《广西民族生态博物馆暨广西民族博物馆工作站工作要求》(2006.11)等
人员构成	南舟里湖白裤瑶生态博物馆在博物馆人员构成是相对比较成功的。南丹里湖白裤瑶生态博物馆人员构成结构是目前我国各生态博物馆中最理想的,值得推广[②]。 1. 馆长由县文体局副局长兼任,加强了博物馆与县文化部门的关系,也为生态博物馆的发展提供了政治保障。 2. 博物馆的实际当家人——常务副馆长陆朝金是白裤瑶人,大学文化,曾担任过当地小学教师、村委会副主任。此人不仅熟悉当地文化、了解当地实际,而且与村民关系融洽,在社区内具有一定的社会地位和影响力,他经常下到村寨了解情况,为生态博物馆工作提供素材。 3. 博物馆原有两名工作人员兼讲解员,都是当地人,且常驻博物馆内。南月馆的这种人事组织关系将博物馆与社区连成了一片,为博物馆的遗产保护和社区服务工作的有效开展提供了保障

[①] 广西壮族自治区文化厅民族生态博物馆建设课题组:《广西民族生态博物馆建设"1+10工程"项目建议书》,2005年,第10页。

[②] 钟经纬:《中国民族地区生态博物馆研究》,博士学位论文,复旦大学,2008年,第38页。

续 表

博物馆与社区、文化遗产保护传承	1. 广西民族生态博物馆与社区的互动及社区对博物馆工作的参与度仍然比较有限,现有互动多局限于少数社区精英。南丹馆由当地人承担博物馆主要工作,自然是博物馆与社区良性互动的一个典型。 2. 在三江侗寨鼓楼、客家围屋,都能看到居民自愿为观众介绍相关文化背景,表明村民对自身文化已有一定的觉醒意识。再如社区文化表演队的组建和由社区居民利用闲暇制作的、饱含族群文化要素的服饰及其他工艺品出现在博物馆商店,说明博物馆在为社区居民传承文化遗产和增加经济收入提供平台方面做出了努力。 3. 在广西民族生态博物馆与社区的互动中,文化示范户制度值得关注。文化示范户是指以民族特色鲜明的社区家庭为单位向社区和外来观众展示族群文化遗产的组织,在传承和弘扬族群文化的同时增加社区居民收入。如果文化示范户制度能够得到落实和深化,那么它应该可以发展成为生态博物馆展示中心向社区的一种延伸,承担起保护遗产、联动社区和增加居民受益的多重功效。 4. 拓展经费来源途径,民族生态博物馆经费来源至少有三个层面,一是来自当地政府、广西民族博物馆和中国民族博物馆的拨款和资助款;二是组建表演队、售卖居民工艺品及为观众提供食宿的创收;三是设立遗产保护基金功德箱募集资金,在展厅设置"白裤瑶文化遗产保护基金功德箱"是南丹馆为募集经费采取的一项积极措施。 5. 各馆根据广西民族博物馆的指导以及自身和当地实际开展了一些遗产保护工作,但总的来讲缺乏深度和广度。各馆也有针对地开展了一些遗产研究活动
交流与互动	1. 由于确立以广西民族博物馆为龙头和以各生态博物馆为工作站的联合体,广西的各个民族生态博物馆组成了一个有机体,为馆际交流合作创造了条件。馆际纵向联系,即广西民族博物馆与民族生态博物馆之间的沟通互动比较通畅,馆际横向联系,即各民族生态博物馆之间的沟通互动相对滞后。 2. 广西民族博物馆曾组织其志愿者开展"生态博物馆之行"活动,活动为考察性质,但利用志愿者的力量来加强生态博物馆间的互动与合作未尝不是一种有意义的探索方式。 3. 在博物馆工作中准备了观众登记兼留言表,既可作为观众统计的基本材料,又能从中了解观众的反应和对博物馆的建议。 4. 在博物馆自身形象建设上,除了各有一份生态博物馆宣传图册外,基本未发现其他介绍当地文化遗产和生态博物馆的专题资料;各馆挂靠广西民族博物馆的网站内容也较为单薄,缺乏内涵和深度

2006年，贵州省又提出了新建第二个生态博物群的计划，规划建设中国水族文化生态博物馆、毕节彝族文化生态博物馆、安顺屯堡文化生态博物馆和铜仁傩文化生态博物馆等四个生态博物馆，意图构建贵州新的生态博物馆群，并以文化产业的形式向社会推介、寻求投资。除了贵州、广西两个生态博物馆实践的主要省区，内蒙古自治区和云南省也在少数民族地区相继建成了各具特色的生态博物馆。内蒙古敖伦苏木蒙古族生态博物馆虽然于2005年对外公布，但一直没有实质性进展。直到2013年，达茂旗政府还在政府网站上发布关于"敖伦苏木蒙古族生态博物馆建设项目"的招商公告，公告中显示，前期建设完成的是通往景区的柏油路[①]。云南西双版纳布朗族生态博物馆遵循保护生态环境、弘扬生态文化、发展生态经济、建设生态文明的理念和思路。收集整理了代表布朗族的生产生活用品以集中展示，并对章朗村的古老建筑进行恢复，在村民中进行了普及保护传统习俗的教育，是一个"没有围墙的活态博物馆"。新疆、福建、湖南、黑龙江等地也已经提出建设生态博物馆的任务和具体的规划。山西、河北、河南、山东正在计划筹建。

现已建成、在建的生态博物馆，大多位于贵州、广西、云南、内蒙古等少数民族地区。产生于西方后工业时代的生态博物馆来到相对贫困、亟待发展社会经济的中国少数民族地区，对当地而言无疑是一种"从天而降"的社会"异质"，在当地民众中有一个不断认识、接受和认同的过程。

中国生态博物馆建设"理念先行"的"异质"性，主要表现为以下特点：首先，就中国生态博物馆所在地——少数民族村寨而言，生态博物馆和生态博物馆理念都是注入式的，而且是突如其来的注入，不是自发的，更不是自觉的。其次，生态博物馆的建立，将中国西南少数民族

---

① 招商项目需要建设的内容为：建设敖伦苏木水电路等景区基础设施；游客服务中心；生态博物馆。申请资金主要用于水、电、路等基础设施建设。效益预测：该项目建成后，将实现达茂旗文化产业和旅游产业的高度融合，为开辟呼包游客集散地新的旅游线路提供了重要契机，有可能建成比肩于成吉思汗陵、响沙湾的内蒙古中部重要旅游景区。年门票收入3000万元。详见达茂旗政府网站（http://www.dmlhq.gov.cn/html/94/20138/2419.html）。

地区置于全球话语之下，将几乎是最小的社会组织（村寨）置于最大的社会群体（全人类）之中——当地人通过生态博物馆，在一夜之间经历从极度封闭到极度开放的过程。最后，诞生于西方后工业时代的生态博物馆，对中国博物馆界而言是陌生的事物，对少数民族地区的文博界而言自然也是一个不小的"异质"，它与已经在少数民族地区出现的民族文化村寨、村寨露天博物馆等形式有着显著的差异。[1]

中外学术界对于生态博物馆的中国实践，也有众多不同的讨论。曾担任国际博协博物馆学委员会主席的冯·门施和马丁·施尔对生态博物馆表示质疑，担心其成为博物馆虚无主义。冯·门施认为，"生态博物馆不是我们说的博物馆机构……事实上并没有存在什么生态博物馆，只是有这种观念"。马丁·施尔则表示，"生态博物馆的理论是美妙的……照这样推演下去，只能发展成为一种文化活动，而博物馆则没有了"[2]。就连支持生态博物馆的新博物馆学运动代表人物法国人安德烈·德斯沃里斯都担心其过分关注社区而"成为狂热的政治服务的工具"[3]。

在生态博物馆理念进入中国博物馆学界并开始实践之时，也存在着不同的声音。宋向光教授认为，生态博物馆并不是博物馆的叛逆者和造反者，他的出现和发展，有着深远的历史渊源和强烈的现实需求，可以说，生态博物馆是应运而生，是时代的召唤，并称其为"解放运动"和"复兴运动"[4]。《中国博物馆学基础》的作者王宏钧对生态博物馆的展示方式表示担心，认为可能出现"现实和原有生态的分离"，"生态博物馆的展示和演示方式将不得不回到一般或传统博物馆的基本模式中去"[5]。也有人认为，生态博物馆形态的宗旨使得博物馆一词已无法概括，

---

[1] 钟经纬：《中国民族地区生态博物馆研究》，博士学位论文，复旦大学，2008年，第22—23页。

[2] 苏东海：《博物馆的沉思》，《苏东海论文选》卷二，文物出版社2006年版，第539、545页。

[3] 黄春雨：《中国生态博物馆生存与发展思考》，《中国博物馆》2001年第3期。

[4] 宋向光：《生态博物馆理论与实践对博物馆学发展的贡献》，《中国博物馆》2005年第3期。

[5] 王宏钧：《博物馆学基础》（修订本），上海古籍出版社2001年版，第12页。

"应该冠之以含义更广泛和深刻的称呼，比如说生态文明试验区"①。2005年在贵阳举行的生态博物馆国际研讨会一方面总结了我国生态博物馆的发展经验，另一方面这更是一个对我国生态博物馆实践检讨的过程。方李莉在会后撰文指出，生态博物馆要"警惕潜在的文化殖民趋势"②，并质疑"谁能拥有文化解释的权力"③。

在善意的批评建议中，我们也应该看到中国生态博物馆建设的特殊性：中国生态博物馆发生的特殊性最终可以用"天时""地利""人和"三个词来概括。苏东海的努力促成，他与杰斯特龙的友谊又促成了中挪合作、吸取挪威经验，贵州当地文物部门较强的主观意愿和创新精神，这些就是所谓的"人和"；中国博物馆事业发展需要有新的突破、跟上世界博物馆的发展潮流，需要不断探索新的博物馆形态，充分利用当时中挪政府间的合作关系为生态博物馆的建设提供了政治和经济的保障，这就是"天时"；中国少数民族地区的特殊情况、自然文化生态面貌与生态博物馆理念的对接，以及当地政府对建设生态博物馆的积极配合正是"地利"。这种特殊性对中国生态博物馆后来的实践产生了深远的影响，我们今天来研究生态博物馆出现的诸多问题或许可以在这种特殊性上找到不少线索。④

中国生态博物馆建设的特殊性，也形成了生态博物馆中国实践的特色。第一，无一例外地建立在社会经济相对落后的少数民族农村地区，生态博物馆兼具扶贫和带动经济发展的功能。从实际来看，生态博物馆项目的落实对社区居民来讲最大的收益是由此带来的扶贫项目和资金切实地改善了他们的生活条件——乡村道路升级、饮水设施乃至居住条件的改善使村民直接受益。生态博物馆建成后，作为旅游资源可以吸引大量游客参观，能促进社区服务业的产生和发展，村民可

---

① 梁太鹤：《文化遗产的动态状保护与社会改造计划——关于贵州六枝梭嘎生态博物馆的思考》，《贵州文物工作》1999年第4期。
② 方李莉：《警惕潜在的文化殖民趋势》，《民族艺术》2005年第3期。
③ 方李莉：《谁能拥有文化解释的权力》，《艺术评论》2005年第8期。
④ 钟经纬：《中国民族地区生态博物馆研究》，博士学位论文，复旦大学，2008年，第21页。

以通过为游客提供餐饮食宿、贩卖工艺品、组织表演团队等形式来增加收入。第二，中国少数民族地区生态博物馆大多采用自上而下、从外到内的建馆模式。一开始，建设生态博物馆既不是社区居民的主观需求，也不是当地政府的发展计划，对他们而言最多只是一个主动接受、大力支持和积极配合的过程。第三，生态博物馆资料信息中心成为村寨与外界交流的窗口，对外社会功能大于对内社会功能。我国各地的生态博物馆资料信息中心尽管在外观风貌上尽量与当地建筑保持一致（有的利用原有建筑），但依然无法掩饰它是村寨中最现代的地方。这里有良好的工作和生活条件，拥有在社区内鲜见的现代电子数码设备，更有与社区传统截然不同的工作和活动方式。甚至由于资料信息中心常有外来人员居住，使之成为当地人眼中现代生活的一个模本。第四，中国少数民族地区生态博物馆以保护人文生态为主，即以保护有形和无形的少数民族文化遗产为主要目的。建立生态博物馆的这些少数民族社区由于地理和历史因素往往都保存了较为完整的文化生态，但在社会发展中首先遭遇困境的也是人文生态，即传统的文化遗产因为现代性的进入变得十分脆弱，亟待保护和传承。当地文化遗产保护工作的有效开展不仅能使面临危机的遗产得以保存，也能促进当地社会经济文化的进步，因此我国各地生态博物馆的重要活动之一就是物质文化遗产的收集、整理、修复、展示和非物质文化遗产的记录、保存、传承等工作[①]。

概而言之，对于生态博物馆本质的争论，到底为谁服务，有多大的生命力，能否完成其传承文化遗产之使命，是困扰博物馆研究者的主要问题。随着生态博物馆的建设、运行，对生态博物馆中国实践的讨论，主要集中在了以下几个方面[②]：首先，生态博物馆因旅游开发而出现的负面效应广受各界关注和批评。如在旅游的强力冲击下，当地文化变异，正在与外来文化趋同；生态博物馆资料信息中心因经费而关闭，生

---

① 钟经纬：《中国民族地区生态博物馆研究》，博士学位论文，复旦大学，2008年，第23—24页。

② 同上书，第16—18页。

态博物馆名存实亡。在生态博物馆旅游中出现的"不同质的文化趋向于同质化"[1]，而这种文化的变异很有可能"再度回到传统博物馆的老路上来"[2]。在这样的情况下，生态博物馆在遗产保护中的优势和特色自然遭到了质疑，有人甚至直言生态博物馆已"演变成了一种在今日中国最为常见的、普遍存在的民俗旅游村"[3]。其次，生态博物馆对当地的意义是什么，不同人群对生态博物馆有不同的期待。例如2001年中央电视台曾有一个专题节目《家园还是博物馆》，就梭戛生态博物馆对当地的意义展开讨论，"苏东海先生强调文化保护；挪威参赞注重本地人的自觉参与；而电视台一位记者则以现场了解的材料突出熊华艳这类新人所向往的经济发展"[4]。村民、专家、政府"各说各话"的目标缺乏交集，以致无法整合各人群力量来有效实践生态博物馆理念。"社区居民对自己文化和生活方式的认识以及参与生态博物馆的目的，是否与生态博物馆的文化遗产保护目的相一致，则是生态博物馆理想与现实对接时面临的最大挑战。"[5] "梭戛生态博物馆运作过程中表现出来的各种矛盾，最主要的还是当地居民对现代生活的急迫追求与民族文化自觉能力不足的矛盾。"[6] 再次，生态博物馆这种形式对当地少数民族文化遗产保护的能力到底有多大，存在怎样的局限性。从保护的成效来看，由于目前各生态博物馆或是因为处于初级阶段，或是因为无法正常运作，遗产保护工作并未深入有效地开展，取得的成果也十分有限，因此，容易使人们对生态博物馆这种遗产保护方式的有效性产生不信任感。从保护的范围来看，生态博物馆尽管突破了传统博物馆的馆舍概念，但它涵盖的社区相对于整个地区的少数民族文化遗产

---

[1] 杨昌儒：《民族文化旅游的民族学、旅游学考察——以镇山村民族文化旅游为例》，贵州世居民族研究中心、贵州省民族研究会编《民族文化保护与旅游开发》，贵州科技出版社2005年版，第306页。

[2] 王红光：《无形文化遗产与贵州生态博物馆》，《中国博物馆》2004年第2期。

[3] 潘年英：《变形的"文本"——梭嘎生态博物馆的人类学观察》，《湖南科技大学学报》（社会科学版）2006年第2期。

[4] 徐新建：《梭嘎记事：国家与底层的关联与互动》，《民族艺术》2005年第3期。

[5] 黄春雨：《理想与现实生态博物馆必须的对接》，《中国博物馆》2005年第3期。

[6] 潘年英：《变形的"文本"——梭戛生态博物馆的人类学观察》，《湖南科技大学学报》（社会科学版）2006年第2期。

而言仍然只是一小部分，生态博物馆的遗产保护如果仅局限于此区域内，则有出现"文化孤岛"的可能。有学者这样担心："村寨范围太小，太孤立……科学意义上的生态系统应该是一个文化圈或谓同一文化模式的区域，否则不能形成整体，也难以实行持续久远的有效保护。"[1]

在贵州梭戛生态博物馆的发展建设过程中，中挪双方确定了在中国发展生态博物馆的三项基本原则和八项适用原则；2000年8月，中挪生态博物馆国际研讨会分别在贵州六枝和挪威图顿举行，产生了在国际生态博物馆界颇有影响力的"六枝原则"[2]。1995年，中挪文博专家在贵州考察时，对是否要坚持国际生态博物馆的理论，是否要坚持本土化的问题进行了激烈的争论。因为挪威和中国的文化背景不同，因此，建生态博物馆的标准和模式也不相同，中国的生态博物馆不应该是挪威式的、法国式的或西班牙式的，应该是中国式的。

2000年8月9日，中挪生态博物馆国际研讨班分别在中国六枝和挪威图顿举行，这次研讨班产生了一个重要的成果："六枝原则"。该"原则"一共九条，主要内容有三个层面的意思：①强调社区居民是文化的主人，他们是文化的创造者和继承者，他们有权利对自己的文化做出解释；②当旅游业的发展与文化保护发生冲突时，旅游业应该服从文化，短期的伤害文化的经济行为应该得到制止；③生态博物馆的一个重要任务应当是促进社区经济发展，改善社区居民的生活。

"六枝原则"具体内容包括：①村民是其文化的拥有者，有权认同与解释其文化；②文化的含义与价值必须与人联系起来，并应予以加强；③生态博物馆的核心是公众参与，必须以民主方式管理；④当旅游和文化保护发生冲突时，应优先保护文化，不应出售文物但鼓励以传统工艺制造纪念品出售；⑤长远和历史性规划永远是最重要的，损害长久

---

[1] 姜大谦：《创建"三省坡侗族文化生态旅游区"刍议》，贵州世居民族研究中心、贵州省民族研究会编《民族文化保护与旅游开发》，贵州科技出版社2005年版，第341页。

[2] 转引自新华网（http://news.xinhuanet.com/newscenter/2005-06/03/content_3040569.htm）。

文化的短期经济行为必须被制止；⑥对文化遗产保护进行整体保护，其中传统工艺技术和物质文化资料是核心；⑦观众有义务以尊重的态度遵守一定的行为准则；⑧生态博物馆没有固定的模式，因文化及社会条件的不同而千差万别；⑨促进社区经济发展，改善居民生活。根据上述内容来看，六枝原则不仅是生态博物馆建设和发展的指导原则，而且对于民族文化的保护也有普遍的指导意义。作为生态博物馆中国实践的理论成果，"六枝原则"是国家级文化生态保护实验区建设可咨借鉴的理论遗产。

（二）民族文化生态村

在贵州第一座生态博物馆建成之后和广西民族生态博物馆建设之前，在云南展开的"民族文化生态村"项目，以另一种形式展开了对文化遗产的保护传承探索。"民族文化生态村"的建设，是尹绍亭教授于1998年主持实施的一个以人类学学者为主，包括其他学科专家学者参与的应用研究开发项目，是一个以地域和民族文化的保护和传承为主旨，由住民、政府和学者等相关群体参与的行动计划[①]。1997年，"云南民族文化生态建设"这个应用性的生态人类学计划逐渐酝酿成熟，1998年年初，初步确定了课题的试点，组织了由多学科的专家学者以及地方干部和村民代表组成的项目组，并向美国福特基金会提出了资助申请。同年该课题获得批准，并受到省委宣传部的重视和支持，开始实施[②]。截至具体，共有腾冲县和顺乡、景洪市基诺乡巴卡小寨、石林北大村乡月湖村、丘北县普者黑仙人洞村和新平县腰街镇南碱村、弥勒县可邑文化生态村等6个村寨建成命名为"民族文化生态村"。

民族文化生态村，是在全球化的背景下，在中国进行现代化建设的场景中，力求全面保护和传承优秀的地域文化和民族文化，并努力实现

[①] 尹绍亭、乌尼尔：《生态博物馆与民族文化生态村》，《中南民族大学学报》（人文社会科学版）2009年第5期。

[②] 尹绍亭：《文化生态与物质文化·论文篇》，云南大学出版社2007年版，第105—106页。

文化与生态环境、社会、经济的协调和可持续发展的中国乡村建设的一种新型模式①。在初期的建设点选择上，需要具有以下条件②：第一，文化富有特色，文化资源丰富；第二，生态环境较好，风景优美；第三，民风淳朴，村民具有朴素的文化生态保护意识；第四，交通便利，便于人们参观、交流；第五，当地政府积极支持，当地文化部门可选择有能力、工作积极负责的合作者。

按照项目组的规划，建设民族文化生态村应该努力实现的六个基本目标③：第一，具有突出的、典型的、独特而鲜明的民族文化和地域文化的特色；第二，具有朴素、醇美的民俗民风；第三，具有优美良好的生态环境和人居环境；第四，摆脱贫困，步入小康；第五，形成社会、经济、文化、生态相互和谐和可持续的发展模式；第六，能够发挥示范作用。这六个基本目标是第一层次的目标，在基本目标之下，还必须制定由若干层次的目标组成的目标体系。下面的目标属于第二层次④：第一，村民热爱本地区、本民族的文化，具有较高的文化自觉性；第二，建立由村民管理、利用的文化活动中心；第三，依靠村民发掘、整理其传统知识，并建立传统知识保存、展示和传承的资料馆或展示室；第四，建立行之有效的可持续的文化保护传承制度；第五，主要依靠村民的力量，改善村寨的基础设施和人居环境；第六，改善传统生计，优化经济结构；第七，有一批适应现代化建设、有较高文化自觉性、有开拓和奉献精神、能力强的带头人；第八，有比较健全的、权威的、和谐的世俗和行政的组织保障；第九，有良好的、可持续的管理运行的机制。

---

① 尹绍亭、乌尼尔：《生态博物馆与民族文化生态村》，《中南民族大学学报》（人文社会科学版）2009年第5期。
② 尹绍亭：《文化生态与物质文化·论文篇》，云南大学出版社2007年版，第116—117页。
③ 尹绍亭、乌尼尔：《生态博物馆与民族文化生态村》，《中南民族大学学报》（人文社会科学版）2009年第5期。
④ 同上。

云南民族文化生态村建设运行图[①]

阶段	内容
选点	通过调查、比较，筛选出腾冲县和顺乡、景洪市基诺乡巴卡小寨、石林北大村乡月湖村、丘北县普者黑仙人洞村和新平县腰街镇南碱村5个村寨作为建设的试点村
成立项目组	项目组由学科专家、县乡干部和村民组成，项目组分为5个小组，每个小组负责一个试点村
实地调查	对试点村进行综合调查，拟定行动方案。结果汇编为项目前期成果报告（1999）
理念培育	方式：举办培训班，召开村民会议，家庭访谈，组织外出参观、学习、交流。内容：民族文化生态村理论，文化保护理论，传统知识，自主意识，持续发展等
支持机构建设	文化生态工作站，文化生态村管理委员会，村民领导小组，老年协会，妇女之家，民兵之家
建设文化中心	分别建成具有文化保护、传承、展示、表演功能的"和顺弯楼子民居博物馆""巴卡基诺族博物馆""仙人洞文化广场""月湖文化生态展示区""南碱文化活动中心"
开展文化传承活动	举办"基诺族歌舞传承表演""基诺族首届纺织刺绣比赛大会"；组织月湖村民编写乡土教材，记忆传统知识，普查登记物质文化，记录传统仪式，举行全县歌舞比赛大会；在仙人洞村举办彝文学习班和乐器学习班，协助村民举办"民族赛装会"、对歌比赛和"祭天仪式"；支持南碱村恢复"四月节""赶花街"；支持和顺乡举办"和顺文化展览"，进行和顺文化遗产普查，组织和顺乡人撰写《乡土书系》；拍摄各村文化传承活动影视资料5种

[①] 尹绍亭：《文化生态与物质文化·论文篇》，云南大学出版社2007年版，第125—126页。

相关建设事业	积极帮助各村寻求国内外资源；组织进行南碱整体村落和民居的规划设计；帮助仙人洞和月湖进行民居改良方案设计；支持、帮助仙人洞、月湖、巴卡小寨、南碱修筑道路，大量种树种竹，修筑厕所，美化、净化居住环境；帮助月湖小学改善校园建设；帮助巴卡小寨勘察河道、计划开垦水田
促进成果共享	支持、协助各类媒体对民族文化生态村进行报道；协助云南省委宣传部把民族文化生态村建设项目纳入《云南民族文化大省建设纲要》和《云南民族文化大省建设"十五"规划》，并进行调查和推广；对于一些积极要求建设民族文化生态村的地、州、县、乡，尽力给予支持、帮助、指导

经过第一批5个民族文化生态村的建设，到2002年，福特基金会和项目组决定延长项目时间，计划再做3年，争取在5个试点村选择2～3个村子将其建设成为"示范村"加以推广。在尹绍亭教授的理念中，具有"民族文化生态村"的"示范性"应该包括以下内容[①]。第一，村民应具有进行文化保护与传承的高度的自觉性。第二，村寨中应拥有一批不同年龄和性别的文化精英和能够领导、管理文化生态村的优秀人才。第三，应建立文化保护传承中心，并具有本村、本地区乃至本民族的文化资料库。第四，具备文化保护与传承的稳定、有效的运作机制。第五，具有优美的生态环境和良好的人居环境。第六，摆脱贫困状态，步入小康生活。第七，形成社会、经济、文化、生态相互和谐的可持续发展独特模式。第八，产生重大影响并能够积极发挥示范作用。如果按照以上标准来检视民族文化生态村，目前6个村寨还必须在理论普及、能力培养、机制建设、方法和形式创新和生态保护等方面做大量工作。

在学者的观察中，"民族文化生态村是弘扬村社文化，保育生态环境，整合各类资源，由当地民众自觉参与、自主经营、管理，以达到可持续发展，提高村民生活水平为目的的一种乡村发展模式。其模式的建设是文化实践的重要过程，它们之间的内在逻辑应当是：以尊重和弘扬当地人积淀的文化为理念；正确理解生态环境的内涵，不仅

---

① 尹绍亭：《文化生态与物质文化·论文篇》，云南大学出版社2007年版，第127页。

是文化生态村建设能否顺利实施的基石,也是对文化实践的理性认识,并成为延伸和提高自我的价值培育理性行动的内发性源泉;在借助政府权威、统合学者知识、激活村民认同的基础上,运用、发掘各类资源并成功整合资源,完成外在'资源'到内化'资本'的转换,将成为文化生态村建设成功与否的关键要素;保障文化生态村良好运行、永续发展的健康机制是民众的积极参与;把改善文化生态村民的生活作为建设的目标,这是与促进人的全面发展的精神相一致,也是文化实践的终极结果"[1]。

在文化生态村的实践者看来,其作为一种崭新的文化保护和利用的理念和方式主要体现在以下几个方面[2]。第一,文化生态村并不是一座人工建设的文化展馆,而是以现实社会中具有深厚的文化沉积和浓郁文化色彩以及良好生态环境的典型社区或乡村为对象的文化生态保护展示区。第二,文化生态区的建设,必须具备系统工程相互和谐、动态发展的理念。从纵的方面看,不仅要充分发掘、整理、继承优秀的传统文化,而且还要吸收优秀的现代文明,从横的方面看,不仅要关注文化本身,还必须重视经济、生态环境等关系的协调和全面发展。第三,文化生态村不像都市博物馆那样,完全由专门人员建设和管理,它是当地民众的事业,必须有民众的积极参与,并最终实现由当地民众进行管理和依赖自身的力量进行发展的模式。第四,文化生态村的建设,很重要的一条,是必须积极寻求经济发展的途径。只有民众富裕了,才会有文化的进一步繁荣和昌盛。

(三) 民族传统文化保护区

民族传统文化保护区(或名民族民间文化保护区、民族文化生态保护区)是中国民族(民间)文化遗产保护工程的主要内容之一,其目标是:在民族民间文化形态保存较为完整、具备特殊价值的民族民

---

[1] 杨慧:《从文化实践解读文化生态村建设》,《云南民族大学学报》(哲学社会科学版) 2004 年第 2 期。

[2] 尹绍亭:《文化生态与物质文化·论文篇》,云南大学出版社 2007 年版,第 110—111 页。

间文化空间（存在地点）建立文化生态保护区。通过建立民族传统文化保护区（或名"民族民间文化保护区"，"民族文化生态保护区"）、民族民间传统文化艺术之乡等手段，使保护区内的具有重要历史、科学和文化艺术价值且处于濒危状态的各种民间文化品类、样式得以存续、流传。

基于上述理念，20世纪90年代中后期，云南省提出并在全省范围具体实施建立"云南省民族传统文化保护区"项目。2000年5月26日，云南省人大常委会第十六次会议通过的全国首部此类法律法规《云南省民族民间传统文化保护条例》，对民族传统文化保护区做出了明确规定："选择能够集中反映原生态少数民族传统文化的，民居建筑风格特点突出并有一定规模的，民族生产生活习俗较有特色的代表性的少数民族聚居自然村寨，设立云南省民族传统文化保护区。"[①] 云南的做法在全国产生了良好的影响。2003年12月，全国人大教科文卫委《中华人民共和国民族民间传统文化保护法（草案）》第二十二条"对有鲜明特色的民族聚居村落或特定区域，可以选择其中民族民间传统文化保存完整并具有特殊价值者，划定为文化生态保护区"的规定，实际在很大程度上是对云南相关经验和法律规定的认定和采纳。2004年，国家文化部、财政部下达《中国民族民间文化保护实施方案》第四部分"保护工程的保护对象、保护方式与实施内容"第五条，把"在民族民间文化形态保存较完整并具有特殊价值、特色鲜明的民族聚居村落和特定区域，分级建立文化生态保护区"列为"工程"重要项目之一。云南省文化厅、财政厅及时作了转发。[②] 2005年12月，《国务院关于加强文化遗产保护的通知》指出，"在文化遗存相对丰富的少数民族聚居地区，由于人们生活环境和条件的变迁，民族或区域文化特色消失加快。因此，加强文化遗产保护刻不容缓"。同时要求："对文化遗产丰富且传统文化生态保持较完整的区域，要有计划地进行动态的整体性保护。对确属濒

---

① 《云南省民族民间传统文化保护条例》，人民网-知识产权频道（http://ip.people.com.cn/GB/12867630.html）。

② 云南省文化厅：《云南省民族民间传统文化普查工作手册（之二）》，2004年，第10页。

危的少数民族文化遗产和文化生态区,要尽快列入保护名录,落实保护措施,抓紧进行抢救和保护。"

《国务院关于加强文化遗产保护的通知》和《云南省民族民间传统文化保护条例》为建立民族传统文化保护区提供了政策和法律依据,明确了民族传统文化保护区建设工作的目标和方向。根据"能够集中反映原生态少数民族传统文化的,民居建筑风格特点突出并有一定规模的,民族生产生活习俗较有特色的代表性的少数民族聚居自然村寨"这三个标准,云南省在对民族民间文化艺术遗产普查的基础上,于2006年由省人民政府批准公布的首批云南省147项非物质文化遗产保护名录中,就有27个传统文化保护区。这27个民族传统文化保护区涵盖了云南18个民族。其中彝族4项,傣族3项,白族、佤族、纳西族、傈僳族各2项,哈尼族、壮族、布依族、水族、瑶族、拉祜族、阿昌族、德昂族、藏族、普米族、怒族、独龙族各1项。保护区中最大的是大理市周城,共188户9570人;最小的是宁蒗县永宁乡瓦拉别村,共56户422人。此外,还命名了一批代表性传承人。经过3年多的实践,2009年批准公布了第二批29个民族传统文化保护区。第二批29个省级民族传统文化保护区中,涵盖11个民族。其中,彝族13项,傣族3项,白族3项,壮族、布朗族各2项,佤族、苗族、藏族、阿昌族、傈僳族、布依族各1项。保护区中最大的是哨冲镇彝族(花腰)传统文化保护区,面积644.41平方千米,共150个自然村43407人;最小的是弯子苗族传统文化保护区,约1平方千米,共26户108人。①

已经列入"云南民族传统文化保护区"的项目,文化生态的特点主要为②:第一,依据"能够集中反映原生形态少数民族传统文化"的要求,民族传统文化保护区内,民族传统文化涵盖生产、生活、习

---

① 杨金杰:《云南省民族传统文化保护区实践经验对国家级文化生态实验区建设的启示》,《非物质文化遗产研究集刊》(第3期),学苑出版社2010年版,第255—256页。
② 参见熊正益《云南民族传统文化保护区建设的理论与实践》,《民族艺术研究》2010年第5期;杨金杰《云南省民族传统文化保护区实践经验对国家级文化生态实验区建设的启示》,《非物质文化遗产研究集刊》(第3期),学苑出版社2010年版,第256页;杨雪吟《生态人类学与文化空间保护——以云南民族传统文化保护区为例》,《广西民族大学学报》(哲学社会科学版)2007年第3期。

俗、节庆等各方面，形态丰富，类型齐全，特色鲜明，文化形态保存相对完整，具有该民族非物质文化遗产的典型性。第二，民族传统文化的传承人比较集中。入选的民族传统文化保护区，民族传统文化较为集中，易于当地传承人开展传承工作，因此非物质文化遗产保护和传承的条件优于他处。第三，民居建筑民族风格特点突出。保护区民居建筑格局保持各民族的传统特色，有的建筑虽有所改良，但仍延续原有风格。有傣族、拉祜族、傈僳族、壮族、布依族的竹、木结构干栏式建筑，有彝族的土掌房，白族、纳西族的"三房一照壁"四合院，藏族的碉楼式木结构建筑，独龙族的木楞房等传统民居。第四，自然生态环境良好。各保护区内的森林覆盖率大多达到80%以上，拥有奇山怪石、河流湖泊、热带雨林、雪山草场，景色优美，空气清新，没有污染。

设立民族传统文化保护区是在经济社会迅速发展变化的大背景下，为有效保护和发展优秀的民族传统文化，探索文化生态与自然生态、经济社会协调发展的乡村发展模式。其宗旨就是要努力实现文化生态的多样性保护和可持续发展，原则是实行就地保护和传承发展。云南省的文化工作者和专家学者对民族传统文化保护区的建设一直在进行着积极的探索，大致有以下几种模式[①]。

一是政府主导型。由当地政府牵头，财政提供部分资金，将保护区建设纳入当地文化建设项目或旅游发展规划。列为省级保护名录的传统文化保护区大多是在政府主导下进行建设和管理的。

二是专家研究实践型。即由专家教授开展的五个"民族文化生态村"课题研究。在专家进行深入调查研究的基础上，会同当地有关部门提出保护建设方案，自行筹集资金（或国外资金赞助）组织实施，依靠本村民众力量进行民族传统文化的保护、展示和传习。

三是企业参与型。一些有远见卓识的企业家把保护民族传统文化作

[①] 参见杨雪吟《云南民族传统文化保护区工作刍论》，《云南民族大学学报》（哲学社会科学版）2006年第5期；熊正益《云南民族传统文化保护区建设的理论与实践》，《民族艺术研究》2010年第5期。

为旅游开发的重要内容，依托民族文化遗产的吸引力和影响力打造旅游品牌。丽江束河、腾冲和顺、景洪勐景来傣族文化生态村均属这种类型。

四是民众自建型。一些村寨的民众日益认识到本民族传统文化的价值，自发地对村寨进行保护和规划，整治环境，开展文艺活动，吸引游客来访，以期增收致富。如孟连县娜允镇芒掌村等。

云南民族传统文化保护面临的困难和矛盾[①]。一是现代文明对民族传统文化的强烈冲击。随着我国经济社会迅速发展和工业化、城市化进程加快，传统的民族文化生态急剧变化，各民族原有的生产生活方式、文化习俗、民族语言、服装服饰正逐渐被市场经济和外来影响所消融变异，一些传统技艺后继乏人，非物质文化遗产保护面临严峻形势。其中最为突出的是文化遗产保护与民族地区经济社会发展之间的矛盾，这个矛盾是关系到民族地区生存与发展、人的基本权益保障等现实问题。二是传统风貌破坏严重。在城市改造、移民搬迁、新农村建设、大型工程项目以及"扶贫攻坚"实施中忽视民族传统文化保护的问题十分突出。一些地方对群众在拆建民房时如何保持民族特色、适当选择新型材料提高生活质量等问题缺乏专题研究和正确引导，使原来具有民族特色的传统建筑被千篇一律的砖混结构房屋所代替，使一个个美丽的村寨、古老的街巷消失得无影无踪。对新农村建设的误读造成"大拆大建"，盲目引进城市经验造成"千村一面"。三是传承人的扶持和培养问题突出。非物质文化遗产传承人，是各民族传统文化的代表人物，他们有的是各种民间工艺的能工巧匠，有的是民族艺术的领军人物，有的是各种民俗礼仪、宗教活动的主持者，有的是民族文化典籍和资料的保存者。这些传承人在当地各民族群众中享有极高的威望与影响力，对民族文化遗产的保护和传承发挥着不可替代的关键作用。云南省的非物质文化遗产传承人大多居住在高寒山区和偏僻贫困的乡村，交通不便，生活条件艰苦，传承活动困难，且较大部分传承人年事已高，人亡艺绝的现象时有

---

① 参见熊正益《云南民族传统文化保护区建设的理论与实践》，《民族艺术研究》2010年第5期。

发生。四是法规体系建设有待完善。法规体系不完善造成"政策缺失"。国家尚未出台非物质文化遗产保护专项法规，保护工作缺少法律支撑。2000年，云南省率先颁布《云南省民族民间传统文化保护条例》，极大地推动了云南省保护工作的开展，在全国带了一个好头。该《条例》的贯彻执行，有一个不断实践探索、不断总结完善的过程，随着形势的发展，《条例》本身需要进一步修订完善。

（四）"文化生态保护实验区"与"生态博物馆""民族文化生态村""民族传统文化保护区"之比较

自 2007 年 6 月 9 日文化部设立"闽南文化生态保护实验区"以来，经过 7 年多的实践探索，截至目前，全国批准设立的"国家级文化生态保护实验区"共 18 个。"国家级文化生态保护实验区"是根据《国家"十一五"时期文化发展规划纲要·民族文化保护》中提出的"确定 10 个国家级民族民间文化生态保护区"这一目标而建设，经中华人民共和国文化部同意建立。

"十一五"时期（2006—2010），文化部完成了闽南文化生态保护实验区（福建 2007）、徽州文化生态保护实验区（安徽省、江西省 2008）、热贡文化生态保护实验区（青海 2008）、羌族文化生态保护实验区（四川省、陕西省 2008）、客家文化（梅州）生态保护实验区（广东省 2010）、武陵山区（湘西）土家族苗族文化生态保护实验区（湖南 2010）、海洋渔文化（象山）生态保护实验区（浙江省 2010）、晋中文化生态保护实验区（山西省 2010）、潍水文化生态保护实验区（山东省 2010）、云南迪庆民族文化生态保护实验区（云南 2010）等 10 个国家级文化生态保护实验区的建立。

2011 至 2014 年 9 月，文化部批准了大理文化生态保护实验区（云南 2011）、陕北文化生态保护实验区（陕西省 2012）、铜鼓文化（河池）生态保护实验区（广西壮族自治区 2012）、黔东南民族文化生态保护实验区（贵州省 2012）、客家文化（赣南）生态保护实验区（江西省 2013）、武陵山区（鄂西南）土家族苗族文化生态保护实验区（湖北 2014）、渝东南文化生态保护实验区（重庆 2014）、格萨尔文化（果洛）

生态保护实验区（青海2014）等8个国家级文化生态保护实验区的设立。由于目前文化生态保护区仍处于实验性阶段，因此各保护区暂定为"文化生态保护实验区"，待日后条件成熟时将正式命名为"文化生态保护区"。

回溯"生态博物馆""民族文化生态村""民族传统文化保护区"到目前的建设情况，"生态博物馆""民族文化生态村"在学界的反思中，常被认为是失败的，而"民族传统文化保护区"虽然有两批命名，但是在建设上并没有实际的进展。如果仅以最终的结果来定位这些对民族文化的保护探索，显然不妥。课题组把"文化生态保护实验区"与"生态博物馆""民族文化生态村""民族传统文化保护区"进行纵向比较，从产生背景、经济基础、倡导者、选择标准、区域范围、性质、要素和功能、建设方式、文化自觉（住民参与）、设立目的和保护原则等11项指标对这四种文化保护传承的实践方式进行差异化比较，为文化生态保护实验区的建设提供思路。

1. 产生背景

① 生态博物馆。产生于发达的工业社会，是对工业社会和工业文明的反思和批判的产物，它所要表达的是该社区和住民对于权利、发展以及自然和文化遗产保护的诉求。在中国的实践是博物馆学家、地方政府在边疆少数民族地区推动的文化保护项目。

② 民族文化生态村。产生于发展中国家及其欠发达地区，是对盲目追求经济发展的过程中造成传统文化和生态环境破坏的反思和批判的产物，是追求建立和谐与可持续发展社会的需要。

③ 民族传统文化保护区。基于中国民族（民间）文化遗产保护工程的主要内容之一的政策启示：在民族民间文化形态保存较为完整、具备特殊价值的民族民间文化空间（存在地点）建立文化生态保护区。2000年5月26日云南省人大常委会第十六次会议通过的全国首部此类法律法规《云南省民族民间传统文化保护条例》。

④ 文化生态保护实验区。根据《国家"十一五"时期文化发展规划纲要·民族文化保护》中提出的"确定10个国家级民族民间文化生

态保护区"这一目标而建设，基于中国对非物质文化遗产的整体性保护和传承而产生。

2. 经济基础

① 生态博物馆。产生于西方发达国家，社会经济文化基础雄厚，建设条件优越。在中国的实践获得了中挪政府的大力支持。

② 民族文化生态村。建设于中国云南省的乡村，为欠发达或贫困的地区，社会经济文化基础薄弱，建设条件很差。福特基金会对其建设进行资金支持。

③ 民族传统文化保护区。地处西南边疆少数民族地区，经济基础差，其建设主要来自省级非物质文化遗产的保护和传承经费。

④ 文化生态保护实验区。文化部直接批准建设，建设资金充足。

3. 倡导者

① 生态博物馆。最早的生态博物馆是由地方行政机关和当地住民共同构想、创造、推进的。中国的建设主要由学者和政府倡导。

② 民族文化生态村。民族文化生态村最早则是由学者构想、倡导、宣传、推进的。

③ 民族传统文化保护区。云南省文化厅非物质文化遗产工作相关专家、领导倡导。

④ 文化生态保护实验区由文化部非遗司倡导。

4. 选择标准

① 生态博物馆。所选地点的自然环境、社会结构、经济状况和精神生活仍然保存在一种比较完整的文化生态中，其自然环境、历史、经济、文化、管理等文化事项是一个活生生的文化整体。

② 民族文化生态村。第一，文化富有特色，文化资源丰富；第二，生态环境较好，风景优美；第三，民风淳朴，村民具有朴素的文化生态保护意识；第四，交通便利，便于人们参观、交流；第五，当地政府积极支持，当地文化部门可选择有能力、工作积极负责的合作者。

③ 民族传统文化保护区。能够集中反映原生态少数民族传统文化

的、民居建筑风格特点突出并有一定规模的，民族生产生活习俗较有特色的代表性的少数民族聚居自然村寨。

④ 文化生态保护实验区。根据已经设立的实验区来看，国家级非物质文化遗产项目的数量是入选的核心条件。

5. 区域范围

① 生态博物馆：贵州省。

② 民族文化生态村：云南省

③ 民族传统文化保护区：云南全省，最大的是644.41平方千米，最小的约1平方千米。保护区规模大小主要取决于客观存在的文化生态系统自身规模的大小，村寨始终是最基本、最重要的元素，不能人为任意地扩大或缩小保护区域。

④ 文化生态保护实验区：全国范围。

6. 性质

① 生态博物馆。生态博物馆的某些理念虽然已经超出了传统博物馆的范畴，它体现了博物馆发展的新的潮流和趋势，然而它仍然属于博物馆的范畴。在此前提下，坚持三个原则："第一个原则是生态博物馆本土化。第二个原则是政府主导、专家指导、村民参与。第三个原则是既要保护文化，又要发展经济，改善村民的居住条件，提高村民的生活质量，这是生态博物馆面临的双重任务"[1]，克服生态博物馆"两张皮"的问题。所谓"两张皮"，是指生态博物馆社区和资料信息中心相互割裂——村民和博物馆的管理者由于没有共同的经济生活，而不能融为一体[2]。

② 民族文化生态村。在每一个试点的规划中，也把博物馆作为建设内容的一个重点，然而其整体不是博物馆，而是致力于民族文化保护和可持续发展的新型的乡村建设模式。

③ 民族传统文化保护区：类似于自然保护区式的文化保护传承的

---

[1] 胡朝相：《贵州生态博物馆的实践与探索——为贵州生态博物馆创建十周年而作》，《中国博物馆》2005年第2期。

[2] 同上。

地方性区域。

④ 文化生态保护实验区：类似于自然保护区的文化保护传承的地方性区域。

7. 要素和功能

① 生态博物馆。遵循博物馆的建设运作范式，必须把建筑、藏品、研究、展示、教育等作为其必不可少的要素和功能。

② 民族文化生态村。不必按照博物馆的规范进行建设和运作，而是根据各地区的情况，创造性地进行自然和文化遗产、物质文化遗产和非物质文化遗产的研究、保护、发展、创造和利用。

③ 民族传统文化保护区：无统一的规定。

④ 文化生态保护实验区：无统一的规定。

8. 建设方式

① 生态博物馆。生态博物馆凭借发达国家优越的条件和雄厚的基础，能够进行理想的规划和完善的建设，可以建立合理规范的制度和进行良好的管理及有效的运作。

② 民族文化生态村。民族文化生态村则仅靠基金会支持，由于不具备各种必要的条件，所以一切都不可能一步到位，只可能是逐步推进、逐步建设、逐步发展、逐步完善。

③ 民族传统文化保护区。可分为政府主导型、专家实验性、企业参与型、群众自建型等几种类型（或模式）。这些类型（或模式）的划分，着眼点是从保护区的投资主体、管理主体及运作方式上进行划分，基本上是从形态学的角度进行的描述性分类。

④ 文化生态保护实验区。国家级文化生态保护实验区，目前看到的只是《规划纲要》，《实施纲要》亟须出台，具体实施步骤尚需在跨省、跨市、跨县之间进一步协调才得以开展保护工作。

9. 文化自觉（住民参与）

① 生态博物馆。发达国家的住民，由于生活富裕，有更多的时间、精力和兴趣从事社会文化和生态环境的保护和建设的事业。而在中国生态博物馆的实践中，"专家和地方干部是主导力量，村民是被领导的，

因为他们并不知道什么是生态博物馆,也不知道要干什么,我不得不说,事实上外来力量成了村寨文化的代理人,村民则从事实上的主人变成了名义上的主人"①。

② 民族文化生态村。贫困地区的住民则必须先保障自己的生存,然后才可能参与公益事业和进行更多的精神追求。

③ 民族传统文化保护区。在相关文件指导精神中主要贯彻"保护为主、抢救第一、合理利用、传承发展"的非物质文化遗产保护工作方针,参与情况并无相关机构进行评估。

④ 文化生态保护实验区。主要贯彻"保护为主、抢救第一、合理利用、传承发展"的非物质文化遗产保护工作方针,参与情况并无相关机构进行评估。

10. 设立目的

① 生态博物馆。生态博物馆的核心理念在于在文化的原生地保护文化,并且由文化的主人保护自己。只有文化的主人真正成为事实上的主人的时候,生态博物馆才可能巩固下去。而中国确实存在着文化代理阶段。从文化代理回归文化自主,村民需要经过三个文化的递升层面:利益驱动层面,情感驱动层面和知识驱动层面。

② 民族文化生态村。第一,具有突出的、典型的、独特而鲜明的民族文化和地域文化的特色。第二,具有朴素、醇美的民俗民风。第三,具有优美良好的生态环境和人居环境。第四,摆脱贫困,步入小康。第五,形成社会、经济、文化、生态相互和谐和可持续的发展模式。第六,能够发挥示范作用。这六个基本目标是第一层次的目标,在基本目标之下,还必须制定由若干层次的目标组成的目标体系。下面的目标属于第二层次:第一,村民热爱本地区、本民族的文化,具有较高的文化自觉性。第二,建立由村民管理、利用的文化活动中心。第三,依靠村民发掘、整理其传统知识,并建立传统知识保存、展示和传承的资料馆或展示室。第四,建立行之有效的可持续的文化保护传承制度。

---

① 苏东海:《建立与巩固:中国生态博物馆发展的思考》,《中国博物馆》2005年第3期。

第五，主要依靠村民的力量，改善村寨的基础设施和人居环境。第六，改善传统生计，优化经济结构。第七，有一批适应现代化建设、有较高文化自觉性、有开拓和奉献精神、能力强的带头人。第八，有比较健全的、权威的、和谐的世俗和行政的组织保障。第九，有良好的、可持续的管理运行机制。

③ 民族传统文化保护区：保护文化多样性，维护文化生态平衡，保护优质的文化基因，为文化持续发展提供丰富的文化资源。

④ 文化生态保护实验区：对非物质文化遗产进行整体性保护和传承。

11. 保护原则

① 生态博物馆："六枝原则"。具体内容包括：一、村民是其文化的拥有者，有权认同与解释其文化；二、文化的含义与价值必须与人联系起来，并应予以加强；三、生态博物馆的核心是公众参与，必须以民主方式管理；四、当旅游和文化保护发生冲突时，应优先保护文化，不应出售文物但鼓励以传统工艺制造纪念品出售；五、长远和历史性规划永远是最重要的，损害长久文化的短期经济行为必须被制止；六、对文化遗产保护进行整体保护，其中传统工艺技术和物质文化资料是核心；七、观众有义务以尊重的态度遵守一定的行为准则；八、生态博物馆没有固定的模式，因文化及社会的不同条件而千差万别；九、促进社区经济发展，改善居民生活。

② 民族文化生态村。一、重视村寨作为一个具有长期固定的地域范围和自然资源，具有相对独立和完整的社会组织、管理制度、亲属制度、亲属关系、风俗习惯等特性，追求具有丰富文化和生态内涵的可持续的乡村发展模式；二、体现村民参与的原则，尤其必须打破"男尊女卑"的传统，充分重视妇女的参与；三、专家、村民、政府及有关职能部门协调合作；四、文化遗产整体性原状地保护和保存于其所属的社区及环境之中，但不能为了保护而保护，在提倡和进行文化生态保护的时候，一刻也不能忘记文化创造者和文化生态拥有者的愿望和利益。

③ 民族传统文化保护区。在保护区内，文化生态系统是文化与价值观念、经济形式、社会组织、意识形态、科学技术、自然环境等构成的相互作用的完整体系，具有动态性、开放性、整体性的特点。同时，物质文化遗产和非物质文化共同组成的文化遗产而不是孤立存在的，应该置于生态系统中来保护，努力调节、处理好文化遗产、生态环境与保护区发展的关系，营造一个良好的文化生态环境。

④ 文化生态保护实验区：还需调研并制定。

三 文化生态重建：晋中文化生态保护实验区的介休探索

（一）晋中文化生态保护实验区建设的现状[①]

1. 生态保护实验区建立后所建立的领导机构等组织的具体名称、职责等情况

"晋中文化生态保护实验区建设领导组"于2010年10月成立，由分管副省长任组长，由省委宣传部副部长、省政府副秘书长、省文化厅厅长和太原市、晋中市、吕梁市市长担任副组长，由省非遗保护工作厅际联席会议成员单位和太原市、晋中市、吕梁市分管副市长任领导组成员。领导组办公室设在省文化厅，办公室主任由厅长兼任，办公室副主任由分管副厅长担任。

领导组具体职责：在省政府领导下，全面负责晋中文化生态保护区建设的领导、指挥、协调和推进工作。协调相关市县成立相应的领导机构，并指导其开展专项工作；协调领导组成员单位之间的工作关系，保障各项工作顺利推进；督促相关市、县（区）政府将保护区建设纳入当地经济社会发展规划和工作目标进行考核，所需经费列入当地财政预算；制定出台相关政策，根据《晋中文化生态保护区总体规划》，审定《晋中文化生态保护区总体规划实施细则》；建立专家咨询机制，发挥专

[①] 截至2014年12月文化部提供的汇报材料。

家的工作指导、咨询、参谋作用，结合工作实际开展理论研究；监督中央和地方财政专项补助资金的管理使用，通过政策引导，多渠道吸纳社会资金的投入；开展保护区建设督导检查，及时发现、解决工作中存在的问题，对工作成绩突出的地区、单位和个人予以褒扬；研究决策保护区建设重大事项，组织召开相关会议等。

2. 生态保护实验区建立后所出台的各种保护条例等制度性的文件

一是已出台的政策法规：《山西省非物质文化遗产条例》于2012年9月28日经省人大常委会研究通过，2013年1月1日起施行；《关于规范"晋中文化生态保护区"非物质文化遗产保护利用设施建设与管理的指导意见》；《山西省非物质文化遗产项目保存工作规范和技术标准（试行本）》。

二是已制定完成并报请省政府审定的政策法规：《晋中文化生态保护实验区建设领导组工作制度》；《山西省人民政府关于深入推进晋中文化生态保护实验区建设的意见（代拟稿）》。

三是正在修订完善和计划研究出台的政策法规：《晋中文化生态保护区非物质文化遗产档案管理办法》；《抢救性记录数字化保存规范》；《晋中文化生态保护区专项经费管理办法》；等等。

太原市出台了《太原市市级非物质文化遗产保护与管理暂行办法》。

3. 建立有效保护机制的情况，如协商机制、监督机制、专家参与机制、当地民众参与机制、政绩考核指标的变化等

以部省合作开展课题研究的形式，积极探索建立非遗整体性保护机制。"晋中文化生态保护区支撑体系构建研究"课题组多次召开会议，初步确定支撑体系的框架结构，从组织领导、管理推进、监督保障、专家咨询四个方面开展支撑体系构建研究。主要通过强化组织领导、明确工作职责、出台政策措施，推动建立"以各级政府为主导，各有关部门密切配合，各级文化主管部门齐抓共管，社会力量积极参与，社会公众自觉保护，各项政策措施切实有效的非物质文化遗产整体性保护机制"。

专家参与机制：成立专家组负责省级非遗项目、传承人的申报和评审。

当地民众参与机制：每年的"文化遗产日"，保护区相关各市和县（区、市）都会组织非遗项目进广场、进校园、进社区开展展演、展示、展览活动，让更多百姓了解非遗知识，关心支持非遗保护工作。

政绩考核指标：省厅与晋中文化生态保护区相关各市和承担工作任务的省直单位签订任务书。各市就国家级晋中文化生态保护实验区专项补助资金建立了年度工作任务推进表，与各县（区、市）签订专项资金使用和开展专项工作责任书，进一步加强监督、考核，保证专款专用。晋中、太原、吕梁市级文化部门将保护区内各县（区、市）文化生态保护区建设工作纳入年度考核目标。

4. 生态保护实验区建立后所开展的有关普查工作情况

为准确掌握保护区内各级、各类非遗项目现状，科学编制《晋中文化生态保护区总体规划实施细则》，进一步加强工作的计划性和可操作性，每年不定期对承担晋中文化生态保护区建设任务的市县进行抽查。2013年，对晋中文化生态保护区中央补助资金使用情况进行摸底调查。保护区内各市、县文广新局分别拟定了工作计划，召开研讨会，组织田野调查，开展课题研究，进行数字化保存记录等系列工作。目前，已经开展非遗项目调查15个，参与人数817人次，开展课题研究4项，完成数字化保存记录5项。

5. 生态保护实验区建立后所建立的展示场馆情况

通过政府部门扶持和非遗项目单位自身建设，保护区内的晋中市共建成非遗展示场馆18个；太原市清徐县利用现有场所建立1个综合性传习中心；吕梁市建立4个非物质文化遗产综合传习中心兼具展示功能。

6. 生态保护实验区建立后所建立的非遗教学传承场所情况

晋中市共建成传习所32个、生产性保护示范基地4个；太原市共计有28个传习所，总占地面积29232平方米；吕梁市建立30个传习所并全部运行。

7. 生态保护实验区建立后对传承人进行的补贴等情况

国家级非物质文化遗产项目代表性传承人从 2011 年起每人每年由中央补助 10000 元。省级非物质文化遗产项目代表性传承人从 2012 年起，获得省财政补助 3000 元。市、县两级尚未专项补助资金。太原市局正式将市级传承人补助向市财政局提出列入财政预算的申请，计划每人补助 3000 元，两年补助一次。

8. 生态保护实验区建立后对于非遗传承的场所、空间维护、修缮等情况，包括投入资金等情况

财政部、文化部下达山西省第一批（2012 年度）"保护区"保护资金中用于 8 个传习中心的建设补助资金共计 590 万元，由省财政直接下达各县（区、市）（其中，太原市小店区综合性传习中心 100 万元；太原市清徐县综合性传习中心 90 万元；交城县、文水县、汾阳县、孝义市四个综合性传习中心 330 万元；平遥县两个传习中心 70 万元）。财政部、文化部下达山西省第二批（2013 年度）"保护区"保护资金中用于传习场所建设运营的补助资金共计 955 万元。其中，为已建成的综合传习中心拨付运行经费 625 万元（含文水鈲子传习所 70 万元和交城滩羊皮传习所 35 万元）；建设经费 330 万元，主要用于灵石县和昔阳县两个综合传习中心的建设（含晋中市非遗剧种传习中心 50 万元）。

目前，山西省计划建设的综合传习中心中，已经建成运营项目 6 个：平遥县推光漆传习中心、汾阳市综合传习中心、文水县综合传习中心、清徐县综合传习中心、孝义市综合传习中心、交城县综合传习中心；正在建设项目 3 个：小店区综合传习中心、灵石县综合传习中心、昔阳县综合传习中心。

为加强晋中文化生态保护区专项资金监督管理，山西省文化厅于 2013 年 10 月，组织专人赴晋中、太原、吕梁三市开展专项资金督导工作，对"保护区"年度项目完成及专项资金使用情况进行了全面检查督促。

9. 生态保护实验区建立后人才配备和引进的情况

山西省各地 2013 年共开展培训 30 多次，参与培训人员 4400 余人次。2013 年太原市文化局与山西戏剧职业艺术学院签订《非物质文化遗产合作框架》，针对人才交流、学员实习等工作建立互惠互通的合作关系。

10. 生态保护实验区建立后开展非遗活动的具体情况，如展演、本地或外地展出、出访交流及获奖等情况

2013 年，组织展览展示活动 18 次，演出 660 场次，参观人数 10 万余人次，充分宣传展示了山西省非物质文化遗产保护成果，取得了良好的社会效益。

11. 生态保护实验区建立后非遗项目与传承人进学校、进教材、进课堂的情况

2013 年度，组织非遗进校园十余次，组织演出 391 场次，发放项目培训教材近 2 万册，培训中小学生超过 20 万人次。其中，晋中市的左权小花戏、榆社霸王鞭等项目已进入中小学课堂；太谷秧歌已进入太谷县中、小学第二课堂活动；山西农业大学信息学院已将形意拳作为大学生的必修体育项目之一；平遥与县职业中学联合建立传统技艺传习培训基地，配合文化部、教育部完成了平遥推光漆器修饰技艺进教材工作。另外，晋中心意拳协会正编写心意拳相关教材，计划在大、中、小学校进行普及。太原市坚持在古城营小学、新道街小学、解放路二校、山西省戏校、山西省未成年劳动教养所等院校开展风火流星、五彩折纸、剪纸、面塑、刻瓷、莲花落等进校园培训工作。

12. 生态保护实验区建立后进行的数字化保护情况，如建立的网站、数字化记录、数字化出版、数字化器材的投入如电脑、照相、摄像器材等

保护区内各市、县文广新局分别组织了拟定工作计划，召开研讨会，进行田野调查，开展课题研究，进行数字化保存记录等系列工作。目前，已完成非遗项目数字化保存记录 5 项。

2013 年度，晋中市将国家级晋中文化生态保护实验区设备购置补

助资金 48 万元用于市县两级非物质文化遗产抢救性记录和保存工作，包括照相机、摄像机、电脑等设备。太原市四个县区均配备电脑、相机、录音笔、扫描仪等器材一套。

13. 生态保护实验区建立后所开展的研究等工作，如学术研讨会、工作现场会等，包括由生态保护区派出参加的相关活动

2011 年 8 月，晋中市参加国家级文化生态保护区建设现场交流会。2012 年，召开会议贯彻《国家级非物质文化遗产代表性项目保护自查工作汇报会议》主要精神。2014 年 8 月，召开城镇化建设与非物质文化遗产保护工作座谈会。召开复排传统晋剧研讨会，广誉远招集老药工召开非遗传承座谈会并赴广州、济南、西安、云南等地对广誉远传统品种的文物资料进行了搜集，组织寿阳爱社傩舞等研讨会。

14. 该文化生态保护区的保护规划是否进行了公布

2012 年 6 月制定完成《晋中文化生态保护区总体规划（2012—2025）》，经文化部审议通过后分发相关市县。

15. 其他的相关实践或探索活动

积极推动保护区内县级以上人民政府将非物质文化遗产保护、保存工作纳入本级国民经济和社会发展规划，将保护、保存经费列入本级财政预算。将晋中文化生态保护区、非物质文化遗产展示馆、传习所和生产性保护示范基地的建设纳入本行政区域城乡规划。将文化生态保护区建设纳入本地区公共文化服务体系建设。

以复排传统剧目和出版项目图书为抓手，带动非遗传承保护工作。各地利用国家专项资金开展优秀传统剧目复排工作，共完成复排剧目超过 12 部，其中，晋中市复排了《下河东》《双官诰》《女忠孝》等 10 部传统晋剧剧目，左权县复排了《打秋千》《打樱桃》等 2 部传统小花戏，对晋中文化生态保护区非遗传统戏剧项目起到有效传承和保护的作用。

共组织展开 20 个项目图书的编纂、出版工作，其中《太原市非物质文化遗产图集》《太原锣鼓》《太原秧歌》《左权民间歌曲》《左权小花戏精选》（含光碟）、《龟龄集探密》《孝义皮影戏》等 10 部图书已经出

版,其他10个项目图书目前正在校稿或正在联系出版工作。

(二) 平遥经验:介休文化遗产活化的平遥启示

如果按照文化遗产的文明类型、文化区位和历史发展的类同性看,介休文化遗产传承最值得认真对比的就是山西的平遥古城。平遥古城位于山西省中部平遥县内,是一座具有2700多年历史的文化名城。山西平遥与同为第二批国家历史文化名城的四川阆中、云南丽江、安徽歙县并称为"保存最为完好的四大古城",也是中国仅有的以整座古城申报世界文化遗产获得成功的两座古县城之一(另一座为丽江古城)。

平遥旧称古陶,明朝初年,为防御外族南扰,始建城墙,洪武三年(1370)在旧墙垣基础上重筑扩修,并全面包砖。之后的景泰、正德、嘉靖、隆庆和万历各代进行过十次的补修和修葺,更新城楼,增设敌台。康熙四十三年(1703),因皇帝西巡路经平遥而筑了四面大城楼,使城池更加壮观。平遥城墙总周长6163米,墙高约12米,把面积约2.25平方千米的平遥县城隔为两个风格迥异的世界。城墙以内,街道、铺面、市楼保留明清形制;城墙以外称新城。2009年,平遥古城荣膺世界纪录协会中国现存最完整的古代县城,再获殊荣,平遥古城现已成为国家AAAA级旅游景点。

平遥古城在文化生态重建和文化遗产活化过程中的实践主要有以下经验可供介休借鉴:

平遥是我国境内保存完整的明清时期古代县城的原型。但是平遥古城在保护和开发利用之前遭到了比较严重的毁坏,城墙多处倒塌,城内的许多古建民宅也被新式建筑不断侵蚀,整体的印象是"干巴巴""灰土土""闷沉沉""脏兮兮"的平遥。平遥古城在文化遗产保护和开发利用的过程中,一个关键的成就是没有将古城做成一个关于明清建筑和文化的博物馆,而是将其还原成为一个活态的、属于原居民的空间,对外而言则是一个充满魅力的文化体验区。

平遥古城在空间再生产的过程中保留了明清时期建筑的历史文化内涵。鸟瞰平遥古城，平面布局形似龟状，有"龟前戏水，山水朝阳"之说，故平遥古城也俗称"乌龟城"，蕴含着古代平遥人希望借龟神之力保护平遥古城坚如磐石、金汤永固的寓意。古城整体空间布局还蕴藏着我国古代太极阴阳和谐的基本理念——以南大街为中轴线，市楼跨街而过，呈对称式布局。城内街道有"四大街，八小街，七十二条蚰蜒巷"之称。沿街店铺林立，后接四合院，形成前街后宅功能明确的格局。在对空间进行再生产之后，传统文化符号的主调，再融入和点缀地方喜庆祥和的色彩要素，这丰富了平遥古城作为一个"地方"的视觉体验效果。

在平遥古城的大街小巷中，冠云牛肉以"肥而不腻，瘦而不柴，醇香可口"被人们赞不绝口，而"长昇源"老字号黄酒则被誉为"中都一绝传佳酿，弘扬古风留墨香"。肉质鲜嫩浓香扑鼻的"曹家熏肘"一度成为商贾大户青睐的风味肉制品，现在成为好客的平遥人宴请宾客的佳肴；而平遥碗脱"既有凉粉的清爽利口，又有灌肠的浓烈香味，精而不腻，滑利爽心"。沿着西郭家巷往西巷与沙巷北段方向走去，一路都是醋的沉香、枣的酸甜以及"晋升油茶"的酥香，抑或还夹杂着有长山药散发出的清馨香气。或许，你还能看到城隍出游的锣鼓开道、牌坊上的风铃声以及礼乐或歌舞的声音。偶尔，远离城楼的城墙段有人点起古代使用的"狼烟"，紧张的氛围让人感觉历史其实离我们并不遥远。[①]

在具体的现实操作中，非物质文化遗产的"节庆化"是平遥古城活化文化遗产的一项基本策略。

---

① 袁年兴：《作为认知图式的非物质文化遗产——文化生态保护区的平遥经验》，《中日韩非物质文化遗产保护比较暨第三届中国高校文化遗产学学科建设学术研讨会论文集》，2011年，第145页。

平遥节庆活动一览表

季节	节庆名称	活动内容
春季	平遥商业月	票号文化讲坛;旅游娱乐项目,如秘押游戏、对条(一半交客户赴异地取款,一半寄付款分号)、电报汇兑、兑现支票(平遥最早发行兑现支票)等;举办配套的现代金融知识大赛、金融游戏节
夏季	科举文化节、武术文化系列活动	清代文官系列服饰展、中国文官制度介绍、武术文化产业论坛(武术体育产业,武术与影视产业,武术与游戏产业,武术与电视连续剧、电影、在线游戏、漫画出版、手机游戏、形象事业、演艺事业等)
秋季	平遥国际艺术节	平遥国际摄影大展、平遥漆文化艺术节
冬季	平遥中国年	赏灯、闹社火(如抬棍、背棍、绞活龙、挂祥铃、挂祥灯、小花戏等)、文化展示、传统戏曲表演

非物质文化的节庆化、文化旅游的推介和平遥品牌的建设是综合进行的:

首先,平遥县按照非物质文化遗产的文化属性及旅游市场的活动规律构建了一整套跨越一年四季的节庆活动,其中包括弘扬晋商文化的春季"平遥商业月"、弘扬科举文化和武术文化的夏季"科举文化节"与"武术文化系列活动"、弘扬平遥艺术的秋季"平遥国际艺术节"以及弘扬平遥传统风俗的冬季"平遥中国年"。这种"节庆化"的制度安排,激活了静态的文化景观,使非物质文化遗产的价值得到深度挖掘和延续。以2009年9月举办的平遥第二届漆文化艺术节展示的《百猫戏春图》《平遥古城》《献寿图壁挂》等漆器精品为例,不仅有极高的观赏价值、使用价值和收藏价值,而且还蕴含着深刻的美学价值、精神价值和历史价值:不仅创造出数以千万计的经济效益,更为平遥古城增添了一道亮丽的风景。

其次,政府部门是节庆活动的策划者和组织者,包括设立工作主体、提出工作目标、提供专款、规范操作流程、提供法律依据等,旅游企业负责旅游纪念品、旅游工艺品等的种类、价格、销售状况，商店、摊点等销售单元的地理位置、营业时间、营业状况等。节日活动的直接目的就是在市场运作的前提下，打造相关项目（包括文化遗产）的宣传平台，加强业内交流，并增加旅游经济收入。

再次，平遥非物质文化遗产保护"节庆化"的制度安排属于打造"平遥品牌"的重要组成部分。平遥县致力于打造的"平遥品牌"，是将整个产品服务体系、市场促销活动、市场宣传方案都融合到整体"品牌"体系下，其中相关的非物质文化遗产界定为"汉民族明清文化"并作为"平遥品牌"的背景文化元素。在向外推展的过程中，非物质文化遗产还借助了灯光、音响、电脑技术及现代媒体等现代技术手段，以达到最佳的传播效果。在这种背景下，"保护"与"打造"是两个相辅相成的概念，即保护非物质文化遗产的目的是为了打造"平遥品牌"。打造"平遥品牌"则有利于为保护非物质文化遗产提供更宽阔的空间。比如说，人们提起平遥古城就会马上联想起平遥的"三大宝"（牛肉、漆器、绣花鞋），而提起"三大宝"之一如推光漆器就会马上联想到平遥古城。①

（三）文化生态重建：介休文化遗产活化的探索

① 从非物质文化遗产"项目"的整体性保护，扩展到非物质文化遗产"生态"的整体性保护，实现从"文化项目保护"到"文化生态保护"的理念转换。

《文化部关于加强国家级文化生态保护区建设的指导意见》（文非遗发〔2010〕7号，以下简称《指导意见》）提出：国家级文化生态保护区是指以保护非物质文化遗产为核心，对历史文化积淀丰厚、存续状态良好、具有重要价值和鲜明特色的文化形态进行整体性保护并经文化部批准设立的特定区域。《指导意见》规定了国家级文化生态保护区建设

---

① 袁年兴：《作为认知图式的非物质文化遗产——文化生态保护区的平遥经验》，《中日韩非物质文化遗产保护比较暨第三届中国高校文化遗产学学科建设学术研讨会论文集》，2011年，第148页。

的基本措施①，措施涵盖了非物质文化遗产项目保护、传承人保护、传承场所建设、传承理论研究、教育传承探索、传承人才建设、传承社会氛围营造等方面。但是，这些措施主要是围绕非物质文化遗产"项目"进行的。

介休所在的"晋中文化生态保护实验区"，处于建设实践的初期，介休以"文化生态保护"的理念重建文化遗产的生态，必能在晋中树立文化遗产保护的"生态典范"。非物质文化的整体性保护，是指依循整体性原则，对非物质文化遗产进行的更系统和立体的保护，它的保护范围应从非物质文化遗产项目本体扩展到项目周边的自然环境、人文环境的综合性保护；保护对象应囊括与非物质文化遗产项目相关的物质形态和非物质形态，对非物质文化遗产之文化生态进行保护。

在非物质文化名录体系建立之前，现在被称为"非遗项目"的文化遗产，已经在民间存留了成百上千年，对非物质文化遗产之文化生态进行保护，首先是要发掘文化遗产在民间存续的生态智慧，并对这种"寂静的知识"进行维护。在城镇化背景下，传统的文化生态逐渐被改变，非物质文化遗产的保护，应该研究城镇化背景下文化生态的变化对非物质文化遗产传承生态的影响，探索新的自然生态、文化生态中的非遗保护与传承的"生态机制"。介休文化遗产传承的"生态机制"是什么？值得深入再探讨。

② 在文化生态的发掘、认定、规划和保护实践中，从政府主导型扩展到真正落实《指导意见》中"坚持尊重人民群众的文化主体地位的原则"，让文化生态保护实验区的文化持有者成为保护的主体。

《指导意见》中"坚持尊重人民群众的文化主体地位的原则"，在文化生态实验区的建设中并没有真正落实，甚至在《指导意见》本身的规定中，也存在自相矛盾之处，如在"国家级文化生态保护区设立的程

---

① 基本措施主要有：科学制定文化生态保护区总体规划；确定重点区域进行整体性保护；加强非物质文化遗产名录项目的保护；加强非物质文化遗产名录项目代表性传承人的保护；加强非物质文化遗产基础设施建设；加强文化生态保护区理论和政策研究；加强非物质文化遗产教育传承；加强非物质文化遗产保护人才队伍建设；突出社会公众的文化主体地位；营造有利于文化生态可持续发展的良好社会氛围。

序"中规定，各申请地区政府，及其所在省、自治区、直辖市文化厅（局）是申请和相关《文化生态保护区规划纲要》制定的主体，在此基础上吸收相关专家参与。但是《指导意见》却没有设立保护区人民群众参与申请、规划的具体程序，连"程序正义"都没有，那"坚持尊重人民群众的文化主体地位的原则"，"坚持以人为本、活态传承的原则"自然也就没有办法在文化生态保护实验区实现。

在已经申报并确立的实验区中，在《文化生态保护区规划纲要》的制定中，文化生态实验区当地民众的意见也是缺席的；在《文化生态保护区规划纲要》的公示中，各地基本是以公文、政府网站等从一级政府到另一级政府的形式进行，并没有真正被文化生态实验区的民众所看到。申报、规划的缺席，使得文化生态实验区的文化持有者——文化遗产的文化主体——被动地接受自上而下的行政命令，丧失了文化建设的主人翁地位。

文化生态保护实验区的申报、规划和保护实践，应该在实践中借鉴"生态博物馆"实践中提出的"六枝原则"：一、村民是其文化的拥有者，有权认同与解释其文化；二、文化的含义与价值必须与人联系起来，并应予以加强；三、生态博物馆的核心是公众参与，必须以民主方式管理；借鉴"民族文化生态村"实践中提出的"文化生态村是当地民众的事业，必须有民众的积极参与，并最终实现由当地民众进行管理和依赖自身的力量进行发展的模式"。通过相关法规的完善，确立文化生态保护实验区民众的主人翁地位，让文化生态保护实验区的文化持有者成为申报、规划和保护的真正主体。介休如何使文化遗产的持有者——介休人——成为文化遗产活化和使用的主体？

③ 在介休文化生态保护的管理模式上，政府应该从主导者逐渐转变为监督者，应该制定跨行政区域的合作模式，对文化生态建设的类型、层级和范围进行科学合理的划分。

在文化生态保护的管理模式上，政府的角色在"突破区域限制，推进协调联动"方面应该发挥主导地位，文化生态保护需要联动协调保护，决定了整个保护管理过程中政府的积极作用，但是要充分考虑文化生态重建本质上的"非行政区划"特点。在文化生态建设的初期，可以采用"政府在协调联动上主导,社区和原住居民主动参与"的模式;在文化生态建设中期,可以采用"政府在协调联动上协助,社区和原住居民共同主导,鼓励民间各类团体、组织、企业参与建设"的模式;在文化生态建设的成熟期,可以采用"社区和原住居民主导,政府在协调联动上协助,第三方积极参与"的模式。同时对各文化生态建设区内建立的各种领导方式:"专门常设机构+政府+部门+专家+民间组织""市县两级领导小组+办公室+专家委员会+非遗保护中心""领导小组+常设机构+专家委员会+民间协会"等实践模式进行效率评估,对"文化生态保护区专家委员会+政府组织民众参与"、非遗保护联席会议制度、文化遗产保护志愿者、民族民间传统文化评审鉴定委员会等协商机制、监督机制、专家参与机制、当地民众参与机制进行评估,推荐最适合介休的最优模式。

④ 在文化生态保护的总体建设中,继续加强对非物质文化遗产从认定、普查、存录、整理、宣传(出版、展览、展演等)、教育到对已认定非物质文化遗产项目的监督、退出机制、奖励机制的完善。

从2006年我国第一批非物质文化遗产名录认定至今,经过四批国家级名录的确认,已经初步形成了国家级、省级、市级、县级四级名录体系。按说非物质文化遗产项目、传承人的普查、存录、整理已经完成。但是在全国18个文化生态保护试验区提交的问卷材料中,我们发现,基本完成"普查—整理—出版(汇编)"的,仅有闽南文化生态保护实验区、徽州文化生态保护实验区、武陵山区(湘西)土家族苗族文化生态保护实验区、海洋渔文化(象山)生态保护实验区、武陵山区(鄂西南)土家族苗族文化生态保护实验区5个实验区。可见,在文化生态保护实验区的建设中,还需要加强非物质文化遗产基础材料的普查、存录、整理。而介休在文化遗产的普查认定上,也刚刚走上正轨,还需要进行更科学、系统、完整、持续的存录工作。

在文化遗产日、非遗专题展览、民俗节日庆典、文化博览会、学术研讨等定期不定期的宣传、出版、展览、展演等非物质文化遗产的大众传播中,全国各文化生态保护实验区均能以各具特色的形式进行文化遗产的大众普及。但是在具体的实践过程中,我们发现,文化生态保护实验区的非物质文化遗产传播，存在放大某些视觉性强、气氛热闹、容易引起大众狂欢的项目，而那些相对比较"安静"的项目，在普及力度上较弱，介休如何进行项目传播的平衡，也是今后建设中一个要兼顾的问题。

如今，被认定为非物质文化遗产名录后，从省级到市县地方政府，均存在"重申报轻管理"的问题，对于非物质文化遗产项目保护传承效果的评估，也多见于地方政府的报告，并没有一个较客观中立的机构，对传承报告进行评估，传承保护的真实情况不能够被看清，介休需要建立某种第三方评价机构，对已认定的非物质文化遗产项目进行监督，并按照建设情况，制定非物质文化遗产名录的退出机制、奖励机制，逐渐完善非物质文化遗产的保护。

⑤ 从强调实体性的传承场所建设，转向非物质文化遗产项目所属的文化空间，从外在的传承场所回到村寨、社区，在非物质文化共同体中做好非物质文化遗产的保护传承，然后逐渐将非遗项目的影响力扩散开来。同时加大非物质文化遗产项目、传承人"经费补贴"的力度。

从全国18个文化生态保护实验区的规划和建设来看，国家投入的建设经费，大多数额的投资，花在了古城示范工程、历史街区示范点、文化旅游街区等"新建"的"死"的实体建筑上，大兴土木，既费时费力，又对非物质文化遗产的传承没有核心的支持。而新建的各种名义上用于非物质文化遗产传承的场所，已经将非物质文化遗产项目从村寨、社区搬到了一个异质的文化空间，脱离了文化源根的文化遗产，如同城市的盆景植物一样，维护成本增加，而成活率却很低。

我们认为，介休在文化生态保护的建设中，应从强调实体性的传承场所建设转向非物质文化遗产所属的文化空间，从外在的传承场所回到村寨、社区，在非物质文化共同体中做好非物质文化遗产的保护传承，然后逐渐将非遗项目的影响力扩散开来。

在转向非物质文化遗产所属文化空间的同时，应该加大非物质文化遗产项目、传承人"经费补贴"的力度。在全国18个文化生态保护试验区中，虽然大多数国家级省级项目、传承人的经费补贴基本能够落实，但是大多数的市级县级项目、传承人是没有相关的经费补贴的，在没有补贴的前提下，市级县级项目大多成为政府报告中一个没有实际意义的数字，其传承、保护是没有基本保障的。介休应该避免以非物质文化遗产保护的名义进行的"破坏性建设"，把资金重点转向对非物质文化遗产项目和传承人的鼓励上。

⑥ 在法规与机制的建立上，介休应将重点转向对各级各类法规、机制实施情况的落实上，在法规、机制的落实中，逐渐调试，并最终完善介休文化生态保护的法制体系。

全国18个文化生态保护试验区有14个实验区有相关法规文件可供指导，其中羌族文化生态保护实验区（四川省）、闽南文化生态保护实验区均有超过10个的相关法规用于指导实验区的建设。制定相关保护、传承、建设文件数为4个以上的有12家实验区。相对来说，在法规和机制的制定上，陕北文化生态保护实验区、客家文化（梅州）生态保护实验区、大理文化生态保护实验区、海洋渔文化（象山）生态保护实验区、云南迪庆民族文化生态保护实验、黔东南民族文化生态保护实验区还需要加强。而介休所在的晋中文化生态保护实验区，应将实践的重点转向对已经制定的各级各类法规、机制实施情况的落实上，在法规、机制的落实中，根据各实验区的具体情况，逐渐调试法规和机制，并最终完善介休文化生态保护的法制体系。

⑦ 生态保护实验区非物质文化遗产的数字化状况不容乐观，还需要在数字化技术的培训、数字化设备的完善和数字化人才的引进和非物质文化遗产数据库的建设上进行加强，介休更不例外。

在全国18家实验区中，有15家实验区均有进行非遗数字化的保护实践。但是包括徽州文化生态保护实验区、热贡文化生态保护实验区、客家文化（梅州）生态保护实验区、晋中文化生态保护实验区、云南迪庆民族文化生态保护实验区、大理文化生态保护实验区、陕北文化生态保护实验区、黔东南民族文化生态保护实验区等8家实验区在内的数字化保护还仅仅停留在电脑、照相、摄像器材等数字化器材的投入上，并无实质性的数字化保护实践。介休还需要在数字化技术的培训、数字化设备的完善、数字化人才的引进和非物质文化遗产数据库的建设上加强。

⑧ 既要保护和传承文化生态保护实验区的非物质文化遗产，又要提高文化生态保护实验区居民的生活水平，文化的保护与经济的发展间的矛盾在文化生态保护实验区的建设中仍然存在。介休应在政策激励的针对性和资金来源的多元性上对文化生态的保护重建进行试点建设。

文化的保护与经济的发展间的矛盾，是"生态博物馆""民族文化生态村"建设中都面临的问题和需要解决的矛盾，他们的解决方案都是以文化旅游的形式进行，虽然个别区域实现了旅游经济收入的增加，但同时也因大众旅游的发展丢失了对文化遗产的保护。

非物质文化作为"祖先遗留下来的财产"，存在于人们日常的生产、生活之中，其根本特点在于其"活态性、主体性、整体性、多样性和原真性"。但是旅游消费的介入，如何利用"非物质文化遗产"作为旅游资源，成为政府、景区和民众共同关注的重点，在旅游消费的运作中，文化制造、仿古编俗、伪造景点等"伪"民俗现象已经泛滥成灾。在文化生态保护试验区的建设中，也出现了以建立文化生态保护区的名义打造文化生态旅游区追逐经济利润的事情，如果监管不当，则文化生态保护实验区有异化为经济开发区和旅游开发区的危险。

我们认为，介休既要保护和传承文化生态保护区的非物质文化遗产，又要提高文化生态保护区居民的生活水平，这是全国文化生态保护区必须面对的问题。同时要在文化生态的保护资金来源上进行研究，探索资金来源的多元性可能，如除了政府拨款外，可以考虑积极引进第三方组织或企业参与文化生态重建的建设和发展，但是不能成为整个保护区管理运作的主体，更不能处于主导地位，避免文化生态保护区的主体位移。还可以尝试引导社会爱心力量，设立介休文化生态保护区濒危项目抢救基金和项目奖励资金，用于文化生态保护区的补助力量。但最为重要的是研究文化生态保护区"内在造血功能"的机制，自力更生，实现文化生态保护区的可持续发展。

⑨ 建议介休组织文化生态保护专家、文化生态保护区领导部门工作人员、非物质文化遗产传承人代表，到全国各文化生态保护区进行调研，相互交流生态保护区建设的问题和心得。

目前，除了通过文化遗产日的主题活动、各类文化博览会、非遗专题展会、学术研讨会等交流形式，并没有各实验区之间的交流机制。而且文化遗产日的主题活动、各类文化博览会、非遗专题展会、学术研讨会等交流场合，各实验区均把"最精彩"的内容呈现出来，呈现精彩而规避问题，有交流之形而无交流之实是这类交流形式的最大问题。建议介休组织文化生态保护专家、文化生态保护区领导部门工作人员、非物质文化遗产传承人代表，到全国各文化生态保护区进行调研，相互交流生态保护区建设的问题和心得。

附录　介休文化遗产概况与现状

一　介休概况

介休位于山西省中南部、太行山北侧、汾河南畔，距省会太原市139千米。介休市总面积2744平方千米，辖7镇3乡232个行政村、5个街道办事处，全市总人口41万人。介休是山西省政府确定的太原都市圈南部区域性次中心城市之一和全省22个扩权试点县市之一，是国家园林城市、山西省卫生城市和历史文化名城。

介休市境内，平川、丘陵、山区各占1/3，从北向南梯次排列。介休市属暖温带大陆性气候区，四季分明，日照充裕，气候温和，年均气温10.4℃，平均降水量477.2毫米。

春秋晋顷公十二年（前514）置邬县。秦置界休县。新莽改为界美。东汉复名界休。西晋时改为介休县，以春秋时晋文公的臣子介子推死亡在其境内的绵山上而得名。十六国时期，邬县、介休两县废。北魏太和八年（484）置介休，十九年复置邬县。北齐天保年间并入永安县。至北周宣政元年（578）恢复，设置介休郡。大成元年（579）改名平昌县。隋开皇十年（590）析置灵石县，（邻县灵石在公元590年建县前一直为介休地域）。隋开皇十八年复名介休县。隶属太原郡、西河郡、汾州、汾州府等。（隋、唐时设介休郡、介州时，兼领平遥县。孝义在历史上曾几度并入介休县）宋、元、明、清时期，介休县域和领属关系基本保持不变。1992年撤县设市。

二 介休市文化遗产概况

介休市历史悠久、人文荟萃,文化遗产丰富,类型多样。

(一) 物质文化遗产

1. 文物

目前介休市公布的重点文物保护单位共有95处,其中国家级重点文物保护单位11处,省级重点文物保护单位3处,晋中市重点文物保护单位5处,介休市重点文物保护单位69处。在全国第三次文物普查中,新发现有价值的文物遗迹有378处,有15处文物保护单位正在申报国家级和省级重点文物保护单位。

重要文物类遗产包括:回銮寺、东岳庙、太和岩琉璃牌楼、五岳(狱)庙、秦柏、祆神楼、源神庙、云峰寺石佛殿等。

2. 建筑群

(1) 后土庙建筑群

介休后土庙位于介休县城西北角,为山西省重点文物保护单位之一,是一处包括五进院落并配有楼台殿阁的庞大建筑群。这个建筑群里,有影壁、山门、过殿、东西廊房、三清楼、钟鼓楼、后大殿等。

后土庙内的主体建筑是三重檐十字歇山转顶结构的大楼。楼顶,龙吻高耸;狮饰、琉璃楼阁、莲花脊筒、兽头角神相互辉映,构成了一幅生动壮观的琉璃制品的图画。

后土庙之内,有反映道教内容的近千尊悬壁彩塑。这些塑像,塑造手法极高,达到了相当的艺术境界。这些彩塑,形象逼真,姿态各异,衣纹线条流畅,形象丰满而神情自然,是不可多得的彩塑艺术佳作。据明代万历年间金妆圣像碑记载,这些彩塑可能是明代早期的作品。

(2) 张壁古堡

张壁古堡位于山西省介休市龙凤镇张壁村，古壁"地上明堡，地下暗道"是我国现有比较完好的一座融军事、居住、生产、宗教活动为一体的罕见的古代袖珍"城堡"，集中了夏商古文化遗址、隋唐地道、金代墓葬、元代戏台、宗教庙宇、明清民居等许多文物古迹。

张壁古堡的始建年代尚存争议，但普遍认为，其始建是出于军事目的。堡内现存地道始建于公元617年，为隋末定阳可汗刘武周抗击李世民所建，地道全长万米，纵横交错，立体交叉，具有监视、指挥、通信、通水、通气设施及马厩、粮仓、屯兵等功能。被国内外军事权威誉为独一无二。

张壁古堡还遗有多处古代建筑，著名的有空王佛行宫、真武庙、三大士殿、吕祖阁、二郎庙、关帝庙、兴隆寺、可汗王祠等。其中空王佛行宫殿顶的明代三彩琉璃装饰及两个通体琉璃碑代表了介休高超的琉璃烧造技术。

据研究，离张壁古堡仅十千米左右的雀鼠谷是我国自隋代以来的九大要塞之一，对抵御北方少数民族入侵中原具有重要的军事战略地位。张壁古堡始建时，其城墙、建筑、古井、树木的位置都与星宿对应，蕴含着丰富的星相学内涵，表达了古人天人合一、顺应风水的思想。

张壁古堡不仅是我国古代守备筑垒军事设施中坞壁性村落的幸存遗迹，也是晋中山地人类由原始穴居生存到村堡聚落群居，从安全防御的军事筑垒驻守到封闭的山村农耕商作漫长历史变迁的史证，既具村堡设防的军事历史价值，更有民族交融、宗教信仰、民俗民居等文化考古研究价值。

3. 洪山瓷窑遗址

洪山瓷窑遗址位于介休狐岐山麓黄土丘陵洪山镇洪山、磨沟村一带，总面积25000平方米左右，是山西乃至北方地区较为有名的一处窑址。最早的烧瓷时间可追溯到唐代，后历经宋、金、元、明、清数代，直至民国时期终遭废弃，烧瓷历史达千年之久，为北方瓷窑所少见。

洪山窑早期以烧白瓷为主，以后各种品种相继出现。洪山窑白瓷有精细之分，细胎白瓷的烧造量较大，在宋金时期产品质量高、产量大，在器物样式和烧造技法上是当时山西地区的最高水平，对周围地区的瓷器烧制影响较大。洪山古瓷窑作为山西陶瓷文化的中心，在中华陶瓷史上具有重要地位。

另有聚落遗址、寺庙遗址、窑址、军事设施等遗址多处，详见《介休市第三次全国文物普查成果名录》。

（二）非物质文化遗产

已列入各级非遗名录的项目见下表：

介休市非物质文化遗产项目表

所属类别	项目名称	级别	概述
民间文学	介子推传说	山西省级	介子推，春秋时晋国人，晋国公子重耳流亡国外时的从臣之一。相传有"割股奉君"之举，后重耳即位为晋文公，介子推不言禄，偕母隐居于绵上，晋文公下令烧山，逼其出山受封，母子抱木被焚。晋文公为悔己过失，旌表功臣，封绵山为介推田，号为介山。后人为纪念介子推，每当清明节前二日不忍心见火，进行冷餐，寒食节由此而来
	介休宝卷	晋中市级	介休宝卷是流传于介休民间的一种讲唱文学，是在唐代敦煌变文俗讲以及宋代说经基础上发展而成的一种民间吟唱的俗文学。其内容渗透着儒、释、道思想的精华，并包含有大量非宗教的历史人物、民间传说、神话和戏剧故事。在民间通过念卷和听卷的方式起到潜移默化、寓教于乐和传播文化的作用。作为全国三大宝卷宣唱区域（甘肃酒泉、江苏靖江、山西介休）之一的介休宝卷属于一种民间讲唱文学曲种，是国内重要的非物质文化遗产曲种之一，距今已有上千年的历史，它对研究当时社会的文化、宗教、民俗等诸多方面有着非常重要的科学参考价值。具有可贵的原始性、独特的地方性、鲜明的艺术性，被中外专家学者誉为"中国民间艺术的活化石"。介休宝卷极具代表性的曲目是《空王佛宝卷》

续 表

所属类别	项目名称	级别	概 述
传统医药	"大生堂"孔氏医术	晋中市级	"孔氏医术"自19世纪中叶至今历时150余年,一贯崇尚中医界"脾胃派"金元四家之一李东垣的"脾为后天之本""人以胃气为本"的学说,在其自身漫长的百年发展和实践过程中不断博采众长,逐步形成了以"不妄苦寒攻伐,不随意重剂腻补,祛邪不伤胃气,补益更助化滞"为主具有鲜明特色的孔氏医术理论体系,以"益元气,泻阴火"和"甘温除湿"为法则,"灵活严谨组方,味少量轻施药"为治则,尤擅儿科(俗称:哑科),对妇科及其他各种疑难杂病的诊疗也是深有心得,颇有造诣。孔氏医术自创办以来至今已延承至第六代孔祥东,代代以其效优价廉的各种独家中药方剂,不但为众多患者解除了病痛,还为患者很大地减轻了经济负担,其精湛的医术、高尚的医德在介休乃至周边县市远近闻名,口碑甚佳,每日上门求诊者络绎不绝。1996年由春潮出版社出版的《介休市志》还将介休"大生堂"孔氏医术收录其中。据此书记载,近一个世纪以来,介休中医坐堂门诊老号众多,但直到现在大都已不复存在,唯独"大生堂"孔氏医术历经了百年风雨始终绵延不衰,且不断发扬光大,堪称介休中医界的一块金字招牌,孔氏医术在介休中医药历史发展进程中占有举足轻重的地位
传统戏剧	干调秧歌	晋中市级	干调秧歌是介休土生土长的地方剧种,因演唱时没有音乐伴奏,只凭演员的自身嗓音演唱,故称其为干调秧歌。流行于介休、灵石、沁源一带。它起源时间很古,据传是由游牧发展到定居农耕时田间劳作时随意编唱的词调,后逐渐发展衍变成这种剧种。干调秧歌有街头演出和舞台演出。街头演出也称"踩街秧歌"或是"地毯秧歌",演出节目有《绵山十景》《绣荷包》《拜年》等。舞台演出除"折子戏"外,还有《庆顶珠》《九件衣》《翠屏山》等大型节目。干调秧歌一般词多、道白少。唱词有三字腔、七字腔、十字腔等,并有紧板、慢板、二性板、大介板、绵绵板、哭板等板式,一般以剧中角色确定板式。干调秧歌豪放粗犷,由于没有乐器伴奏的束缚,演员在表演时便可以尽情地释放最真实的情感,利用各种丰富的动作和表情,使得做戏表演十分细腻到位。介休干调秧歌是戏剧中绝无仅有的特殊剧种,有"中国戏剧的活化石"之称

续 表

所属类别	项目名称	级别	概　　　　述
传统手工技艺	琉璃烧造技艺	国家级	介休市烧造并使用琉璃的历史已有1200多年，自古就有琉璃之城的美誉，建筑琉璃艺术久负盛名，琉璃工艺源远流长，现存后土庙、祆神楼、城隍庙等明清时期精美琉璃作品23组，其中后土庙古建筑群是国家级文物保护单位，被专家学者誉为"琉璃艺术建筑博物馆"，此外，北京故宫、西安古建、苏杭寺庙、长沙园林、沈阳故宫都有介休人烧造的琉璃艺术品存世
	介休洪山"全料香"传统生产技艺	晋中市级	药材全料香是老字号"天成公"独家生产的名牌特色产品，具有悠久历史。其产品已完全突破了一般香品仅作为祭祀用品的概念，更兼具调和身心、通窍开慧、益思提神之保健功效。全料香历来深受皇家贵族、上层名流的青睐，从它的以下制作技艺特点就可以略见一斑： 一、用料考究：以柏、檀、沉为底，添加灵香、木香、龙脑、麝香、龙涎香、苏合香等多味名贵中药材和香料，再配以洪山当地具有绵软特性的泉水，辅以当地的气候条件制作而成。 二、配料讲究：除了有一套严格规范的配料筛选体系外，还要综合考虑该香品的用途、香型、品味等因素，再根据这些基本的要求选择香料或药材，按君、臣、佐、辅进行配伍，只有各适其位，才能使不同的原材料尽展其性，只有识透香品，才能按五运六气、五行生克、天干地支的推演而确定君臣佐辅其位。 三、工艺复杂：各种原材料在被制作成全料香成品之前，先要经过修、蒸、煮、炒、炙、炮、焙、飞等多种加工手段，精心炮制后才可以正式作为生产全料香的原材料使用
	贯馅糖制作技艺	晋中市级	贯馅糖是介休的传统冬令食品。贯馅糖制作技艺更是千百年来经过无数代人的不断研究实践总结而渐进形成的，它是当地人民集体智慧的结晶。在介休百姓祭灶时选用具有甜粘特性的供品时，就地选材非贯馅糖莫属。同时因为贯馅糖无论从颜色还是形状上和金条很相似，供奉贯馅糖寓意保佑全家来年招财进宝，财源滚滚。由此可见贯馅糖在介休当地的民俗文化中扮演了重要的角色

续 表

所属类别	项目名称	级别	概　　述
民俗	清明节习俗	国家级	清明节是我国传统节日,在发展过程中整合了寒食节。寒食节相传为晋文公为悼念介子推而设,到唐宋时,寒食与清明节逐渐统一起来。清明也逐渐由单纯的时令祭祀发展为具有丰富民俗活动的重大节日。清明节期间的传统习俗活动包括:禁火、冷食、祭祀、扫墓、插柳、踏春、蹴鞠、荡秋千、放风筝、斗鸡、赏花和咏诗等。介休与清明节有重要的渊源关系,因此清明节的习俗活动在介休最具典型性和代表性。介休境内除保留以上习俗外,还保留着生黑豆芽、采柳芽、蒸面塑、戴柳圈、扫房顶、挂红兰兰纸、唱大戏、文化交流等具有浓郁地方特色的民俗活动
	寒食节	山西省级	寒食节亦称"禁烟节""冷节""百五节",在夏历冬至后一百零五日,清明节前一二日。是日初为节时,禁烟火,只吃冷食。在后世的发展中,逐渐增加了祭扫、踏青、秋千、蹴鞠、牵勾、斗鸡等风俗,寒食节绵延两千余年,曾被称为民间第一大祭日

除以上已经列入名录的非遗项目外,介休还有更为丰富的非物质文化遗存,包括:

三月三上巳节习俗　据《大清通礼》和《大清会典》记载,清乾隆十二年敕建源神池水神庙,令有司春秋致祭,三月初三上巳节是春祭的日子,也是县令会同地方乡绅议定使用洪山水分水的日子,同时又是介休及周边人们欢度上巳节的洪山古庙会,历经千年,沿袭至今。

三月十八后土庙庙会习俗　后土庙祭祀女娲,三月十八为春社之日,迎神赛社、祭社神、闹社火、演社戏、饮社酒、食社饭、分社肉、停针线、回娘家等习俗都是重要的表现形式。

正月二十五"点黄河"习俗　在介休张兰镇石场坊村,每年农历正月二十五这一天会举行盛大的"点黄河"活动。"点黄河"活动是为纪念古代作战时摆下的"九曲黄河阵"及其创始人。传说"九曲黄河阵"为"三官爷"所创,阵法十分奥妙,百战百胜。"点黄河"包括祭祀、点河灯、文艺表演等活动。

农历正月十四至十六日"点黄河灯"的习俗　"点黄河灯"起源于黄河两岸，因黄河水源丰富，年年丰收，百姓为庆祝丰收，点燃河灯顺水漂流以传播喜讯。介休张兰镇下李侯村"点黄河灯"的活动已有600多年的历史，活动期间要供奉、祭祀"天地爷"，并有戏剧、竹马舞、跑旱船、甘调秧歌等演出活动。

另，市政府有关部门正积极申报"张兰牛肉制作""介休陈醋制作技艺""介休整骨治疗""介休三佳包袱皮印制技艺""介休三弦书"等非遗项目。

三、介休文化遗产的传播

（一）晋商文化

介休自古"商贾云集，民物浩穰"。明清时期，县城四条大街店铺林立，"俨如都会"。张兰、义安、洪山、义棠镇市面除有京货、杂货等商号外，还有钱庄、当铺、金珠铺等商行。张兰镇每年九月下旬古庙会，有文水皮货、沁州麻货、浑源挽具、上党药材、内蒙古骡马上市交易。

介休历来挟资走外经商者众多，清代前期，被朝廷赐为皇商的介休张原村范氏为对日贸易中首执牛耳的洋铜商。道光年间，山西初期设立的15家票号中，介休北贾村侯氏领其中6家，资本计有七八百万两，为票号"汇通天下"的第一富户。同治年间，介休北辛武冀氏兄弟也将乾盛享布庄和德记布庄改为票号，跻身于三晋票号巨擘之列。

（二）琉璃烧造技艺

根据文献的记载和近代考古发现，琉璃的烧制起始于北魏，形成于唐宋，在明代曾有过辉煌的发展。从清代开始，随着佛教日趋衰落，琉璃的生产受到很大影响，这一时期的琉璃主要用于寺观庙堂琉璃建筑物的修缮和翻建。

介休东南面蕴藏煤炭的丘陵地区盛产烧制陶瓷的坩土，是山西烧造琉璃较早的地区。唐代长安城和许多寺庙所用的琉璃，其中相当一部分就是介休烧制和供应的。明清时期，介休琉璃的烧制达到极盛。明代的琉璃主产地在晋中的太原马庄、平遥杜村里、文水马东都和介休义常里，晋东南则集中于阳城后则腰。介休义常里乔姓从明代天顺年间开始烧造琉璃，从发现的琉璃上的题记来看，早于阳城乔氏。义堂靠山，有原料坩子土，当地人至今还会烧陶器，有"四十八窑"之说。

琉璃的制作，起始于山西，盛行于山西，而向外流传到各处烧造的，又是山西一个系统，似无可疑。辽宁"黄瓦窑"又称"黄瓦厂"，位于辽宁省鞍山市海城析木镇缸窑岭村，窑主侯氏系山西介休人，于万历三十五年迁居于此，顺治时修大政殿，设琉璃窑，侯氏主其事。北京地区烧造琉璃的赵氏自元代由山西（榆次县南小赵村）迁来，初在海王村，后迁门头沟琉璃渠村，承造了元、明、清三代宫殿陵寝坛庙。两地均属清代官窑，在官府的统一监督管理下，两地有琉璃制作技术的交流，史载"侯氏厂工与北平官窑赵氏通，有大工则互助挹注"。

另有待考证的是山东兖州琉璃窑与介休琉璃工艺传播的关系。据《阙里志》记载，明弘治十三年至十七年，孔庙进行大规模重修和营建，琉璃窑（山东省兖州东北五里的琉璃厂村）为此而建，属官窑。琉璃工匠中有朱姓，据说从山西迁来，明末迁到曲阜城西的大庄开设窑厂，为孔府烧制琉璃，绵延数百年至今，成为曲阜四大传统工艺之一。

（三）陈醋酿制技艺

介休酿醋历史悠久，最早的记载可以追溯到北汉天会初，介休已出现陈年老醋。明万历初，介休人侯大升在安徽颍州（阜阳市）开办酿醋作坊，酿造的"大升陈醋"色泽黑亮、酸中带甜、气味清香，久藏色不变，久存味不散。清顺治年间，介休醋师王来福改革熏醋工艺，夏曝晒，冬捞冰，使陈醋的色泽更美，味道更鲜，香醇浓郁，回味无穷。至此，山西陈醋闻名全国。乾隆年间，介休有乔开鹏专酿米醋，色泽如琥珀，香醇催食欲，又给介休醋业平添了新宠。至此，介休出现了三大醋系，也成就了三位醋师。

目前，介休市还保留有数家陈醋手工作坊，除粮食用机器破碎外，其余全部采用传统古法工艺：粮食清杂—破碎—水、谷糠或稻壳—蒸料—拌曲、酵母入窖（酒精发酵7天）—加酒醪、麦麸、水、接种（醋酸发酵7天）—熏醅（熏色、香7天）—淋制过滤—加佐料—静置陈酿，整套工艺流程共21天。合古人造"醋"字，"用酒发酵，廿一日"之意。介休现在的陈醋作坊除生产普通食用陈醋外，还能生产8度以上的老陈醋、保健醋和养生醋。

如今，老陈醋酿制技艺已被列入第一批国家级非物质文化遗产扩展项目名录。介休是酿醋业的摇篮，是山西陈醋的发源地。

四、介休市文化遗产保护现状

（一）物质文化遗产的保护

根据《山西省人民政府关于公布第二批山西省历史文化名城及第一批山西省历史文化街区的通知》，介休市成为第二批山西省历史文化名城，同时，顺城街历史文化街区成为第一批山西省历史文化街区。

为了保护城市文化遗产，改善市民生活环境，提升城市文化品位，依据省政府批复，结合介休实际情况，2011年，介休市委、市政府做出了"介休历史文化名城复兴"的重大决策。将介休市定位为：琉璃之城，寒食之乡，三贤故里，文化名邦。

介休市先后编制了《介休市历史文化名城保护规划》《介休市旧城区控制性详细规划》和《顺城街历史文化街区保护更新（第一期）及三贤广场规划设计方案》等一系列规划。确定历史文化名城保护复兴范围为2.37平方千米，北至彦博路，南到新建东路，西至南、北沿河街，东到外东环路。并对743.7平方千米内的市域文化遗产保护提出指导性的保护框架。建设及修复工程包括：顺城街历史文化街区保护修复工程（第一期）；市博物馆建设工程；三贤广场建设工程；后土庙广场建设工程；城隍庙广场建设工程；袄神楼修复工程；后土庙及城墙修复工程；城隍庙维修工程；文庙维修工程；龙泉观维修工程。

(二) 非物质文化遗产的保护与传承

传统琉璃烧制技艺、介休宝卷、洪山香、陈醋酿制等已经确定了传承人,开展了非遗传承的相关工作。

介休政府还计划开展清明节的保护工作,内容包括:确认清明节的历史沿革、分布区域、表现形式、活动内容、文化内涵;利用文字、摄影、录音、摄像对清明节的所有活动进行全程记录,并分类编目,建立全面系统的档案;在绵山建设清明节系列活动展示馆,并提供相关的信息服务;起草清明节保护性文件;编印清明节民俗文化集萃,纳入介休中小学校的教学内容;出版发行清明节民俗文化集萃的图书、影视、戏曲作品,并在绵山开辟相关的民俗文化旅游项目;成立清明文化研究会,进行科学的调查与研究,培养专门人才。

介休市各级物质文化遗产保护项目名录

序　号	项目类别	项目名称
国　家　级		
1	建筑群	介休后土庙
2		张壁古堡
3		回銮寺
4		介休源神庙
5		介休东岳庙
6		介休五岳庙
7		祆神楼
8		介休城隍庙
9		云峰寺石佛殿
10	文物	太和岩牌楼
11	古遗址	洪山窑址
山　西　省　级		
1	文物	郭有道墓

续表

序　号	项目类别	项目名称
晋　中　市　级		
1	文　物	南垣山墓群
2		曹玠墓
3	建筑群	洪山关帝庙
4		文庙
介　休　县　级		
1	古遗址	拔戳泉遗址
2		南庄福慧庵遗址
3	文　物	下李侯墓葬
4		宋子浚墓
5		范氏家族墓
6		张侍郎墓
7		郭氏家族墓
8		朱家庄墓葬
9		宏济寺塔
10		石屯环翠桥
11		西刘屯镇河楼
12		龙凤凌空塔
13		史公塔
14		文光塔
15		同心桥
16		南庄浮翠门
17		南庄迎瑞门
18		北村东堡门
19		大唐汾州抱腹寺碑
20		虹霁桥碑亭
21		介休县人民政府旧址

续 表

序　号	项目类别	项目名称
22	文　物	革命烈士纪念碑亭
23		王玉莲烈士陵园
24		南庄百忍堂
25		南庄福泉堂
26		北辛武冀氏宅院
27		南庄四箴堂
28	建筑群	渠池棲云庵
29		新寨山神庙
30		龙凤介神庙
31		宋安三官庙
32		后山庄关帝庙
33		常乐净土庵
34		南庄真武庙
35		兴地龙天庙
36		南庄龙王庙
37		龙头古龙寺
38		北两水三官庙
39		北两水关帝庙
40		东大街关帝庙
41		北两水娘娘庙
42		北两水真武庙
43		石屯源神庙
44		上岭后关帝庙
45		红卫庄龙天庙
46		板峪大庙
47		板峪噪师庙
48		旧寨关帝庙

续表

序　号	项目类别	项目名称
49	建筑群	席村关帝庙
50		那村关帝庙
51		西圪塔樊哙庙
52		东内封真武庙
53		西新屯关帝庙
54		谢峪关帝庙
55		泰山圣母庙
56		南槐志庆云庵
57		后党峪关帝庙
58		李家堡玉皇庙
59		韩屯关帝庙
60		西段屯文庙
61		沙木塲天圣禅寺
62		鳖子岭五岳庙
63		龙头长春观
64	建筑群	龙凤三明寺
65		龙凤北道观
66		小宋曲关帝庙
67		段家巷华严庵
68		段家巷龙天庙
69		北村观音堂
70		师屯北广济寺
71		南村关帝庙
72		大郎神关帝庙
73		新堡、旧堡、新旧堡
74		龙泉观
75		南两水吉祥寺
76		史村禅慧寺
77		利贞寨华藏寺

后 记

一个有意义的研究常常包含着某种看似没有直接关系的关联，包括人、时间、空间、因素、事务和事件等的聚合。人类学家乔健先生的祖籍是山西介休，现任介休市市长王怀民先生是一位重视文化遗产保护的行政领导，个中的错综因素的聚合，通过人为的努力，于是有了这一项目。我们相信项目具有重要的意义，于是介入、进入、投入其中。虽然我们无法预期这一项目能够为未来留下什么，重要的是，我们大家现在都认为值得做，而且尽力去做。

2012年9月1—5日，山西省介休市举办了题为"维护文化遗产，发展城市文化"国际圆桌论坛。作为人类学高级论坛与地方政府合作模式的探索，会议期间，与会代表除了对世界文化遗产平遥古城进行实地观光外，对介休的绵山、张壁古堡等重要的文化遗产进行了更为集中的考察。论坛催生了一个项目："黄土文明 介休范例"。

2013年春，在中山大学的项目论证会上，与会代表确定，项目由乔健与王怀民为总负责，项目分为三期（共三年）：第一期分专题进行"面"的调查；第二期进行"点"的分析；第三期进行理论上的提升、总结，同时提出具体的应用性方案。四个子课题分别由四所大学的团队承担：中山大学周大鸣教授团队负责"历史"专题；复旦大学安介生教授团队负责"地理"专题；四川大学徐新建教授团队负责"民族"专题；厦门大学彭兆荣教授团队负责"遗产"专题。

我是这一子课题的负责人，我们的团队两次专门到介休进行调研。介休是一隅"地方"，我们所感受、了解、体验的"地方知识"都离不开向当地人民诚心学习的动机和经历。在当地调研，我们受益于地方领导、部门的关照、配合，我们受惠于当地人民的指导、教诲，尤其是郝继文主席和张志东主任。从此，我们成为朋友，这是令人格外高兴的。我们也有机会与其他三个团队协作工作，交流研究经验，学习各自的优点、长处。从某种意义上说，四个团队的协同工作，也是当代学术转型中超越个体研究的一种重要尝试。

我们现在所提交的书稿就是第一期的调研汇总，课题由我负责。感谢团队的每一位成员，他们是张颖、巴胜超、郭颖、肖坤冰等。大家各有专题，又密切配合，努力工作。我们的调查遍及所有能够了解到的部门、需要到达的地方、可能采访到的人员和可以获得的材料。鉴于本期的任务特点，有些问题只是触及，更加深入、深化的研究将在第二期进行。

感谢所有为我们提供帮助的人。

彭兆荣

2015 年 10 月 20 日于厦门大学